rororo sport
Herausgegeben von Bernd Gottwald

Physiologische Grundlagen

PETER MARKWORTH

SPORTMEDIZIN

Rowohlt

SPORT rororo

Meinen Eltern und Maria

Originalausgabe

Veröffentlicht im Rowohlt Taschenbuch Verlag GmbH,
Reinbek bei Hamburg, Februar 1983

Lektorat Burghard König
Umschlaggestaltung Peter Wippermann/Jürgen Kaffer
Redaktionsassistenz und Layout Angelika Weinert
Abbildungen Manfred Prinz
Satz Times (Linotron 404)
Gesamtherstellung Clausen & Bosse, Leck
Printed in Germany
1690-ISBN 3 499 17049 3

74.–77. Tausend Januar 1998

Inhalt

Einleitung

Erhöht sinnvoll betriebener Sport das seelische und körperliche Wohlbefinden? – Diese Frage beantworten 36 Millionen Bundesbürger auf ihre Weise, die sich in den verschiedensten Sportarten betätigen. Für viele Freizeit- und Leistungssportler sind die eigenen Erfahrungen Grund genug, bis ins fortgeschrittene Alter sportlich aktiv zu bleiben bzw. ihren Kindern schon frühzeitig den Spaß am Sport zu vermitteln.

Die Wissenschaft, die sich sowohl mit dem Einfluß von Bewegung, Training und Sport als auch mit den Auswirkungen von Bewegungsmangel auf den gesunden und kranken Menschen jeder Altersstufe befaßt, ist die *Sportmedizin*. Ihre Erkenntnisse dienen nicht nur dem Sportler bei der Verbesserung seiner Leistung oder zur Abwendung von Gefahren, die unvernünftig betriebener Sport mit sich bringen kann, sondern finden in zunehmendem Maße Anwendung in der vorbeugenden Medizin sowie in der Behandlung und Rehabilitation von Erkrankungen mit Hilfe des Sports.

Um sportmedizinische Forschungsergebnisse auf die eigene Sportpraxis übertragen zu können, sollten der Sportler wie alle anderen Personen, die sich beruflich oder aus persönlichem Interesse mit Sport befassen, Grundkenntnisse über die biologischen Funktionen des menschlichen Körpers besitzen.

Diese Grundkenntnisse vermittelt die *Sportphysiologie* – ein Teilgebiet der Sportmedizin. Sie beschreibt die Arbeitsweisen des menschlichen Körpers nicht nur unter Ruhebedingungen, sondern beschäftigt sich besonders mit den Umstellungen aller biologischen Vorgänge während einer sportlichen Belastungssituation.

Darüber hinaus erforscht die Sportphysiologie die gesundheitsfördernden Langzeitauswirkungen eines regelmäßig betriebenen sportlichen Trainings bzw. die gesundheitsschädigenden Auswirkungen eines falsch aufgebauten oder übertriebenen Trainings.
In diesem Band wird der Versuch unternommen, die physiologischen Grundlagen bzw. Funktionsweisen der durch Sport beanspruchten Organsysteme in einer Weise zu beschreiben, die auch einem nicht naturwissenschaftlich vorgebildeten Leser verständlich ist. Ohne daß biologische, medizinische oder biochemische Kenntnisse vorausgesetzt werden, sind alle Kapitel gleich aufgebaut: Einer Übersicht über den anatomischen Aufbau der einzelnen Organsysteme folgt die Beschreibung der Organfunktionen in Ruhe. Danach werden die Umstellungsreaktionen dieser Organsysteme bei einer sportlichen Belastung geschildert.
Am Ende eines jeden Kapitels werden die trainingsbedingten, meist positiven Anpassungserscheinungen der einzelnen Organsysteme erläutert. Das letzte Kapitel behandelt akute Sportverletzungen.
Dieser Band wendet sich somit nicht nur an Freizeit- und Leistungssportler, sondern auch an Sportstudenten und Sportlehrer, Vereinstrainer und Übungsleiter, Schüler der gymnasialen Oberstufe und an alle, die in Berufen arbeiten, welche mit Sport und Gesundheit zu tun haben.

Für zahlreiche Anregungen aus der Praxis bedanke ich mich bei den Kollegen und Studenten des Fachbereichs Sportwissenschaft der Universität Hamburg.

1. Muskulatur

Die Sportphysiologie ist die Wissenschaft von den akuten und andauernden Veränderungen aller Organsysteme durch den Sport.
Ein Sportler, der sich mit den biologischen und physiologischen Grundlagen des Sports beschäftigt, wird sehr schnell erkennen, daß diese Veränderungen letztlich alle mit dem erhöhten Sauerstoff- und Energiebedarf der arbeitenden Muskulatur zusammenhängen. Aus diesem Grunde kann man der Muskulatur innerhalb der Sportphysiologie eine zentrale Stellung einräumen.
Die Muskeln ermöglichen nicht nur die aktive, zielgerichtete sportliche Bewegung, sondern praktisch alle Ausdrucksformen des lebenden Menschen gegenüber seiner Umwelt lassen sich auf Bewegungen der Skelettmuskulatur zurückführen wie die Sprache, Mimik, Gestik oder künstlerische Ausdrucksformen in Musik und Kunst.
Im Themenzusammenhang dieses Kapitels wird nur die *quergestreifte Skelettmuskulatur* behandelt; die besonderen Eigenschaften des Herzmuskels und der sogenannten glatten Muskulatur der inneren Organe werden im Kapitel 3 beschrieben.
Alle Bewegungen der Skelettmuskulatur werden durch das motorische Nervensystem angeordnet und überwacht. Das Nervensystem und seine Kontrolle aller motorischen Funktionen werden im Kapitel 2 behandelt.

1.1. Aufbau und Funktion der quergestreiften Skelettmuskulatur

Beinahe die Hälfte (40 bis 45 Prozent) der Gesamtkörpermasse besteht aus Muskulatur. Circa 434 Skelettmuskeln, symmetrisch auf die rechte und linke Körperhälfte verteilt, verbrauchen bei körperlicher Ruhe nur circa 20 Prozent der Gesamtenergie des Körpers. Bei sportlichen Höchstleistungen kann der Anteil der beteiligten Muskelgruppen am Gesamtenergieverbrauch des Körpers jedoch bis 90 Prozent betragen.
Allen Muskeln gemeinsam ist die besondere Fähigkeit, die chemisch gebundene Energie der Nährstoffe in mechanische *Bewegungsenergie* umzuwandeln. Bei dieser Energieumwandlung entstehen mechanische Spannungskräfte, die der Skelettmuskel durch die Sehnen auf die Knochen überträgt. Wenn auch durch die Spannungsentwicklung der Skelettmuskulatur *(Kontraktion)* Körperbewegungen oder andere Ausdrucksformen des Menschen gegenüber seiner Umwelt erst ermöglicht werden, so ist doch die Spannungsentwicklung die einzige Fähigkeit, die der Muskel hat.
Wegen dieser einseitigen Fähigkeit haben die Skelettmuskeln nur eine Aufgabe: Sie entwickeln bei ihrer Kontraktion Spannungskräfte und ziehen mit ihren Sehnen an den Knochen.

1.1.1. **Synergisten – Antagonisten**

Bei der Ausführung einer Bewegung arbeitet ein Muskel niemals allein, sondern immer mit einem oder mit mehreren anderen Muskeln zusammen (siehe Abb. 1/1). Wenn der zweiköpfige Oberarmmuskel *(Musculus biceps)* zum Beispiel den Unterarm im Ellbogen beugt, muß gleichzeitig der dreiköpfige Unterarmstrecker *(Musculus triceps)*, der über die andere Seite des Ellbogengelenks zieht, gedehnt werden. Umgekehrt muß der Bizepsmuskel gedehnt werden, wenn der Trizepsmuskel den Unterarm im Ellbogen strecken will.
Ein solches Muskelpaar, das an einem Gelenk gegensätzliche Bewegungen ausführt, nennt man *Antagonisten*. Der Strecker wirkt als Antagonist des Beugers und umgekehrt.
Auch die Beugung im Ellbogengelenk wird nicht allein durch die Kon-

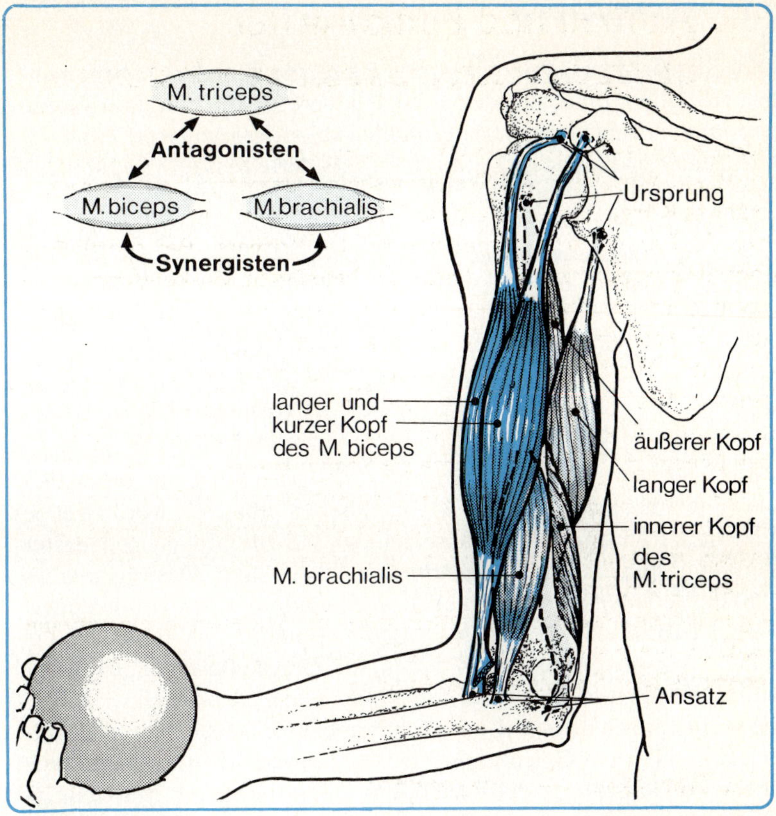

Abb. 1/1: Große Muskeln, die auf das Ellbogengelenk (und das Schultergelenk) wirken

traktion des Bizepsmuskels bewirkt. Vielmehr befiehlt das motorische Nervensystem zusammen mit dem Bizeps gleichzeitig allen anderen Muskeln, die auf der Beugeseite über das Ellbogengelenk hinwegziehen, eine entsprechende Kontraktion. In dem Beispiel von Abbildung 1 wird der Unterarm durch den gemeinsamen Einsatz des Armbeugemuskels *(Musculus brachialis)* und des Bizepsmuskels gebeugt. Die Muskeln, die bei der Ausübung einer Bewegung zusammenarbeiten, bezeichnet man als *Synergisten*.

1.1.2. **Muskelformen**

Obwohl alle Muskeln nur die eine gemeinsame Fähigkeit haben, nämlich zu ziehen, unterscheiden sie sich außerordentlich in ihrer Größe und ihrer Form (Beispiel: Augenlidmuskel – Gesäßmuskel). Man unterscheidet platte und dicke Muskeln, gefiederte Muskeln und spindelförmige Muskeln (siehe Abb. 1/2).
Die *spindelförmigen* Muskeln bestehen aus einem dicken Muskelbauch, der sich gleichmäßig zu beiden Sehnenenden verjüngt, die man auch als *Muskelköpfe* bezeichnet.
Die einzelnen Muskelzellen laufen parallel zur Längsachse des Muskels. Die Muskelzellen der *einfach gefiederten* Muskeln sind schräg zur Hauptrichtung des Muskels angeordnet und strahlen in eine Sehne am Rand des Muskels ein. Liegt die Sehne in der Mitte des Muskels, so daß die Muskelzellen von beiden Seiten aus federförmig in die Mittelsehne einstrahlen, spricht man von *doppelt gefiederten* Muskeln. Durch diesen sinnvollen anatomischen Aufbau können sehr viele Muskelzellen gemeinsam an einer Sehne ansetzen, so daß ein doppelt gefiederter Muskel besonders hohe Zugkräfte entwickeln kann. Deswegen kommen die gefiederten Muskeln auch an den Körperteilen vor, wo überwiegend Kraft erforderlich ist (Rumpfmuskulatur), während sich die spindelförmigen Muskeln dort finden, wo schnelle Bewegungen ausgeführt werden müssen, etwa an den Armen und an den Beinen.
Muskeln können nicht nur – wie der Armbeugemuskel *(Musculus brachialis)* – über ein Gelenk (eingelenkig) hinwegziehen, sondern auch über zwei Gelenke wie der zweiköpfige Oberarmmuskel *(Musculus biceps)* – zweigelenkig. Ferner kann ein Muskel verschieden viele Köpfe haben; so hat der zweiköpfige Oberarmmuskel, wie sein Name sagt, zwei Köpfe, der dreiköpfige Unterarmstrecker *(Musculus triceps)* sogar drei Köpfe (siehe auch Abb. 1/1, Seite 17).

1.1.3. **Ursprung – Ansatz**

Die Spannungskräfte, die der Muskel bei seiner Kontraktion entwickelt, wirken sich nach einfachen mechanischen Gesetzen grundsätzlich gleich stark auf die beiden Knochen aus, an denen der Muskel befestigt

Abb. 1/2: Muskelformen

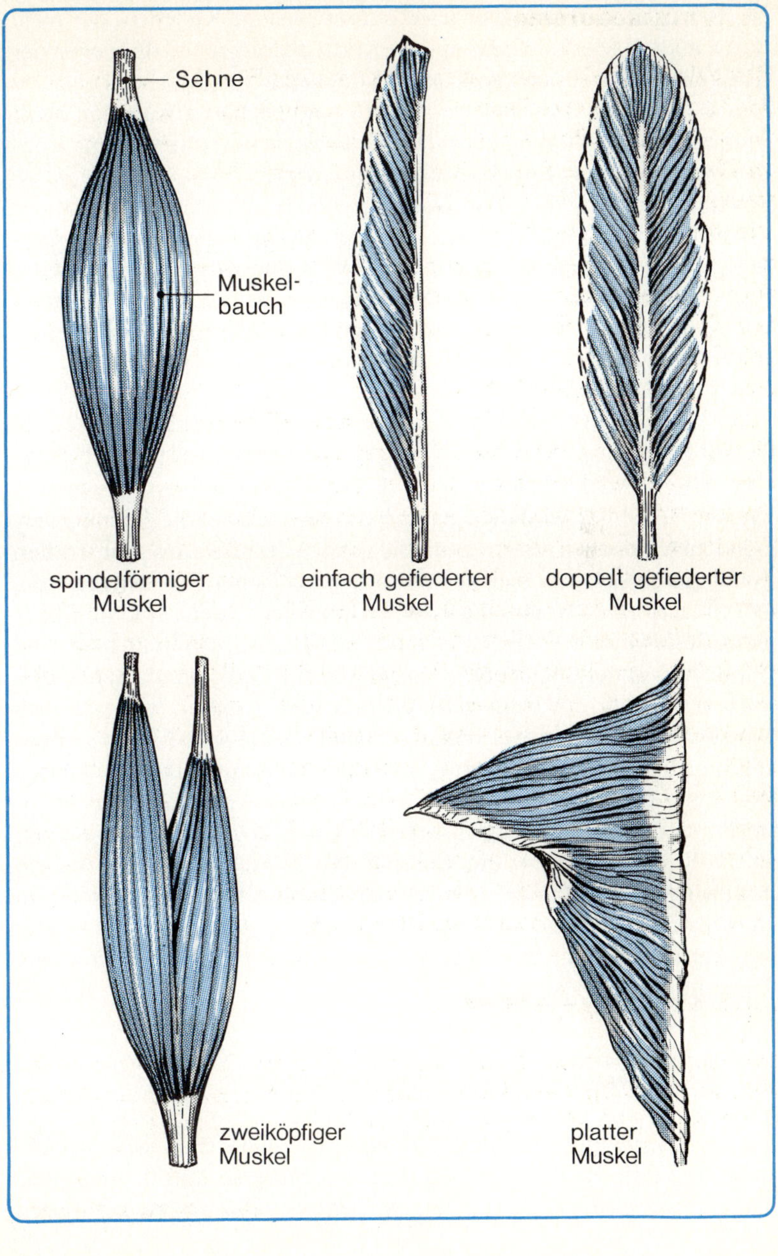
Sehne
Muskelbauch
spindelförmiger Muskel
einfach gefiederter Muskel
doppelt gefiederter Muskel
zweiköpfiger Muskel
platter Muskel

ist. Bewegen wird sich aber jeweils nur derjenige Knochen, der nicht durch andere Muskeln oder äußere Kräfte fixiert ist und deswegen der Muskelkraft jeweils den geringeren Widerstand entgegensetzt.
Die Befestigung des Muskels an dem beweglicheren Knochen heißt *Ansatz*, die Befestigung am relativ unbeweglicheren (fixierten) Knochen wird mit *Ursprung* des Muskels bezeichnet.
An den Armen und an den Beinen befindet sich normalerweise der Ursprung eines Muskels immer am proximalen (näher zum Körperkern), der Ansatz am distalen (weiter weg vom Körperkern) Teil des Extremitätenskeletts. Der Armbeugemuskel *(Musculus brachialis)* etwa entspringt am Oberarmknochen und hat seinen Ansatz an der Elle des Unterarms.

1.1.4. **Sehnen**

Durch die Sehnen wird die Zugkraft des Muskels auf die gelenkig verbundenen Knochen übertragen. Die Sehnen bestehen aus sehr straffen Bindegewebsfasern von einer außerordentlich hohen Zugfestigkeit, die bei circa 40 bis 60 N/mm^2 liegt. Wenn man diese Zugfestigkeit mit der des Aluminiums (20 bis 40 N/mm^2) vergleicht, bekommt man eine deutliche Vorstellung über die Kräfte, die auf eine gesunde Sehne einwirken müssen, bevor sie zerreißt, und auch darüber, wie erheblich eine Sehne bereits vorgeschädigt sein muß, bevor sie bei einer normalen sportlichen Belastung reißt. An der Muskelseite sind die Sehnenfasern mit den einzelnen Muskelfaserhüllen verwachsen. Am Knochenansatz strahlen die Sehnenfasern fächerförmig in die Knochenhaut und in die Knochensubstanz ein. Sie sind dort ähnlich eingekittet wie ein flach eingedrückter Pinsel, der in einem erkalteten Leimtopf haftet. In unbelastetem Zustand verlaufen die Sehnen leicht wellig, so daß bei der Muskelanspannung die Kraft auf den Knochen mit einer gewissen Dämpfung übertragen wird.

1.1.5. **Schleimbeutel und Sehnenscheiden**

Die *Schleimbeutel* sind kleine flüssigkeitsgefüllte Bindegewebssäckchen, die sich überall dort befinden, wo Muskeln und Sehnen über Knochenvorsprünge gleiten. Sie wirken wie Wasserkissen, die den

Druck zwischen dem Muskel oder seiner Sehne und dem Knochen verteilen und die Reibung vermindern.
Die *Sehnenscheiden* sind flüssigkeitsgefüllte Bindegewebsschläuche, in denen die Sehnen überall dort gleiten, wo sie abgewinkelt über Knochenvorsprünge oder Bänder laufen. Durch diese Flüssigkeitslagerung können sich die Sehnen relativ reibungslos gegenüber dem umgebenden Gewebe bewegen.

1.1.6. **Koordination**

Das fein abgestufte Zusammenspiel zwischen den synergistisch arbeitenden Muskeln auf der einen Seite des Gelenks und den antagonistisch arbeitenden Muskeln auf der anderen Seite des Gelenks ist eine der wichtigsten Funktionen des motorischen Nervensystems. Man bezeichnet diese Funktion auch mit *Koordination* (siehe auch Kap. 2.8.). Erst durch einen sinnvoll koordinierten Einsatz verschiedener Muskeln lassen sich selbst schwierigste sportliche Bewegungen mit außerordentlicher Präzision und genau dosierter Kraft ausführen. Vereinfacht kann man sich vorstellen, daß die synergistisch arbeitenden Beuger eines Gelenks immer durch die antagonistischen Strecker gebremst werden und umgekehrt. Eine bestimmte Bewegung wird also in ihrer Geschwindigkeit, ihrer Stärke und ihrer Richtung wesentlich durch die mehr oder weniger gut koordinierte Bremswirkung auch derjenigen Muskeln bestimmt, die diese Bewegung selbst gar nicht ausführen, sondern nur als Antagonisten daran beteiligt sind.
Dabei wird eine Bewegung je flüssiger, eleganter und leichter, desto weniger sie durch die Bremswirkung der antagonistischen Muskelgruppen behindert wird, desto besser die Koordination zwischen Synergisten und Antagonisten funktioniert. Viele Sportler wissen aus eigener Erfahrung, daß ein neuer Bewegungsablauf beim Erlernen einer neuen Sportart zuerst immer verhältnismäßig anstrengend ist und relativ schnell zu Ermüdungserscheinungen führt.
Das liegt daran, daß das motorische Nervensystem einen bestimmten Trainingszeitraum benötigt, um herauszufinden, durch welche optimale Kombination und Koordination welcher Muskeln sich diese neue Bewegung am besten bewerkstelligen läßt. Wenn am Ende eines Übungsprogramms die gleiche Bewegung mit viel weniger Kraftaufwand und gewissermaßen ‹spielend leicht› ausgeführt werden kann, bedeutet das

unter anderem, daß durch die verbesserte Koordinationsleistung des motorischen Nervensystems die synergistischen Muskeln optimaler zusammenarbeiten und die entsprechenden Antagonisten weniger bremsen.

- Koordination läßt sich erlernen und durch Training verbessern.

1.1.7. **Kontraktionsformen**

Wenn eine Muskelzelle durch einen einzelnen Nervenimpuls (oder in einem Experiment durch einen elektrischen Stromstoß) gereizt wird, reagiert sie stereotyp mit einer Einzelzuckung, die aus einer raschen Verkürzung mit daran anschließender Erschlaffung besteht.
Diese Grundfunktion der Muskelbewegung läßt sich mit Hilfe von mechanischen Muskelschreibern *(Myographen)* aufzeichnen. Dabei kann die Versuchsanordnung so gewählt sein, daß der Muskel durch Fixierung seiner beiden Sehnen nur Spannung entwickelt, sich aber trotz seiner Erregung nicht verkürzen kann.
Obwohl der Muskel bei dieser Kontraktionsform sehr hohe Spannungen erzeugen kann, wird nach außen keine Bewegung sichtbar, weswegen man diese Kontraktionsform als *isometrische* (gleiches Maß) Kontraktion bezeichnet.
Der Bizepsmuskel ist zum Beispiel beim Beugehang am Reck isometrisch kontrahiert.
Wenn man den Muskel nur an einer Sehne fixiert und an die andere Sehne ein leichtes Gewicht hängt, setzt sich der Muskel mit diesem Gewicht ins Gleichgewicht, das heißt, er dehnt sich entsprechend dem Gewicht etwas in die Länge. Auf einen elektrischen Reiz hin wird er sich verkürzen und das Gewicht etwas anheben; da das Gewicht aber dadurch nicht schwerer wird, bleibt die Spannung gleich. Diese Kontraktionsform bezeichnet man als *isotonische* (gleiche Spannung) Kontraktion. Muskelverkürzung bei ~~gleicher~~ konstanter Spannung
Annähernd isotonische Kontraktionen führen die Armmuskeln durch, wenn man ein Blatt Papier vom Schreibtisch aufhebt.
Wenn man in dem Experiment die Änderung der Länge und der Muskelspannung während der Muskelkontraktion gleichzeitig oder zeitlich nacheinander eintreten läßt, kombinieren sich diese beiden Extremformen der Muskelkontraktion (isotonische und isometrische) zu Kontraktionsmischformen:

1. *Auxotonische Kontraktion*: Sie ist gekennzeichnet durch eine gleichzeitige Abnahme der Muskellänge und eine Zunahme der Muskelspannung. Die meisten Muskelbewegungen beim Sport sind auxotonischer Natur, da sich durch die wechselnden Hebelverhältnisse während der Bewegung meistens gleichzeitig die Muskelspannung und die Muskellänge ändern.
2. *Unterstützungskontraktion*: Ein Gewicht hängt nicht frei am Muskel, sondern wird durch die Unterlage, auf der es liegt, gestützt.
Bei seiner Kontraktion muß der Muskel dieses Gewicht erst durch isometrische Spannungsentwicklung tragen, bevor er es durch eine isotonische Verkürzung gegen die Erdschwerkraft anheben kann. Unterstützungskontraktionen kann man zum Beispiel beim Gewichtheben beobachten.
3. *Anschlagskontraktion*: Ein frei am Muskel hängendes Gewicht wird zuerst durch die Verkürzung des Muskels gehoben (isotonische Phase), dann aber durch eine Arretierung oder einen Anschlag festgehalten, so daß sich nur noch die Spannung erhöhen kann, nicht aber die Muskellänge (isometrische Phase). Das Boxen ist eine Sportart, bei der die Muskeln Anschlagskontraktionen durchführen.

Diese Formen der Muskelkontraktion lassen sich nur im Experiment deutlich voneinander trennen. Die Muskeltätigkeit des Körpers besteht meist aus einer Kombination verschiedener Kontraktionsformen. Für die Beschreibung von sportlichen Bewegungsabläufen ist es unter praktischen Gesichtspunkten oft sinnvoller, die Arten der Muskelkontraktion anders einzuteilen, was an der Analyse eines einfachen Bewegungsablaufes aufgezeigt werden soll:

Erheben in den Zehenspitzenstand,
einige Sekunden so verharren,
Absenken in den festen Stand.

Wenn man sich auf die Zehenspitzen stellt, müssen vor allem die Wadenmuskeln Kontraktionsarbeit leisten. Die beiden wichtigsten Muskeln der Wadenmuskulatur, die den Fuß im Sprunggelenk strecken und dadurch den Zehenspitzenstand ermöglichen, sind der Zwillingswadenmuskel und der Schollenmuskel (*Musculus gastrocnemius* und *Musculus soleus* – siehe Abb. 1/3, Seite 24).

Der Zwillingswadenmuskel entspringt mit seinen beiden Köpfen (zweiköpfig) am äußeren und inneren Gelenkhöcker des Oberschenkels und zieht mit der Achillessehne zum Fersenbein des Fußes. Er zieht über das Kniegelenk und über das Sprunggelenk hinweg (zweigelenkig).

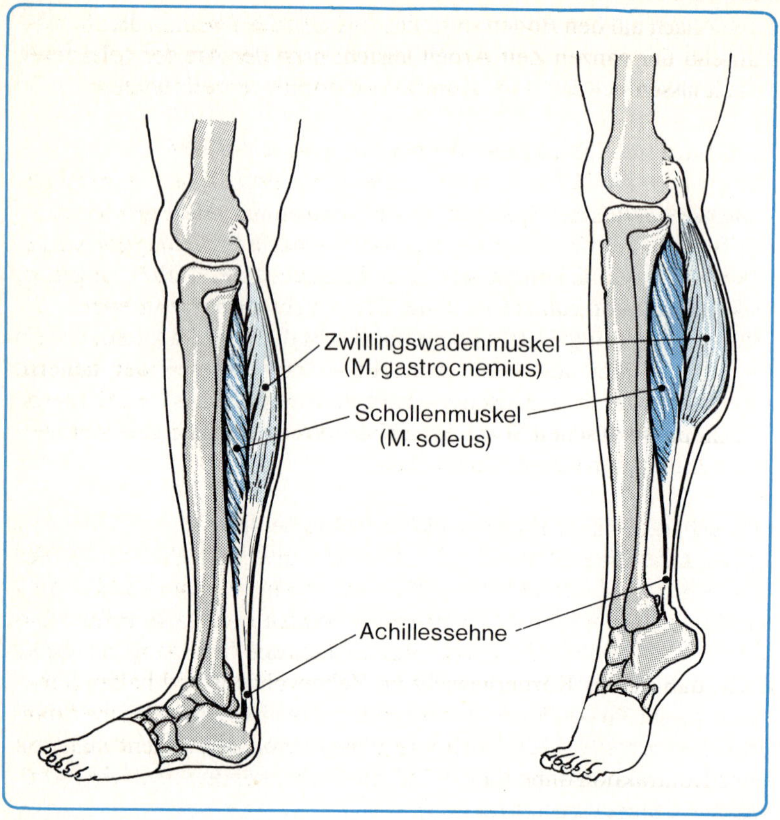

Abb. 1/3: Die großen Muskeln der Wade, die den Fuß im Sprunggelenk strecken

Der Schollenmuskel entspringt auf der Rückseite des Schienbeinknochens und des Wadenbeinknochens und zieht ebenfalls mit der Achillessehne über das Sprunggelenk zum Fersenbein (eingelenkig).
Diese beiden Muskeln arbeiten also synergistisch bei der Streckung des Fußes im Sprunggelenk, einer Bewegung, die bei sehr vielen Sportarten einen wesentlichen Teil der Beschleunigung in der Absprungphase ausmacht (beim Hoch- und beim Weitsprung oder beim Sprint).
Wenn man sich in den Zehenspitzenstand erhebt, für einige Sekunden auf den Zehen stehen bleibt, um sich danach langsam wieder mit den

Füßen flach auf den Boden zu stellen, müssen die Wadenmuskeln zwar während der ganzen Zeit Arbeit leisten; nach der Art der geleisteten Arbeit lassen sich aber drei Kontraktionsformen unterscheiden:

Konzentrische Kontraktion (dynamisch-positive Arbeit)
Das Heben der Hacken in den Zehenspitzenstand ist nur möglich, wenn die entwickelte Spannung in der Wadenmuskulatur größer ist als der Widerstand, den das Körpergewicht dieser Hebebewegung entgegensetzt. Nur dann können sich beide Muskeln unter Verkürzung ihrer Gesamtlänge kontrahieren und das Fersenbein nach oben ziehen.
Wenn die Spannungsentwicklung eines Muskels so groß ist, daß sich der Muskel verkürzt und sich Ansatz und Ursprung einander nähern, spricht man von konzentrischer Muskelkontraktion. Das Beispiel zeigt, daß im physikalischen Sinne dynamisch-positive Arbeit geleistet werden muß, um den Körper anzuheben.

Isometrische (statische) *Kontraktion* (statische Arbeit)
Ist durch die konzentrische Kontraktion der Wadenmuskulatur der Zehenspitzenstand erreicht, kann diese mehr oder weniger stabile Position für einen gewissen Zeitraum eingenommen werden. In dieser Phase ist die von der Wadenmuskulatur entwickelte Spannung gerade so hoch, daß sie das Körpergewicht im Zehenspitzenstand halten kann.
Da in dieser Phase die Wadenmuskulatur zwar eine erhebliche Spannung entwickeln muß, jedoch ihre Länge beibehält, spricht man von einer Kontraktion ohne Längenänderung oder von isometrischer Kontraktion (statischer Kontraktion).
Ansatz und Ursprung des Muskels bewegen sich bei dieser Kontraktionsform nicht gegeneinander. Eine Bewegung resultiert bei dem Gleichgewicht von entwickelter Spannung und äußerem Widerstand (Körpergewicht) nicht.
Obwohl deswegen im physikalischen Sinne auch keine Arbeit geleistet wird, spricht man dennoch von der statischen Haltearbeit des Muskels.

Exzentrische Kontraktion (dynamisch-negative Arbeit)
Um die Hacken langsam wieder auf den Boden zu senken, muß die Wadenmuskulatur wiederum Spannung entwickeln, allerdings etwas weniger als vorher bei der konzentrischen und bei der isometrischen (statischen) Kontraktion.
Da sich dabei Ursprung und Ansatz voneinander entfernen, der Mus-

kel also trotz der Spannungsentwicklung insgesamt wieder länger wird, spricht man von einer exzentrischen Kontraktion. Obwohl die Wadenmuskulatur Arbeit leisten muß, um der Abwärtsbewegung des Körpers aktiven Widerstand entgegenzusetzen, wird der Muskel während dieser Kontraktionsform insgesamt länger. Die Arbeit, die hier geleistet wird, bezeichnet man als dynamisch-negative Arbeit.
Die exzentrische Kontraktion ist für viele Abbremsbewegungen im Sport außerordentlich wichtig. Das wird spürbar deutlich, wenn man versucht, aus dem Zehenspitzenstand in den normalen Stand überzugehen, indem man schlagartig alle Fasern der Wadenmuskulatur auf einmal entspannt.

Es ist zu betonen, daß bei allen drei Kontraktionsformen die Muskeln aktiv Spannung entwickeln. Ob der Gesamtmuskel sich dabei verkürzt, sich trotz Spannungsentwicklung nicht verkürzen kann oder trotz seiner Spannungsentwicklung durch die äußere Last sogar noch gedehnt wird, hängt ab von der Höhe des Widerstandes, gegen den er arbeitet, bzw. von der Spannung, die er entwickelt.
Die Analyse dieser Bewegung zeigt, daß die Kontraktion eines Muskels oder einer Muskelgruppe meistens gleichzeitig die Erschlaffung *(Relaxation)* seines oder seiner Gegenspieler (Antagonisten) bedeutet. So wird beim Zehenspitzenstand die vordere Unterschenkelmuskulatur (der *Musculus tibialis anterior* und *extensor digitorum longus*) gedehnt, wenn sich die Wadenmuskulatur kontrahiert.
Auch die außerordentlich komplexe Koordinationsleistung des zentralen Nervensystems wird aus der Analyse dieses einfachen Bewegungsablaufes deutlich:
Beim Anheben der Hacken in den Zehenspitzenstand kommt es zu einer Vorwärtsverlagerung des Körperschwerpunkts. Damit man nicht vornüber fällt, müssen gleichzeitig alle Muskeln des Körpers, die an der Einnahme der aufrechten Haltung beteiligt sind *(Haltemuskulatur)*, durch zentral koordinierte, oft unbewußt ablaufende Spannungsänderungen auf die neue Situation eingestellt werden, so daß sich im Zehenspitzenstand ein neues Gleichgewicht einstellt (siehe Kap. 2.5.1. «Reflexe»).

1.1.8. **Formen der Muskelarbeit und -durchblutung**

In bezug auf die Form der geleisteten Arbeit läßt sich die dynamische Muskelarbeit gegen die statische Muskelarbeit abgrenzen.
Die *dynamische* Muskelarbeit ist gekennzeichnet durch die regelmäßige Aufeinanderfolge zwischen konzentrischer oder exzentrischer Kontraktion und Erschlaffung des Muskels (Relaxation), wobei dieser Wechsel nur einmal (azyklisch) oder oft rhythmisch wiederholt (zyklisch) erfolgen kann. Sportliche Disziplinen, bei denen zyklische dynamische Arbeit geleistet wird, sind Radfahren, Skilanglauf, Rudern oder Laufen. Azyklische, dynamische Arbeit ist in den Sprung-, Stoß- und Wurfdisziplinen erforderlich.
Statische Haltearbeit ist gekennzeichnet durch isometrische (statische) Muskelkontraktion, bei der einer äußeren Gegenkraft durch die Muskelanspannung das Gleichgewicht ohne sichtbare Muskelverkürzung gehalten wird. Beim Beugehang am Reck leisten zum Beispiel die Unterarmbeuger und der große Brustmuskel statische Haltearbeit. Um den Skiabfahrtsläufer ständig in der ‹hohen Eiform› zu halten, muß der große Unterschenkelstrecker *(Musculus quadriceps femoris)* vom Start bis zum Ziel statische Haltearbeit leisten.
Die Unterscheidung zwischen statischer und dynamischer Muskelarbeit ist deswegen so wichtig, weil die Durchblutung des Muskels von der Art der geleisteten Arbeit abhängt. Wenn der Muskel bei statischer Haltearbeit Spannungskräfte erzeugt, die mehr als 15 Prozent seiner möglichen Maximalkraft betragen, drückt er seine eigenen Blutgefäße zunehmend ab. Entwickelt er mehr als die Hälfte (50 Prozent) der Kraft, die er maximal freisetzen kann, sind sogar alle Muskelkapillaren verschlossen, so daß der Muskel nicht weiter durchblutet wird.
Weil die Energie für die mechanische Spannungsentwicklung dann nur noch auf dem anaeroben Abbauweg (siehe Kap. 5.2.2.) nachgeliefert werden kann, ermüdet der Muskel bei dieser Arbeitsform und Intensität sehr rasch, wodurch sich die sogenannte Haltezeit entsprechend verkürzt.
Die Haltezeit ist um so kürzer, je höher die vom Muskel statisch entwikkelte Kraft ist.
Wechseln sich aber die Phasen der Spannungsentwicklung und der Erschlaffung (Kontraktion – Relaxation) regelmäßig und rhythmisch ab (dynamische Arbeit), fließt in jeder Erschlaffungsphase wieder frisches Blut in den arbeitenden Muskel. Durch diesen regelmäßigen Nach-

schub von Sauerstoff und Treibstoffen kann der Muskel einen Großteil seiner Energie auf dem aeroben Abbauweg mit all den damit verbundenen Vorteilen (siehe Kap. 5.3.) gewinnen.

1.1.9. **Bindegewebsanteil des Muskels**

Der Muskel besteht nicht nur aus den einzelnen Muskelzellen, sondern auch aus Gefäßen, Nerven und Bindegewebe (circa 15 Prozent). Das Bindegewebe des Muskels ist ein elastisches Fasergewebe, das wie ein Nylonstrumpf jede einzelne Muskelzelle überzieht *(Endomysium)* und an den beiden Enden der Zelle in eine kleine Sehne übergeht. In dieser Bindegewebshülle verlaufen zahlreiche kleine Blutgefäße und Nerven für die Versorgung des Muskels. Jeweils 10 bis 50 Muskelzellen werden zu sogenannten Muskelfaserbündeln *(Muskelfaszikeln)* durch eine stärkere, elastische Bindegewebshaut zusammengefaßt, das *Perimysium.* Die Fleischfasern, die man in einem Steak mit bloßem Auge erkennt, sind nicht einzelne Muskelzellen, sondern solche Muskelfaserbündel. Der ganze Muskel, der aus sehr vielen solcher Muskelfaserbündeln besteht, wird außen von einer Haut aus sehr straffem Bindegewebe umhüllt, der *Muskelfaszie*. Die weiß-silber erscheinende Muskelfaszie ist normalerweise vom Muskelfleisch eines Steaks abgetrennt, da ihr Gewebe beinahe ebenso zugfest und zäh ist wie das Sehnengewebe und deswegen kaum zerbissen werden kann.
Die Bindegewebsanteile des Muskels haben nicht nur eine Schutzfunktion, sondern durch ihre elastischen Eigenschaften spielen sie eine wichtige Rolle für die Funktion des gesamten Muskels (siehe Kap. 1.4.).

1.2. Feinstruktur der quergestreiften Skelettmuskelzelle

Zu 85 bis 90 Prozent besteht der Skelettmuskel aus Muskelzellen. Weil diese Zellen im Verhältnis zu ihrer Dicke (zwischen 10 und 90 µm, im Durchschnitt 20 µm) extrem lang sind, bezeichnet man die Muskelzellen auch als *Muskelfasern* (siehe Abb. 1/4 B). Der Bizepsmuskel hat zum

Abb. 1/4: Feinstruktur der quergestreiften Muskelzelle

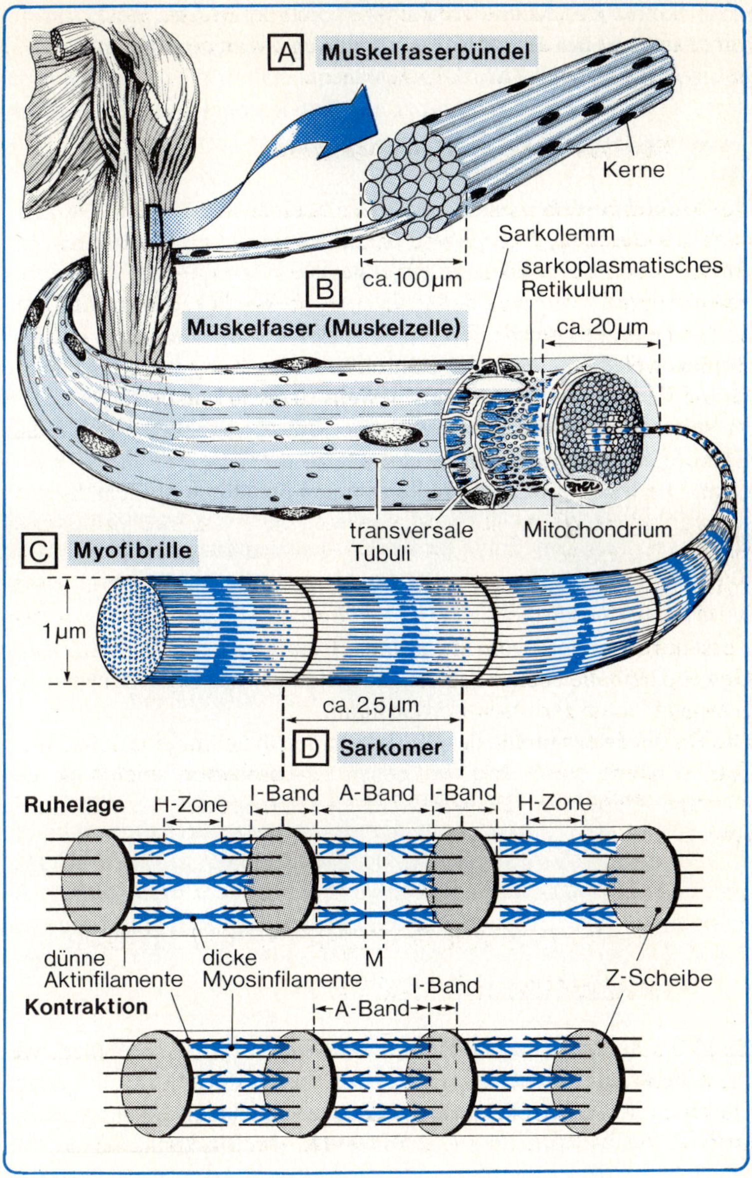
A Muskelfaserbündel
Kerne
ca.100µm
B
Muskelfaser (Muskelzelle)
Sarkolemm
sarkoplasmatisches Retikulum
ca. 20µm
transversale Tubuli
Mitochondrium
C Myofibrille
1µm
ca. 2,5µm
D Sarkomer
Ruhelage
H-Zone
I-Band
A-Band
I-Band
H-Zone
dünne Aktinfilamente
dicke Myosinfilamente
M
Z-Scheibe
Kontraktion
I-Band
A-Band

Beispiel circa zwei Millionen solcher Muskelzellen oder Muskelfasern, von denen einzelne bis zu 15 Zentimeter lang werden können.
30 bis 35 Prozent des Muskelzellgewichts stellen die *Mitochondrien*, kleine Zellorgane, in denen der größte Teil der mechanischen Kontraktionsenergie aus der Zerlegung der Nährstoffe gewonnen wird (siehe Kap. 5.2.2.).
Myofibrillen – kleine Zellorgane, die die Muskelzelle zur Spannungsentwicklung befähigen – bilden etwa 50 Prozent der Zellmasse. Die Myofibrillen sind lange, parallel angeordnete Eiweißketten, die in Längsrichtung von einem Ende der Muskelzelle bis zum anderen ziehen, wodurch die vielen Kerne der Muskelzelle an den Rand der Muskelzelle abgedrängt werden (siehe Abb. 1/4 C, Seite 29).
Wenn man eine Myofibrille unter dem Lichtmikroskop betrachtet, erkennt man, daß sich helle (I-Band) und dunkle Zonen (A-Band) regelmäßig abwechseln, so daß die vollständige Muskelzelle, die circa 1000 solcher Myofibrillen enthält, quergestreift aussieht (siehe Abb. 1/4 B, 1/4 C und 1/4 D, Seite 29). Wegen dieses typischen Aussehens unter dem Mikroskop bezeichnet man die Skelettmuskelzelle im Unterschied zur Herzmuskelzelle oder zur glatten Muskelzelle, beispielsweise der Darmwand, auch als *quergestreifte* Muskelzelle.

1.2.1. **Sarkomer – der funktionelle Grundbaustein der Muskelzelle**

Bei genauerer Betrachtung durch das Elektronenmikroskop erkennt man, daß sich die Querstreifung der Myofibrillen durch die regelmäßige, kettenartige Anordnung von kleinsten Grundbausteinen – *Sarkomeren* – ergibt. Sarkomere sind circa 2,5 μm lange Eiweißzylinder, die miteinander durch sogenannte *Z-Scheiben* (Zwischenscheiben) zur langen Gliederkette der Myofibrille verbunden sind (siehe Abb. 1/4C und 1/4D, Seite 29).
Jedes Sarkomer besteht aus zwei Gruppen komplex aufgebauter Eiweißmoleküle, den sog. dünnen Eiweißfäden (Aktinfilamente) und den dicken Eiweißfäden (Myosinfilamente). Die Myonsinfilamente liegen nur in der Mitte des Sarkomers und bilden dort gewissermaßen das ruhende Zentrum, die *Aktinfilamente* strahlen, angeheftet an ihre Z-Scheiben, von beiden Seiten in die Mitte des Sarkomers ein, ohne sich gegenseitig oder die Myosinfilamente direkt zu berühren.

Bei räumlicher Betrachtung kann man in der Aufsicht sehen, daß jeweils sechs dünne Eiweißfilamente ein regelmäßiges *(hexagonales)* Muster um die dicken Eiweißfilamente bilden. Die räumliche Anordnung der dicken und dünnen Filamente in den Sarkomeren sorgt wahrscheinlich dafür, daß die Muskelzelle dann mechanische Spannung erzeugt, wenn die dünnen Filamente von beiden Seiten aus in die Mitte des Sarkomers gezogen werden, so daß der Sakomerzylinder kürzer wird.
Die Vorstellungen über diese Art der mechanischen Spannungsentwicklung sind in der Gleit-Filament-Theorie (HUXLEY) zusammengefaßt.

1.2.2. **Theorie der gleitenden Filamente**

Wenn die Muskelzelle durch einen Nervenimpuls zur Kontraktion angeregt wird, geschieht beinahe gleichzeitig in allen Sarkomeren der Muskelzelle das gleiche:
Die dicken Filamente ziehen die dünnen Filamente von beiden Seiten aus in die Mitte des Sarkomers. Dabei gleiten die dünnen Filamente an den dicken Filamenten vorbei, ohne daß beide Filamente ihre Länge ändern (siehe Abb. 1/5, Seite 32).
Insgesamt aber werden die einzelnen Sarkomerzylinder und damit auch die Myofibrillenketten kürzer, wodurch in der Muskelzelle mechanische Spannung entsteht.
Wenn die Wirkung des Nervenimpulses nachgelassen hat, ziehen die dicken Filamente nicht mehr an den dünnen, so daß die Sarkomere durch die Antagonisten bzw. durch die elastischen Elemente des gleichen Muskels teleskopartig auseinandergezogen werden können.
Aus Abbildung 1/5, Seite 32, geht hervor, daß ein Sarkomer bei seiner Verkürzung gleichzeitig dicker wird, da nach physikalischen Gesetzen das Volumen des Sarkomerzylinders erhalten bleiben muß. Die Summe dieser Einzelphänomene kann man an den großen Skelettmuskeln beobachten, wenn zum Beispiel der Bizepsmuskel bei einer isometrischen oder konzentrischen Kontraktion nicht nur härter, sondern auch dicker wird.
Die nächste Frage ist, auf welche Weise die dicken Eiweißfäden die dünnen auf sich zuziehen können, wie die Filamente ins Gleiten gera-

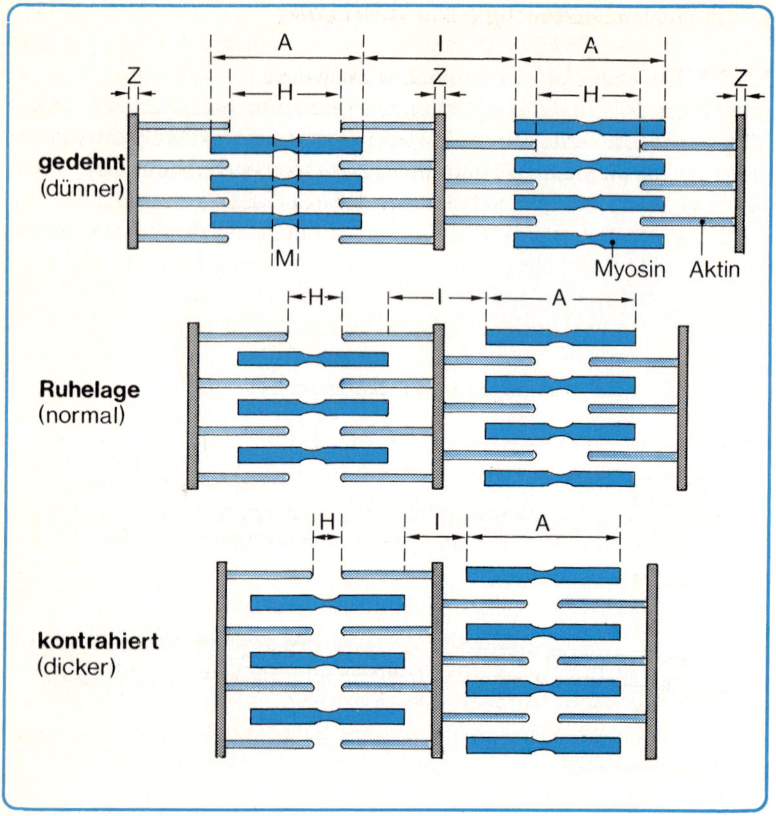

Abb. 1/5: Schematische Zeichnung zweier Sarkomere in Ruhelage, während einer konzentrischen Kontraktion und bei Dehnung

ten, welche Kräfte letztlich für die Entwicklung der mechanischen Muskelspannung verantwortlich sind.

Obwohl nicht alle Mechanismen der mechanischen Spannungsentwicklung im Sarkomer bis ins einzelne aufgeklärt sind, lassen sich aus dem molekularen Aufbau der dicken und dünnen Filamente einigermaßen präzise Vorstellungen entwickeln.

Der eilige Leser, der sich mit diesen teilweise theoretischen molekularbiologischen Überlegungen nicht aufhalten will, mag im Kapitel 1.3. weiterlesen.

1.2.3. Molekularbiologie der Bewegung

1.2.3.1. Molekularaufbau der dicken Filamente

Die dicken Filamente der Sarkomere sind keine homogenen Eiweißkörper, sondern bestehen aus 150 bis 360 Einzelmolekülen *(Myosinmolekülen)*, die bündelartig zusammengefaßt sind (siehe Abb. 1/6).
Jedes *Myosinmolekül* sieht ähnlich aus wie ein kleiner Golfschläger mit zwei Köpfen. Den langen Stiel bezeichnet man als *leichtes Meromyo-*

Abb. 1/6: Feinaufbau der Myosin- und Aktinfilamente

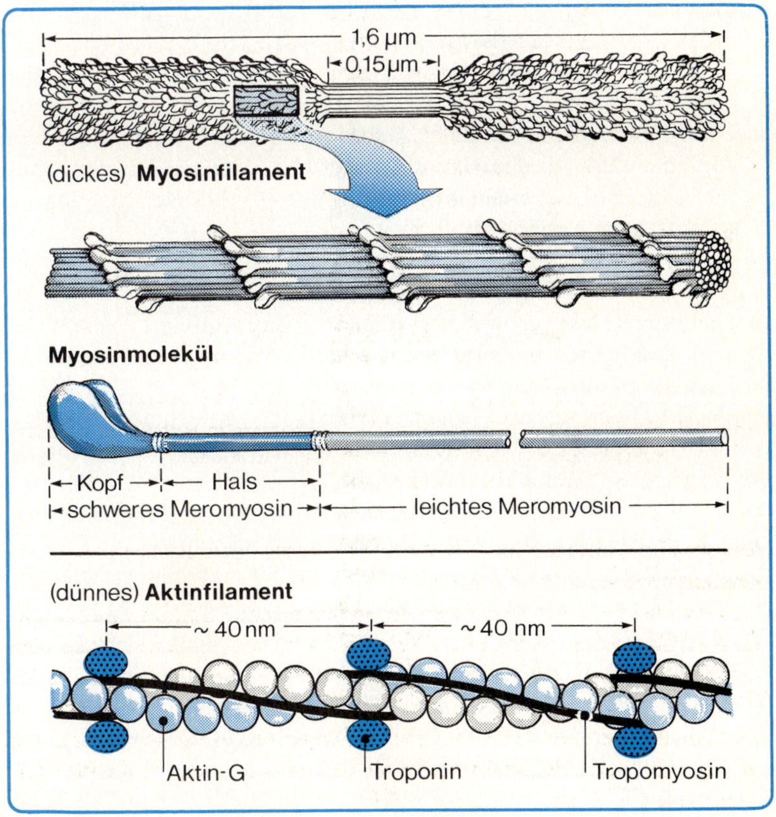

sin; Kopf und Hals, die untereinander und mit dem Stiel gelenkig verbunden sind, bezeichnet man zusammen als *schweres Meromyosin*.
Die einzelnen Myosinmoleküle sind in geordneter Weise so gebündelt, daß die schweren Myosinköpfchen gleichmäßig auf beide Seiten des dicken Filaments verteilt sind. Aus Abbildung 1/6 geht hervor, daß durch diese regelmäßige Art der Bündelung in der Mitte des dicken Filaments nur die Stiele gebündelt sind, während die Köpfe rechts und links in regelmäßigen Abständen nach allen Seiten aus dem Bündel herausragen.
Die chemischen Eigenschaften der Myosinköpfchen und ihre zweigelenkige Verbindung mit dem langen Myosinstiel weisen darauf hin, daß den Myosinköpfen bei der mechanischen Spannungsentwicklung im Sarkomer die wichtigste Funktion zukommt:

1. Sie enthalten große Mengen eines Enzyms (Myosin-ATP-ase), das in der Lage ist, durch die Spaltung von Adenosin-Triphosphat Energie für die mechanische Spannungsentwicklung freizusetzen (siehe Kap. 5.1.2.).
2. Die Myosinmolekülköpfchen haben eine starke Neigung, mit dem Aktinmolekül, das den Hauptbestandteil der dünnen Filamente bildet, eine chemische Bindung einzugehen (sie besitzen eine starke Affinität zum Aktinmolekül).

1.2.3.2. **Molekularaufbau der dünnen Filamente**

Bei näherer (elektronenmikroskopischer) Betrachtung bestehen die dünnen Filamente aus drei verschiedenen Eiweißmolekülen, dem Aktin, Troponin und Tropomyosin (siehe Abb.1/6, Seite 33). Das Aktinmolekül besteht aus zwei langen, miteinander verflochtenen Eiweißketten. Jede dieser Eiweißketten besteht aus circa 180 kleinen kugelförmigen Eiweißmolekülen (Aktin G).
Da das Aktinmolekül den Hauptbestandteil der dünnen Filamente ausmacht, bezeichnet man diese allgemein als *Aktinfilamente*.
Das Tropomyosinmolekül ist ein langer, dünner und relativ starrer Eiweißfaden, der sich wie eine Spirale in den Windungen des Aktinmoleküls entlangzieht. Circa alle 40 nm ist an diesem Faden ein Troponinmolekül angeheftet. Durch diese Art der Anheftung an das spiralige Tropomyosinmolekül ragen die kleinen Troponinkugeln um 120 Grad versetzt mal nach oben, mal nach unten und mal zur Seite über das verwrungene Aktinmolekül hinaus.
Die Affinität der Myosinköpfchen zu bestimmten Einraststellen auf

dem Aktinmolekül ergibt aus dem geringen Abstand zwischen den dikken und den dünnen Filamenten (in Ruhe circa 5 nm) und aus der Tatsache, daß die räumliche Konstruktion beider Moleküle wahrscheinlich so aufeinander abgestimmt ist, daß die Myosinköpfchen wie Schlüssel in die Schlösser des Aktinmoleküls passen.

Das Bestreben der Myosinköpfchen, sich an die Aktinfilamente anzulagern, wird unter Ruhebedingungen dadurch verhindert, daß die Anlagerungsstellen auf dem Aktinmolekül durch die Troponinkugeln blockiert sind. Wenn durch den mittelbaren Einfluß des Nervenimpul-

Abb. 1/7: Brückenbildung und Spannungsentwicklung zwischen Myosin- und Aktinfilament

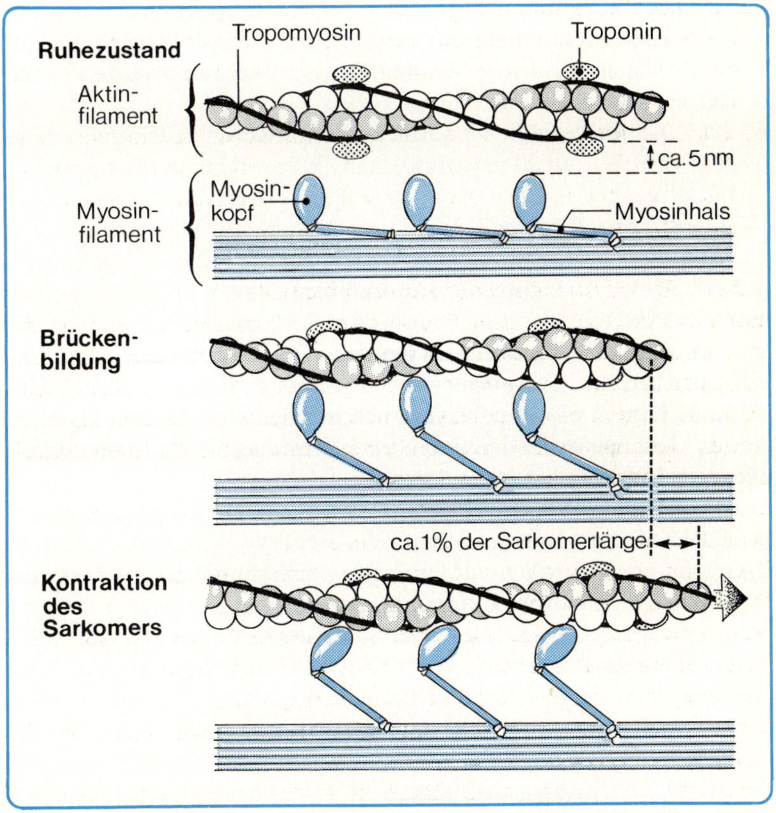

ses die Troponinmoleküle sich so umlagern, daß sie diese Einraststellen auf dem Aktinmolekül freigeben, können sich die zweigelenkig mit dem Myosinstiel verbundenen Myosinköpfchen zwar auf die Aktinmoleküle zubewegen und anlagern (eine Brücke schlagen); eine gegenseitige Verschiebung der dicken und der dünnen Eiweißfilamente resultiert daraus aber noch nicht.

Damit die Aktinfilamente unter Energieverbrauch in die Mitte des Sarkomers gleiten können, müssen vielmehr mehrere Vorgänge schnell hintereinander ablaufen, wobei nicht alle einzelnen Teilschritte Energie verbrauchen (siehe Abb. 1/7, Seite 35):

1. die Entriegelung der durch die Troponinkugeln blockierten Einraststellen auf dem Aktinmolekül (ohne Energieaufwand);
2. die Brückenbildung zwischen Myosinköpfchen und den Einraststellen auf dem Aktinmolekül (ohne Energieaufwand);
3. die aktive Kippbewegung des eingerasteten Myosinköpfchens, wodurch das Aktinfilament in die Mitte des Sarkomers gezogen wird (dazu wird Energie benötigt);
4. das Lösen der bestehenden Brücken und das erneute Blockieren der Einraststellen auf dem Aktinfilament (wozu ebenfalls Energie benötigt wird).

Während dieses Reaktionszyklus hat sich das dünne Filament ganz wenig (um 1 Prozent seiner eigenen Länge) auf die Mitte des Sarkomers zubewegt. Am Ende dieser Reaktionsfolge ist eine neue Ausgangsposition erreicht, von der, ausgelöst durch einen neuen Nervenimpuls, der gleiche Zyklus wieder von vorn beginnt – diesmal allerdings zwischen dem gleichen Myosinköpfchen und der nächsten Einraststelle auf dem Aktinmolekül, weil phasenverschoben jeweils andere Myosinköpfchen das dünne Filament in der einmal erreichten Position festhalten *(Tauziehprinzip)*.

1.2.3.3. **Kalziumschalter**

Gestartet wird die oben beschriebene Reaktionskette nach heutigen Vorstellungen durch die Einwirkung der Kalziumionen auf das Troponin, auf das Tropomyosinmolekül und auf die Myosinköpfchen.

Wenn ein motorischer Nerv seinen Muskelzellen eine Kontraktion befiehlt, werden aus besonderen Zellorganen der Muskelzelle (*sarkoplasmatisches Retikulum*; siehe unten) schlagartig große Mengen von Kalziumionen in die unmittelbare Umgebung der Aktinfilamente und der Myosinfilamente ausgeschwemmt.

Diese Kalziumionen verbinden sich sofort chemisch mit den Troponinkugeln, wodurch sich Troponinkugeln und Tropomyosinfaden so umlagern, daß die Einraststellen im Aktinmolekül frei werden und die automatische, affinitätsbedingte Brückenbildung zwischen Myosinköpfchen und dem Aktinmolekül nicht länger blockiert wird.
Erst der dritte Schritt der Reaktionskette, die aktive Kippbewegung der angehefteten Myosinköpfchen und die daraus resultierende Verschiebung von Aktin- und Myosinmolekülen, erfordert Energie. Diese Energie wird zum rechten Zeitpunkt ebenfalls unter dem Einfluß der Kalziumionen freigesetzt, und zwar durch die enzymatische Spaltung der energiereichen Verbindung Adenosin-Triphosphat *ATP* (siehe Kap. 5.1.2.).
Unter energetischen Gesichtspunkten ist es von besonderem Vorteil, daß das Enzym ATP-ase, welches diese Verbindung unter Energiegewinn sprengen kann, gerade in den Myosinköpfchen besonders reichlich gespeichert ist und ebenfalls durch Kalziumionen aktiviert wird.
Auf diese Weise starten die Kalziumionen die Brückenbildung zwischen Aktin und Myosinköpfchen und bewirken durch die Enzymaktivierung, daß fast gleichzeitig große Energiemengen für die aktive Kippbewegung in den Minigelenken des Myosinhalses und -köpfchens freigesetzt werden.

1.2.3.4. **Tauziehprinzip**

Da die Zugrichtung an beiden Enden des dicken Filaments entgegengerichtet ist, werden die Aktinfilamente durch die Kippbewegung der eingerasteten Myosinköpfchen von beiden Seiten auf die Mitte des Sarkomers zugezogen, so daß das Sarkomer insgesamt kürzer wird.
Allerdings führt eine einzelne Kippbewegung der Myosinköpfchen auf den beiden Seiten des dicken Filaments nur zu einer Sarkomerverkürzung von circa ein Prozent der Gesamtlänge des Sarkomers und damit zu einer geringen mechanischen Spannungsentwicklung.
Für eine stärkere Spannungsentwicklung (Verkürzung um circa 30 Prozent der Ruhelänge des Sarkomers) ist deshalb ein oft wiederholter Ablauf dieser Kippbewegung notwendig, wobei einige Myosinköpfchen des Sarkomers jeweils die erreichte Verkürzung aufrechterhalten, während andere, phasenverschoben arbeitende Myosinköpfchen schon zu einer neuen Ruderbewegung und Brückenbildung mit der nächsten Einraststelle des Aktinfilaments ausholen.
Damit sich die Brückenbildung und die daran anschließende Bewegung

in den Minigelenken zyklisch wiederholen kann, müssen selbstverständlich die bestehenden Brücken zunächst wieder gelöst werden. Offensichtlich ist nicht nur das Lösen der Myosinköpfchen aus der starren Verbindung mit dem Aktinfilament ein energieverbrauchender Prozeß; sondern Energie wird auch benötigt, damit aktive Pumpsysteme das Kalzium aus der Mikroumgebung der Myosinköpfchen und der Aktinfilamente wieder absaugen können. Ohne die Anwesenheit von Kalzium aber lagern sich Troponin- und Tropomyosinmoleküle wieder in ihre Ruhestellung um, wodurch die Anlagerungsstellen auf dem Aktinmolekül erneut blockiert werden.
Wegen ihres entriegelnden oder blockierenden Einflusses auf die Brückenbildung zwischen Myosinköpfchen und Aktinmolekül bezeichnet man Troponin und Tropomyosin gemeinsam auch als die *Regulatorproteine*.
Der aktive Abtransport des Kalziums und das Lösen der bestehenden Querbrücken dauert 10 bis 100 Millisekunden. Erst nach dieser Zeit kann ein neuer Nervenimpuls wiederum eine Kalziumausschwemmung in die Mikroumgebung der Filamente bewirken, wodurch der Zyklus von Entriegelung, Brückenbildung und daran anschließender Kippbewegung in den Minigelenken erneut ablaufen kann.
Da die Myosinköpfchen bei jedem neuen Brückenschlag in den jeweils nächsten Zahn des Aktinmoleküls einrasten, werden die Aktinfilamente durch dieses Nachfaßprinzip wie beim Tauziehen immer weiter in die Mitte des Sarkomers gezogen. Je nach Muskelart und abhängig davon, wie oft der motorische Nerv den Befehl dazu gibt, sind die einzelnen Myosinköpfe fünf- bis fünfzigmal pro Sekunde in Aktion. Durch dieses Tauziehprinzip und dadurch, daß Tausende von Sarkomeren in den Myofibrillen hintereinander angeordnet sind, addieren sich die minimalen Einzelverkürzungen letztlich zur Gesamtkontraktion der Muskelzelle und des gesamten Muskels.
Die Kontraktion etwa des Bizepsmuskels setzt sich also aus der Summe der Verkürzungen all seiner Sarkomere zusammen.

1.2.3.5. Bedeutung des Kalziums und des Adenosin-Triphosphats für die Muskelkontraktion

Aus der bisherigen Übersicht geht hervor, daß das zelluläre Ereignis, das die Muskelzelle schließlich zur Kontraktion anregt, die Kalziumausschwemmung in die Mikroumgebung der dicken und der dünnen Eiweißfäden ist.

Die Kalziumausschüttung ist nicht nur das Startsignal für die Muskelkontraktion, sondern Kalzium ist auch das Bindeglied zwischen der Muskelkontraktion und der Muskelerschlaffung (Relaxation).

Zusammenfassend kann man vier wichtige Funktionen des Kalziums unterscheiden:

1. Durch seine Verbindung mit dem Troponin verlieren die Regulatorproteine Troponin und Tropomyosin die hemmende Wirkung auf die Brückenbildung zwischen Aktin und Myosinköpfchen *(Starterfunktion)*.
2. Das Kalzium aktiviert ein Enzym (ATP-ase) in den Myosinköpfchen, so daß durch die enzymatische Spaltung des ATPs große Energiemengen für die aktive Kippbewegung in den Minigelenken der Myosinmoleküle freigesetzt werden *(Enzymaktivierung)*.
3. Auch ein weiteres Enzym, die Muskelphosphorylase, die in der Muskelzelle den Abbau der Glykogenspeicher zu Zuckertreibstoffmolekülen reguliert (siehe Kap. 5.2.2.), wird durch Kalziumionen aktiviert, wodurch auf Umwegen das verbrauchte ATP wieder nachgeliefert werden kann *(Enzymaktivierung)*.
4. Wenn das Kalzium durch die aktiven Pumpsysteme der Zelle aus der Umgebung der Sarkomere abgesaugt wird, lagern sich die Regulatorproteine Troponin und Tropomyosin wieder so um die lange Aktinkette, daß die Anlagerungsstellen blockiert werden und das Sarkomer keine weitere Spannung erzeugt *(Entspannung)*.

Das Zellorgan, über das die wechselnde Kalziumkonzentration in die Mikroumgebung des Sarkomers reguliert wird, ist das *sarkoplasmatische Retikulum* (siehe Abb. 1/8, Seite 40). Dieses ist ein intrazellulär gelegenes System aus überwiegend in Längsrichtung angeordneten Kanälen und kleinen Bläschen, das jedes Sarkomer netzartig umhüllt. Es besitzt aktive, energieverbrauchende Pumpsysteme, die die Kalziumionen aus der Mikroumgebung der Sarkomere aufsaugen und in den Bläschen speichern können. Wenn die Muskelzelle durch einen Nervenimpuls erregt und das Kalzium schlagartig aus den Bläschen des sarkoplasmatischen Retikulums ausgeschwemmt wird, steigt die Kalziumkonzentration in der Umgebung der dicken und der dünnen Filamente innerhalb von 20 Millisekunden um das circa Fünfhundertfache. Erst durch diese Konzentrationserhöhung kann das Kalzium seine oben beschriebenen Wirkungen ausüben.

Die Entspannung der Muskelzelle stellt sich ein, wenn die Wirkung des Nervenimpulses beendet ist und das Kalzium sofort mit Hilfe der akti-

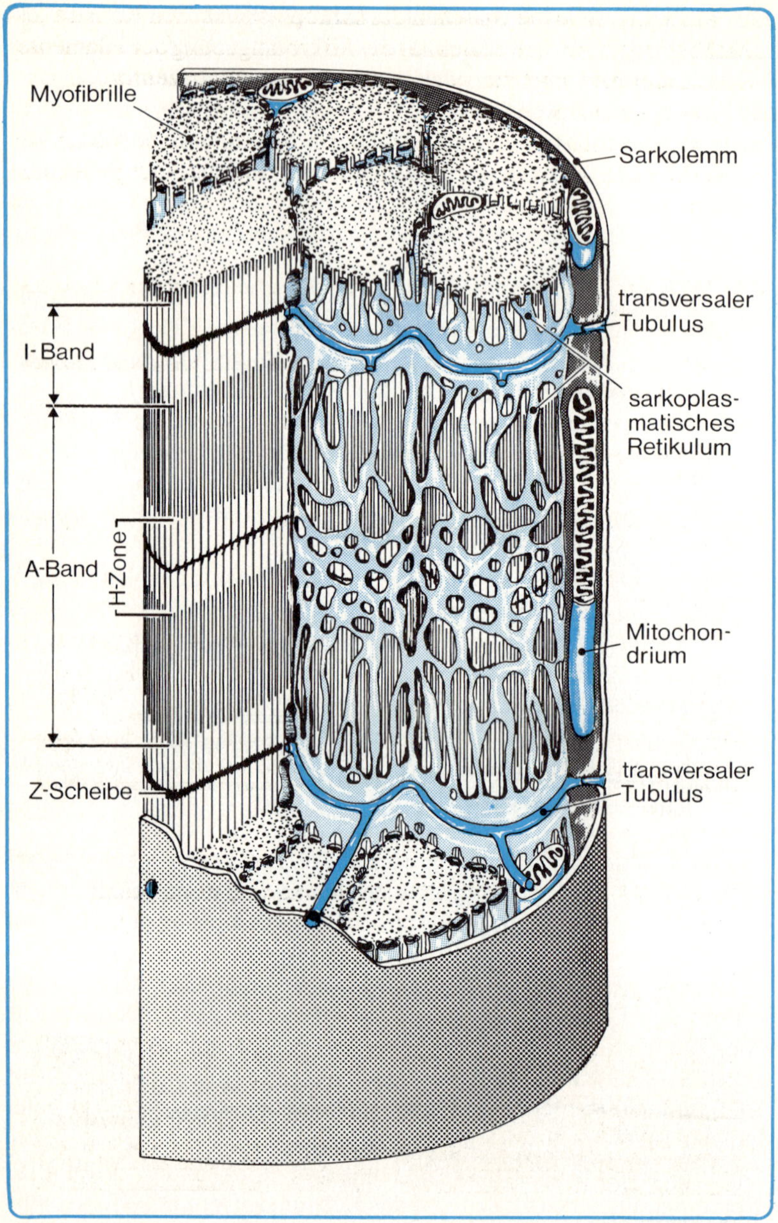
Myofibrille
Sarkolemm
transversaler Tubulus
I-Band
sarkoplasmatisches Retikulum
H-Zone
A-Band
Mitochondrium
transversaler Tubulus
Z-Scheibe

ven Pumpsysteme in die Bläschen des sarkoplasmatischen Retikulums zurückbefördert wird, so daß es aus der Mikroumgebung der Filamente verschwindet bzw. dort nur noch in ganz geringer Konzentration vorhanden ist (siehe Abb. 1/9).
Da diese Absaugpumpen beinahe ständig in Aktion sind, benötigen sie ununterbrochen Energie, die wie immer in Form des energiereichen

Abb. 1/8 (links): Anordnung des sarkoplasmatischen Retikulums und der transversalen Tubuli um die Myofibrillen

Abb. 1/9: Kalzium als Bindeglied zwischen Muskelerschlaffung und Muskelkontraktion

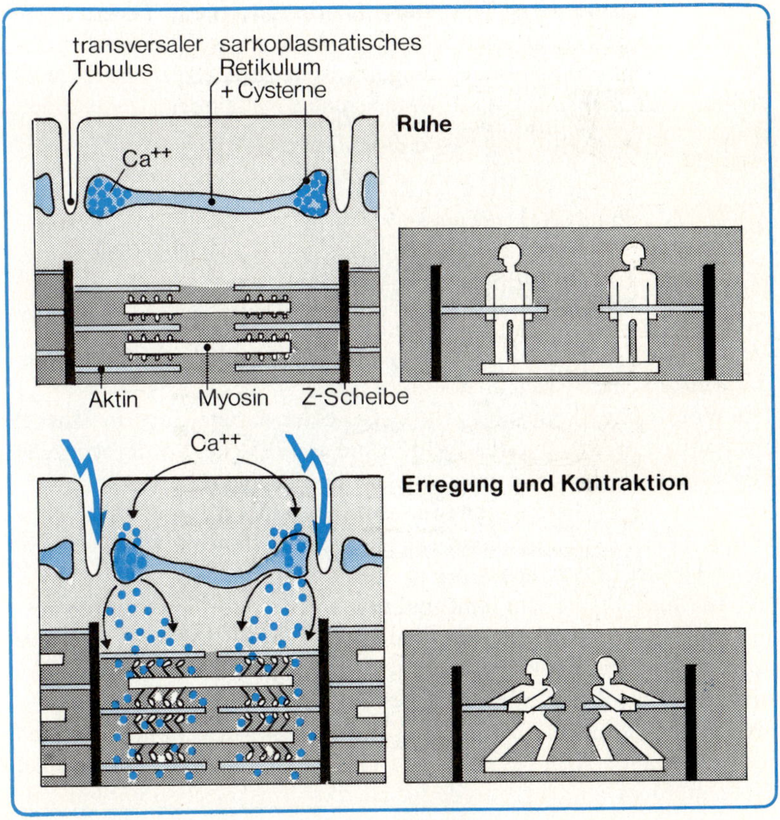

ATPs bereitgestellt wird. Dabei wird für zwei transportierte Kalziumionen ein Molekül ATP verbraucht. Die Anwesenheit von ATP ist also nicht nur eine Voraussetzung für die Muskelkontraktion, sondern auch für die Erschlaffung des Muskels. Da das ATP für den Abtransport der Kalziumionen benötigt wird und da offensichtlich auch die so bereitwillig eingegangene Verbindung zwischen Aktin und Myosinköpfchen nur unter weiterem Energieverbrauch wieder gelöst werden kann, spricht man im Zusammenhang mit der Muskelerschlaffung auch von der *Weichmacherwirkung des ATPs.* Nach dem Tode zum Beispiel erstarrt die Muskulatur deswegen (Totenstarre), weil sie ohne die ständige Nachlieferung von ATP nicht mehr erschlaffen kann.

Die Weichmacherwirkung des ATPs macht den Muskel im entspannten Zustand leicht dehnbar. Der niedrige Dehnungswiderstand der entspannten Muskulatur ist besonders wichtig für schnelle Bewegungen beim Sport, da sich bei allen blitzschnellen Kontraktionen – wie eines Beugers – der dazugehörige antagonistische Strecker ebenso schnell und leicht dehnen lassen muß, ohne Schaden zu nehmen.

1.3. Nerv und Muskel

1.3.1. **Motorische Einheit**

Man hat die Muskeln als ‹Sklaven der motorischen Vorderhornzellen› des Rückenmarks bezeichnet.

Die motorische Vorderhornzelle entscheidet darüber, ob ein Muskel Spannung entwickelt oder nicht. Eine motorische Vorderhornzelle kontrolliert niemals nur eine, sondern immer mehrere Muskelzellen. Mit allen von ihr befehligten Muskelzellen bildet die motorische Nervenzelle die sogenannte *motorische Einheit* (siehe Abb. 1/10).

Jeder Muskel besteht aus vielen motorischen Einheiten.

In den Muskeln, die sehr feine und präzis abgestufte Bewegungen ausführen (Fingermuskulatur), werden nur etwa 5 bis 10 Muskelzellen von einer motorischen Nervenzelle kontrolliert, wodurch die besonders feine und genaue Abstufung der Bewegungen ermöglicht wird.

Demgegenüber ist die Zahlenverteilung in den Muskeln mit gröberen Aufgaben anders. In der Rückenstreckmuskulatur sind zum Beispiel einer motorischen Nervenzelle bis zu 2000 Muskelzellen untergeord-

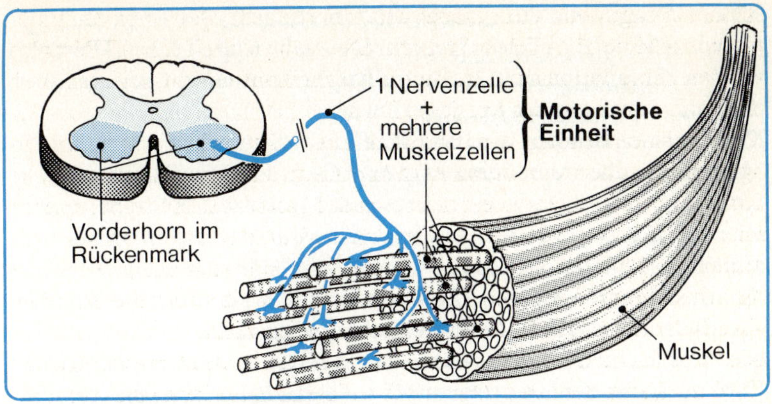

Abb. 1/10: Die motorische Einheit

net, so daß ein Impuls einer motorischen Vorderhornzelle beinahe gleichzeitig die 2000 Muskelzellen dieser motorischen Einheit erreicht und zur Kontraktion anregt. Dadurch ist die gleichzeitig mögliche Spannungsentwicklung im Muskel natürlich größer, aber die fein abgestufte Kontrolle des Nervensystems über die Muskelbewegung entsprechend geringer.
Die Muskelzellen einer motorischen Einheit liegen stets nur in einem Muskel; allerdings liegen die Zellen in diesem Muskel nicht immer nebeneinander, sondern sind über eine Region verteilt, deren Querdurchmesser circa 5 mm beträgt. Ein Querschnitt einer solchen Region zeigt ein schachbrettartiges Muster von Muskelzellen, die zu verschiedenen motorischen Einheiten gehören.
Alle Muskelzellen einer motorischen Einheit gehören immer zum gleichen Muskelfasertyp (siehe Kap. 1.6.).
Die verschiedenen motorischen Einheiten eines Muskels arbeiten niemals alle gleichzeitig, sondern phasenverschoben, wodurch es zur gleichmäßigen Kontraktion des gesamten Muskels kommt.

1.3.2. **Motorische Endplatte**

Die Übertragung des Nervenimpulses von den Endverzweigungen der Nervenzellfortsätze auf die Muskelzellen einer motorischen Einheit geschieht ähnlich wie die synaptische Übertragung des Impulses einer Nervenzelle auf die nächste Nervenzelle (siehe Kap. 2.2.2.). Allerdings werden die allermeisten Muskelzellen nur von einer Nervenendverzweigung *(synaptischer Knopf)* erreicht.

Die Empfangsstation, die das Signal des motorischen Nervs auf die Muskelzelle überträgt, bezeichnet man als *motorische Endplatte* (siehe Abb. 1/11). Normalerweise besitzt jede Muskelzelle nur eine motorische Endplatte, die sich ungefähr in der Mitte des langen Muskelzellschlauches befindet.

Wenn ein Nervenimpuls *(Aktionspotential)* aus dem Rückenmark an den Endverzweigungen der motorischen Nervenzelle angekommen ist, wird aus kleinen Speicherbläschen *(Vesikel)* in diesen synaptischen Endknöpfchen ein Überträgerstoff – *Azetylcholin* – freigesetzt (siehe Abb. 1/12). Dieses Azetylcholin gelangt sehr schnell durch die Zellmembran der synaptischen Knöpfe in den synaptischen Spalt zwischen Nervenzelle und Muskelzelle und durch den synaptischen Spalt an be-

Abb. 1/11: Die motorische Endplatte

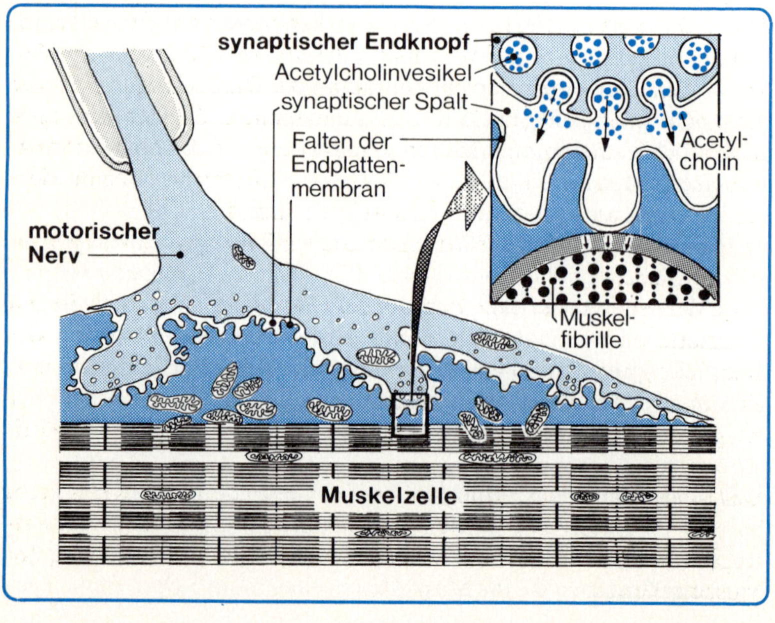

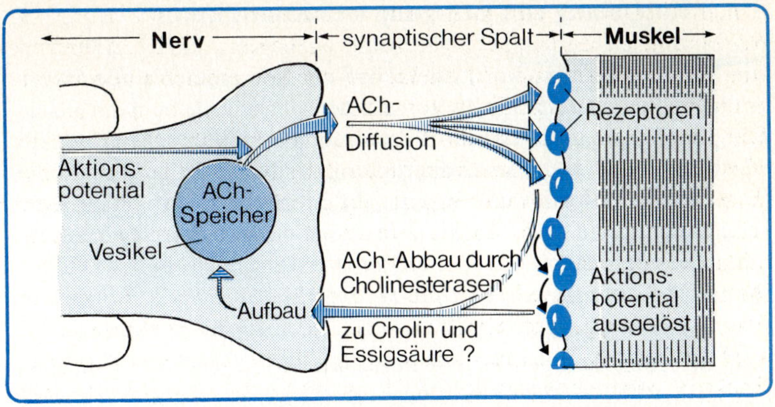

Abb. 1/12: Übermittlung des Nervenbefehls an der motorischen Endplatte durch den Überträgerstoff Azetylcholin (ACh)

sondere Aufnahmestellen der Muskelzellmembran *(Rezeptoren)*, die sich genau gegenüber dem synaptischen Endknopf der Nervenzelle befinden.

Durch die chemische Verbindung des Azetylcholins mit den Rezeptoren der motorischen Endplatte ändert die Muskelzellmembran in dieser Gegend für einen kurzen Zeitraum ihre Durchlässigkeit für die elektrisch geladenen Natrium- und Kaliumionen, die sich deswegen durch die Zellmembran hindurch so umverteilen, daß sich die normalerweise bestehende elektrische Spannungsdifferenz zwischem dem Äußeren und dem Inneren der Muskelzelle ändert.

Dieser Vorgang heißt *Depolarisation* und wird in Kapitel 2.4.3. genauer beschrieben.

Durch die Summe der chemischen Veränderungen an der motorischen Endplatte entsteht das sogenannte *Endplattenpotential.* Wenn das Endplattenpotential einen bestimmten Schwellenwert unterschreitet, entsteht das *Muskelaktionspotential,* das sich dann sehr schnell über die gesamte Zellmembran in alle Richtungen hinweg von der motorischen Endplatte ausbreitet.

Das Muskelaktionspotential wird über ein besonderes Leitungssystem bis in die Tiefe der Zelle, in die Mikroumgebung der Sarkomere, weitergeleitet und löst dort die mechanische Spannungsentwicklung der Muskelzelle aus.

1.3.3. **Koppelung von Erregung und Kontraktion**

Die Muskelzelle ist so konstruiert, daß ein Nervenimpuls alle Myofibrillen und damit auch alle Sarkomere der Muskelzelle beinahe gleichzeitig (in Abhängigkeit von ihrer Entfernung zur motorischen Endplatte) erreicht. Zur schnellen Weiterleitung des Nervenimpulses von der motorischen Endplatte und von der Zellmembran unmittelbar an die kontraktilen Eiweiße der Sarkomere besitzt die Muskelzelle ein besonderes Leitungssystem, das *System der transversalen Tubuli*, das *T-System* (siehe Abb. 1/8, Seite 40 und Abb. 1/13).

Abb. 1/13: Koppelung zwischen elektrochemischer Erregung und Kontraktion (elektromechanische Koppelung)

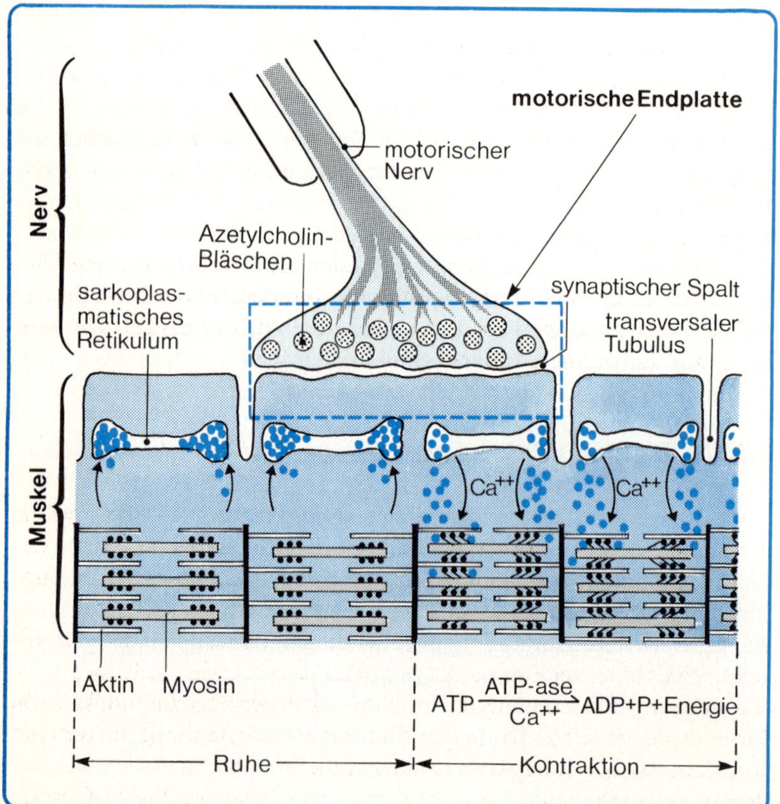

Die transversalen Tubuli sind senkrechte Einstülpungen der Muskelzellmembran, die bis an die kalziumhaltigen Bläschen des sarkoplasmatischen Retikulums und damit unmittelbar bis in die Nähe der Sarkomere reichen. Mit einer Geschwindigkeit von circa 5 m pro Sekunde wird das Muskelaktionspotential auf elektrochemischem Wege (siehe Kap. 2.4.7.) über dieses T-System rasch in die Tiefe der Muskelfaser fortgeleitet und führt in der Mikroumgebung der dicken und dünnen Filamente zur Kalziumfreisetzung aus den Endbläschen des sarkoplasmatischen Retikulums. Das aber bedeutet den Start der mechanischen Spannungsentwicklung des Sarkomers (siehe Kap. 1.2.3.3.).
Die Koppelung zwischen elektrochemischer Weiterleitung des Muskelaktionspotentials und der mechanischen Spannungsentwicklung in den Sarkomeren bezeichnet man als *elektromechanische Koppelung* (siehe Abb. 1/13).
Der Weg, den die Kalziumionen aus den Bläschen des sarkoplasmatischen Retikulums zu den dicken und den dünnen Filamenten zurücklegen müssen, ist außerordentlich kurz, so daß die Kalziumionen für die Überwindung dieser Distanz nur eine bis einige Millisekunden benötigen. Damit wird die Zeit zwischen der Erregung der Muskelzelle durch den Nervenimpuls und dem Beginn der mechanischen Spannungsentwicklung *(Latenzzeit)* sehr kurz.
Unter anderem ist diese Latenzzeit von der Temperatur abhängig. Die Latenzzeit ist um so kürzer, je höher die Temperatur des Muskels ist. Neben vielen anderen Vorteilen bewirkt die Aufwärmarbeit vor dem Start, daß der wärmere Muskel schneller reagiert.

1.3.4. **Alles-oder-Nichts-Gesetz**

Das Aktionspotential der Muskelzelle wird nur dann ausgelöst, wenn der Nervenimpuls in der Lage ist, die Durchlässigkeit der motorischen Endplatte so weit zu verändern, daß das Endplattenpotential einen bestimmten Schwellenwert unterschreitet (siehe Kap. 2.4.3.).
Auf unterschwellige (zu schwache) Reize reagiert die Muskelzelle gar nicht. Wenn aber das Endplattenpotential unter den Schwellenwert abfällt und ein Aktionspotential ausgelöst wird, reagiert die Muskelzelle immer in der gleichen Weise, nämlich mit einer beinahe gleichzeitigen Spannungsentwicklung all ihrer Sarkomere.
Diesen Zusammenhang bezeichnet man als Alles-oder-Nichts-Gesetz.

Nicht nur die einzelne Muskelzelle gehorcht diesem Gesetz, sondern alle Zellen einer motorischen Einheit. Wenn der Impuls einer einzigen motorischen Nervenzelle den geforderten Schwellenwert übersteigt, reagieren alle Zellen der motorischen Einheit annähernd gleichzeitig mit einer Kontraktion.
Für die Übertragung eines Nervenimpulses auf die Muskelzelle besitzt der menschliche Organismus nur eine Überträgersubstanz, das *Azetylcholin.* Dieses kann die Muskelzelle nur erregen, aber nicht hemmen. Die Entspannung der Muskelzelle (Relaxation) wird nicht durch einen anderen Überträgerstoff des Nervensystems bewirkt, sondern nur dadurch, daß die motorische Vorderhornzelle die Azetylcholinfreisetzung drastisch verringert.
Auch wenn die motorische Nervenzelle nicht erregt ist, gelangen durchschnittlich einmal pro Sekunde geringe Mengen von Azetylcholin aus den Bläschen der synaptischen Endknöpfe in den synaptischen Spalt. Diese geringen Mengen führen an der motorischen Endplatte der Muskelzelle zu einem ‹Miniatur-Endplattenpotential›, das allerdings wirkungslos verpufft, weil die Anzahl der freigesetzten Azetylcholinmoleküle zu gering ist, um den kritischen Schwellenwert zu unterschreiten und damit ein Aktionspotential bzw. eine Muskelzuckung auszulösen. Kommt dann ein Impuls im synaptischen Endknopf des motorischen Nervs an, wächst die Anzahl der pro Sekunde freigesetzten Azetylcholinquanten auf das Hundert- bis Tausendfache an. Diese Menge Azetylcholin ist normalerweise in der Lage, das Endplattenpotential unter den kritischen Schwellenwert zu verändern und ein Aktionspotential bzw. eine Zuckung der Muskelzelle auszulösen.

- Ein motorischer Nerv kann die ihm zugeordneten Muskelzellen seiner motorischen Einheit also nur erregen, aber nicht hemmen.

In diesem Punkt unterscheidet sich die Befehlsübertragung auf die Muskelzelle von der Befehlsübertragung zwischen zwei Nervenzellen, wo die algebraische Summe der erregenden und hemmenden Einflüsse verschiedener Überträgersubstanzen darüber entscheidet, ob die nächste Nervenzelle erregt wird oder nicht (siehe Kap. 2.4.5.).

- Die einzelne Muskelzelle und alle Zellen einer motorischen Einheit müssen dem Alles-oder-Nichts-Gesetz gehorchen. Da der Gesamtmuskel aber aus vielen verschiedenen motorischen Einheiten zusammengesetzt ist, die niemals alle gleichzeitig erregt sind, muß er diesem Gesetz nicht gehorchen – im Gegenteil, er kann seine Spannung sehr fein und wohl dosiert abstufen (siehe Kap. 1.5.).

1.3.5. **Superposition und Tetanus**

Wenn ein einzelner Nervenimpuls stark genug ist, die Muskelzellmembran so weit zu depolarisieren, daß ein Aktionspotential ausgelöst wird, führt das zu einer Einzelzuckung der Muskelzelle, die immer in gleicher Weise stereotyp abläuft und auch durch eine Zunahme der Reizintensität nicht beeinflußbar ist. Die Entstehung des Muskelaktionspotentials (die Zündung) verläuft etwa zehnmal schneller als die nach einer kurzen zeitlichen Verzögerung (Latenzzeit) beginnende mechanische Spannungsentwicklung der Muskelzelle mit der daran anschließenden Erschlaffung (siehe Abb. 1/14). Deswegen ist die ‹elektrische Zündung› der Muskelzelle bereits in der frühen Phase der mechanischen Spannungsentwicklung abgeschlossen.

Wenn nach Beendigung dieser ersten Zündung sofort ein zweiter Nervenimpuls auf die Muskelzelle einwirkt, wird sie wieder erregt, ohne vorher erschlaffen zu können. Zum Zeitpunkt der zweiten Zündung besteht, ausgelöst durch die erste Zündung, bereits eine gewisse Vorspannung der Muskelzelle, so daß die zweite Einzelzuckung gewissermaßen aus einem höheren Ausgangsniveau startet. Auf diese Weise entsteht durch zwei schnell aufeinanderfolgende Nervenimpulse in der Muskelzelle eine höhere mechanische Spannung als bei einer Einzelzuckung.

Die Spannungsentwicklung summiert sich; man spricht von Summation der Einzelzuckungen oder von *Superposition.*

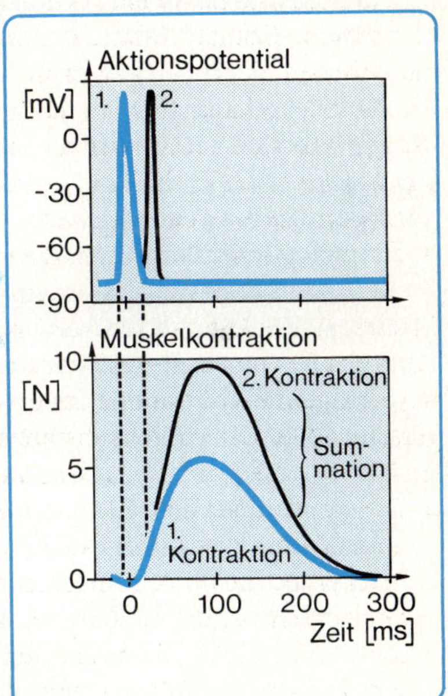

Abb. 1/14: Zeitverlauf von Aktionspotential und isometrischer Zuckung beim quergestreiften Muskel (schematisch). Die zweite Zuckung startet von einem höheren Ausgangsniveau.

Wenn bei höheren Reizfrequenzen des motorischen Nervensystems viele Nervenimpulse schnell genug aufeinanderfolgen, kann die Muskelzelle nicht mehr erschlaffen, sondern es kommt zu einer vollständigen mechanischen Überlagerung der Einzelzuckungen, was man als tetanische Kontraktion oder *Tetanus* bezeichnet (siehe Abb. 1/15).
Die Spannung, die eine Muskelzelle bei einer tetanischen Kontraktion entwickelt, ist abhängig von der Reizfrequenz und kann im vollständigen Tetanus vier- bis fünfmal so groß sein wie die Spannungsentwicklung einer Einzelzuckung.
Während Einzelzuckungen nur als Reflexantwort entstehen (siehe Kap. 2.5.1.1.), sind alle willkürlichen Verkürzungen der Skelettmuskulatur tetanischer Natur. Um eine Muskelkontraktion auszulösen, muß das motorische Nervensystem also immer ganze Salven von Nervenimpulsen in schneller Reihenfolge aussenden.
Aus Abbildung 1/15 geht hervor, daß auch bei einer tetanischen Kontraktion jeder überschwellige Nervenreiz durch ein dazugehöriges Muskelaktionspotential beantwortet wird.
Wann eine Muskelzelle in eine vollständige tetanische Kontraktion übergeht, ist abhängig von der Geschwindigkeit, mit der sie mechanische Spannung entwickeln kann und wieder erschlafft. Diese Geschwindigkeit ist wiederum überwiegend abhängig von der Geschwin-

Abb. 1/15: Vollständige mechanische Überlagerung von Einzelzuckungen zur tetanischen Kontraktion bei entsprechender Reizfrequenz

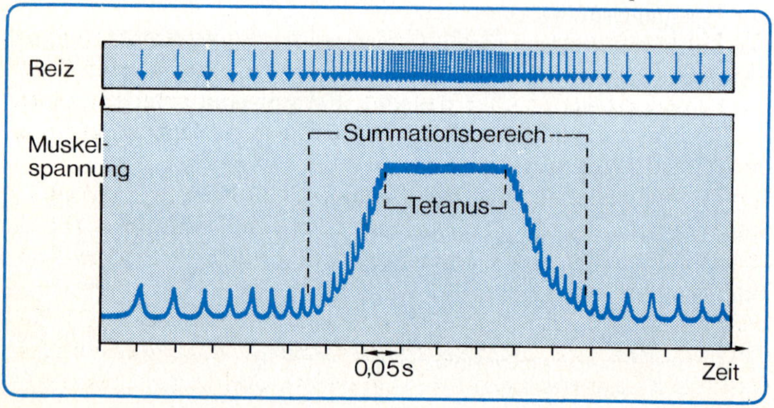

digkeit der Energiefreisetzung und damit vom ATP-ase-Gehalt der Myofibrillen.
In dieser Hinsicht bestehen die menschlichen Muskeln aus zwei grundsätzlich verschiedenen Muskelzellsorten: den *schnellen* und *langsamen Muskelfasern* (siehe Kap. 1.6.).
Die Frequenz, bei der die langsamen Fasern in einen vollständigen Tetanus übergehen (die Verschmelzungs- oder *Fusionsfrequenz*), liegt bei circa 20 ‹Zündungen› pro Sekunde (20 Hertz). Die Fusionsfrequenz der schnellen Fasern liegt bei circa 50 Hertz.
Durch die Anhäufung von Stoffwechselendprodukten nimmt die Fusionsfrequenz des ermüdeten Muskels ab, was möglicherweise eine Ursache dafür ist, warum gerade im ermüdeten Muskel häufiger Krämpfe auftreten.

1.4. Mechanisches Verhalten des Muskels bei Kontraktion und Dehnung

Obwohl die Muskelzellen, die die aktive Muskelspannung erzeugen, 85 Prozent der Muskelmasse ausmachen, ist der 15prozentige Bindegewebsanteil für die mechanischen Eigenschaften des Muskels ebenso wichtig. Denn die mechanischen Eigenschaften des Muskels setzen sich aus den verschiedenen Materialeigenschaften dieser beiden Hauptbestandteile zusammen.
Die Muskelzellen bzw. die Myofibrillen in den Muskelzellen besitzen *plastische* Eigenschaft, das heißt, sie setzen einer einwirkenden Kraft keinen nennenswerten oder dauernden Widerstand entgegen. Nach Aufhören der einwirkenden Kraft kehren sie auch nicht von allein in ihre Ausgangslänge zurück.
Der Bindegewebsanteil des Muskels besitzt *elastische* Eigenschaften, das heißt, er läßt sich durch einwirkende Kräfte zwar verformen, nimmt aber beim Aufhören der Krafteinwirkung unverzüglich seine Ausgangslänge wieder ein.
Weil das mechanische Verhalten des Skelettmuskels wesentlich dadurch bestimmt wird, daß die elastischen Bindegewebselemente zu den plastischen Zellelementen sowohl parallel wie auch in Serie geschaltet

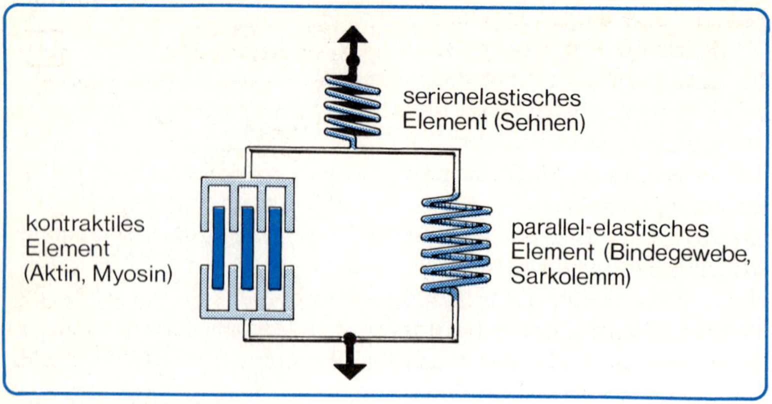

Abb. 1/16: Muskelmodell

sind, vergleicht man den Muskel gern mit einem entsprechenden mechanischen Modell (siehe Abb. 1/16).

Bei der aktiven Muskelkontraktion wie bei der passiven Dehnung des Muskels sind nach diesem Modell immer drei Strukturen betroffen:

1. die Muskelzellen bzw. die Myofibrillen als kontraktile Elemente der Muskelzelle;
2. die bindegewebigen Anteile, die zu den Myofibrillen parallel geschaltet sind (Endomysium, Perimysium, Faszie);
3. die bindegewebigen Anteile, die zu den Myofibrillen in Serie geschaltet sind (Sehnen).

Wenn ein erschlaffter Muskel langsam gedehnt wird, gleiten die Aktin- und Myosinfilamente zuerst fast widerstandslos teleskopartig auseinander. Gleichzeitig setzen die parallel geschalteten elastischen Bindegewebsanteile des Muskels der zunehmenden Dehnung einen zuerst langsam, dann immer schneller wachsenden Widerstand entgegen.

So kann man einen freipräparierten Froschschenkelmuskel relativ leicht bis auf das Doppelte seiner Länge auseinanderziehen; danach muß man aber überproportional stark ziehen, um den Muskel noch ein wenig länger zu ziehen.

Bei der Dehnung auf etwa das Dreifache der Ausgangslänge wird der Muskel zerreißen.

Überträgt man das Verhältnis von Vordehnungslänge und der dabei jeweils im Muskel herrschenden Spannung in ein Koordinatensystem

(Längen-Spannungsdiagramm), erhält man die Kurve der passiven Muskelspannung, die *Ruhedehnungskurve* (siehe Abb. 1/17 A). Diese Kurve zeigt, daß in dem völlig erschlafften Muskel keine Spannung herrscht.

Die plastischen Eigenschaften der Myofibrillen bestimmen offensichtlich die leichte Dehnbarkeit im flachen Teil der Kurve. Bei stärkerer Dehnung steigt der Widerstand des Skelettmuskels deswegen überproportional an (im steileren Bereich der Kurve), weil zunehmend die bindegewebigen elastischen Baumaterialien des Muskels eine weitere Ausdehnung verhindern.

Wenn der erschlaffte Skelettmuskel sich nicht so leicht bis auf beinahe das Doppelte seiner Länge dehnen ließe, würden im Sport sicherlich wesentlich häufiger Muskelverletzungen auftreten.

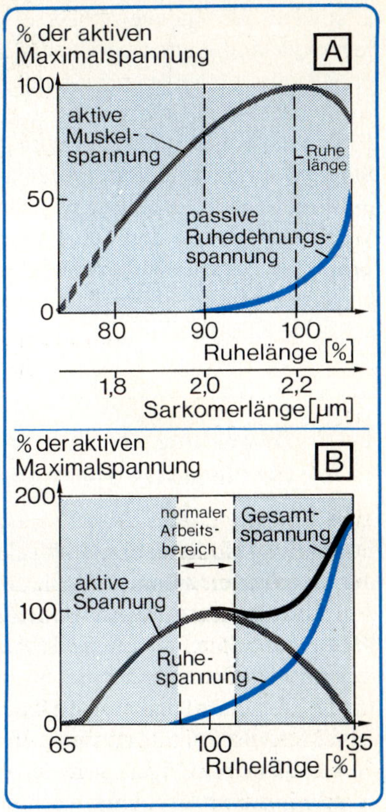

Abb. 1/17: (A) Aktiv erzeugbare Muskelspannung in Abhängigkeit von der Ausgangslänge zu Beginn der Kontraktion. (B) Die nach außen wirksame Gesamtspannung in Abhängigkeit von der Vordehnung.

Wenn ein Muskel durch einen Nervenbefehl zu einer Kontraktion angeregt wird, verkürzen sich immer die Sarkomere und Myofibrillen derjenigen Muskelzellen, die zur motorischen Einheit dieses Nervs gehören. Der gesamte Muskel zeigt aber zunächst keine entsprechende Verkürzung, da ein Teil der von den Sarkomeren aktiv entwickelten Spannung erst einmal dazu benutzt werden muß, die in Serie geschalteten bindegewebigen Anteile des Muskels auszudehnen. Das sind im wesentlichen die *Sehnen*, deren Fasern am erschlafften Muskel auch noch leicht wellig verlaufen.

Erst wenn die bindegewebigen elastischen Strukturen des Skelettmuskels vollständig angespannt sind, wirkt sich die von den Sarkomeren entwickelte aktive Spannung voll auf den knöchernen Ansatz bzw. Ursprung des Muskels aus.
Eine Stahlkugel kann man zum Beispiel mit Hilfe einer elastischen Stahlfeder nur dann vom Boden aufheben, wenn die Spannung in der elastischen Stahlfeder das Gewicht der Stahlkugel übersteigt.
Wenn die Last an den Sehnenenden zu schwer ist, findet überhaupt keine nach außen sichtbare Muskelverkürzung statt, obwohl die Sarkomere des Muskels ihre maximale Spannung erzeugen (isometrische/statische Kontraktion).

1.4.1. **Bedeutung der Sarkomerlänge für die aktive Spannungsentwicklung**

Die aktive Spannung, die ein Muskel entwickeln kann, ist abhängig von der räumlichen Stellung, die die dicken und die dünnen Eiweißfäden in den Sarkomeren zu Beginn der Kontraktion einnehmen.
Wenn man einen isolierten Muskel stufenweise vordehnt und ihn auf jeder Stufe künstlich zu einer isometrischen Kontraktion anregt, kann man beobachten, daß die von diesem Muskel aktiv erzeugte isometrische Muskelspannung zunächst ansteigt und dann wieder abfällt (siehe Abb. 1/17 A, Seite 53: Kurve der aktiven Muskelspannung).
Elektronen-optische Untersuchungen haben gezeigt, daß bei einer Vordehnung auf diejenige Länge, von der aus der Muskel seine größte aktive Spannung zu entwickeln vermag, die Länge seiner Sarkomere bei circa 2,0 bis 2,2 µm liegt (siehe Abb. 1/18). In diesem Zustand überlappen sich Aktin und Myosin räumlich in besonders günstiger Weise, so daß eine optimale Anzahl von Brückenbildungen pro Zeiteinheit ermöglicht wird.
Mit zunehmender Vordehnung des Muskels nimmt die aktive Muskelspannung immer weiter ab. Denn da allmählich auch die Sarkomere immer weiter auseinandergezogen werden, verringert sich der Grad der Überlappung von Aktin und Myosin, bis bei einer Sarkomerlänge von circa 3,5 µm die Myosinköpfchen die Aktinfilamente schließlich nicht mehr erreichen können und damit der Muskel keine Spannung mehr entwickeln kann.

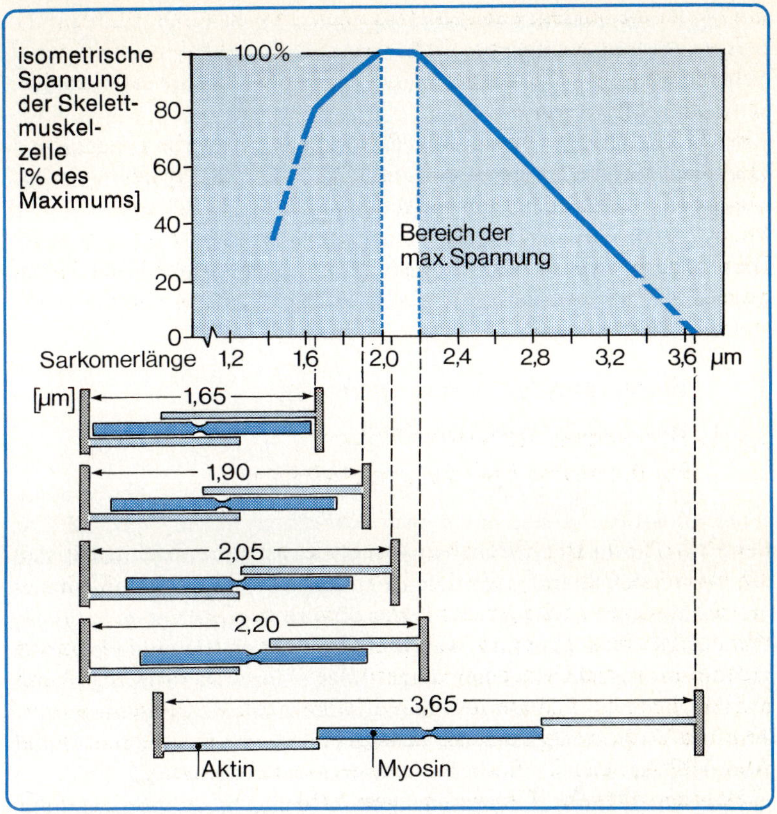

Abb. 1/18: Aktive isometrische Muskelspannung in Abhängigkeit von der Sarkomerlänge zu Beginn der Kontraktion

Wenn sich die Sarkomere bei der Muskelkontraktion verkürzen, überlappen sich schließlich auch die versetzt angeordneten dünnen Filamente und behindern sich so möglicherweise gegenseitig bei der Brükkenbildung mit den Myosinköpfchen. Bei einer Sarkomerlänge von circa 1,6 µm stoßen die dicken Myosinfilamente an die beiden begrenzenden Z-Scheiben des Sarkomers, so daß keine zusätzliche Spannung mehr entwickelt werden kann.

Auch die Tatsache, daß nach dem Gesetz der Volumenkonstanz ein sich verkürzendes Sarkomer gleichzeitig dicker wird, wirkt sich ungünstig

auf die Brückenbildung zwischen Aktin und Myosin und damit auf die Spannungsentwicklung aus.
Während bei einer Sarkomerlänge von circa 2,2 μm der Abstand zwischen den Myosinköpfchen und den Aktinfilamenten nur etwa 5 nm beträgt, wächst der Abstand zwischen den dünnen und dicken Filamenten bei einer Sarkomerlänge von circa 1,8 μm auf circa 13 nm (Nanometer) an. Es könnte sein, daß durch diese größere Entfernung zwischen den Aktinfilamenten und den Myosinköpfchen die Brückenbildung erschwert wird, was zu einer Abnahme der maximal möglichen Spannungsentwicklung beitragen würde.

1.4.2. **Steigerung der Gesamtspannung durch Ausholbewegungen**

Die Länge, von der ausgehend der Muskel seine größte aktive Spannung entwickeln kann, nennt man *Ruhelänge* (siehe Abb. 1/17 A, Seite 53). Diesen Begriff hat man gewählt, weil man beobachtet hat, daß die meisten Muskeln des menschlichen Körpers in entspannter Ruhelage zwischen ihrem Ansatz und ihrem Ursprung gerade eben auf diese Ruhelänge vorgedehnt sind. Wenn man die Muskeln bei einer Operation von ihrem Ansatz löst, ziehen sie sich noch einmal um 10 bis 20 Prozent auf ihre sogenannte *Minimal-* oder *Äquilibriumlänge* zusammen.
Aus der Ruhelänge kann der Muskel nicht nur deswegen optimal Spannung entwickeln, weil die Sarkomerlänge von circa 2,2 μm den günstigsten Überlappungsbereich von Myosin und Aktin garantiert, sondern auch deswegen, weil bei dieser Vordehnung auf circa 120 Prozent der Minimallänge die bindegewebigen, elastischen Anteile des Muskels gerade so weit vorgespannt sind, daß sich die von den Sarkomeren aktiv entwickelte Kraft optimal auf die Knochen übertragen läßt.
Viele Sportler wissen aber aus eigener Erfahrung, daß sich die nach außen wirksame Gesamtspannung des Muskels steigern läßt, wenn man ihn über den Bereich der Ruhelänge vordehnt. Wenn durch die Ausholbewegung beim Tennisaufschlag der große Brustmuskel *(Musculus pectoralis major)* über seine optimale Ruhelänge hinaus planmäßig vorgedehnt wird, sinkt zwar die aktiv von den Sarkomeren erzeugte Spannung, die nach außen wirksame Gesamtspannung steigt aber noch; denn die Gesamtspannung ist die Summe aus der aktiv erzeugten

Spannung und aus der Spannung, die passiv in den elastischen Strukturen des Muskels gespeichert werden kann, der Ruhedehnungsspannung.
Aus Abbildung 1/17 B, Seite 53, geht hervor, daß bei einer Vordehnung auf circa 130 Prozent der Ruhelänge die Ruhedehnungsspannung den wesentlichen Anteil an der nach außen wirksamen Gesamtspannung des Muskels ausmacht.
Es muß betont werden, daß die Vordehnung natürlich nur durch die aktive *Kontraktion* des jeweiligen Gegenspielers erfolgen kann. Denn im Gegensatz zur Muskelkontraktion ist die Dehnung immer ein passiver Vorgang; ein kontrahierter Muskel muß erst auf Erschlaffung *(Relaxation)* umgeschaltet werden, damit er ohne Schaden durch seinen Antagonisten (oder durch äußere Kräfte) gedehnt werden kann.

Zusammenfassend und vereinfachend kann man sagen, daß eine technisch perfekte Ausholbewegung sich deswegen so leistungssteigernd auswirkt, weil die Energie, die der Antagonist zur Vordehnung des betreffenden Muskels aufwendet, in den bindegewebigen, elastischen Muskelstrukturen gespeichert werden kann und sich im Augenblick der Kontraktion zu der vom Muskel aktiv entwickelten Spannung addiert. Voraussetzung für diese oft angewendete Technik ist natürlich, daß die in den bindegewebigen Strukturen gespeicherte Energie in den Längenbereichen oberhalb der Ruhelänge die allmähliche Abnahme der von den Sarkomeren aktiv entwickelten Spannung übersteigt.

Trotz dieser theoretischen Überlegungen über die Bedeutung der Ausgangslänge für die Gesamtkraft des Muskels ist es in der Praxis außerordentlich schwierig, die günstigste Position (den günstigsten Vordehnungsgrad) zu ermitteln, von der ausgehend ein Muskel seine Kraft auf einen äußeren Widerstand optimal übertragen kann. Man muß nämlich berücksichtigen, daß sich bei einer bestimmten Bewegung die Hebelverhältnisse, über die ein Muskel oder eine Muskelgruppe die Spannung auf das Skelettsystem überträgt, ständig ändern.

Da sich nach den Hebelgesetzen das Drehmoment der Last wie das Drehmoment der Kraft in außerordentlich komplexen Zusammenhängen ändern, muß man bei der Erarbeitung einer verbesserten sportlichen Technik auch und besonders die praktische Erfahrung berücksichtigen.

1.4.3. **Kontraktionsgeschwindigkeit**

Die Geschwindigkeit einer Muskelkontraktion ist ebenfalls abhängig von dem Grad der Überlappung zwischen Aktin und Myosin zu Beginn der Kontraktion. Aus seiner Ruhelänge heraus kann der Muskel die höchste Kontraktionsgeschwindigkeit erreichen. Die Kontraktionsgeschwindigkeit nimmt bei größerer wie bei kleinerer Ausgangslänge ab. Sie ändert sich umgekehrt proportional zur Belastung.
Eine schwere Hantel kann – bei gleichem Kraftaufwand – nur langsamer bewegt werden als etwa ein Tennisball. Am schnellsten wird sich ein unbelasteter Muskel in einer fast isotonischen Kontraktion kontrahieren (Bizepsmuskel: circa 7 m/Sekunde). Die höchste Spannung kann ein Muskel entwickeln, wenn er im Bereich seiner Ruhelänge gegen einen unüberwindlichen Widerstand anarbeitet, ohne sich dabei zu verkürzen *(isometrische Kontraktion).*

1.5. Nervöse Kontrolle der Spannungsentwicklung

Die nach außen wirksame Gesamtspannung eines Muskels wird nicht nur durch seine Vordehnung bestimmt; in erster Linie entscheidet das motorische Nervensystem darüber, welche Spannung ein Muskel erzeugt. (Auch die Vordehnung wird ja auf Umwegen durch das motorische Nervensystem bzw. durch die Tätigkeit der Antagonisten reguliert.)
Das motorische Nervensystem reguliert dabei die Spannungsentwicklung in einem bestimmten Muskel auf zwei grundsätzlich verschiedene Arten:
(1) durch die Aktivierung einer verschiedenen Anzahl motorischer Einheiten in diesem Muskel (Rekrutierung motorischer Einheiten),
(2) durch die Veränderung der Reizfrequenz (Frequenzvariation).
Zu 1: Ein Muskel besteht aus Tausenden von verschiedenen motorischen Einheiten. Um eine schwache Spannung zu erzeugen, genügt es, wenige motorische Einheiten dieses Muskels zu ‹rekrutieren›. Höhere Muskelspannungen entstehen, wenn entsprechend mehr motorische Einheiten aktiviert werden.

Wahrscheinlich werden auch bei der stärksten willkürlichen Muskelanspannung niemals alle motorischen Einheiten des Muskels gleichzeitig zu einer tetanischen Kontraktion angeregt; denn die dadurch entstehende Spannung würde den Muskel zerreißen. Verschiedene Schutzeinrichtungen wie das Golgische Sehnenorgan (siehe Kap. 2.5.1.3.) und hemmende Einflüsse besonderer Nervenzellen auf höherer Ebene des motorischen Nervensystems verhindern, daß alle motorischen Einheiten eines Muskels gleichzeitig aktiviert werden. Diese hemmenden, schützenden Einflüsse des zentralen Nervensystems können nur durch Hypnose oder Drogen aufgehoben werden. In Gefahrensituationen können hormonelle Umstellungen (z. B. Katecholaminausschüttung) diese hemmenden Einflüsse beseitigen, so daß in Ausnahmefällen ein höherer Prozentsatz der motorischen Einheiten eines Muskels für die möglicherweise lebensrettende Muskelkontraktion eingesetzt wird.

Der Schrei, den manche Gewichtheber im Augenblick der größten Kraftentfaltung ausstoßen, mag auf Umwegen über das zentrale Nervensystem dazu beitragen, daß eine größere Anzahl von motorischen Einheiten in der beanspruchten Muskulatur aktiviert und damit eine entsprechend größere Kraft freigesetzt werden kann.

Möglicherweise besteht ein wichtiger Effekt des *Krafttrainings* darin, daß solche hemmenden Einflüsse des zentralen Nervensystems in ihrer Wirkung abgemindert werden, so daß allmählich immer mehr motorische Einheiten gleichzeitig aktiviert werden können. Dann wäre der Kraftzuwachs nach einem Trainingsprogramm nicht nur auf Veränderungen in der Muskelzelle (siehe Kap. 1.7.1.) zurückzuführen, sondern auch auf eine Veränderung des Impulsmusters, das die motorischen Einheiten der krafttrainierten Muskeln erreicht.

Zu 2: Der zweite Weg, mit dem das Nervensystem die Muskelspannung kontrolliert, ist die Veränderung der *Reizfrequenz.* Wie auf Seite 50, Kap. 1.3.5. ausgeführt, steigt die von der Muskelzelle entwickelte mechanische Spannung an, bis die Fusionsfrequenz erreicht ist, wobei die Fusionsfrequenz für die verschiedenen Muskelfaserarten (schnelle Zuckungsfasern, langsame Zuckungsfasern) verschieden ist.

Wenn eine Last, gegen die ein Muskel anarbeiten muß, schwerer wird, ist die Rekrutierung zusätzlicher motorischer Einheiten der Weg, den das Nervensystem bevorzugt. Reicht er nicht mehr aus, wird die zweite Möglichkeit, die Erhöhung der Reizfrequenz, bis zum vollständigen Tetanus ausgeschöpft.

Normalerweise wird aber die asynchrone Rekrutierung verschiedener motorischer Einheiten gemeinsam mit der Frequenzvariation eingesetzt, wodurch eine äußerst feine Kontrolle der Muskelspannung durch das Nervensystem erreicht wird.

1.6. Zelltypen der quergestreiften Muskulatur

Bisher wurden die Eigenschaften und die Arbeitsweise der quergestreiften Muskulatur beschrieben, die allen Muskeln gemeinsam ist. Unabhängig davon lassen sich zwei Zelltypen unterscheiden, die wegen ihrer unterschiedlichen Fähigkeiten für verschiedene Zwecke verwendet werden:

1. die schnellen (weißen, phasischen) Zuckungsfasern,
2. die langsamen (dunklen, tonischen) Zuckungsfasern.

Zu 1: Die *schnellen Zuckungsfasern* sind gekennzeichnet durch ihre schnelle Verkürzungsgeschwindigkeit, die abhängig ist von dem hohen Gehalt des Enzyms ATP-ase, das in den Myofibrillen die Kontraktionsenergie aus der Spaltung des ATPs freisetzt (siehe Kap. 5.1.2.).
Die schnellen Zuckungsfasern enthalten viele Enzyme, durch die das verbrauchte ATP sehr schnell auch ohne Sauerstoff resynthetisiert werden kann *(anaerobe Kapazität)*. Durch diese biochemische Ausstattung sind sie geeignet, sehr schnell und explosiv Spannung zu entwikkeln, auch dann, wenn der Muskel bei seiner Kontraktion vorübergehend von der Sauerstoffversorgung abgeschnitten ist.
Allerdings enthalten sie weniger Mitochondrien mit den Enzymen für die aerobe Energiegewinnung als die langsamen Zuckungsfasern und können deswegen ihre ATP-Vorräte schlechter über den ökonomischen Weg der oxidativen Phosphorylierung wieder auffüllen (siehe Kap. 5.2.2.2.).
Deswegen ermüden sie bei länger dauernden Tätigkeiten schneller und sind für Ausdauerbeanspruchungen oder für die Stützaufgaben der Haltemuskulatur nicht so gut geeignet wie die langsamen Fasern.
Die schnellen Zuckungsfasern werden von großen motorischen Vorderhornzellen kontrolliert, die nur bei gezielten Bewegungsabläufen salvenförmige Nervenimpulse aussenden. Weil jede dieser motori-

schen Vorderhornzellen viele schnelle Muskelfasern kontrolliert (große motorische Einheit), kann die Erregung dieser schnellen motorischen Einheiten rasche und starke Muskelkontraktionen hervorrufen. Die schnellen Zuckungsfasern sind ideal ausgestattet, um explosionsartig hohe Spitzenspannungen zu erzeugen, wie sie beim Sprint oder beim Springen benötigt werden.

Zu 2: Die *langsamen Zuckungsfasern* kontrahieren sich langsamer, weil ihre ATP-ase-Aktivität niedriger liegt als die der schnellen Fasern. Die isometrische Einzelzuckung einer langsamen Katzenmuskelzelle dauert etwa 75 Millisekunden – im Gegensatz zur schnellen Faser, die für die gleiche Einzelzuckung nur 35 bis 40 Millisekunden benötigt. Auch die Erschlaffung (Relaxation) der langsamen Fasern dauert länger, weswegen sie schon bei Fusionsfrequenzen von circa 20 Hertz in eine tetanische Kontraktion übergehen (die schnellen Fasern bei circa 50 Hertz; siehe Kap. 1.3.5.). Demgegenüber sind die langsamen Fasern erheblich widerstandsfähiger gegen Ermüdung; denn sie enthalten sehr viel mehr Mitochondrien, kleine Zellkraftwerke, in denen die Enzyme der aeroben Energiegewinnung angesiedelt sind *(aerobe Kapazität)*. Ferner enthalten sie mehr roten Muskelfarbstoff (Myoglobin), der für den Sauerstofftransport durch die Zelle und eventuell auch für die Sauerstoffspeicherung in der Zelle verantwortlich ist.

Darüber hinaus ist das versorgende Kapillarnetz um die langsamen Muskelfasern dichter angelegt als um die schnellen.

Die langsamen Zuckungsfasern werden von kleinen motorischen Vorderhornzellen im Rückenmark kontrolliert, die auch in Körperruhe ununterbrochen Nervenimpulse mit niedrigeren Frequenzen abgeben. Wegen dieser Art der Innervation und wegen ihrer besonderen biochemischen Ausstattung sind die langsamen Muskelfasern besonders geeignet für stützmotorische Aufgaben und für Ausdauerbelastung.

Alle Muskelzellen einer motorischen Einheit gehören immer zum selben Zelltyp. Allerdings besitzt der Mensch keine Muskeln, in denen nur schnelle oder nur langsame Fasern vorkommen. Die Verteilung von schnellen und langsamen Fasern in einem bestimmten Muskel ist relativ homogen; so zeigt ein Querschnitt durch den äußeren Teil des Unterschenkelstreckers *(Musculus vastus lateralis)* ein schachbrettartiges Muster aus 50 Prozent schnellen und 50 Prozent langsamen Fasern. In den Muskeln der Haltemuskulatur kann der Anteil der langsamen Fasern bis zu 95 Prozent betragen. So enthält der Schollenmuskel mit seiner Haltefunktion bis zu 85 Prozent langsame Fasern im Gegensatz zum Zwillingswadenmuskel, der zwar auf das Sprunggelenk eine ähnliche Wirkung ausübt (siehe Seite 23), aber wegen seines höheren Anteils an schnellen Fasern mehr für die zielmotorische Aktivität beim Laufen oder beim Springen zuständig ist.

Hochleistungssprinter haben einen relativ höheren Anteil an schnellen Fasern als andere Menschen; Spitzenathleten in Ausdauerdisziplinen haben relativ mehr langsame Fasern als andere Menschen. Diese unterschiedliche Zusammensetzung ist aber nicht unbedingt durch gezieltes Training erworben; vielmehr scheint es so zu sein, daß der Anteil an schnellen oder langsamen Fasern schon vor der Geburt oder unmittelbar nach der Geburt festgelegt wird (genetisch determiniert).

Für das Erreichen einer Weltrekordleistung ist neben anderen Faktoren (Trainingsaufbau, organische Gesundheit, Leistungsmotivation usw.) offensichtlich auch die ‹Wahl der richtigen Eltern› von Bedeutung.

Neuere Untersuchungen haben allerdings gezeigt, daß die Funktion der beiden Muskelzelltypen abhängig ist von der Art der Innervation durch das motorische Nervensystem. Wenn man die Nerven schneller und langsamer Fasern durchtrennt und gekreuzt wieder vereint, kann man beobachten, daß die schnellen Muskelfasern ihren Charakter deutlich ändern und sich wie langsame Muskelfasern verhalten und umgekehrt. Möglicherweise werden die biochemischen Strukturen und damit die Eigenschaften der Muskelzellen wesentlich durch die Art der Innervation bestimmt.

Es gibt Hinweise dafür, daß bestimmte Substanzen durch Nervenzellen in die Peripherie fließen, in die Muskelzelle eindringen und die biochemische Ausstattung dieser Zelle verändern können (neurotropher Effekt). Deshalb ist es denkbar, daß sich durch systematisches Training das Innervationsmuster bestimmter motorischer Einheiten ändert, wodurch sich die Muskelzellen mehr in die Richtung des einen oder des anderen Typus entwickeln.

1.7. Trainingsauswirkungen auf den Skelettmuskel

Sportliches Training ist das planmäßig wiederholte Ausführen von Bewegungsabläufen mit dem Ziel, die körperliche Leistungsfähigkeit zu steigern oder über längere Zeit zu erhalten.
Die im Training belasteten Organsysteme zeigen dabei in Abhängigkeit von Qualität und Quantität des Trainings bestimmte Veränderungen in ihrem Aufbau (morphologische Veränderungen), die ihre Funktion verbessern. Durch diese Verbesserungen lassen sich dann Technik, Stil und Taktik je nach Sportart so optimieren, daß die gewonnene Kondition voll ausgenutzt werden kann.
Für die Trainingsreize gilt unverändert die Regel, die ROUX Ende des 19. Jahrhunderts aufgestellt hat:

- Geringe Reize bringen nichts, mittlere nützen, große schaden.

Verbessert wird normalerweise genau die Fähigkeit, die trainiert wird. Krafttraining erhöht die Muskelkraft, Ausdauertraining verbessert die Widerstandsfähigkeit gegen Ermüdung.
Durch regelmäßig betriebenes Training lassen sich drei Eigenschaften der Skelettmuskulatur verbessern:

1. die Grundkraft,
2. die Schnellkraft,
3. die lokale Muskelausdauer.

1.7.1. **Krafttraining**

Die maximale Spannung, die ein Muskel gegen einen festen Widerstand ausüben kann, ist abhängig:

- vom Gesamtquerschnitt der aktivierten Muskelzellen (40 bis 100 N/cm^2);
- von der Anzahl der aktivierten motorischen Einheiten;
- von der Reizfrequenz, mit der das motorische Nervensystem den Muskel erregt;
- von der Länge des Muskels zu Beginn der Kontraktion;
- von der intermuskulären Koordination (zwischen mehreren Mus-

keln) und der intramuskulären Koordination (zwischen den verschiedenen motorischen Einheiten des gleichen Muskels);
- von der Gelenkstellung (dem Arbeitswinkel).

Eine Auswirkung des Krafttrainings, durch die die Grundkraft des Muskels zunimmt, besteht darin, daß durch den Trainingsreiz neues Zellmaterial gebildet wird, wodurch der Gesamtquerschnitt der Muskelzellen zunimmt. Grundsätzlich kann diese Querschnittszunahme durch eine zahlenmäßige Zunahme der Muskelzellen in diesem Muskel *(Hyperplasie)* wie durch das Wachstum und die Querschnittsvergrößerung der vorhandenen Muskelzellen *(Hypertrophie)* geschehen.

Obwohl in Tierversuchen zu beobachten ist, daß der Kraftzuwachs beim Krafttraining mit einer Zunahme der Muskelzellzahl verbunden sein kann, ist man heute überwiegend der Auffassung, daß der Kraftzuwachs des trainierten menschlichen Muskels in erster Linie auf die Hypertrophie der vorhandenen Muskelzellen zu beziehen ist.

Das Dickenwachstum der auf Kraft trainierten Muskelzelle ergibt sich in erster Linie aus der Querschnittsvergrößerung der kontraktilen Eiweißfäden in den Myofibrillen (Sarkomeren) und deren zahlenmäßiger Zunahme, obwohl sich auch die anderen Bausteine der Muskelzelle (Mitochondrien, sarkoplasmatisches Retikulum, Glykogen-Depots) proportional vermehren.

Für die Beobachtung, daß das Dickenwachstum der krafttrainierten Muskelzelle vor allem durch die Vermehrung der kontraktilen Eiweißfäden bedingt ist, spricht ferner die Erfahrung, daß bei einer Verdoppelung des Muskelgewichts die Grundkraft des Muskels um den Faktor drei zunimmt.

Der auslösende Reiz für die Hypertrophie der Muskelzelle ist die wiederholte mechanische aktive oder passive Spannungsentwicklung. Nach der Art dieser Spannungsentwicklung unterscheidet man in der Trainingspraxis zwei Hauptgruppen:
- das isometrische oder statische Krafttraining und
- das dynamische Krafttraining.

Athleten trainieren heute nicht mehr nur nach der einen oder der anderen Methode; meistens besteht das Trainingsprogramm aus einer sinnvollen Kombination zwischen statischen und dynamischen Kraftübungen, wobei je nach Sportart auch Mischformen wie isokinetische oder exzentrische Kraftübungen eingesetzt werden.

Der Umfang dieses Buches erlaubt es allerdings nicht, auf die Praxis des Krafttrainings einzugehen; dazu sei auf die einschlägige Literatur der Trainingslehre verwiesen. In bezug auf die physiologischen Gesetzmäßigkeiten werden deshalb nur die wesentlichen Unterschiede zwischen dem statischen und dem dynamischen Krafttraining erläutert.

1.7.1.1. Isometrisches Krafttraining

Durch isometrische Übungen können kleine Muskelgruppen gezielt mit maximaler Spannung belastet werden, was bei dynamischen Übungen wegen der bei einer Bewegung ständig wechselnden Hebelverhältnisse nicht möglich ist.

Die Dosierung von Trainingsintensität, Belastungsdauer und Trainingshäufigkeit ist beim isometrischen Training sehr übersichtlich, was schnell zu der erstaunlichen Erfahrung geführt hat, daß sich schon mit geringem Trainingsaufwand die Grundkraft eines Muskels erheblich steigern läßt.

So genügen für den untrainierten Anfänger nur drei bis sechs isometrische Muskelkontraktionen mit 60 bis 70 Prozent der maximalen Kraft und einer Dauer von sechs bis zehn Sekunden täglich, um am Beginn des systematischen Krafttrainings einen optimalen Kraftzuwachs des trainierten Muskels zu erreichen.

Spitzenathleten müssen natürlich wesentlich häufiger und intensiver trainieren, da der trainingsbedingte Kraftzuwachs um so kleiner ist, je höher die bereits vorhandene Grundkraft ist.

Wegen der Möglichkeit, gezielt auf bestimmte Muskeln oder Muskelgruppen Einfluß zu nehmen, wird das statische Training häufig zur Wiederherstellung der Muskeln benutzt, die nach einer langen Inaktivitätsperiode, etwa im Gipsverband, ihre Kraft verloren haben (Rehabilitation).

Ein weiterer Vorteil des isometrischen Trainings liegt darin, daß es sich mit wenig Aufwand durchführen läßt. Ein Türrahmen oder ein Reck bieten ausreichende Trainingsmöglichkeiten für fast alle Muskelgruppen.

Ein Nachteil des relativ schnell erworbenen Kraftzuwachses besteht darin, daß nach Absetzen des Trainings diese Kraft sehr viel schneller verlorengeht als die durch ein dynamisches Krafttraining langsamer erworbene Kraft. So ist ein über zwölf Wochen erworbener Kraftzuwachs von circa 30 Prozent nach 30 Wochen wieder auf den Ausgangswert abgesunken, wenn man nicht mindestens zwei- bis dreimal wöchentlich weitertrainiert.

Die lokale Muskelausdauer wird durch ein isometrisches Training nicht gefördert, da der mechanische Spannungsreiz zwar sehr intensiv ist, aber offensichtlich zu kurz einwirkt, um etwas anderes als eine Vermehrung der kontraktilen Eiweißfäden zu bewirken.

1.7.1.2. Dynamisches Krafttraining

Für den gleichen Kraftzuwachs benötigt man bei dynamischen Übungen einen erheblich höheren Trainingsaufwand als bei statischen. Dieser Nachteil wird aber durch eine Reihe von Vorteilen mehr als ausgeglichen, so daß das dynamische Krafttraining mit seinen Untergruppen heute von den meisten Sportlern und Trainingstheoretikern höher bewertet wird als das statische.
Der wichtigste Vorteil besteht darin, daß mit dem Kraftzuwachs auch die lokale Muskelausdauer verbessert wird, besonders die inter- und intramuskuläre Koordination.
Die zentrale Bedeutung des motorischen Nervensystems für die Kraftentwicklung und den trainingsbedingten Kraftzuwachs wird aus der Beobachtung deutlich, daß bei dynamischen Kraftübungen zum Beispiel mit Hanteln die Grundkraft des trainierten Muskels schon nach einer Woche meßbar ansteigen kann, ohne daß es zu einer entsprechenden Vermehrung der Muskelmasse (Hypertrophie) kommt. Dieser Kraftzuwachs bei dynamischen Übungen ist ausschließlich auf die Verbesserung der inter- und intramuskulären Koordination (Abnahme der hemmenden Einflüsse des Antagonisten, Bahnung bestimmter Schaltkreise; siehe Kap. 1.1.6.) zurückzuführen.
Die gleichzeitige Schulung der Bewegungskoordination durch dynamische Kraftübungen führt zu praxisnahen Anwendungsmöglichkeiten, da es sich immer wieder zeigt, daß man die für einen bestimmten Bewegungsablauf notwendige Kraft am besten dadurch trainiert, daß man diese Bewegung immer wieder ausführt (z. B. Kugelstoßen mit einer schwereren Kugel).
Der meßbare Kraftzuwachs liegt deutlich niedriger, wenn genau die gleichen Muskelgruppen für andere, ungewohnte Bewegungen eingesetzt werden, deren koordinierter Ablauf vorher nicht trainiert wurde.
Während bestimmte Dopingsubstanzen oder hypnotische Einflüsse die maximale Kraftentwicklung durch ihren Einfluß auf das Impulsmuster des motorischen Nervensystems steigern können, bringen nach heutiger Auffassung die im Kraftsport weit verbreiteten Anabolika während eines sinnvoll gestalteten Krafttrainingsprogramms für

Männer keinen zusätzlichen Kraftgewinn. Deswegen und wegen der gefährlichen Nebenwirkungen (Leberschädigung) muß man aus sportmedizinischer Sicht unbedingt von der Einnahme solcher Hormone abraten.

Für eine sinnvolle, progressive Trainingsgestaltung ist auch heute noch der antike Grieche Milon von Kroton vorbildlich, der sein Trainingsprogramm damit begonnen haben soll, täglich mehrere Male ein neugeborenes Kälbchen zu stemmen, und so lange fleißig weitertrainiert hat, bis er dieses Kalb auch dann noch stemmen konnte, als es zu einem kräftigen Stier ausgewachsen war.

Neben der verbreiteten Anwendung im Leistungssport gewinnt das dynamische Krafttraining zunehmend im Schulsport an Bedeutung, besonders wenn es um die Verhütung oder die Behandlung von Haltungsschwächen bei Jugendlichen geht.

Für Sportler, die mit einem Krafttraining beginnen wollen, hat sich die Beachtung folgender Regeln bewährt:

- Vor Aufnahme des Krafttrainings sollte eine ärztliche Untersuchung, insbesondere der Wirbelsäule, durch einen orthopädisch ausgerichteten Sportarzt stattfinden. Durch diese Untersuchung können Veränderungen des Skeletts und der Wirbelsäule, die gelegentlich schon während der Wachstumsphase auftreten, rechtzeitig erkannt werden.
- Jedes Training sollte mit einer mindestens zehnminütigen Aufwärmphase begonnen werden, die aus Übungen mit leichten Gewichten, Lockerungs- und Dehnungsübungen und aus dem sogenannten Stretching (siehe Seite 286) besteht. Durch diese Vorbereitung sinkt die Verletzungsgefahr. Während des Trainings ist darauf zu achten, daß der Muskel seine Betriebswärme beibehält (geeignetes Trainingszeug).
- Jede neue Übung muß anfangs vorsichtig und mit geringer Belastung einstudiert werden, bis die motorische Grobform beherrscht wird.
- Nach der Aufwärmphase soll zuerst mit hoher Belastung trainiert werden; im weiteren Verlauf muß die Belastungsintensität allmählich abnehmen, weil durch die beginnende Ermüdung die Verletzungsgefahr zunimmt.
- Die einzelnen Muskelgruppen (Arme, Rumpf, Beine) sollen nacheinander und im Wechsel belastet werden, weil dadurch die Erholungsphase verlängert und Überlastungen vermieden werden.
- Ausreichende Pausen zwischen den einzelnen Übungsserien sollen

so bemessen sein, daß die Pulsfrequenz unter 120 Schläge pro Minute absinkt.

- Vor Aufnahme eines Hanteltrainings muß man sich mit der vorschriftsmäßigen Hebetechnik vertraut machen. Um die besonders gefährdeten Zwischenwirbelscheiben zu schonen, muß der Rücken möglichst flach und gestreckt gehalten werden; das kann man erreichen, wenn man den Kopf zurückbeugt und den Blick nach vorn oder nach oben richtet.
  Die Aufrichtung des Oberkörpers erfolgt im Knie und im Hüftgelenk, nicht im Lendenwirbelsäulenbereich. Das läßt sich erreichen, indem man die Hantel möglichst dicht am Schienbein und am Körper entlangführt. Preßatmung muß wegen der Rückwirkungen auf das Herz-Kreislauf-System (siehe Seite 194) unbedingt vermieden werden.
- Vor dem 14. Lebensjahr sollten Kinder nicht mit Scheibenhanteln oder an anderen Kraftgeräten trainieren, um nachteilige Auswirkungen auf das wachsende Skelettsystem zu vermeiden. Ein kindgemäßes Krafttraining besteht in Partnerübungen mit möglichst gleich schweren Partnern.
- Im Leistungstraining soll der Kraftzuwachs nicht zu schnell antrainiert werden, da die Neubildung von Sehnen, Band- und Knochengewebe sowie die Dickenzunahme der Gelenkknorpelschicht erfahrungsgemäß langsamer vonstatten geht als die Muskelhypertrophie.
- Da durch das Krafttraining neues Muskelzellmaterial aufgebaut wird, muß man darauf achten, daß man während des Trainings ausreichende Eiweißmengen (zwei bis drei Gramm pro Kilogramm Körpergewicht und Tag) zu sich nimmt.

Spitzensportler, die ihre Wettkämpfe in Gewichtsklassen austragen, versuchen oft, vor dem Wettkampf Gewicht zu verlieren, um in die nächstniedrige Klasse eingeordnet zu werden. Vor den verbreiteten Prozeduren der Gewichtsabnahme vor dem Wiegen durch wenig Essen, wenig Trinken und Schwitzen muß von sportmedizinischer Seite eindringlich gewarnt werden: Sie wirken sich nicht nur nachteilig für den bevorstehenden Wettkampf aus, sondern sind überdies auch gefährlich.

Die wichtigsten Nachteile und Gefahren sind:
- Abnahme der maximalen Muskelkraft,
- Abnahme der lokalen Muskelausdauer,
- Abnahme des Plasma- und Blutvolumens,

- Abnahme der Herzleistung bei submaximalen Belastungen (kleineres Herzminutenvolumen, kleineres Schlagvolumen, höhere Herzfrequenz; siehe Kap. 3.3.),
- Verschlechterung der Wärmeregulationsmechanismen,
- Abnahme der Nierendurchblutung und damit der Flüssigkeitsfiltration durch die Nieren,
- Entleerung der Glykogenspeicher in der Leber,
- Verlust an Körperelektrolyten.

Da diese Veränderungen möglicherweise das Wachstum und die Entwicklung beeinträchtigen, sind mit dieser Warnung besonders junge Kraftathleten angesprochen.

Im übrigen würden viele Kraftsportler durch den vernünftigen Verzicht auf Anabolika von allein ein besseres Leistungsgewicht erreichen; denn Anabolika machen Männer zwar schwerer, aber nicht kräftiger.

1.7.2. **Schnellkrafttraining**

Die Schnellkraft (engl.: power) wird definiert als diejenige Kraft, die eine bestimmte Muskelgruppe pro Sekunde gegen einen Widerstand ausüben kann (dynamische Kraft pro Sekunde). Sie ist abhängig von der

- Grundkraft des Muskels,
- Kontraktionsgeschwindigkeit der aktivierten Muskulatur (langsame, schnelle Zuckungsfasern; siehe Seite 60),
- Größe der zu bewegenden Last,
- intra- und intermuskulären Koordination,
- Ausgangslänge der Muskeln zu Beginn der Kontraktion,
- Gelenkstellung (Arbeitswinkel),
- Motivation.

Die Schnellkraft läßt sich gleichzeitig mit der Grundkraft durch dynamische Kraftübungen trainieren, durch die nicht nur die Koordination verbessert wird, sondern auch die Kraftreserven zunehmen. Die gleiche Last kann dann mit Hilfe der neugebildeten ‹Reservemyofibrillen› entsprechend schneller bewegt werden (siehe Seite 58).

Der durch isometrische Übungen gewonnene Kraftzuwachs wirkt sich nur wenig auf die Zunahme der Verkürzungsgeschwindigkeit und damit auf die Verbesserung der Schnellkraft aus. Das liegt zum einen si-

cher daran, daß durch das statische Training die Koordination eines Bewegungsablaufs nicht entsprechend trainiert werden kann; zum anderen sollen durch die relativ schnelle und starke Zunahme der Muskelmasse die inneren Reibungswiderstände des Muskels ansteigen und der Fiederungswinkel der hypertrophierten Muskelzellen zum jeweiligen Sehnenansatz (siehe Seite 18) stumpfer werden, wodurch der Arbeitswinkel sich verschlechtert.
Im Zusammenhang mit dem Schnellkrafttraining sei kurz auf die *Reaktionsschnelligkeit* eingegangen.
Die im wesentlichen durch die Funktion des Nervensystems bedingte Reaktionsschnelligkeit ist weitgehend durch die Fähigkeit bestimmt, schnell auf einen wahrnehmbaren Reiz zu reagieren (Startschuß). Sie verbessert sich im Laufe der Entwicklung bis zum Erreichen des Erwachsenenalters bei Jungen und Mädchen; trainieren aber läßt sie sich kaum. So haben Untersuchungen gezeigt, daß Fechter, Sprinter oder ein Fußballtorwart, bei denen man eine kurze Reaktionszeit vermutet, im Durchschnitt nicht reaktionsschneller sind als Langstreckenläufer, andere Sportler oder untrainierte, gleichaltrige Personen. Die Reaktionsschnelligkeit scheint vielmehr eine der Eigenschaften zu sein, die bereits vor der Geburt festgelegt (genetisch determiniert) sind.
Sportler, die in Disziplinen trainieren, in denen es auf die gemessene Zeit ankommt, sind deswegen gut beraten, wenn sie den Schwerpunkt auf das Training der Schnellkraft und der Aktionsschnelligkeit legen.

1.7.2.1. **Muskelkraft in Abhängigkeit von Alter und Geschlecht**

Kleine Jungen und kleine Mädchen sind gleich stark. Die unterschiedliche Muskelkraft bildet sich erst mit Beginn der Pubertät aus, was man u. a. auf die Wirkung der männlichen Sexualhormone zurückführt.
Mit Erreichen des Erwachsenenalters beträgt die Muskelkraft von Frauen im gleichen Trainingszustand noch etwa 70 Prozent von derjenigen der Männer.
Dieser Unterschied mag darauf zurückzuführen sein, daß bei Frauen die Gesamtquerschnittsfläche von langsamen und schnellen Zukkungsfasern in vergleichbaren Muskeln mit großen Streuungen nur 70 bis 85 Prozent derer der Männer beträgt. Relativ gesehen ist aber die Trainierbarkeit der Muskelkraft (der mögliche Kraftzuwachs im Verhältnis zur Ausgangskraft) bei Frauen genauso groß wie die der Männer.
Die maximale Muskelkraft ist etwa mit dem Erreichen des 30. Lebens-

jahres erreicht und nimmt danach allmählich ab. Die Muskelkraft eines 65jährigen beträgt nur noch etwa 80 Prozent der Maximalkraft.
Dieser physiologische Verlust der Muskelkraft ist abhängig von der regelmäßigen Beanspruchung der Muskulatur und läßt sich mit geringem Trainingsaufwand in höhere Altersstufen hinausschieben.

1.7.2.2. **Muskelatrophie**

Eine der wichtigsten Grundbedingungen für die Erhaltung der Gesundheit scheint zu sein, die Organe und Organsysteme regelmäßig zu beanspruchen, um ihren Funktionszustand zu erhalten. Muskeln, die nicht ausreichend beansprucht werden, verkümmern (atrophieren); sie werden kleiner, schwächer und weniger ausdauernd.
Im Gegensatz zur trainingsbedingten *Hypertrophie* nimmt bei der *Atrophie* (Muskelschwund) die Muskelmasse ab, insbesondere dadurch, daß die Eiweißfäden in den Myofibrillen abgebaut werden, aber auch andere Bestandteile der Muskelzelle wie die Mitochondrien.
Der Muskelschwund ist für verletzte Sportler ein ernst zu nehmendes Problem; denn sie müssen ihr Training unterbrechen, um dem verletzten Organ durch Ruhigstellung eine Chance zur Heilung zu geben, etwa wenn bei einer Sprunggelenksverletzung der Fuß und der Unterschenkel für mehrere Wochen eingegipst werden müssen. Alle Muskeln, die über das Sprunggelenk wirken, verkümmern (atrophieren) dann, so daß das verletzte Bein bei der Gipsabnahme deutlich dünner ist als das gesunde.
Deshalb sollte man möglichst rasch unter krankengymnastischer oder ärztlicher Anleitung mit einem gezielten Aufbautraining beginnen, damit die betroffenen Muskelgruppen nach der Ruhigstellungsphase die alte Leistungsfähigkeit schneller wieder erreichen (siehe auch Kap. 6.7.).

1.7.3. **Training der lokalen Muskelausdauer**

Die dynamische lokale Muskelausdauer wird nicht nur durch das dynamische Krafttraining (siehe Seite 66) trainiert, sondern bereits dann, wenn dynamische Übungen mit circa 30 Prozent der maximal möglichen Kraft über eine Dauer durchgeführt werden, die der Hälfte (50 Prozent) der maximalen Belastungsdauer entspricht. Durch diese Form des Ausdauertrainings wird die Koordination der Bewegung ge-

schult, die deswegen energiesparender ausgeführt werden kann und später zur Ermüdung führt.
Der so trainierte Muskel ermüdet ebenfalls später, weil durch das dynamische Ausdauertraining seine Fähigkeit zur aeroben Energiebereitstellung (siehe Kap. 5.2.2.1.) verbessert wird. Das geschieht durch
- biochemische Veränderungen in der Muskelzelle und
- verbesserte Kapillarversorgung des Muskels.

1.7.3.1. **Biochemische Veränderungen der ausdauertrainierten Muskelzelle**

Die wichtigste Anpassungserscheinung der Muskelzelle an ein dynamisches Ausdauertraining besteht darin, daß die *Mitochondrien* an Zahl und Größe zunehmen, wodurch auch ihre Gesamtoberfläche größer wird (bis zu 40 Prozent).
Die Mitochondrien sind kleine Kraftwerke der Zelle. Hier sind die Enzymsysteme angesiedelt, in denen die Muskeltreibstoffe (Zucker oder Fettsäure) in Anwesenheit von Sauerstoff unter hoher Energieausbeute vollständig zu Wasser und Kohlendioxyd zerlegt werden (siehe Kap. 5.2.).
Je mehr Enzymsysteme eine Muskelzelle besitzt, desto mehr Energie kann sie auf dem sogenannten aeroben Abbauweg für ihre mechanische Spannungsentwicklung nachliefern, vorausgesetzt, daß alle dazu notwendigen chemischen Substanzen in ausreichender Menge vorhanden sind.
Neben der Vermehrung der aeroben Enzymsysteme bewirkt das dynamische Ausdauertraining eine Erhöhung des *Glykogengehalts* der trainierten Muskelzelle. Das Glykogen ist die Speicherform des Zuckers und bildet das ‹Treibstoffvorratslager› der Muskelzelle. In besonders ausdauertrainierten Muskelzellen kann sich der Glykogengehalt verdoppeln, so daß sie mit den doppelten Treibstoffreserven entsprechend länger Arbeit leisten können.
Zusätzlich zur Vermehrung der Treibstoffreserven scheint durch dynamisches Ausdauertraining die Fähigkeit der Muskelzelle verbessert zu werden, bei submaximalen Belastungen bevorzugt Fettsäuren zur Energiegewinnung heranzuziehen. Diese antrainierte Vorliebe der Muskelzelle ist insofern sinnvoll, als sich durch die aerobe Zerlegung eines Fettsäuremoleküls sehr viel mehr Energie gewinnen läßt als durch die aerobe Zerlegung eines Zuckermoleküls. Ebenso werden die Glykogen- und Zuckervorräte der Zelle geschont, die im Falle eines plötz-

lich ansteigenden Energiebedarfs als einziger Treibstoff für die anaerobe Form der Energiegewinnung herangezogen werden können.
Myoglobin ist der rote Farbstoff der Muskelzelle – die langsamen Zuckungsfasern werden deswegen auch als dunkle Fasern bezeichnet, weil sie mehr Myoglobin enthalten –, der für den Transport des Sauerstoffs aus den Kapillaren von der Muskelzellmembran zu den Mitochondrien verantwortlich ist und möglicherweise auch als Sauerstoffspeicher der Zelle dient. Durch dynamisches Ausdauertraining steigt der Myoglobingehalt der trainierten Zellen, wodurch sich ebenfalls die Möglichkeiten für die ökonomische aerobe Energiegewinnung verbessern.
Zusätzlich zu der Vermehrung der aeroben Enzymsysteme in den Mitochondrien, der Glykogendepots und des Myoglobins bewirkt ein dynamisches Ausdauertraining, daß in den trainierten Muskelzellen der Gehalt an energiereichen Phosphaten (Adenosin-Triphosphat, Kreatinphosphat) und Kalium ansteigt, wodurch sich die Widerstandsfähigkeit gegen Ermüdung ebenfalls verbessert.

1.7.3.2. **Verbesserte Kapillarversorgung des ausdauertrainierten Muskels**

Durch die oben beschriebenen biochemischen Veränderungen der ausdauertrainierten Muskelzelle wird sie nicht größer (sie hypertrophiert nicht), sondern verbessert ihre Fähigkeit zur ökonomischen aeroben Energiebereitstellung. Diese verbesserte Fähigkeit kann aber nur ausgenutzt werden, wenn das Sauerstoffangebot an die Muskelzelle erhöht – die Durchblutung des Muskels verbessert – wird.
Ein sinnvoller Weg, die Durchblutung zu verbessern, besteht in der Neubildung von *Kapillaren*. Aus Versuchen an Kaninchen weiß man, daß die Kapillarneubildung im ausdauertrainierten Tiermuskel eine wichtige Rolle spielt. Ob sich allerdings beim Menschen die Zahl der Kapillaren im trainierten Muskel ebenfalls erhöht, ist nicht gesichert, da sich die Ergebnisse verschiedener Untersuchungen zur Zeit noch widersprechen.
Die Durchblutung des menschlichen ausdauertrainierten Skelettmuskels scheint sich im wesentlichen dadurch zu verbessern, daß die bereits vorhandenen Muskelkapillaren durch den Trainingsreiz zu wachsen beginnen und ihren Querschnitt vergrößern.
Um die damit verbundenen Vorteile zu erklären, folgen zunächst einige kurze Ausführungen über die Durchblutung des tätigen Muskels bei dynamischer Muskelarbeit.

Im ruhenden Muskel sind nur ein Viertel aller Muskelkapillaren geöffnet und durchströmt, weil der Muskel unter Ruhebedingungen nur sehr wenig Energie benötigt. Das ankommende Blut fließt unter Umgehung des Muskelkapillarbettes durch kleine Kurzschlußverbindungen direkt aus den kleinen Muskelarterien in die Muskelvenen (siehe auch Kap. 3.2.1.4.).

Unter Belastungsbedingungen schließen sich diese Kurzschlußverbindungen, wodurch – zusammen mit der arbeitsbedingten Blutdruckerhöhung – die bisher unbenutzten Kapillaren geöffnet und von Blut durchströmt werden.

Durch die Öffnung aller Muskelkapillaren erweitert sich unter Belastungsbedingungen das periphere Strombett in der Muskulatur erheblich, so daß in diesem erweiterten Stromdelta das Blut auch dann noch relativ langsam fließt, wenn unter Belastungsbedingungen das Herz schneller schlägt und die vorhandene Blutmenge schneller durch den Kreislauf pumpt – es kommt zu einer relativen Verlängerung der Kontaktzeit zwischen dem Blut in den Muskelkapillaren und den Muskelzellen.

Durch die Öffnung aller Muskelkapillaren wird unter Belastungsbedingungen auch die Austauschfläche zwischem dem Kapillarblut und den Muskelzellen größer; die Entfernung, die der Sauerstoff von den roten Blutkörperchen bis in die Mitochondrien der Muskelzelle überwinden muß (Diffusionsstrecke; siehe Kap. 3.2.5.1.), verkürzt sich relativ, weil die Muskelzelle jetzt auf allen Seiten von zusätzlich durchflossenen Kapillaren umgeben ist. Mit zunehmender Austauschfläche und Verkürzung der Diffusionsstrecke nimmt deswegen die Menge Sauerstoff zu, die pro Minute von den Kapillaren in die Muskelzelle übertreten (diffundieren) kann.

Durch die Summe der beschriebenen Veränderungen (Verlängerung der Kontaktzeit – Vergrößerung der Austauschfläche – Verkürzung der Diffusionsstrecke) verbessert sich die Sauerstoffversorgung in der arbeitenden Muskulatur, und zwar grundsätzlich in gleicher Weise im trainierten wie im untrainierten Muskel.

Wegen des trainingsbedingten Wachstums und der damit verbundenen Querschnittsvergrößerung des Muskelkapillarbettes besitzt aber der ausdauertrainierte Muskel gerade unter intensiven Belastungsbedingungen deutliche Vorteile gegenüber dem untrainierten Muskel; denn bei intensivster körperlicher Arbeit sind die Arteriolen maximal weitgestellt (siehe Kap. 3.3.2.), und der periphere Strömungswiderstand und

die Durchblutung werden viel stärker als unter Ruhebedingungen vom Widerstand bzw. von der Weite des Kapillarbettes bestimmt.
Da die Weite des Kapillarbettes trainingsbedingt sowieso schon zugenommen hat, kann der ausdauertrainierte Muskel gerade bei maximalen Belastungsbedingungen seine Durchblutung stärker erhöhen als der untrainierte Muskel.
Bei *submaximalen Belastungen* wirkt sich die trainingsbedingte Querschnittsvergrößerung des Muskelkapillarbettes nicht aus, weil hier die Muskeldurchblutung mehr von der Weitstellung der Arteriolen als von der Weite des Kapillarbettes abhängig ist (siehe Kap. 3.3.2.). Bei submaximaler Belastung kann die Durchblutung des ausdauertrainierten Muskels sogar niedriger liegen als die des untrainierten Muskels, da die in ihrer biochemischen Ausstattung verbesserten ausdauertrainierten Muskelzellen aus der gleichen Menge Blut mehr Sauerstoff und mehr Nährstoffe entnehmen können (Sauerstoffausschöpfung) als die untrainierten.
Diese verbesserte Sauerstoffausschöpfung durch die ausdauertrainierte Muskelzelle macht sich natürlich unter *maximalen Belastungsbedingungen* besonders vorteilhaft bemerkbar; sie ist der Grund dafür, daß dann im venösen Blut ausdauertrainierter Sportler weniger Sauerstoff enthalten ist als bei untrainierten Personen, bzw. dafür, daß die Differenz des Sauerstoffgehalts zwischen dem arteriellen und dem venösen Blut (die arteriovenöse Sauerstoffdifferenz; siehe Kap. 3.3.3.) bei ausdauertrainierten Sportlern wesentlich größer werden kann als bei untrainierten Personen.
Die *lokale dynamische Muskelausdauer* wird nicht nur dann trainiert, wenn bei dynamischen Übungen weniger als ein Sechstel oder ein Siebtel der Skelettmuskulatur beansprucht wird (Liegestütz, Bankdrücken, sit-ups usw.); in allen Ausdauersportarten, in denen durch den Einsatz größerer Muskelgruppen (mehr als ein Sechstel bis ein Siebtel der Skelettmuskulatur) die allgemeine dynamische Muskelausdauer trainiert wird, wird gleichzeitig die lokale dynamische Muskelausdauer mittrainiert.

1.8. Zusammenfassung

Gemeinsame Aufgabe aller Skelettmuskeln ist es, bei der Kontraktion *Spannungskräfte* zu entwickeln und diese auf die gelenkig verbundenen Knochen zu übertragen. Dabei ist der Muskel völlig von den Befehlen abhängig, die ihm durch das Nervensystem erteilt werden.

Die meisten Bewegungen entstehen durch das sinnvolle, aufeinander abgestimmte Zusammenspiel verschiedener Muskeln oder Muskelgruppen.

Die Muskeln auf der einen Seite eines Gelenks (Beuger) arbeiten immer zusammen gegen die Muskeln, die über die andere Gelenkseite hinwegziehen (Strecker).

Abhängig von der Spannung, die ein Muskel erzeugt, und vom Widerstand, gegen den er arbeitet, zieht sich ein Muskel während der Spannungsentwicklung zusammen, behält seine Länge gegen einen äußeren Widerstand bei oder wird trotz Spannungsentwicklung durch einen äußeren Widerstand sogar gedehnt.

Die Längenänderung des gesamten Muskels bei der Kontraktion bzw. Dehnung setzt sich aus der Längenänderung der Muskelzellen zusammen.

Die aktive Spannungsentwicklung und die passive Dehnung der Muskelzelle läßt sich durch die Theorie der *gleitenden Filamente* erklären: Wenn ein Nervenimpuls die Muskelzelle zur Kontraktion anreizt, gleiten beinahe gleichzeitig in allen kleinsten Bausteinen der Muskelzelle dicke und dünne Eiweißfäden (Filamente) teleskopartig ineinander, wodurch all diese Bausteine kürzer werden und innerhalb der Muskelzelle mechanische Spannung entsteht.

Passiv dehnen läßt sich ein Muskel dann, wenn die Wirkung des Nervenimpulses aufgehört hat und die Eiweißfäden wieder auseinandergleiten.

Mechanische Spannung entsteht in der Muskelzelle durch die chemische Reaktion zwischen den dicken und den dünnen Eiweißfäden.

Einer Nervenzelle sind immer mehrere Muskelzellen untergeordnet; die Nervenzelle entscheidet, ob diese Muskelzellen Spannung entwickeln sollen oder nicht.

Die Empfangsstation, über die der Nerv seine Befehle auf die Muskelzelle überträgt, bezeichnet man als *motorische Endplatte*.

Von der motorischen Endplatte breitet sich die Erregung über ein vorgeformtes Kanalsystem bis in die Tiefe der Muskelzelle aus und bewirkt die mechanische Spannungsentwicklung in den Sarkomeren.

Die Koppelung von elektrischer Erregung durch den Nervenimpuls und mechanischer Spannungsentwicklung in der Muskelzelle wird durch *Kalziumionen* ausgelöst, die in der Zelle in kleinen Bläschen gespeichert sind.

Der Nervenimpuls bewirkt die Kalziumausschüttung aus diesen Bläschen in die unmittelbare Umgebung der dünnen und dicken Eiweißfäden, zwischen denen es auf dieses Startsignal hin zur Ausbildung von chemischen Querbrücken kommt. Durch die energieverbrauchenden Ruderbewegungen dieser Querbrücken schieben sich die dünnen Eiweißfäden teleskopartig zwischen die dicken, wodurch sich die Zelle verkürzt und mechanische Spannung entsteht.

Wenn die Wirkung des Nervenimpulses nachläßt, wird das Kalzium durch energieverbrauchende Pumpsysteme in der Zelle wieder in seine Speicherbläschen zurücktransportiert, und die Brücke zwischen den dicken und dünnen Eiweißfäden löst sich wieder.

Ein einzelner Nervenimpuls bewirkt nur eine einzelne Zuckung des Muskels. Wenn die Nervenimpulse schnell genug aufeinanderfolgen, addieren sich die Ruderbewegungen der immer wieder neugeknüpften Querbrücken zur sichtbaren Kontraktion des gesamten Muskels.

Die Spannung, die ein Muskel entwickeln kann, ist abhängig davon, mit welcher Reizfrequenz er durch das Nervensystem erregt wird, und davon, wieviel motorische Einheiten dieses Muskels gleichzeitig in Aktion treten.

Auch die Ausgangslänge des Muskels zu Beginn der Kontraktion ist für seine nach außen wirksame Gesamtkraft von Bedeutung. Die von den Muskelzellen aktiv erzeugte Spannung ist am größten, wenn der Muskel seine Kontraktion aus einer entspannten Ruhelage startet; dann überlagern sich die dicken und dünnen Eiweißfäden räumlich besonders günstig, so daß sich gleichzeitig sehr viele Brükken bilden und Ruderbewegungen ausgeführt werden können.

Durch die in vielen sportlichen Techniken bekannten *Ausholbewegungen* steigert sich die nach außen wirksame Gesamtkraft des Muskels, weil sich dadurch die Kraft der Gegenspieler in den elastischen bindegewebigen Anteilen des Muskels speichern läßt.

Verschiedene Muskelzelltypen weisen eine unterschiedliche biochemische Zusammensetzung auf und kontrahieren deswegen auf verschiedene Weise. Die schnellen Zuckungsfasern kontrahieren schnell und sind besser geeignet für kurz andauernde, explosive Kraftentwicklung in der Bewegungsmuskulatur; die langsamen Zuckungsfasern eignen sich besser für längere Ausdauerbelastungen – sie kommen überwiegend in der Haltemuskulatur vor.
Krafttraining bewirkt besonders eine Zunahme der dicken und dünnen Eiweißfäden, so daß höhere Spitzenspannungen erzeugt werden können. Durch die Zunahme der Muskelmasse wird der krafttrainierte Muskel dicker.
Die *Kraftschnelligkeit* läßt sich am besten durch ein dynamisches Krafttraining trainieren, weil hierdurch nicht nur die Grundkraft trainiert wird, sondern auch der flüssige und ökonomische Ablauf der geforderten Bewegung (Koordination).
Die Wirkung des *Ausdauertrainings* besteht darin, daß der Muskel bei dynamischer Arbeit später ermüdet. Die Ursachen dafür liegen in einer verbesserten Blutversorgung durch das Wachstum der kleinsten Muskelgefäße und in einer verbesserten Sauerstoffausnutzung in den zahlenmäßig angestiegenen Zellkraftwerken (Mitochondrien) der trainierten Muskelzelle.
Trainingsauswirkungen zeigen sich immer nur in den Muskeln oder Muskelgruppen, die im Training auch beansprucht werden. Wenn Muskeln zu wenig oder gar nicht beansprucht werden, werden sie kleiner, schwächer und ermüden schneller.
Im Erwachsenenalter sind Männer normalerweise körperlich stärker als Frauen. Etwa ab dem 30. Lebensjahr beginnt die Muskelkraft allmählich abzunehmen.

2. Nerven

In vielen Sportarten sind ‹gute Nerven› für Sieg oder Niederlage genauso entscheidend wie andere sportliche Fähigkeiten. Sportler wissen das aus eigener Erfahrung, und neuere Forschungsergebnisse zeigen immer deutlicher die zentrale Bedeutung des Nervensystems nicht nur für das Erlernen und die Ausführung sportlicher Bewegungen, sondern auch für die Anpassungen aller Organsysteme an verschiedene Belastungsformen im Training oder für die Widerstandsfähigkeit gegen psychische und physische Ermüdung.
Deswegen würde eine Einführung in die Sportphysiologie sicher eine breite Auseinandersetzung mit der Funktion des Nervensystems rechtfertigen. Aus Umfangsgründen, aber auch weil man über die Arbeitsweise des Nervensystems zum Teil nur recht ungenaue Vorstellungen hat, beschränkt sich das folgende Kapitel auf die Teile des Nervensystems, die die Bewegungen der Muskulatur beim Sport mehr oder weniger direkt kontrollieren.

Das Nervensystem ermöglicht, die Außenwelt zu erkennen und die Innenwelt des lebenden Organismus an die wechselnden Umgebungsbedingungen anzupassen. Zusammen mit den *Hormonen* hat es die Aufgabe, die Funktionen aller Organe des menschlichen Körpers aufeinander abzustimmen und zu koordinieren.
Zur Erfüllung seiner Aufgabe besitzt das Nervensystem in den Sinnesorganen spezielle Empfangsstationen *(Rezeptoren)*, die der Aufnahme von Reizen aus der Umwelt (Auge – Licht, Ohr – Schallwellen, Haut – Temperaturunterschiede usw.) wie auch aus der Innenwelt des Körpers

(Muskelspindeln – Muskellänge, Golgische Sehnenorgane – Muskelspannung, Gelenkrezeptoren – Gelenkstellung, Chemorezeptoren – chemische Zusammensetzung der Körperflüssigkeiten usw.) dienen. In den Rezeptoren werden die aufgenommenen Signale in Nervenimpulse umgeformt – in die Sprache des Körpers verschlüsselt *(kodiert)*.

Über die zuführenden *(afferenten)* Nervenfasern werden die Informationen von den Rezeptoren an die Zentren des Nervensystems im Gehirn und im Rückenmark weitergeleitet, wo aus der Summe der verschiedenen Informationen bestimmte Empfindungen oder Wahrnehmungen entstehen.

Nur der kleinste Teil (10 bis 100 bit/s) des ständig in der Zentrale eintreffenden Informationsschwalles (10^9 bit/s) erreicht das Bewußtsein. Die uninteressanteren oder unwichtigeren Informationen werden entweder unterbewußt verarbeitet oder gar nicht verwendet.

Die registrierten Wahrnehmungen werden in der Zentrale gespeichert oder sofort verarbeitet, indem die Zentren des Nervensystems über ableitende *(efferente)* Nervenfasern Befehle an die Organe des Körpers aussenden, wo sie entsprechende Reaktionen auslösen. Bis auf wenige Ausnahmen bestehen diese Reaktionen immer aus Muskelbewegungen, und zwar der glatten Muskulatur, der Herzmuskulatur oder der quergestreiften Skelettmuskulatur (Gestik, Mimik, Schrift, zielgerichtete Bewegung).

Durch Vermittlung des Nervensystems erfolgt auf jeden Reiz eine sinnvolle, wohlgeordnete Antwort des Körpers, die als Grundlage der Erhaltung des Lebens angesehen werden kann.

Je nachdem, ob die Verarbeitung von Reizen aus der ‹Außenwelt› oder aus der ‹Innenwelt› des Organismus erfolgt, läßt sich das Nervensystem in ein auf die Außenwelt und in ein auf die Innenwelt bezogenes System einteilen.

Das *animale (zerebrospinale) Nervensystem* ist im wesentlichen der Willkür unterworfen und reagiert auf Sinneseindrücke der Umwelt meist wieder mit einer Antwort nach außen. Die Reaktion auf wechselnde Umgebungsbedingungen besteht meistens in einer Aktivierung der Skelettmuskulatur, wodurch der Organismus zur Umwelt immer wieder neu ‹Stellung nimmt›. Dementsprechend unterscheidet man innerhalb des animalen Nervensystems das *sensorische System*, das die Aufgabe hat, die Signale der Sinnesorgane aufzunehmen, weiterzuleiten und zu verarbeiten, und das *motorische System*, das daraufhin die willkürliche Muskeltätigkeit steuert.

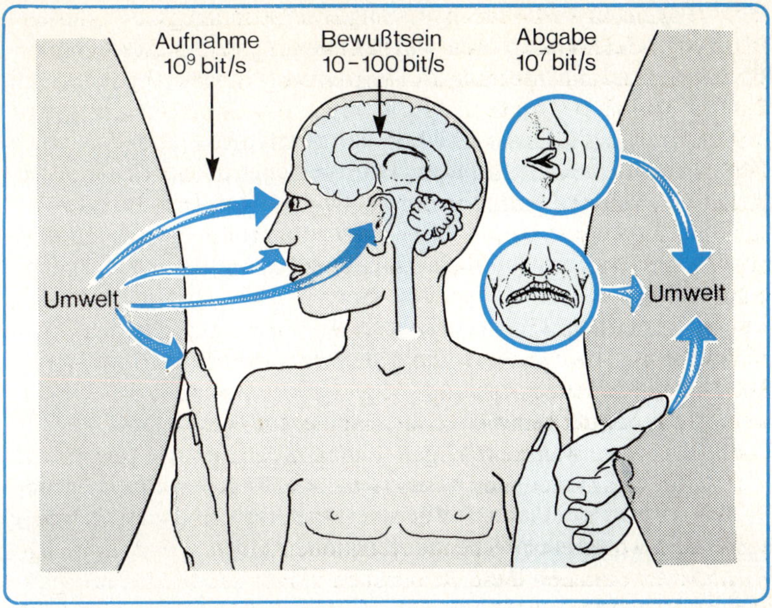

Abb. 2/1: Aufnahme, Bewußtmachung, Verarbeitung und Abgabe von Informationen

Das *vegetative* (unwillkürliche, autonome) *Nervensystem* steuert die Innenwelt des Organismus, indem es die Funktionen der einzelnen Organe aufeinander abstimmt und den wechselnden Bedürfnissen anpaßt. Wenn etwa bei einer sportlichen Belastung die vegetativen Zentren von ihren Rezeptoren Informationen über den ansteigenden Sauerstoffbedarf der arbeitenden Muskulatur erhalten, veranlassen sie entsprechende Umstellungsreaktionen zum Beispiel des Herz-Kreislauf-Systems und des Atmungssystems. Da diese Umstellungen der willkürlichen Kontrolle weitgehend entzogen sind, nennt man das vegetative Nervensystem auch *autonomes Nervensystem*.
Innerhalb des vegetativen Nervensystems lassen sich nach ihrer Funktion wiederum zwei, meistens als Gegenspieler wirkende Systeme unterscheiden, der *Sympathikus* und der *Parasympathikus*. Im Gegen- und Wechselspiel stimmen diese beiden Teile des vegetativen Nervensystems die unwillkürlichen Reaktionen des Körpers aufeinander ab,

wobei der Sympathikus den Körper meistens in einen aktiven Zustand der Bereitschaft versetzt, während der Parasympathikus das aufbauende, beruhigende Steuersystem des vegetativen Nervensystems darstellt (siehe Kap. 2.7.).

Während in der Körperperipherie das vegetative vom animalischen Nervensystem funktionell und anatomisch weitgehend getrennt ist, bestehen im *zentralen Nervensystem* zwischen beiden Teilen engste Verbindungen im Interesse ihrer Zusammenarbeit. So kann das motorische System bei einer sportlichen Übung seine Aufgaben nur erfüllen, wenn es rechtzeitig das vegetative Nervensystem über seine Absicht informiert und dieses dann auch mitspielt.

Unabhängig von dieser funktionellen Gliederung läßt sich das Nervensystem auch unterteilen in das

- *zentrale Nervensystem*, das aus Gehirn und Rückenmark besteht, und das
- *periphere Nervensystem*, zu dem die das Rückenmark verlassenden Nervenfasern zusammen mit den Nervenzellanhäufungen (periphere Ganglien) und den Rezeptoren gerechnet werden.

2.1. Anatomischer Aufbau des zentralen Nervensystems

Das zentrale Nervensystem (ZNS) besteht aus Gehirn und Rückenmark.

Das *Rückenmark* ist ein 1 cm dickes und 40 bis 45 cm langes Nervenkabel, das den knöchernen Wirbelkanal vom Hinterhauptsloch bis zum ersten Lendenwirbel durchzieht (siehe Abb. 2/2). Da die knöcherne Wirbelsäule im Verlauf der Entwicklung stärker in die Länge wächst als das Rückenmark, geht die segmentale Übereinstimmung verloren, so daß die Rückenmarksnerven *(Spinalnerven)* nach unten immer größere Strecken im Wirbelkanal zurücklegen müssen, bis sie den Kanal durch das zugehörige Zwischenwirbelloch verlassen können.

Die Rückenmarksnerven enthalten die zum ZNS ziehenden afferen-

Abb. 2/2: Zentralnervensystem (Gehirn und Rückenmark) und Querschnitt durch das Rückenmark

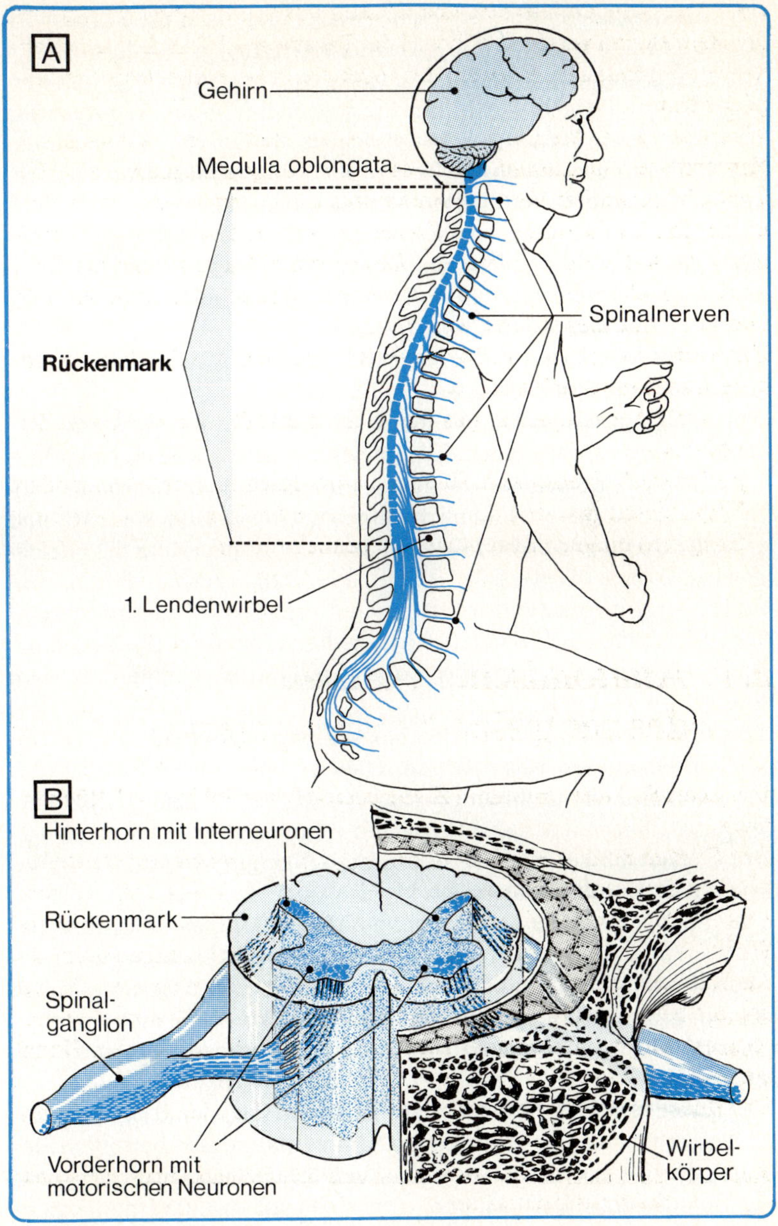
A
Gehirn
Medulla oblongata
Spinalnerven
Rückenmark
1. Lendenwirbel
B
Hinterhorn mit Interneuronen
Rückenmark
Spinal-
ganglion
Vorderhorn mit
motorischen Neuronen
Wirbel-
körper

ten, sensorischen Fasern der Hinterwurzel und die in die Körperperipherie ziehenden efferenten, motorischen Fasern der Vorderwurzel.
Ein Querschnitt durch das Rückenmark zeigt eine dunklere, schmetterlingsförmige Figur in der Mitte, die sogenannte *graue Substanz.* Sie enthält in ihrem Vorderhorn hauptsächlich die Zellkörper der efferenten Bahnen, insbesondere die Zellkörper der motorischen Vorderhornzellen, die mit ihren Axonen zur Muskulatur ziehen.
Im Hinterhorn der grauen Substanz liegen überwiegend die Zellkörper der Schaltneurone mit meist hemmendem Einfluß *(Interneurone).*
Die Zellkörper der afferenten Fasern liegen außerhalb des Rückenmarks in den sogenannten *Spinalganglien.*
Die *weiße Substanz* des Rückenmarks enthält vorwiegend die Axonfortsätze der auf- und absteigenden Bahnen.
Mit dem Gehirn ist das Rückenmark durch das *verlängerte Mark (Medulla oblongata)* verbunden. Zusammen mit der Brücke und dem Mittelhirn bildet die Medulla oblongata den sogenannten *Hirnstamm* (siehe Abb. 2/3). Dieser ist ähnlich aufgebaut wie das Rückenmark und enthält neben motorischen Zentren den sensorischen Kern des Gleichgewichtsorgans (Deiterschen Kern), die Zellkörper der Hirnnerven und die vegetativen Zentren für das Atem- und Herz-Kreislauf-System.
Das *Kleinhirn,* das besonders wichtige Funktionen für die Koordination zwischen Stütz- und Zielmotorik ausübt, sitzt hinten auf dem Stammhirn wie ein Rucksack.
Das *Zwischenhirn* enthält Umschlagstationen verschiedener sensorischer Bahnen (von Auge, Ohren, Haut); für die Motorik besitzt das Zwischenhirn eher indirekte Bedeutung. Es enthält zum Beispiel den *Hypothalamus* mit seinen vegetativen Zentren und der Hirnanhangsdrüse *(Hypophyse),* über die das zentrale Nervensystem das Hormonsystem des Körpers kontrolliert.
Das *Endhirn* stellt 80 Prozent der gesamten Gehirnsubstanz und besteht unter anderem aus verschiedenen Kernen (Anhäufung von Nervenzellen ähnlicher Funktion) und aus der *Hirnrinde* (Cortex). Einige Kerne, in denen insbesondere Programme für langsame und gleichmäßige Bewegungen gespeichert sind, werden als *Basalganglien* zusammengefaßt.
Die rechte und linke Hälfte der Hirnrinde sind über den Balken miteinander verbunden. Die Hirnrinde ist Sammelstation aller bewußten Sinneseindrücke, Sitz des Bewußtseins und des Gedächtnisses, Ursprung der Sprache und aller bewußten sowie vieler unbewußter Handlungen.

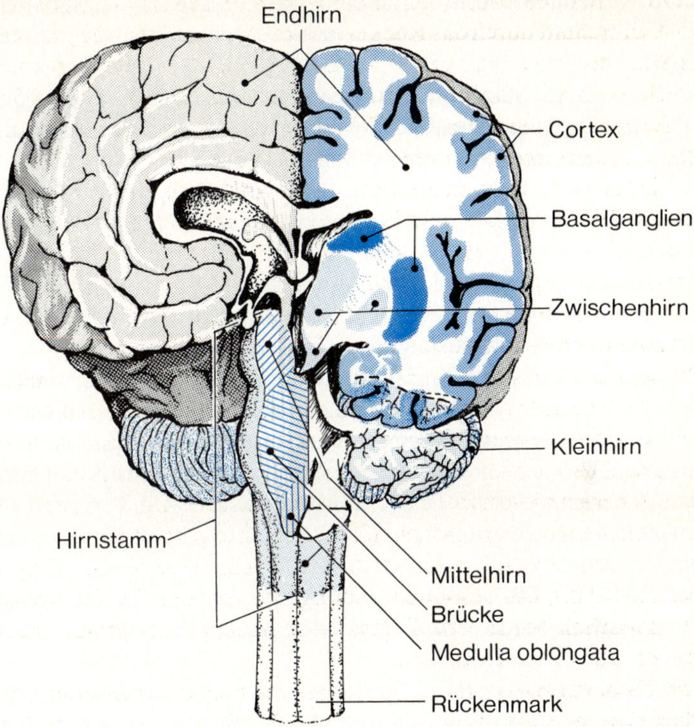

Abb. 2/3: Aufbau des Gehirns (schematisch: Aufsicht von schräg-vorn auf die rechte Gehirnhälfte, Querschnitt durch die linke Gehirnhälfte)

2.2. Funktion der Nervenzellen

Das animalische wie das vegetative Nervensystem besteht aus dem Nervengewebe, dessen wichtigstes Bauelement die Nervenzelle ist. In den Nervenzellen entstehen die nervösen Erregungen, die über unterschiedlich lange Nervenfaserfortsätze *(Axone)* weitergeleitet werden. In der Körperperipherie sind viele solcher Nervenfaserfortsätze zu Faserbündeln oder Nerven (z. B. Ischiasnerv) zusammengefaßt.

Neben dem Axon, über das die Erregung weitergeleitet wird, besitzt die Nervenzelle zahlreiche andere Fortsätze (siehe Abb. 2/4, Seite 87), die als Empfänger Reize von anderen Nervenzellen übernehmen *(Dendriten)*.
Die Nervenzelle bildet mit all ihren Fortsätzen die funktionelle und strukturelle Einheit des menschlichen Nervensystems, das *Neuron*. Die Zahl der Neurone ist mit circa 2 mal 10^{10} bei Geburt eines Menschen festgelegt; im Gegensatz zu anderen Zellen teilen sie sich nicht und können sich bei Verletzungen auch nur in beschränkter Weise regenerieren.
Die unbegreifliche Komplexität der Funktion des menschlichen Nervensystems läßt sich auch dann nur in einfachsten Ansätzen verstehen, wenn man bedenkt, daß die Nervenzellen nicht nur der Bildung von Erregungen dienen und ihrer Fortleitung an andere Nervenzellen, Muskelzellen oder Drüsen, sondern daß sich durch die unendliche Zahl von Verschaltungsmöglichkeiten im zentralen Nervensystem die Nervenerregungen auch gegenseitig verstärken, abschwächen und kombinieren können.

2.2.1. **Motorische Vorderhornzelle – gemeinsame Endstrecke der Motorik**

Die Nervenzellen, die ihre Impulse auf die Skelettmuskelzellen übertragen und so die Skelettmuskelzellen kontrollieren, liegen im Vorderhorn des Rückenmarks, weswegen man sie auch als motorische Vorderhornzellen *(Alpha-Motoneurone)* bezeichnet.
Für alle Aktivitäten der motorischen Zentren im Rückenmark oder im Gehirn bilden diese motorischen Vorderhornzellen letztlich die gemeinsame Endstrecke; denn abhängig von der Summe der erregenden und hemmenden Einflüsse, die von anderen Nervenzellen auf die motorische Vorderhornzelle einwirken, wird hier die letzte Entscheidung darüber getroffen, ob sich die untergeordneten Skelettmuskelzellen kontrahieren oder nicht. Deswegen hat man die Skelettmuskelzellen auch als ‹Sklaven der motorischen Vorderhornzellen› bezeichnet.
Für die Sportphysiologie ist es ein günstiger Umstand, daß die relativ großen motorischen Vorderhornzellen am besten von allen Nervenzellen erforscht sind, so daß sie im folgenden Abschnitt auch als Beispiel dienen.

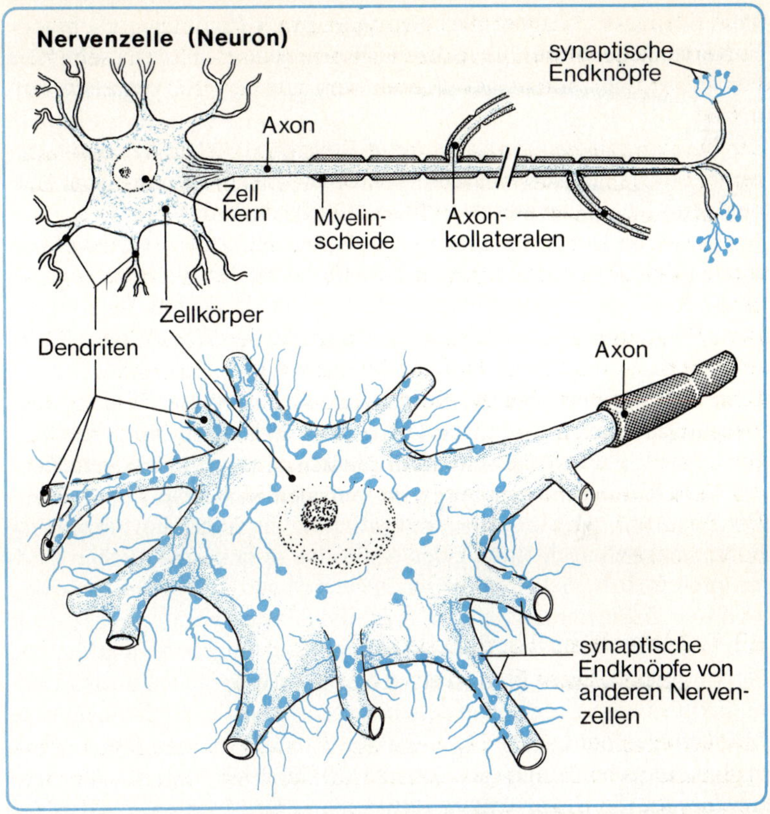

Abb. 2/4: Aufbau einer motorischen Vorderhornzelle

Wie alle anderen Nervenzellen besteht die motorische Vorderhornzelle aus einem Zellkörper mit zahlreichen Nervenfortsätzen. Der Zellkörper *(Soma)* hat einen Querdurchmesser von circa 70 µm; er enthält den Zellkern und neben verschiedenen anderen kleinen Zellorganen besonders viele Mitochondrien.

Die hohe Anzahl der Mitochondrien ist ein Hinweis auf den hohen Sauerstoffbedarf der Nervenzellen, die bei ihrer Tätigkeit genauso viel Sauerstoff verbrauchen wie die Skelettmuskelzellen bei intensivster körperlicher Arbeit.

Vom Körper der Nervenzelle entspringen in alle Richtungen zahlreiche Fortsätze *(Dendriten)*, über die die Nervenzelle gleichzeitig sehr viele erregende oder hemmende Signale von anderen Nervenzellen aufnimmt.
Ein besonders langer Fortsatz *(Axon)* überträgt den Nervenimpuls entweder auf andere Nervenzellen oder am Beispiel der motorischen Vorderhornzelle auf die quergestreifte Skelettmuskelzelle.
Im Verhältnis zum Durchmesser des Nervenzellkörpers kann ein Fortsatz extrem lang werden. So sind die Fortsätze der Nervenzellen, die die Fußmuskulatur kontrollieren, bis zu 90 cm lang (z. B. der Ischiasnerv). Wenn der Nervenzellkörper die Größe eines Tennisballs hätte, wäre so ein Fortsatz bei 1 cm Dicke über 1 km lang.
Besonders an ihrem Ende verzweigen sich die Axone in viele Äste *(Kollateralen)*, so daß eine motorische Vorderhornzelle mit ihren Verzweigungen gleichzeitig sehr viele Muskelzellen erreichen kann, mit denen sie die sogenannte motorische Einheit bildet (siehe Kap. 1.3.1.).
Die Zellmembran, die den Nervenzellkörper mit seinen Fortsätzen umhüllt, setzt sich auch entlang des Axons bis zu den synaptischen Endknöpfen fort. In vielen motorischen Nerven wird das Axon zusätzlich zu dieser Zellmembran bis kurz vor seine feinsten Verästelungen noch von einer Markscheide oder *Myelinscheide* umgeben (markhaltige Nervenfasern). Diese markhaltigen Nervenfasern sind nur an den Zellmembranstellen erregbar, an denen die Markscheide durch sogenannte Schnürringe unterbrochen ist; denn die Strecke zwischen zwei solchen erregbaren Schnürringen (ca. 1,5 mm) ist durch die Markscheide elektrisch gegen die Umgebung isoliert.
Durch diesen Aufbau kann der elektrische Nervenimpuls sehr schnell weitergeleitet werden (siehe Seite 101), indem er von Schnürring zu Schnürring springt *(saltatorische Erregung)*.
In den schnellsten, markhaltigen Nervenfasern, die die Körperbewegungen kontrollieren, kann die Leitungsgeschwindigkeit der Nervenimpulse 12 bis 120 m/Sekunde betragen. Andere, marklose Nervenfasern, die zum Beispiel Informationen an die inneren Organe übermitteln, leiten den Nervenimpuls nur mit einer Leitungsgeschwindigkeit von 0,2 bis 2 m/Sekunde.
Entlang der Axone wird nicht nur der Nervenimpuls weitergeleitet, sondern durch die Axone werden auch bestimmte Nähr- und Wirkstoffe vom Zellkern bis in die Peripherie transportiert *(axoplasmatischer Transport)*. Dieser axoplasmatische Transport spielt möglicherweise ei-

ne Rolle bei der Beobachtung, daß die motorische Vorderhornzelle offensichtlich in der Lage ist, die biochemischen Eigenschaften der ihr untergeordneten Muskelzellen (schnelle Zuckungsfaser – langsame Zuckungsfaser) zu bestimmen *(neurotropher Effekt*; siehe Kap. 1.6.).

Ein Axon, das durch eine Verletzung von seiner Nervenzelle abgetrennt wird, stirbt ohne die Versorgung durch die Mutterzelle ab; allerdings kann die Mutterzelle neue Fortsätze aussprießen lassen.

Die Axonverzweigungen *(Kollateralen)* enden in kleinen Endknöpfen *(synaptische Endknöpfe)*, mit denen die Nervenzelle ihre Information auf die nächste Zelle überträgt.

Zusammen mit der Empfangsstation der nächsten Nervenzelle bilden die synaptischen Endknöpfe die sogenannte *Synapse*.

2.2.2. **Synaptische Signalübertragung**

Die Signalübertragung von Nervenzelle zu Nervenzelle und auch von der Nervenzelle zum Erfolgsorgan (Muskelzelle, Drüsenzelle) erfolgt an den Stellen, wo die kleinen Endknöpfe (synaptischen Endknöpfe) der Axonendverzweigungen in besonders engen räumlichen Kontakt mit der nächsten Zelle treten. Diese Stellen bezeichnet man als *Synapsen* (siehe Abb. 2/5, Seite 90).

Die synaptische Erregungsübertragung von einer Nervenzelle auf die nächste Zelle erfolgt bei Säugetieren und Menschen nicht elektrisch, sondern normalerweise chemisch, indem der Zwischenraum zwischen dem synaptischen Endknopf und der nächsten Zelle (der synaptische Spalt) durch einen chemischen Überträgerstoff *(Transmitter)* überbrückt wird. Wenn ein elektrischer Nervenimpuls im synaptischen Endknopf ankommt, entleert sich dort aus zahlreichen kleinen Bläschen *(Vesikeln)* der chemische Überträgerstoff auf noch unbekannte Weise in den 10 bis 40 nm breiten synaptischen Spalt und gelangt zur Empfangsstation der Zellmembran der nächsten Zelle (zur *postsynaptischen Membran*).

Durch die chemische Verbindung der Überträgersubstanz mit besonderen Rezeptoren in ihrer Zellmembran wird in der nächsten Zelle ein neuer elektrischer Impuls ausgelöst, den die Nervenzelle zum Beispiel weiterleitet oder verzögern kann oder die Muskelzelle mit einer mechanischen Kontraktion beantwortet.

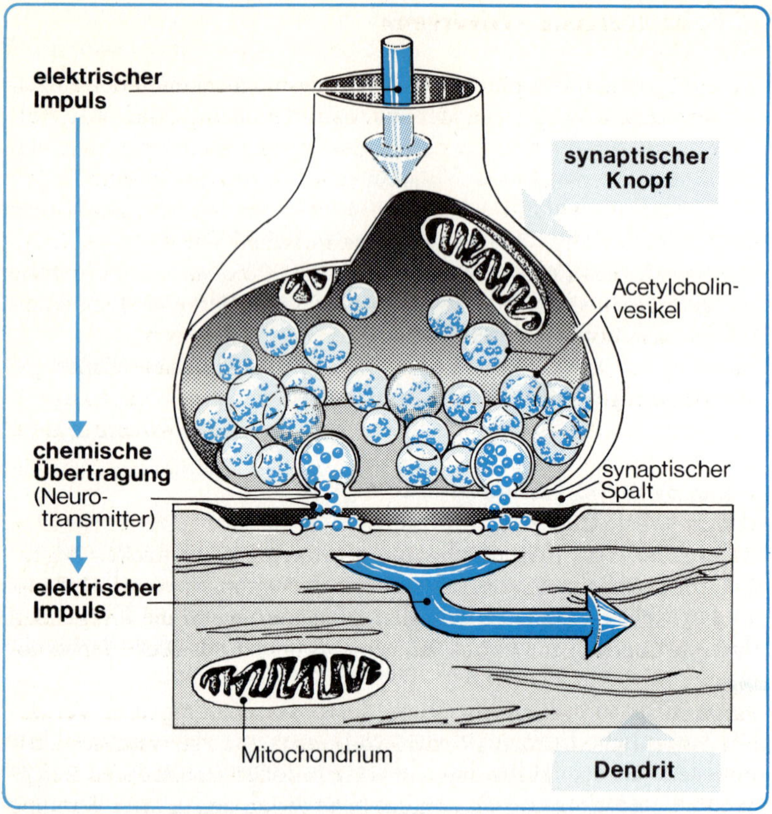

Abb. 2/5: Synapse (Ventilfunktion)

Da der Überträgerstoff nur in den synaptischen Endknöpfen gespeichert ist und die Rezeptoren sich nur in der Zellmembran der nächsten Zelle befinden, ist diese chemische Signalübertragung immer nur in einer Richtung möglich. Diese *Ventilfunktion der Synapsen* bewirkt, daß Nervenerregungen immer nur am Zellkörper oder an den Dendriten ankommen und über den Axonfortsatz weitergeleitet werden können.

2.2.3. **Konvergenz – Divergenz**

Die unbegreiflich komplexen Verschaltungsmöglichkeiten der einzelnen Nervenzellen untereinander sind dadurch bedingt, daß jede Nervenzelle von einigen hundert bis einigen tausend Axonverzweigungen anderer Zellen erreicht wird *(Konvergenz)*. Während einzelne Zellen im Zentralnervensystem von bis zu 200000 synaptischen Endknöpfen bedeckt sein sollen, enden an einer motorischen Vorderhornzelle im Durchschnitt etwa 6000 Axonverzweigungen, die aus der Peripherie und den verschiedensten Anteilen des zentralen Nervensystems stammen und teils erregende, teils hemmende Synapsen bilden.
Dadurch, daß einige tausend verschiedene übergeordnete Zellen gemeinsam erregend oder hemmend auf eine motorische Vorderhornzelle einwirken, hängt es von der Summe der chemischen Prozesse in allen Synapsen ab, ob eine motorische Vorderhornzelle einen fortgeleiteten Nervenimpuls aussendet oder nicht.
Weil die motorische Vorderhornzelle in der Lage ist, alle erregenden und hemmenden Einflüsse von übergeordneten Nervenzellen gegeneinander aufzurechnen, und nur dann einen Nervenimpuls an alle Muskelzellen ihrer motorischen Einheit aussendet, wenn die erregenden Einflüsse überwiegen, wird sie zur gemeinsamen Endstrecke der Motorik.
Durch das Konvergenzprinzip der Nervenverschaltungen in Verbindung mit der chemischen Übertragung in den Synapsen läßt sich auch verstehen, warum gleichzeitig von verschiedenen Endknöpfen freigesetzte kleinste Mengen an Überträgersubstanzen sich in ihrer Wirkung so summieren können, daß an der nächsten Zelle ein Nervenimpuls ausgelöst und fortgeleitet wird (räumliche Bahnung; siehe Seite 99).
Genau wie eine Nervenzelle gleichzeitig von sehr vielen anderen Nervenzellen erreicht wird, nimmt sie über die Verzweigungen ihres Axonfortsatzes auch selbst mit sehr vielen anderen Zellen Kontakt auf (*Divergenzprinzip* der Nervenverschaltungen).
Die Divergenz motorischer Vorderhornzellen wird in den großen motorischen Einheiten deutlich, in denen eine motorische Vorderhornzelle über ihre Axonverzweigungen mit bis zu zweitausend Muskelzellen in Verbindung tritt (siehe Kap. 1.3.1.).

2.3. Motorische Systeme

Nur mit Hilfe seiner Skelettmuskeln kann der Mensch sich gegenüber seiner Umwelt behaupten bzw. auf sie einwirken. Die Art, in der das motorische System die Muskelbewegungen steuert, ist grundsätzlich immer die gleiche, unabhängig davon, ob durch die Muskeltätigkeit schwierige Gedankengänge oder feinste Empfindungen (Schreiben, Malen, Spielen eines Musikinstruments) vermittelt werden oder ob der ganze Körper durch Muskelbewegungen bewegt wird, um zum Beispiel ein sportliches Ziel zu erreichen.
Die Analyse sportlicher Bewegungsabläufe zeigt, daß sich innerhalb des motorischen Systems zwei Funktionen unterscheiden lassen:
- die *Haltefunktion* und
- die *Bewegungsfunktion*.

Weil die motorische Haltefunktion der aufrechten Haltung des Körpers im Raum bzw. der Einnahme einer bestimmten Körperposition im Raum dient, bezeichnet man sie als *Stützmotorik*.
Als *Zielmotorik* bezeichnet man die motorischen Funktionen, die sich in einer zielgerichteten, sichtbaren Bewegung äußern.
Bei jeder sportlichen Übung sind selbstverständlich die motorischen Haltefunktionen und die Bewegungsfunktionen untrennbar miteinander verknüpft. Diese Erkenntnis geht in die Bewertungskriterien zum Beispiel von turnerischen Übungen ein, wenn nicht nur der Schwierigkeitsgrad des Bewegungsablaufs, sondern auch die Haltung des Turners beurteilt wird.
Am Beispiel des Zehenspitzenstandes (siehe Kap. 1.1.7.) läßt sich das dialektische Verhältnis von Haltung und Bewegung aufzeigen: Jede die Haltung verändernde Störung muß durch entsprechende Gegenbewegungen ausgeglichen werden, wodurch dann jeweils eine neue Grundhaltung entsteht:
- Am Beginn und am Ende jeder Bewegung steht die Haltung.

Die motorischen Funktionssysteme, die für die nervöse Kontrolle von Haltung und Bewegung zuständig sind (motorische Zentren), sind über die verschiedensten Abschnitte des zentralen Nervensystems von der Hirnrinde bis zum Rückenmark verteilt. Wegen ihrer strengen, hierarchisch gegliederten Rangordnung grenzt man die motorischen Zentren auf Rückenmarksebene *(Spinalmotorik)* mit ihrem Vorrat an elementaren Haltungs- und Bewegungsprogrammen gegen die *supraspi-*

nalen (oberhalb des Rückenmarks) Zentren ab, die für die sogenannte höhere (supraspinale) Motorik zuständig sind.
In den supraspinalen Zentren des Gehirns entstehen Handlungsantriebe und Bewegungsentwürfe, die anschließend in ausgearbeitete Bewegungsprogramme umgesetzt werden, bei deren zielgerichteter Ausführung die Stützmotorik und die Zielmotorik eng koordiniert sind.

2.3.1. **Verknüpfung von Sensorik und Motorik**

Die motorischen Funktionssysteme des Gehirns und des Rückenmarks sind eng mit den sensorischen Systemen verknüpft. Für die funktionsgerechte Ausführung von Bewegung sind alle an der Motorik beteiligten Strukturen auf Informationen von ihren Rezeptoren angewiesen, die zum Beispiel über die sinnvolle Richtung der angestrebten Bewegung und über die aktuelle Körperstellung im Raum informieren. Erst wenn diese Nachrichten aus der Peripherie vorliegen, wird die Muskeltätigkeit den jeweiligen Anforderungen der Umwelt entsprechen.
Grundsätzlich lassen sich verschiedene Arten des Zusammenspiels zwischen sensorischen und motorischen Systemen unterscheiden.
Die Veränderungen und die Einflüsse aus der Umwelt können über die sensorischen Systeme bis an das Bewußtsein gelangen, von wo sie mit Hilfe der motorischen Systeme durch zweckentsprechende Willkürbewegungen beantwortet werden. Auf die Dauer wäre es für die Zentren der Aufmerksamkeit und des Bewußtseins im Gehirn jedoch außerordentlich belastend, wenn diese oft stereotypen Reaktionen gegenüber der Umwelt jedesmal unter Willensanstrengung neu ‹gewollt› werden müßten.
Deswegen bedeutet die Fähigkeit des Nervensystems, bestimmte Bewegungsabläufe erlernen und dann in tiefer gelegene, unbewußt tätige motorische Zentren unterhalb der Hirnrinde abschieben zu können *(Bewegungsautomatismen)*, eine große Erleichterung für diese höheren Zentren.
Einen zweiten Schutzwall gegen die Überlastung der höheren motorischen Zentren bilden die unbewußt ablaufenden Reaktionsfolgen zwischen sensorischen und motorischen Systemen, die *Reflexe* (siehe Kap. 2.5.1.). Viele Reflexe (mit Ausnahme der bedingten Reflexe) sind angeboren und brauchen deshalb nicht erlernt zu werden.
Bei der Ausführung einer Bewegung können die höheren motorischen

Zentren zum Beispiel auf die Rückenmarksreflexe, die einen Vorrat einfachster Haltungs- und Bewegungsmuster enthalten, zurückgreifen und brauchen sich um die Ausführung der einzelnen Programmteile nicht jedesmal neu zu bemühen.

2.4. Bedeutung elektrischer und chemischer Vorgänge für die Erregung der Zellmembran

Bisher ist mehrfach erwähnt worden, daß in den Nervenzellen elektrische Erregungen (Impulse) entstehen und über die Axonfortsätze weitergeleitet werden und daß die Summe der erregenden und hemmenden chemischen Überträgerstoffe in den Tausenden von Synapsen, die eine Nervenzelle bedecken, darüber entscheidet, ob in der Nervenzelle eine Erregung entsteht und fortgeleitet wird oder nicht.
Der Weg der Informationsübertragung zum Beispiel von höheren motorischen Nerven bis zur peripheren Skelettmuskelzelle wechselt also immer ab zwischen elektrischer Erregung der Nervenzelle – chemischer Übertragung in der Synapse – elektrischer Erregung der nächsten Zelle und so weiter bis zur chemischen Übertragung in der Synapse zwischen der motorischen Vorderhornzelle, die in der Muskelzelle wiederum eine elektrische Erregung auslöst (siehe Abb. 2/4, Seite 87).
Der folgende Abschnitt enthält eine Übersicht über die Art und Weise, wie durch die chemischen Veränderungen im synaptischen Spalt elektrische Phänomene an der Zellmembran auftreten und umgekehrt.
Wer sich mit diesen theoretischen physikochemischen Zusammenhängen nicht so intensiv befassen will, mag im Kapitel 2.4.5. weiterlesen.

2.4.1. **Zellmembran**

Die Zellstruktur, die für die Erregungsaufnahme, die Erregungsbildung und die Weiterleitung der Erregung in den Nerven- und Muskelzellen verantwortlich ist, ist die Zellmembran. Sie ist aus mehreren La-

gen von Fett- und Eiweißmolekülen aufgebaut und wirkt als elektrische Isolationsschicht der Zelle.
Mit haarfeinen Mikroelektroden kann man messen, daß zwischen dem Inneren und dem Äußeren der unerregten Zelle eine elektrische Spannungsdifferenz (Potentialdifferenz) besteht, die man als *Ruhemembranpotential* bezeichnet. Dieses Ruhemembranpotential der Muskel- und Nervenzellen beträgt circa −70 mV, wobei sich das Innere der Zelle gegenüber der Zellumgebung negativ verhält.
Die Ursache des Ruhemembranpotentials ist eine ungleiche zahlenmäßige Verteilung von elektrisch geladenen Teilchen *(Ionen)*, vor allem von positiv geladenen Kalium- und Natriumionen und von negativ geladenen großen Chlor- und Eiweißionen. Das führt dazu, daß sich auf der Innenseite der Zellmembran in der intrazellulären Flüssigkeit etwas mehr negative Ladungen befinden als auf der Außenseite der Zellmembran in der extrazellulären Flüssigkeit.

2.4.2. **Physikochemische Ursachen des Ruhemembranpotentials**

Die ungleiche Verteilung verschiedener elektrisch geladener Teilchen zu beiden Seiten der Zellmembran ist bedingt durch zwei besondere Eigenschaften der Zellmembran:
– Sie ist kein vollkommener Isolator, sondern für gewisse kleinere Ionen (besonders für die Kaliumionen) beschränkt durchlässig *(permeabel)*. Man führt diese Durchlässigkeit auf kleine Poren in der Zellmembran zurück, durch die kleinere Ionen relativ frei hindurchtreten können.
– Innerhalb der Zellmembran befinden sich aktive *Pumpsysteme*, die die Fähigkeit haben, elektrisch geladene Teilchen unter Energieverbrauch gegen ein bestehendes Konzentrationsgefälle zu transportieren, zum Beispiel die Natriumionen (Na^+) aus der Zelle und die Kaliumionen (K^+) in die Zelle. Diese aktiven Pumpsysteme in der Zellmembran müssen für ihre Tätigkeit ständig mit Energie (in Form der energiereichen Phosphatverbindung Adenosin-Triphosphat – ATP; siehe Kap. 5.2.) versorgt werden.
Ohne diesen ununterbrochenen Energienachschub (z. B. beim Zelltod) gleichen sich die Konzentrationen der verschiedenen elektrisch geladenen Teilchen innerhalb und außerhalb der Zellmembran durch

Diffusionsprozesse (siehe Kap. 3.2.5.1.) einander an, so daß über die Zellmembran keine Potentialdifferenz mehr meßbar ist.
Aus Abbildung 2/6 A geht hervor, daß sich durch die Tätigkeit der aktiven Pumpsysteme auf der Innenseite der unerregten Zellmembran sehr viel mehr Kaliumionen befinden als auf der Außenseite der Zellmembran, ungefähr fünfzigmal soviel. Die gleichen Pumpsysteme pumpen die Natriumionen aus der Zelle gegen ein Konzentrationsgefälle ständig in die extrazelluläre Flüssigkeit, so daß die Konzentration der Natriumionen auf der Außenseite der unerregten Zellmembran zehnmal so hoch ist wie auf der Innenseite.
Weil die Poren der Zellmembran für die etwas größeren Natriumionen zu eng sind, können die aktiv aus der Zelle herausgepumpten Natriumionen nicht wieder passiv durch Diffusionsprozesse in die Zelle zurückkehren. Die kleineren Kaliumionen aber passen sehr gut durch die Poren der Zellmembran und diffundieren deswegen entsprechend ihrem hohen Konzentrationsgefälle wieder aus der Zelle in die extrazelluläre Flüssigkeit.
Diese passive Auswärtsdiffusion wird aber drastisch unterbunden, weil die elektrisch positiv geladenen Kaliumionen nicht nur als kleine Teilchen den Diffusionsgesetzen gehorchen müssen, sondern wegen ihrer elektrischen Ladung auch elektrischen Kräften unterworfen sind, die darin bestehen, daß sich entgegengesetzt geladene elektrische Teilchen anziehen, gleichartig geladene Teilchen abstoßen.
Die großen negativ geladenen Chlor- und Eiweißionen innerhalb der Zelle passen nicht durch die Poren der Zellmembran und behindern deswegen durch ihre elektrische Anziehungskraft zunehmend den Auswärtsstrom der positiv geladenen Kaliumionen, bis sich ein Gleichgewicht einstellt zwischen den elektrischen Anziehungskräften verschieden geladener Teilchen und dem Bestreben der Kaliumionen, durch Diffusion ihre Konzentration innerhalb und außerhalb der Zelle einander anzugleichen.
Bei diesem Gleichgewicht finden sich allerdings mehr positiv geladene Teilchen auf der Außenseite der Zellmembran als auf der Innenseite, woraus sich die Potentialdifferenz von circa −70 mV zwischen Zellinnerem und extrazellulärer Flüssigkeit ergibt.

Abb. 2/6: Ruhemembranpotential, Depolarisation und Repolarisation der Zellmembran

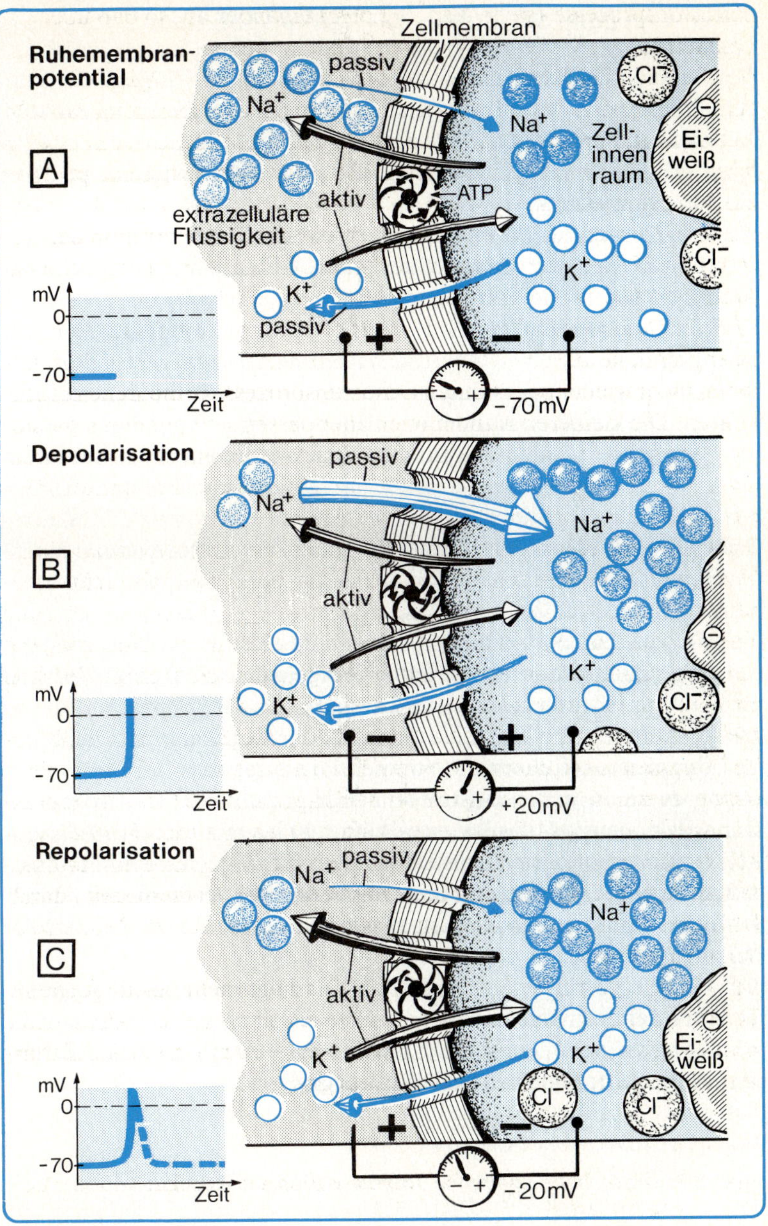
Ruhemembranpotential
A
Zellmembran
passiv
Na+
Na+
Zell-
innen
raum
Ei-
weiß
Cl−
aktiv
ATP
extrazelluläre
Flüssigkeit
K+
K+
passiv
mV
0
-70
Zeit
−70 mV
Depolarisation
B
passiv
Na+
Na+
aktiv
K+
K+
Cl−
mV
0
-70
Zeit
+20mV
Repolarisation
C
passiv
Na+
Na+
aktiv
K+
K+
Cl−
Cl−
Ei-
weiß
mV
0
-70
Zeit
−20mV

2.4.3. **Erregung der Zelle – das Aktionspotential**

Während an den Membranen aller lebenden Zellen ein solches Ruhemembranpotential meßbar ist, haben die erregbaren Nerven- und Muskelzellen die besondere Eigenschaft, die Durchlässigkeit ihrer Membran für die verschiedenen elektrisch geladenen Teilchen auf einen Reiz hin zu verändern.
Der Reiz, durch den eine motorische Nervenzelle oder eine Muskelzelle erregt wird, besteht in der chemischen Verbindung des Überträgerstoffes *(Azetylcholin)* mit den spezifischen Rezeptoren der postsynaptischen Zellmembran. Ist der Reiz stark genug – gelangt also eine ausreichend hohe Zahl von Überträgerstoffteilchen an die Rezeptoren –, wird das (negative) Ruhemembranpotential in Richtung null mV verringert (*Depolarisation*; siehe Abb. 2/6 B, S. 97).
Das geschieht, indem durch die chemische Verbindung zwischen Überträgerstoff und Rezeptor die vorher geschlossenen Schleusentore plötzlich auch für das Natriumion geöffnet werden. Die Poren der Zellmembran werden durch die Reizeinwirkung auch für das Natriumion durchlässig, und zwar um circa fünfhundertmal so durchlässig wie in unerregtem Zustand.
Positiv geladene Natriumionen dringen deswegen, den Diffusionsgesetzen gehorchend, sofort bei Öffnung der Schleusentore entsprechend ihrem Konzentrationsgefälle in die Zelle ein. Die Potentialdifferenz zwischen der Außen- und der Innenseite der Zellmembran wird geringer, das negative Ruhemembranpotential nimmt ab.
Wenn durch die ersten einströmenden Natriumionen ein sogenanntes *Schwellenpotential*, das bei circa minus 60 bis minus 50 mV liegt, erreicht ist, nimmt der Natriumeinstrom in die Zelle noch einmal lawinenartig zu. Bei ganz geöffneten Schleusentoren bricht das Membranpotential dann sehr schnell ganz zusammen (*Depolarisationsphase* des Aktionspotentials).
Für einen kurzen Moment verhält sich das Innere der Zelle sogar gegenüber der Zellumgebung positiv. Danach werden die Schleusentore wieder geschlossen, und die aktiven Pumpsysteme in der Zellmembran stellen die ursprünglichen Verhältnisse wieder her, was zum Wiederaufbau des Ruhemembranpotentials führt (*Repolarisationsphase* des Aktionspotentials; siehe Abb. 2/6 C, Seite 97).

2.4.4. **Alles-oder-Nichts-Antwort**

Ist der erregende Reiz stark genug (ist die Summe der erregenden und hemmenden Überträgersubstanzen ausreichend), die Durchlässigkeit der Zellmembran so zu verändern, daß das Schwellenpotential erreicht wird, dann ist die endgültige Depolarisation der Zellmembran eine Alles-oder-Nichts-Antwort der erregten Zelle.
– Sind die Schleusentore erst einmal um einen gewissen Spalt geöffnet, gibt es für die einströmenden Natriumionen kein Halten mehr.
Die Zellantwort (das Aktionspotential) läuft dann ohne Rücksicht darauf ab, wie groß der auslösende Reiz war.
Bleibt der Reiz unterschwellig – kann also die Summe der erregenden und hemmenden Überträgersubstanzen die Durchlässigkeit der postsynaptischen Membran nicht so verändern, daß der Schwellenwert erreicht wird –, antwortet die erregbare Zelle gar nicht.

2.4.5. **Räumliche und zeitliche Summation**

Wird ein einzelner Reiz auf eine motorische Nervenzelle übertragen, dann kommt es nur zu einer flüchtigen, teilweisen Depolarisation an einer engbegrenzten Stelle der postsynaptischen Membran, weil die bei einem Impuls freigesetzte Menge von Überträgerstoffen gering ist.
Die Erregbarkeit der Nervenzelle wird jedoch durch diese lokale, flüchtige Depolarisation erhöht, so daß mehrere, von verschiedenen synaptischen Endknöpfen gleichzeitig eintreffende Impulse dann in der Lage sind, gemeinsam die Durchlässigkeit der postsynaptischen Membran so zu verändern, daß das Schwellenpotential (die Zündschwelle) erreicht und damit die vollständige Depolarisation der Zelle ausgelöst wird.
Die Aktivität eines synaptischen Endknopfes bahnt gewissermaßen den Weg, damit der Impuls aus einem benachbarten synaptischen Endknopf in die Lage gerät, das Schwellenpotential zu erreichen *(räumliche Summation)*.
Wenn Impulse aus einem einzigen synaptischen Endknopf in sehr schneller Reihenfolge (mit hoher Frequenz) freigesetzt werden, kommt es ferner zu einer zeitlichen Addition der Wirkung der jeweils freigesetzten Überträgerstoffmengen *(zeitliche Summation)*.
Genau wie für die erregenden Überträgersubstanzen gibt es die zeitli-

che und räumliche Summation auch für die *hemmenden Überträgersubstanzen* (siehe Kap. 2.4.8.). Auf der Basis dieser Vorgänge ist es dem Zentralnervensystem möglich, bestimmte Signalübertragungen zu bahnen oder zu hemmen. Der Summationseffekt ist um so stärker, je höher die Impulsfrequenz eines synaptischen Endknopfes ist oder je mehr synaptische Endknöpfe gleichzeitig gleichartige Impulse abgeben. Dabei bestimmt die Summe aller erregenden und hemmenden Impulse, ob das Schwellenpotential erreicht wird – ob ein Aktionspotential ausgelöst wird oder nicht. Bis zum Erreichen des Schwellenpotentials sind die lokalen flüchtigen Veränderungen an der postsynaptischen Zellmembran abhängig von der einwirkenden Reizstärke.

2.4.6. Rücktransport der Überträgersubstanzen in den synaptischen Endknopf

Wenn die Überträgersubstanzen ihre Pflicht an den Rezeptoren der postsynaptischen Membran erfüllt haben, müssen sie sehr schnell unschädlich gemacht werden, damit ihre Wirkung nicht zu lange andauert und dadurch die Kontrolle über die nächste Zelle verlorengeht (das würde zu einem Krampf oder zu einer Lähmung führen). Zum Beispiel wird das Azetylcholin schon nach 1 bis 10 ms inaktiviert, so daß die aktiven Kalium-Natrium-Pumpen in der Zellmembran das Ruhemembranpotential wieder aufbauen können. Die Inaktivierung des Azetylcholins geschieht mit Hilfe eines Enzyms *(Cholinesterase)*, das das Azetylcholin in zwei unwirksame Teile (Cholin und Essigsäure) spaltet. Durch aktive Transportsysteme werden die Spaltprodukte aus dem synaptischen Spalt in den synaptischen Endknopf transportiert, damit dort wieder frische Überträgersubstanzen aufgebaut und in den Bläschen zur Wiederverwendung gespeichert werden können.
Neuere Untersuchungen lassen vermuten, daß die Überträgerstoffe gar nicht erst durch Enzyme zerlegt werden, sondern durch einen noch unbekannten, sehr schnellen Transportmechanismus praktisch unversehrt wieder in die präsynaptischen Endknöpfe transportiert werden und somit sofort wieder zur Verfügung stehen. Diese Ergebnisse können erklären, warum Nerven nur sehr wenig ermüden, auch wenn sie ihre Impulse zu ‹Verkehrsstoßzeiten› mit Frequenzen zwischen einhundert und fünfhundert pro Sekunde, manche sogar mit Frequenzen bis zu eintausend Impulsen pro Sekunde übertragen.

2.4.7. **Fortleitung des Aktionspotentials**

Das an der postsynaptischen Membran entstandene Aktionspotential setzt sich über die Zellmembran in alle Richtungen fort. Dabei wirkt das Aktionspotential für seine unmittelbar benachbarten Membranbezirke ähnlich wie ein Reiz, so daß sich entlang der Zellmembran immer wieder neue Aktionspotentiale aufbauen. Der ‹Strom› fließt also nicht über die Zellmembran wie in einem elektrischen Kabel, sondern die fortlaufende Auslösung von Aktionspotential im jeweils engbenachbarten Faserabschnitt sorgt nach dem Alles-oder-Nichts-Gesetz immer wieder für ein aufgefrischtes Signal.
Diese Art der elektrischen Leitung benötigt relativ viel Zeit (0,2 bis 2 m/Sekunde). Die markhaltigen Nervenfasern leiten deswegen die Erregung sehr viel schneller (12 bis 120 m/Sekunde) als die marklosen Fasern, weil hier das Aktionspotential sprunghaft *(saltatorisch)* von Schnürring zu Schnürring weitergeleitet wird (siehe Seite 88).

2.4.8. **Hemmende Neurone**

Unter funktionellen Gesichtspunkten kann man zwei verschiedene Arten von Nervenzellen unterscheiden, die erregenden *(exzitatorischen)* und die hemmenden *(inhibitorischen)* Neurone.
Die hemmenden Neurone setzen an ihren synaptischen Endknöpfen einen besonderen Überträgerstoff (zum Beispiel *Glycin*) frei, der an der postsynaptischen Membran nicht die Durchlässigkeit für Natriumionen, sondern selektiv die Durchlässigkeit für Chlorionen und Kaliumionen erhöht. Dadurch wird die postsynaptische Membran nicht depolarisiert, sondern im Gegenteil hyperpolarisiert, so daß die Erregbarkeit der Zelle herabgesetzt wird.
Erregende und hemmende Überträgerstoffe können gleichzeitig an derselben Zelle ankommen. Dabei bestimmt die Summe der erregenden und hemmenden Wirkungen, ob postsynaptisch ein Aktionspotential entsteht oder nicht.
Die hemmenden Neurone sind für die Funktion des Nervensystems genauso wichtig wie die erregenden Neurone. Viele der kurzen Zwischenneurone im Rückenmark *(Interneurone)* sind hemmende Neurone. Sie haben für den Ablauf der Muskelreflexe besondere Bedeutung (siehe Kap. 2.5.1.5.).

Die neuromuskuläre Erregungsübertragung
Die Übertragung des Nervenimpulses auf die postsynaptische Membran der Muskelzelle und die Entstehung des Muskelaktionspotentials läuft ähnlich ab wie die Impulsübertragung zwischen zwei Nervenzellen. Sie ist im Kap. 1.3. beschrieben.

2.5. Spinale Motorik (Rückenmarksmotorik)

Das Rückenmark ist nicht nur ein dickes Kabel, das efferente und afferente Nervenfasern enthält, sondern es kann auch ohne Verbindung mit dem Gehirn bemerkenswert normale und sinnvolle Bewegungsmuster erzeugen.
Die Basis der Rückenmarksmotorik ist die direkte Verschaltung zwischen sensibler Afferenz und motorischer Efferenz, die man als *Reflex* (Rückenmarks- oder spinaler Reflex) bezeichnet.

2.5.1. **Reflexe**

In seinen Sinnesorganen besitzt der Körper Rezeptoren, die es ihm ermöglichen, Veränderungen in der Umwelt oder in ihm selbst zu erkennen und anschließend auf diese Information sinnvoll zu reagieren.
Oft sind die sensorischen Afferenzen aus den Rezeptoren der Sinnesorgane so mit Nervenzellen des motorischen Systems verschaltet, daß ihre Aktivierung jedesmal zu bestimmten, stereotypen Reaktionen des Körpers führt, die sich im Laufe der stammesgeschichtlichen oder individuellen Entwicklung für die Erhaltung des Lebens als besonders zweckmäßig erwiesen haben. Diese stereotypen Reaktionen des Körpers auf Reize aus der Umwelt oder aus dem Körperinneren bezeichnet man als *Reflexe.*
Die reflektorische Antwort des Körpers auf einen Reiz ist ein stereotyper Vorgang, aber auch spezifisch insofern, als bestimmte Reize immer nur ganz bestimmte Reizantworten auslösen (Lichteinfall führt zu einer reflektorischen Kontraktion der Pupillenmuskulatur; das Beklopfen

der Kniescheibensehne führt zu einer reflektorischen Streckung des Unterschenkels).
Reflexe, die im Laufe der Stammesgeschichte erworben wurden und angeboren sind, bezeichnet man als *unbedingte Reflexe*, weil die Verschaltung zwischen den sensorischen und motorischen Systemen von vornherein feststeht und sich nur bedingt verändern läßt.
Dem gegenüber stehen die *bedingten* (konditionierten) *Reflexe*, die sich erst im Laufe der individuellen Entwicklung, meistens durch einen Lernprozeß (siehe Kap. 2.8.), entwickelt haben.

Reflexbogen
Als Reflexbogen bezeichnet man die vollständige Nervenverschaltung vom Rezeptor in den Sinnesorganen über das Zentralnervensystem bis zum Erfolgsorgan. Ein Reflexbogen besteht immer aus:
- dem Rezeptor im Sinnesorgan – afferenter Schenkel (Nervenzelle),
- einer oder mehreren Synapsen in einer zentralen Integrationsstation – efferenter Schenkel – Erfolgsorgan (Effektor).

Im einfachsten Reflexbogen des Muskeldehnungsreflexes ist das beteiligte Sinnesorgan mit den Rezeptoren die Muskelspindel (siehe Seite 105), die mit ihren sensiblen Fasern auch den afferenten Schenkel bildet. Die Information über den Dehnungszustand des Muskels aus der Muskelspindel wird im Rückenmark über nur eine *Synapse* (monosynaptisch) direkt auf die motorische Vorderhornzelle umgeschaltet, die mit ihren Axonverzweigungen den efferenten Schenkel bildet, über den das Erfolgsorgan (die Muskelzellen der Arbeitsmuskulatur) reflektorisch zur Kontraktion angeregt wird.
Der Muskeldehnungsreflex ist der einzige monosynaptische Reflex. Bei allen anderen Reflexen sind in der zentralen Relaisstation im Rükkenmark oder im Gehirn zwischen den afferenten und den efferenten Schenkeln mehrere Zwischenstationen (Zwischenneurone) eingeschaltet, wobei die Zahl der Synapsen in einem Reflexbogen zwischen zwei und vielen Hunderten schwanken kann *(polysynaptische Reflexe)*.

2.5.1.1. **Monosynaptischer Reflex – Muskeldehnungsreflex**

Dehnt man den vierköpfigen Schenkelstrecker *(Musculus quadriceps femoris)* dadurch, daß man die Kniescheibensehne *(Patellarsehne)* unterhalb der Kniescheibe beklopft, kommt es zu einer reflektorischen Kontraktion des Muskels, wodurch der Unterschenkel kurzzeitig gestreckt wird.

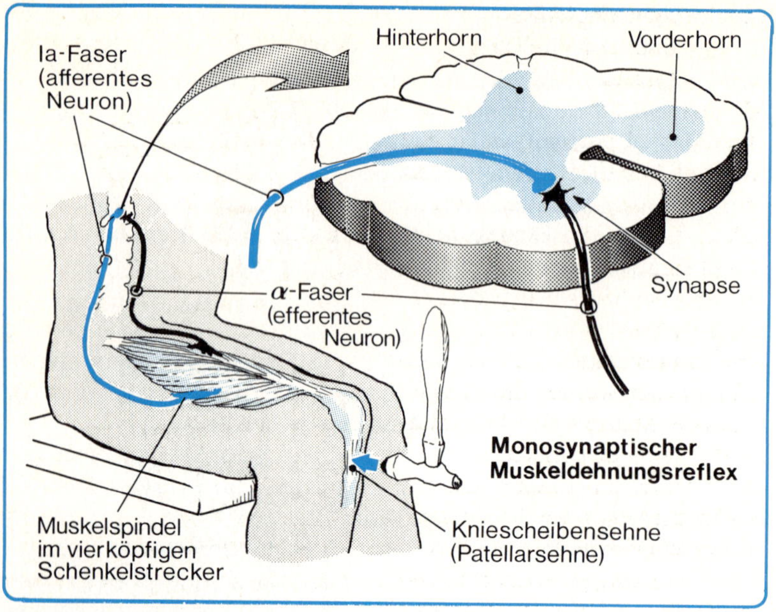

Abb. 2/7: Muskeldehnungsreflex

Der wirksame Reiz ist die Dehnung des Muskels, der über muskeleigene Sinnesorgane – die sogenannten Muskelspindeln – erkannt wird. Da Rezeptor (Muskelspindel) und Effektor (die Zellen der Arbeitsmuskulatur) im gleichen Organ (im vierköpfigen Schenkelstrecker) liegen, bezeichnet man den monosynaptischen Muskeldehnungsreflex oft auch als *Eigenreflex*.

Um den Ablauf eines typischen Reflexes, aber auch die große Bedeutung der afferenten Zuflüsse aus den Sinnesorganen für die Motorik auf Rückenmarksebene verstehen zu können, wird in diesem Zusammenhang eine knappe Übersicht über die beiden Sinnesorgane des Skelettmuskels gegeben, die Muskelspindeln und die Sehnenorgane.

2.5.1.2. **Muskelspindeln – gammamotorisches System**

Muskelspindeln

Das Muskelspindelorgan (siehe Abb. 2/8) besteht aus zwei bis zehn besonders ausgerüsteten Muskelzellen, die in einer Bindegewebskapsel eingeschlossen sind und der Messung der Muskellänge dienen. Im Gegensatz zu den Zellen der Arbeitsmuskulatur (den *extrafusalen Fasern*) werden die Muskelzellen der Muskelspindel als *intrafusale Fasern* bezeichnet.

Die intrafusalen Fasern sind mit den Muskelzellen der Arbeitsmuskulatur parallelgeschaltet; die Enden ihrer Bindegewebskapsel sind seitlich an den Zellen der Arbeitsmuskulatur oder an den Sehnen des Muskels befestigt.

Anders als die extrafusalen Zellen der Arbeitsmuskulatur bestehen die Zellen der Muskelspindel nicht durchgängig aus kontraktilen Elementen, sondern ihr Mittelteil kann sich nicht zusammenziehen und ist mit Kernen angefüllt *(Kernsackregion)*. Spiralig um diese Kernsackregion sind die Enden der sensiblen Ia-Fasern angeordnet, die als Rezeptor dieses Sinnesorgans die Dehnung der Kernsackregion an das zentrale Nervensystem melden können.

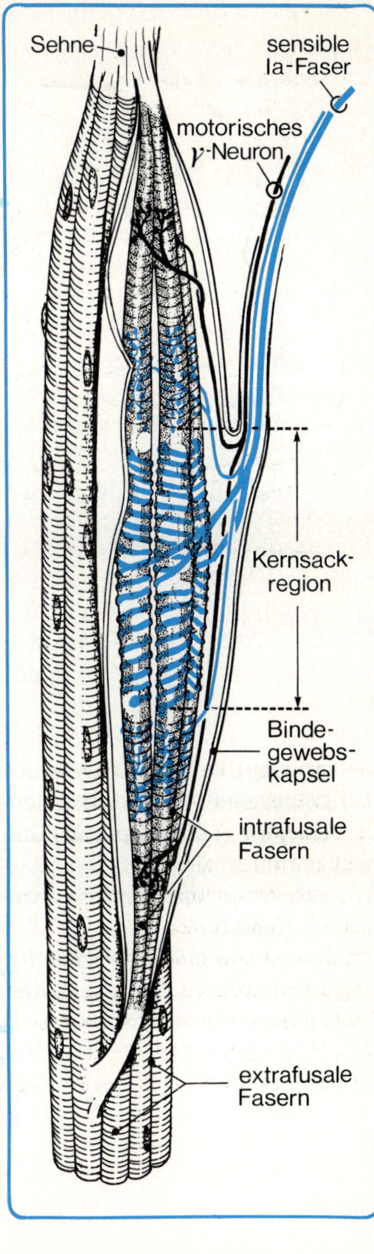

Abb. 2/8: Muskelspindel

Damit sich das Muskelspindelorgan der wechselnden Muskellänge anpassen und diese auch immer erkennen kann, verfügen die beiden kontraktilen Enden der intrafusalen Fasern über eine eigene motorische nervöse Versorgung, durch die die Länge und die Spannung des Spindelorgans reguliert wird.
Die motorischen Nerven, die die Muskelspindel versorgen, bezeichnet man im Gegensatz zu den die Arbeitsmuskulatur versorgenden Alpha-Motoneuronen als *Gamma-Motoneurone*. Diese liegen ebenfalls im motorischen Vorderhorn des Rückenmarks. Ungefähr 30 Prozent der efferenten Fasern, die das motorische Vorderhorn verlassen, gehören zu den Gamma-Motoneuronen.
Wenn der Muskel gedehnt wird, werden auch die parallel angeordneten Muskelspindeln gedehnt, besonders die Kernsackregion. Dadurch werden die spiralig angeordneten Endverzweigungen verformt, die die Rezeptoren in dem Sinnesorgan Muskelspindel sind.
Die Rezeptoren übersetzen die Information über ihre Verformung in die Sprache des Nervensystems (Kodierung) und lösen in den sensiblen Ia-Fasern Aktionspotentiale aus, deren Frequenz dem Grad der Dehnung der Kernsackregion proportional ist.
Die Muskelspindeln können nicht nur einen bestimmten statischen Dehnungszustand des Muskels erkennen, sondern auch die gleichmäßige Veränderung der Muskeldehnung bzw. die Änderung der Dehnungsgeschwindigkeit. Durch diese Fähigkeit und durch ihre parallele Anordnung zu den Skelettmuskelfasern bilden die Muskelspindeln offensichtlich die Sinnesorgane eines Rückkoppelungssystems, das der Aufrechterhaltung einer ganz bestimmten Muskellänge dient.

Gammamotorisches System
Die Muskelspindeln können immer die aktuelle Länge des Muskels erkennen, weil ihre intrafusalen kontraktilen Fasern durch das gammamotorische System parallel zur Arbeitsmuskulatur des betreffenden Muskels miterregt werden. Dadurch verkürzen sich Arbeitsmuskulatur und Muskelspindel in einem harmonischen Verhältnis gemeinsam, so daß während einer aktiven Muskelkontraktion die Kernsackregion nicht erschlafft beziehungsweise ihre Rezeptoren nicht aufhören, über die sensiblen Ia-Fasern Informationen an das zentrale Nervensystem zu melden *(stumme Periode)*.
Durch die gleichzeitige Verkürzung von Arbeitsmuskulatur und intrafusalen Fasern der Muskelspindel bleibt vielmehr die Kernsackregion

immer angespannt, wodurch auch während einer aktiven Muskelkontraktion das Gefühl für die Muskellänge erhalten bleibt.
Ohne diese Parallelschaltung des gammamotorischen Systems würde zum Beispiel ein Speerwerfer ohne Information über die Muskellänge den Speer zu früh loslassen.
Das gammamotorische System wird nicht nur parallel zum alphamotorischen System der Arbeitsmuskulatur aktiviert, sondern es steht wie dieses unter dem Einfluß absteigender Bahnen aus verschiedenen Gehirnregionen. Über diese zentralen Einflüsse kann die Empfindlichkeit der Muskelspindeln verändert werden:
Wenn die Gamma-Motoneurone erregt werden, kommt es nicht zu einer Verkürzung des Gesamtmuskels. Dazu sind die intrafusalen Fasern der Muskelspindel zu schwach und auch in ihrer Anzahl zu wenig. Wohl aber verkürzen sich die kontraktilen Enden der intrafusalen Fasern, so daß die Kernsackregion gedehnt wird, was die spiraligen Rezeptoren sofort durch eine Erhöhung ihrer Impulsfrequenz über die afferenten Ia-Fasern an das zentrale Nervensystem melden.
Die Empfindlichkeit dieser so durch das gammamotorische System vorgedehnten Muskelspindel steigt an; je höher die Reizfrequenz des gammamotorischen Systems, desto höher ist die Dehnungsempfindlichkeit der Muskelspindel.
Da die Muskelspindeln die Sinnesorgane sehr vieler Reflexbögen sind, können die Reflexe durch den Einfluß höherer motorischer Zentren über das gammamotorische System in ihrem Ablauf so verändert werden, daß sie zu jeder Zeit den Erfordernissen der Haltungskontrolle entsprechen.

Reflextonus

Die Muskelspindeln überwachen die Tätigkeit des Muskels nicht nur bei einer Längenänderung, sondern die Rezeptoren der Muskelspindeln geben auch dann ununterbrochen Impulse ab, wenn der Muskel sich nicht bewegt, und melden auf diese Weise die Information über die Länge des ruhenden Muskels an das zentrale Nervensystem.
Durch diesen ständigen Impulseinstrom von den Muskelspindeln wird aber auch das alphamotorische System der Arbeitsmuskulatur ständig reflektorisch gereizt, was dazu führt, daß sich auch die nicht willkürlich aktivierte Skelettmuskulatur immer in einem mäßigen, reflektorischen Dauerspannungszustand *(Reflextonus)* befindet.
Allerdings liegt die Impulsfrequenz aus den Muskelspindeln im Ruhe-

zustand so niedrig, daß jeweils nur eine geringe Anzahl motorischer Einheiten zur reflektorischen Kontraktion angeregt wird, und zwar in abwechselnder Folge. Wegen dieses ständigen Wechsels zwischen verschiedenen motorischen Einheiten führt die reflektorische Aufrechterhaltung der Muskelgrundspannung *(Muskeltonus)* nicht zur Ermüdung des Muskels.

Auch der Reflextonus kann durch den Einfluß höher geordneter Zentren, zum Beispiel im Hirnstamm, über das gammamotorische System und die Empfindlichkeit der Muskelspindeln verändert werden. Im Schlaf zeigen diese höheren Zentren verminderte Aktivität und damit einen geringeren Erregungszufluß zum gammamotorischen System. Deswegen sind im Schlaf der Reflextonus und die Reflexerregbarkeit herabgesetzt.

Umgekehrt sind in physischen oder psychischen Stress-Situationen diese höheren Zentren im Hirnstamm besonders aktiv, wodurch der Reflextonus oder die Reflexerregbarkeit gesteigert werden. Das kann sich durchaus positiv auswirken, indem zum Beispiel ein Sportler unter Wettkampfbedingungen mehr leistet als während des ‹ruhigeren› Trainings. Wenn der Reflextonus aber in angstbeladenen Situationen (z. B. die Angst vor der Hocke über den Kasten) zu stark gesteigert ist, kann das neben anderen Ursachen dafür verantwortlich sein, daß ‹nichts mehr läuft›, weil der bereits erlernte und beherrschte Ablauf der Bewegung durch die übersteigerten Reflexe gestört wird.

2.5.1.3. **Golgisches Sehnenorgan**

Wenn sich ein Muskel zu stark kontrahiert oder wenn er passiv zu stark gedehnt wird, kommt es ab einer gewissen Grenze zu einer plötzlichen reflektorischen Erschlaffung, wodurch der Muskel vor Zerreißung oder vor Abriß von den Ansatzstellen am Knochen geschützt wird. Die Rezeptoren für diesen Schutzreflex finden sich in dem zweiten Sinnesorgan der Muskulatur, dem sogenannten Golgischen Sehnenorgan.

Das Sehnenorgan besteht aus einem Netzwerk knötchenartiger sensibler Nervenendigungen in den Sehnen kurz vor ihrem Übergang in die quergestreifte Skelettmuskulatur. Auf etwa drei bis 25 Muskelfasern kommt ein Sehnenorgan.

Bei Dehnung der Sehne werden die Rezeptoren im Sehnenorgan gereizt und melden die Information über die Spannungszunahme über die schnelleitenden sensiblen *(afferenten)* Ib-Fasern an das Rückenmark. Dort werden diese Afferenzen auf hemmende Zwischenneurone umge-

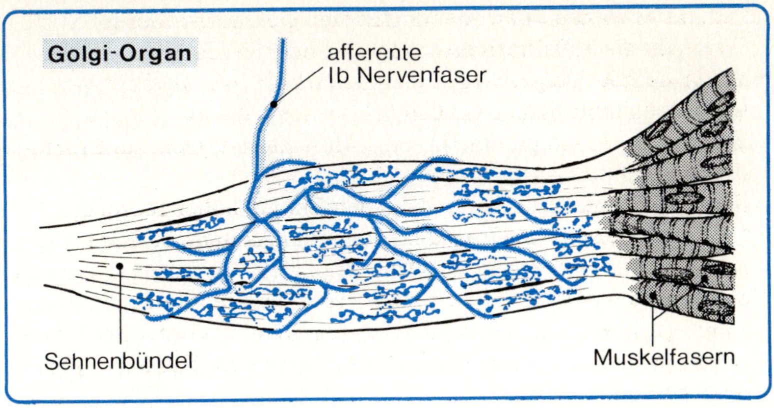

Abb. 2/9: Golgisches Sehnenorgan

schaltet, die wiederum mit den motorischen Vorderhornzellen eben des Muskels verschaltet sind, in dem sich auch die Sehnenorgane befinden. Die Information über eine zu starke Spannungsentwicklung aus den Sehnenorganen führt also durch die Zwischenschaltung von hemmenden Nervenzellen dazu, daß die weitere Kontraktion des Muskels gebremst wird, was man als *autogene Hemmung* bezeichnet.

Die Golgiorgane sind nicht wie die Muskelspindeln parallel, sondern zu den Zellen der Arbeitsmuskulatur in Serie (hintereinander) geschaltet. Sie werden also durch passive Dehnung wie durch aktive Kontraktion des Muskels erregt.

Das Sehnenorgan meldet auch geringe, zum Beispiel durch eine schwache Muskelkontraktion erzeugte Spannungen weiter, so daß das Zentralnervensystem immer über den aktuellen Spannungszustand in dem betreffenden Muskel orientiert ist.

Die reflektorische Bremswirkung (die autogene Hemmung) durch die Afferenzen aus dem Sehnenorgan setzt allerdings erst bei sehr starker passiver Dehnung oder bei sehr starker aktiver Kontraktion des Muskels ein, da die Dehnungsfähigkeit der Muskulatur sehr hoch ist und die Reizschwelle in diesem Reflexbogen ebenfalls relativ hoch liegt.

- Während sich in den Muskelspindeln die Rezeptoren eines Rückkoppelungskreises für die Steuerung der Muskellänge befinden, finden sich in den Sehnenorganen die Rezeptoren in einem Rückkoppelungskreis für die Regelung der Muskelspannung.

2.5.1.4. **Bedeutung des monosynaptischen Dehnungsreflexes für die Stützmotorik**

Nach dem Überblick über die beiden Sinnesorgane des Muskels und über das gammamotorische System soll kurz auf die Bedeutung der *Muskeldehnungsreflexe* für die Stützmotorik des Menschen und die Stellung der Gliedmaßen eingegangen werden.

Der monosynaptische Muskeldehnungsreflex kann nicht nur – wie in der Abbildung 2/7, Seite 104, dargestellt – künstlich ausgelöst werden, sondern er läuft besonders in der Streckmuskulatur während jeder Bewegung unbewußt ab.

In aufrechter Haltung sind die Muskelspindeln von Waden-, Gesäß- und Schultermuskulatur gerade so weit erregt, daß sie über den Reflextonus die aufgerichtete Haltung kontrollieren. Einfaches Vornüberbeugen dehnt diese Muskeln und ihre Muskelspindeln, worauf es über den monosynaptischen Muskeldehnungsreflex zur reflektorischen Kontraktion dieser ‹Anti-Schwerkraft-Muskeln› und damit zur automatischen Haltungskorrektur kommt.

Bei allen Verlagerungen des Körperschwerpunktes vom einfachen Zehenspitzenstand (siehe Kap. 1.1.7.) bis zu schwierigen gymnastischen Übungen, zum Beispiel beim Bodenturnen, wirken die Muskeldehnungsreflexe unwillkürlich der Fallneigung entgegen, korrigieren die Haltung im Raum und schaffen dadurch die notwendige Ausgangsposition für zielmotorische Bewegungsabläufe.

2.5.1.5. **Polysynaptische Reflexe**

Nur die Dehnungsreflexe sind monosynaptisch, bei allen anderen Reflexen sind in der zentralen Integrationsstation des Reflexbogens mehrere zentrale Neurone durch mehrere Synapsen hintereinander geschaltet (polysynaptisch). Da bei diesen Reflexen häufig Rezeptor und Erfolgsorgan nicht im gleichen Organ liegen, bezeichnet man sie auch als *Fremdreflexe.*

In bezug auf die motorischen Funktionen haben die motorischen polysynaptischen Reflexe, die zum Beispiel bei der Fortbewegung als Lokomotionsreflexe, bei der Nahrungsaufnahme als Nutritionsreflexe und bei dem Schutz des Körpers gegen seine Umwelt als Schutzreflexe auftreten, eine zentrale Bedeutung.

Der einfachste polysynaptische Reflex, der aus einem Reflexbogen mit zwei zentralen Synapsen besteht, hemmt den Gegenspieler während eines Bewegungsablaufs. Der Rezeptor dieses Reflexbogens ist die Muskelspindel, die mit ihren afferenten Impulsen nicht nur den monosynaptischen Dehnungsreflex auslöst, sondern durch die Einschaltung eines einzelnen hemmenden Zwischenneurons gleichzeitig die Arbeitsmuskulatur des antagonistischen Muskels reflektorisch hemmt *(reziproke Hemmung).*

Ein anderer typischer motorischer polysynaptischer Reflex ist der *Schutzreflex.* Er entsteht meistens als reflektorische Antwort auf einen schädigenden, schmerzhaften Reiz aus den Schmerzrezeptoren der Haut oder der Muskulatur.

Wenn man sich beim Barfußlaufen einen Splitter in den Fuß tritt, kommt es reflektorisch zur Kontraktion der Beugemuskulatur und Hemmung der Streckmuskulatur des betreffenden Beins, so daß es gebeugt und vom schädlichen Reiz weggezogen wird.

Ist der Reiz besonders unangenehm, umfaßt die Reizantwort nicht nur die reflektorische Beugung des betreffenden Beins, sondern kann auch zur Streckung des anderen Beins führen (gekreuzter Streckreflex). Dabei läuft die Reflexantwort so schnell ab, daß der Schmerz erst bewußt wird, wenn das Bein schon zurückgezogen ist.

Im Gegensatz zur einfachen, durch den Muskeldehnungsreflex ausgelösten Muskelkontraktion besteht die Antwort dieses polysynaptischen Reflexes in einer sinnvoll koordinierten Bewegung, die einen bestimmten Zweck verfolgt (Schutz vor weiteren schädigenden Einflüssen).

Ein weiterer Unterschied zu den monosynaptischen Reflexen besteht darin, daß bei den polysynaptischen Reflexen die Reflexzeit nicht einheitlich, sondern abhängig von der Reizintensität ist. Wird der schädigende Reiz stärker, kommt es durch räumliche und zeitliche Summation an den vielen verschiedenen Synapsen des Reflexes zu einer Verkürzung der Reflexzeit.

Durch die größere Anzahl der beteiligten zentralen Neuronen ist es auch möglich, den Reflexerfolg besser an die spezifischen Bedürfnisse des Organismus anzupassen.

Gemeinsame Endstrecke aller motorischen Funktionen, über die letztlich alle Bewegungen – auch die reflektorisch ausgelösten – auf die Skelettmuskulatur übertragen werden, ist die motorische Vorderhornzelle in der grauen Substanz des Rückenmarks. Das bedingt, daß die monosynaptischen Dehnungsreflexe wie die motorischen polysynaptischen Reflexe jederzeit in ihrem Ablauf durch den Einfluß höherer motorischer Zentren verstärkt oder gehemmt werden können, und zwar nicht

nur durch die Aktivitätsänderungen des gammamotorischen Systems, sondern auch über die hemmenden und bahnenden Einflüsse, die die höheren motorischen Zentren über ihre absteigenden Bahnen auf die motorische Vorderhornzelle ausüben.
Durch diese direkte Beeinflussungsmöglichkeit können die höheren Zentren gewollte Bewegungsfolgen zu jedem Zeitpunkt durchsetzen und ausführen lassen, selbst gegen die Tendenz vieler Reflexe, Umweltkontakte zu meiden.
Andererseits entheben die Reflexe mit ihrem Vorrat an bewährten Haltungs -und Bewegungsprogrammen die höheren Zentren von der ermüdenden Aufgabe, sich selbst jedesmal neu um eine sinnvolle motorische Antwort auf die in ununterbrochener Folge aus der Peripherie eintreffenden Reize kümmern zu müssen.

Bedingte Reflexe
Im Gegensatz zu den unbedingten Reflexen stehen die sogenannten bedingten *(konditionierten)* Reflexe, deren Reflexbogen nicht präformiert ist, sondern erst durch einen Lernprozeß aufgebaut werden muß. Ein bedingter Reflex ist eine Reflexantwort auf einen Reiz, der ursprünglich nicht diese Antwort auslöste. Er wird durch wiederholte Paarung dieses Reizes mit einem anderen Reiz erworben, der normalerweise diese betreffende Reflexantwort hervorruft.
Insofern spielen bedingte Reflexe eine wichtige Rolle bei den sogenannten höheren Funktionen des Nervensystems wie dem Lernen und dem Gedächtnis.

2.5.2. **Bewegungsgeneratoren im Rückenmark**

Neben den reflexgesteuerten Bewegungsfolgen kann das Rückenmark in bisher nur vermuteten – hypothetischen – Bewegungsgeneratoren (lokomotorischen Zentren) auch programmgesteuerte Bewegungsabläufe erzeugen. Das zeigen Versuche mit sogenannten Spinalkatzen – das sind Katzen, deren Rückenmark im unteren Brustwirbelsäulenbereich durchtrennt wurde. Schmerzhafte Reizung solcher Tiere führt zu einer rhythmischen Beugung und Streckung aller vier Beine. Wenn man eine Spinalkatze unterstützt auf ein Laufband stellt, können diese rhythmischen Beuge- und Streckbewegungen der Beine in koordinierte

Bewegungsfolgen übergehen, die den natürlichen Laufbewegungen der Katze weitgehend entsprechen.
Die Beobachtung, daß diese Laufbewegungen vom Rückenmark eigenständig und ohne Rückinformation von den Sinnesorganen unterhalten werden können, weist darauf hin, daß es sich um programmgesteuerte Bewegungsfolgen handelt, die ohne Zutun äußerer Reize durch die Bewegungsgeneratoren im Rückenmark unterhalten werden.
Es gibt Hinweise darauf, daß solche Bewegungsgeneratoren auf Rükkenmarksebene auch beim Menschen existieren (Schreitreflex des Neugeborenen).
Die Fähigkeit der Spinalkatzen, sich ansteigenden Laufbandgeschwindigkeiten durch Erhöhung der Schrittfrequenz bis zum Galopp anpassen zu können, zeigt, daß die einfachen Bewegungsgrundmuster auf Rückenmarksebene sich durch den Einfluß äußerer, durch Sinnesorgane aufgenommener Reize (reflektorisch) verändern lassen.

2.6. Supraspinale – höhere Motorik

2.6.1. **Motorischer Cortex – letzte Relaisstation für Bewegungsprogramme**

Die Gegend um die vordere Zentralwindung der Großhirnrinde besitzt eine Schlüsselstellung in der willkürlichen Kontrolle der Muskelbewegungen. Zusammen mit benachbarten Arealen ähnlicher Funktion wird sie zum motorischen Cortex (oder Motocortex) zusammengefaßt.
Im motorischen Cortex ist die gesamte Skelettmuskulatur landkartenartig vertreten (siehe Abb. 2/10, Seite 114). Der Maßstab auf dieser Landkarte richtet sich nach der Zahl der motorischen Einheiten, die den entsprechenden Muskeln zugeordnet sind. So wird verständlich, daß die Muskeln für feinabgestufte Bewegungen mit einer hohen Anzahl von motorischen Einheiten (Fingermuskulatur, Gesichtsmuskulatur) in besonders großem Maßstab abgebildet sind.
Im Gegensatz zu früheren Auffassungen sind die motorischen Zentren der Hirnrinde nicht die oberste Instanz für alle zielgerichteten Bewegungen; heute betrachtet man den motorischen Cortex gewissermaßen

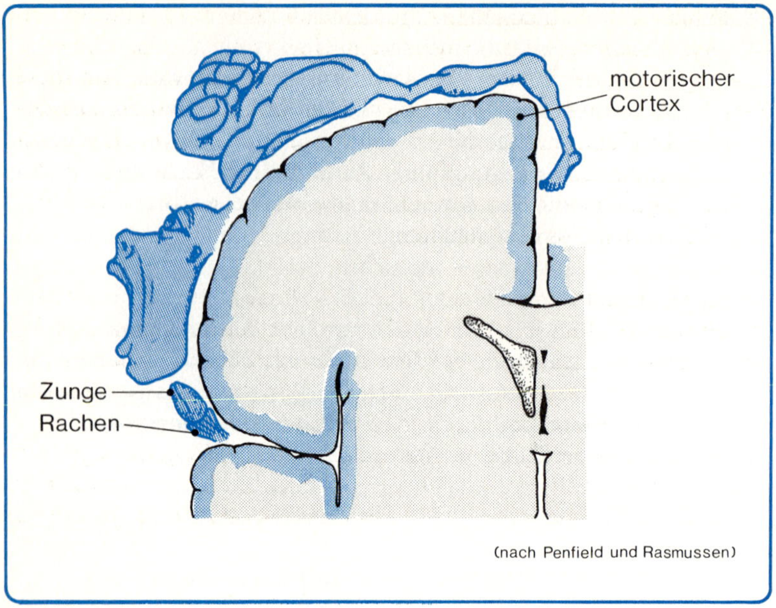

Abb. 2/10: Somatotopische Gliederung der motorischen Großhirnrinde

als ‹letzte Relaisstation› vor der endgültigen Befehlsübertragung auf die motorischen Vorderhornzellen im Rückenmark.

In diesen Relaisstationen werden zahlreiche Instruktionen von verschiedenen Gehirnarealen empfangen, wobei insbesondere aus dem Kleinhirn und aus den Basalganglien komplette Programme für differenzierte Bewegungsabläufe angeliefert werden, die zuvor in den subcorticalen und corticalen Motivationsarealen und in den Assoziationsfeldern der Großhirnrinde ausgewählt wurden.

Zwischen motorischem Cortex und den motorischen Vorderhornzellen des Rückenmarks besteht eine direkte Verbindung, die sogenannte *Pyramidenbahn.* Man schätzt, daß die menschliche Pyramidenbahn aus ungefähr 1,2 Millionen efferenten Fasern besteht, von denen 20 Prozent direkt, der Rest durch Vermittlung von Zwischenneuronen mit den motorischen Vorderhornzellen des Rückenmarks in Verbindung stehen.

Die Fasern der Pyramidenbahnen geben in ihrem Verlauf außerordentlich viele Kollateralen zu den Kernen im Hirnstamm ab, die wiederum aufs engste mit den Zentren im Kleinhirn verbunden sind. Auf diese Weise erhalten diese Hirnabschnitte und das Kleinhirn ständig ausführliche Rückmeldungen über die Art und Weise, wie die zuvor eingegebenen differenzierten Bewegungsprogramme durch die Zentren im motorischen Cortex modifiziert wurden. Der motorische Cortex kann vor dem Kleinhirn nichts geheimhalten.

Die Aktivität der Pyramidenbahnzellen ist weniger mit den Bewegungen bestimmter Muskeln oder Muskelgruppen verbunden als mit der Bewegung der zugehörigen Gelenke in die eine oder die andere Richtung. Daraus läßt sich folgern, daß in der Landkarte des motorischen Cortex nicht die Muskeln, sondern Bewegungen repräsentiert sind.
Die Aktivierung der Pyramidenbahnzellen scheint Beugebewegungen zu begünstigen und die Bewegungen der antagonistischen Strecker zu hemmen, wodurch schnelle, präzise feinmotorische Bewegungsabläufe unterstützt werden.

2.6.2. Basalganglien – Funktionsgeneratoren für langsame Bewegungsprogramme

Die Basalganglien sind ein wichtiges Bindeglied zwischen sensorischen und motorischen Großhirnbezirken. Neben den Afferenzen aus der gesamten Großhirnrinde erhalten sie Informationen vom Gleichgewichtsorgan, von den Muskelspindeln und den Gelenkrezeptoren, die sie unter Vermittlung des Thalamus im Zwischenhirn an den motorischen Cortex und Hirnstamm weiterreichen.
Nach neueren Untersuchungen stellen die Basalganglien einen Funktionsgenerator für die koordinierte Durchführung langsamer, gleichmäßiger Bewegungen dar.

2.6.3. Stammhirn – im Dienste der Stützmotorik und des Gleichgewichts

Das Stammhirn erhält direkte Informationen von allen anderen motorischen Zentren (motorischer Cortex, Basalganglien, Kleinhirn, Rükkenmark usw.).

Die motorischen Zentren des Hirnstamms sind die Schaltstationen für die Halte- und Stellreflexe, deren Funktion es ist, die normale Stellung des Körpers im Schwerefeld der Erde ohne Einschaltung der Bewußtseinssphäre aufrechtzuerhalten. Dazu gelangen afferente Fasern aus dem Gleichgewichtsorgan im Innenohr und von besonderen Rezeptoren der Halsmuskulatur in das Stammhirn. Über die reflektorische Kontrolle der Kopf- und Rumpfstellung im Raum koordiniert der Hirnstamm die stützmotorischen Reaktionen und ermöglicht dadurch jede zielgerichtete Bewegung.

Eine besondere Stellung nimmt im Hirnstamm eine netzartige Nervenzellansammlung *(Formatio reticularis)* ein. Hier bestehen umfangreiche Querverbindungen zu verschiedenen vegetativen Zentren und zu allen sensiblen und sensorischen Bahnen.

Über die Beeinflussung des gammamotorischen Systems von hier aus führen optische, akustische, thermische und taktile Sinneserregungen neben einer Aktivierung der Hirnrinde auch zu einer Steigerung des Reflextonus und damit zu einer Beeinflussung von Bewegungsmustern (siehe Seite 107).

Eine Steigerung der Aktivität der Formatio reticularis führt zusammen mit einer erhöhten Reflexbereitschaft zu einer sinnvoll koordinierten Erregung vegetativer Zentren, zum Beispiel zu einer Herzfrequenzsteigerung oder zu einer Zunahme der Atemfrequenz.

2.6.4. **Kleinhirn – Koordinationszentrum**

In bezug auf die motorischen Funktionen nimmt das Kleinhirn die wohl wichtigste Position in der hierarchisch strukturierten Organisation des Gehirns ein.

In den Kernen des Kleinhirns befinden sich offensichtlich unendlich viele Speicher für angeborene und erlernte Bewegungsprogramme, insbesondere für die schnelle Zielmotorik. Über mächtige Bahnen, die bis zu zwanzig Millionen Fasern aufweisen, erhält es Originalinformationen von allen Teilen der Großhirnrinde.

Auch aus der Peripherie des Körpers gelangen afferente Bahnen über das Rückenmark direkt zum Kleinhirn; indirekte afferente Bahnen nehmen den Umweg über den Thalamus im Zwischenhirn und über das Endhirn. So erhält das Kleinhirn nicht nur ununterbrochen genaueste Informationen über die wechselnden Umweltbedingungen, sondern auch über Gelenkpositionen, Muskelspannung, Muskellänge, Bewegungsgeschwindigkeit usw., das heißt, es ist immer auf dem neuesten Informationsstand.

Die verschiedenen efferenten Bahnen ziehen von den jeweiligen Kleinhirnkernen über den Thalamus im Zwischenhirn zum motorischen Cortex und zu den motorischen Zentren des Hirnstamms. Vermittelt durch die Pyramidenbahn und andere absteigende Bahnen ist die gemeinsame Endstrecke aller Bahnen aus dem Kleinhirn wieder die motorische Vorderhornzelle im Rückenmark. Durch seine zentrale Position kann das Kleinhirn die Tätigkeit der anderen motorischen Zentren unterstützen und koordinieren. Es ist optimal ausgerüstet,

- die stützmotorischen Anteile von Haltung und Bewegung zu steuern und im Bedarfsfall zu korrigieren;
- langsamere, zielmotorische Bewegungen eventuell zu korrigieren und mit der Stützmotorik zu koordinieren;
- zu gewährleisten, daß die im Großhirn entworfenen Programme für schnelle Zielmotorik reibungslos durchgeführt werden können.

2.6.5. **Handlungsantrieb und Bewegungsentwurf**

Offen bleibt die Frage, wo der Beginn der nervösen Ereignisse (Gedanken) anzusetzen ist, die schließlich zu einer Muskelbewegung oder Handlung führen.

Den Zusammenhang zwischen Gedanken, Wünschen und bestimmten Impulsmustern im Gehirn, die schließlich zu motorischen Handlungen führen, wird der Mensch wegen der komplexen Organisation des Gehirns wahrscheinlich niemals begreifen können.

Erste Schritte zur Erforschung dieser Zusammenhänge durch elektrophysiologische Messungen haben gezeigt, daß ungefähr 0,8 Sekunden vor dem Beginn einer willkürlichen Bewegung über beiden Gehirnhälften ein langsam ansteigendes negatives elektrisches Potential abzuleiten ist, das man als *Bereitschaftspotential* bezeichnet. Dieses Bereitschaftspotential wird dem entwicklungsgeschichtlich sehr alten limbischen System zugeordnet, über dessen Funktion wenig bekannt ist.

Im limbischen System werden wahrscheinlich die Programmentwürfe ausgearbeitet und ausgewählt, mit deren Hilfe der Hypothalamus das vegetative Nervensystem und damit das ganze innere Milieu des Körpers reguliert. Dort soll auch entschieden werden, ob Programme gan-

zer Verhaltensmuster eingesetzt werden oder nicht. Im limbischen System spielen sich Vorgänge ab, die mit den Begriffen Emotion, Motivation, Trieb usw. verbunden sind.
Durch Querverbindungen dieser Vorgänge mit den Handlungsantrieben und Bewegungsentwürfen versucht man zu erklären, daß Handlungen und zielgerichtete Bewegungen emotional gefärbt sein können.

2.7. Vegetatives Nervensystem

Bei körperlicher Arbeit oder bei einer intensiven sportlichen Belastung kann der Energiebedarf einzelner besonders beanspruchter Muskeln auf das Zweihundertfache des Ruhewertes ansteigen, was zu einer entsprechenden Erhöhung des Sauerstoff- und Energiebedarfs führt (siehe Kap. 5.). Um diesen gesteigerten Bedarf zu decken, müssen sich alle Versorgungssysteme des Körpers auf die Belastungssituation umstellen. Das Herz muß schneller und kräftiger schlagen, die Lunge muß tiefer und schneller atmen, die Gefäße der arbeitenden Muskulatur müssen sich erweitern usw.
Die Regelung all dieser Anpassungsvorgänge übernimmt das vegetative Nervensystem, dessen oberstes Integrations- und Befehlszentrum im zentralen Nervensystem der Hypothalamus ist.
Ebenso wie das somatische Nervensystem ist das vegetative Nervensystem auf der Grundlage des Reflexbogens organisiert. Impulse, die in den Rezeptoren der inneren Organe entstehen, melden ihre Information (z. B. über die chemischen Veränderungen des arteriellen Bluts) über afferente Fasern an das Zentralnervensystem, wo sie verarbeitet und auf die efferenten Fasern zu den Erfolgsorganen der Eingeweide umgeschaltet werden. Das im sportphysiologischen Zusammenhang wichtigste vegetative Erfolgsorgan ist die glatte Muskulatur der Gefäßwände, über die die Organdurchblutung reguliert wird (siehe Kap. 3.2.1.1.).
Das periphere vegetative Nervensystem besteht aus zwei anatomisch und funktionell weitgehend getrennten Anteilen, dem Sympathikus und dem Parasympathikus.

- Für die Anpassungsvorgänge der inneren Organe an akute sportliche Belastungssituationen spielt der Sympathikus die wichtigere Rolle, während manche Trainingsveränderungen dem Parasympathikus zugeschrieben werden.

2.7.1. **Sympathikus**

Die vegetativen Zentren des Sympathikus liegen im Rückenmark der Brustwirbelsäule und der oberen Lendenwirbelsäule. Die kurzen Fasern der sympathischen Neurone verlassen das Rückenmark durch die Zwischenwirbellöcher und enden an den Ganglien (Nervenzellansammlungen) des Grenzstranges.

Der *Grenzstrang* verbindet die 22 rechts und links der Wirbelsäule angeordneten Ganglienknotenpaare durch längs verlaufende Nervenstränge und zieht sich so nach Art einer Strickleiter von der Schädelbasis bis zum Steißbein.

Ein Teil der sympathischen Fasern zieht durch die Grenzstrangganglien hindurch und endet in den sogenannten terminalen Ganglien, dessen bekanntestes das *Sonnengeflecht* ist. Das Sonnengeflecht liegt in der Tiefe der Magengegend und versorgt sympathisch sämtliche Organe der Bauchhöhle. Bei Gewalteinwirkung auf das Sonnengeflecht kommt es zur Bewußtlosigkeit infolge reflektorischer Fehlschaltungen der Blutverteilung (K. o. beim Boxen).

Während die präganglionären Fasern ihre Impulse in den Ganglien mit Hilfe des Azetylcholins auf die postganglionären Fasern übertragen, kontrollieren die postganglionären Fasern das Erfolgsorgan durch einen anderen Überträgerstoff, das *Noradrenalin*.

Wenn das zentrale Nervensystem die Ausführung einer Bewegung plant, informiert es sofort die vegetativen Zentren über diese Absicht. So kann es schon vor dem Start zu entsprechenden Funktionsanpassungen der inneren Organe kommen, die man zusammengefaßt als *zentrale Mitinnervation* bezeichnet.

Die durch das vegetative Nervensystem ausgelösten Umstellungsvorgänge (Herzfrequenzsteigerung, Blutdrucksteigerung, Atemfrequenzsteigerung, Blutumverteilung usw.) werden in den entsprechenden Kapiteln genauer beschrieben.

Im Zusammenhang mit der Aktivität des sympathischen Anteils des vegetativen Nervensystems spielt das *Nebennierenmark* eine besondere Rolle. Das Nebennierenmark ist ein umgewandeltes sympathisches Ganglion, aus dem in Notfallsituationen (Blutverlust, Unterkühlung, extreme körperliche Belastung) große Mengen von Adrenalin (80 Prozent) und Noradrenalin (20 Prozent), die man zusammen als *Katecholamine* bezeichnet, in die Blutbahn ausgeschüttet werden.

Weil diese Überträgerstoffe zusammen mit dem zirkulierenden Blut

sehr schnell an alle Körperzellen transportiert werden und dort ihre Wirkung entfalten, bezeichnet man sie als *Hormone*.
Der Reiz für Katecholaminfreisetzung aus dem Nebennierenmark ist immer ein Impuls aus den präganglionären sympathischen Fasern bei erhöhter Sympathikusaktivität, die wiederum zentral durch den Hypothalamus gesteuert wird.
Weil die Hauptwirkung von Adrenalin und Noradrenalin in der Regulation abbauender Stoffwechselprozesse (Freisetzung von Fettsäuren aus Fettgewebe und Glukose aus Glykogen) liegt, bezeichnet man die Katecholamine als *Stoffwechselhormone*.
Zur Katecholaminfreisetzung (Hormonausschüttung) kommt es nicht nur, wenn das sympathische Nervensystem die Organsysteme des Körpers auf die Abwehr äußerer Belastungssituationen vorbereitet, sondern auch bei emotionaler Belastung. Es ist denkbar, daß durch zu oft auftretende emotionale Belastungen (Stress-Situationen) im Alltag und Berufsleben der Katecholaminspiegel im Blut oft unnötig ansteigt und so das Entstehen verschiedener Erkrankungen begünstigt.

2.7.2. **Parasympathikus**

Die vegetativen Zentren des Parasympathikus liegen im Hirnstamm und im Sacralmark. 75 Prozent der parasympathischen Nervenfasern verlassen den Hirnstamm mit dem 10. Gehirnnerv, dem *Vagus*. Deswegen wird der Parasympathikus oft vereinfachend als Vagus bezeichnet. – Die Umschaltstellen – die Ganglien des Parasympathikus – liegen in der Nähe oder sogar innerhalb der Erfolgsorgane.
Überträgerstoff des parasympathischen Nervensystems ist das Acetylcholin, und zwar an den präganglionären wie an den postganglionären Nervenendigungen.
Die meisten inneren Organe werden sowohl vom Sympathikus als auch vom Parasympathikus innerviert. Die Wirkung des Parasympathikus ist derjenigen des Sympathikus zumeist entgegengesetzt. So fördert zum Beispiel der Parasympathikus den Aufbau der Energiereserven in der Leber und in der Muskulatur; er intensiviert die Verdauungsvorgänge und ökonomisiert die Herzarbeit.
Während bei körperlicher Arbeit der Sympathikuseinfluß auf alle Organe überwiegt, ist die Aufgabe des Parasympathikus die schnelle Wie-

derauffüllung des Energiedepots und die Einregulierung der Organfunktionen auf die Ausgangsleistung. Deswegen wird der Parasympathikus auch als *Erholungsnerv* bezeichnet.
Die Wirkungen des Sympathikus und des Parasympathikus, die im Zusammenhang mit dem Sport von Interesse sind, werden bei der Besprechung der einzelnen Organsysteme erläutert.

2.8. Motorisches Lernen

Über die Art, wie Informationen im Gedächtnis gespeichert werden, ist trotz umfangreicher Forschung in allen Teilgebieten der Neurobiologie bisher wenig bekannt. Sicher ist nur, daß ohne die Fähigkeit, Informationen zu behalten oder zu erinnern und aus den gemachten Erfahrungen zu lernen, weder Tiere noch Menschen als Art oder Individuen überleben; denn es könnten weder Erfolge planvoll wiederholt noch Mißerfolge gezielt vermieden werden.
Wegen des Fehlens einer auch nur einigermaßen befriedigenden oder umfassenden theoretischen Begründung solcher Phänomene wie Erinnerung oder Lernfähigkeit verwundert es nicht, daß sich auch in dem sportwissenschaftlichen Grenzgebiet *motorisches Lernen* verschiedene, teils auf eigener Erfahrung beruhende, teils handlungstheoretisch begründete Auffassungen gegenüberstehen. Diese verschiedenen Auffassungen haben zur Entwicklung unterschiedlicher didaktischer Ansätze bei der Vermittlung von sportmotorischen Fertigkeiten und Trainingsmethoden geführt, die alle für sich reklamieren, einen optimalen Erfolg zu garantieren.
Als Beispiel sei das sogenannte sensomotorische Lernen gegen die mentale Übung abgegrenzt.
Das *sensomotorische Lernen* beruht auf der Beobachtung und Nachahmung eines durch den Lehrer oder Trainer korrekt vorgeführten Bewegungsablaufs, der dann vor dem Spiegel oder über die Vermittlung technischer Hilfseinrichtungen (Videorecorder) mit der eigenen Bewegung verglichen wird.
Das *mentale Üben* ist der Versuch, das Lernen eines bereits bekannten oder selbsterprobten Bewegungsablaufs dadurch zu erleichtern, daß

man diesen Bewegungsablauf in Gedanken immer wieder abspielt, ohne die Bewegung wirklich auszuführen.
Wegen der Vielfalt verschiedener Lehrmethoden kann im Rahmen dieses Kapitels nur auf eine klassische Lernmethode eingegangen werden, die darin besteht, daß eine bestimmte sportliche Übung in ihre jeweils einfach aufgebauten Einzelteile zerlegt und dann Schritt für Schritt so lange bewußt durchgeführt wird, bis sie sich allmählich einschleift und automatisiert und zum Schluß als sogenanntes *dynamisches Stereotyp* dem festen Bewegungsrepertoire zugeordnet wird.
Die Verdrängung eines jedesmal neugewollten und bewußt ablaufenden Bewegungsablaufs von der neurophysiologischen Repräsentation im Bereich der Großhirnrinde auf niedrigere motorische Zentren (Basalganglien, Kleinhirn, Rückenmark), die dann die gleiche Bewegungsfolge in ihr festes Programm unbewußt ablaufender Bewegungen übernehmen, setzt einige Eigenschaften des Nervensystems voraus, auf die kurz eingegangen werden soll.
Wie alle anderen Organe kann sich offensichtlich auch das Nervensystem wechselnden Anforderungen durch Veränderung seiner biochemischen und strukturellen Eigenschaften anpassen und dadurch seine Funktion verbessern. Die Auswirkungen dieser funktionellen Verbesserungen sind in bezug auf das motorische Nervensystem als Übungserfolge beim Erlernen einer neuen Sportart bekannt.
Wegen der unendlichen Komplexität des Nervensystems lassen sich die strukturellen und biochemischen Veränderungen besonders schwer erforschen, auch können Ergebnisse aus tierexperimentellen Untersuchungen nur sehr bedingt auf den Menschen übertragen werden.
Die Zahl der Nervenzellen (2 mal 10^{10}) und die Ausprägung der Nervenbahnen scheint genetisch determiniert zu sein, nach Beendigung des Wachstums entstehen keine neuen Nervenzellen mehr.
Häufige Benutzung einer synaptischen Verbindung zwischen zwei Nervenzellen führt offenbar zum Wachstum (Hypertrophie) der synaptischen Endknöpfe und auch zu Veränderungen in der Größe der betreffenden Nervenzellkörper. Die erhöhte Beanspruchung scheint die Eiweißsynthese in den beanspruchten Nervenzellen zu stimulieren – in den synaptischen Endknöpfen wird die Produktion der Überträgersubstanz beziehungsweise deren Freisetzung und damit die Auslösung einer fortgeleiteten Erregung erleichtert.
Die häufige Wiederholung einer bestimmten Bewegung kann so zu dauerhaften Veränderungen der beteiligten Nervenverbände des mo-

torischen Systems führen, die man – analog zu der gleichen Erscheinung in anderen Abschnitten des Gehirns – als *Engramme* bezeichnet. Diese Engramme fungieren als Langzeitspeicher, so daß im Bedarfsfall die gleiche Bewegung mit großer Präzision wieder ausgeführt werden kann.

Nach neueren Untersuchungen spielt das Kleinhirn eine entscheidende Rolle beim Erlernen von hochkoordinierten Bewegungsmustern. Die Beherrschung eines komplizierten, hochkoordinierten Bewegungsmusters (z. B. der Kugelstoßtechnik) scheint dabei nicht die Durchführung einer anderen komplizierten Bewegung zu erleichtern, auch wenn sie relativ ähnlich ist (z. B. Diskuswerfen).

Offenbar kann man aber einzelne Teilabschnitte (Sequenzen) eines hochkoordinierten Bewegungsablaufs gesondert voneinander behalten und im Bedarfsfall in anderer Reihenfolge wieder zusammensetzen. So wird ein Musiker, der viele Stunden auf seinem Instrument geübt hat, ein ihm unbekanntes neues Musikstück relativ einfach erlernen oder ein Sportler eine ganz andere Sportart schneller beherrschen als der Unsportliche/Ungeübte.

Im Verlauf eines motorischen Lernprozesses lassen sich drei Phasen der fortschreitenden Entwicklung unterscheiden, wobei in diesem Zusammenhang mehr auf die motorischen Anteile als auf die sensorischen eingegangen werden soll:

- Das Erlernen der *Grobform der Bewegung* ist gekennzeichnet durch hohen Konzentrationsaufwand und schnelle Ermüdung, weil durch eine unzureichende Koordinationsleistung des motorischen Nervensystems zahlreiche überflüssige Mitbewegungen ausgeführt werden und unwillkürliche Mitinnervierung von antagonistisch wirkenden Muskeln die Ausführung der geplanten Bewegung behindern (hemmen; siehe auch Kap. 1.1.6.).

Erschwerend können sich in dieser ersten Phase emotionale Reaktionen wie Angst oder Unsicherheit auswirken, die über das limbische System den Ablauf einer angstbesetzten Bewegung so belasten, daß schließlich gar nichts mehr ‹läuft›.

Der Lehrer oder der Trainer kann dem nur entgegenwirken, wenn er in der Lage ist, von Anfang an eine völlig angstfreie Lernatmosphäre zu schaffen und den komplizierten Bewegungsablauf in ‹harmlose› Einzelteile zu zerlegen, die ohne Unsicherheit einzeln und nacheinander eingeübt werden.

- Wenn die *Feinform der Bewegung* beherrscht wird, verringert sich der Konzentrationsaufwand, und die gleiche Bewegung führt erst später zur Ermüdung, weil sich das harmonische Zusammenspiel aller an der Bewegung beteiligten Muskelgruppen besser einreguliert, sich damit die Bewegungskoordination verbessert hat.

Überflüssige Bewegungen und überschießende Muskelanspannungen werden unterbunden, der gesamte Bewegungsablauf wird aber weitgehend bewußt durchgeführt, obwohl sich bereits ein bestimmtes ‹Bewegungsgefühl› ausgebildet hat.

– In der letzten Phase wird auch die schwierigste Übung ‹spielend leicht› ausgeführt, weil die Bewegung mit zunehmendem Lernerfolg immer sicherer und präziser und durch die *optimale Koordination aller Teilbewegungen* immer ökonomischer abläuft. Gleichzeitig wird die Bewegung immer mehr *automatisiert* und damit unbewußter.

Spitzensportler in vielen Disziplinen zeichnen sich dadurch aus, daß sie am Ende ihres Übungs- und Trainingsprogramms nur noch auf das Startsignal zu warten brauchen, um danach einen kompletten Satz hochkomplizierter *dynamischer Stereotypen* mit äußerster Präzision, Eleganz und ‹vollautomatisch› abzuspulen.

Allerdings kontrollieren die höheren Zentren des motorischen Nervensystems auch den Bewegungsablauf des dynamischen Stereotyps zu jedem Zeitpunkt und können immer korrigierend eingreifen.

Weil die Korrekturmöglichkeiten durch die höheren Zentren um so leichter sind, je langsamer eine Bewegung abläuft, sollten neue Bewegungsfolgen zuerst langsam und erst dann schnell eingeübt werden.

Es ist wesentlich schwieriger, einen Fehler zu korrigieren, der sich in das dynamische Stereotyp eingeschlichen hat, als diesen Bewegungsablauf von vornherein in seinen einzelnen Schritten richtig einzuüben.

2.9. Zusammenfassung

Eine der vielen Funktionen des zentralen Nervensystems besteht darin, Bewegungen zu planen, zu programmieren und die an der Ausführung der Bewegung beteiligten Muskelgruppen in ihrer Tätigkeit zu koordinieren.

Die Teile des Nervensystems, die für diese Aufgaben zuständig sind, werden als *motorische Zentren* bezeichnet. Alle motorischen Zentren kontrollieren die Muskeltätigkeit über die gemeinsame Endstrecke des motorischen Systems – die motorische Vorderhornzelle in der grauen Substanz des Rückenmarks, die unmittelbaren Kontakt zu den Muskelzellen aufnimmt.

Die motorischen Zentren sind in einer hierarchischen Rangordnung gegliedert, in der das *Kleinhirn* den höchsten motorischen Rang bei der feinkoordinierten Ausführung von Bewegungsfolgen einzunehmen scheint. Das Kleinhirn arbeitet mit den anderen motorischen Zentren im Motocortex, Basalganglien und Stammhirn bei der Programmierung und koordinierten Ausführung der Bewegungen auf das engste zusammen.

Auch auf Rückenmarksebene werden motorische Zentren vermutet, die programmgesteuerte einfache Bewegungen ausführen können. Neben den programmgesteuerten Bewegungsfolgen werden auf Rückenmarksebene aber vor allem reflexgesteuerte Bewegungen ausgelöst, durch die äußere Störgrößen reflektorisch mit sinnvollen motorischen Reaktionen beantwortet werden.

Durch den großen Vorrat der Reflexe an bewährten Haltungs- und Bewegungsprogrammen werden die höheren motorischen Zentren von der ermüdenden Aufgabe entbunden, sich selbst jedesmal neu um eine sinnvolle motorische Antwort auf die in ununterbrochener Folge aus der Körperperipherie eintreffenden Reize kümmern zu müssen.

Bei der Kontrolle der Muskelbewegungen arbeiten die alphamotorischen *Vorderhornzellen* immer mit den Nervenzellen des gammamotorischen Systems zusammen, die die Länge der Muskelsinnesorgane, der Muskelspindeln, kontrollieren. Durch diese enge Zusammenarbeit ist gewährleistet, daß die Muskelspindeln während der aktiven Muskelkontraktionen nicht erschlaffen, sondern weiterhin die Muskellänge registrieren können.

Die *Muskelspindeln* sind die Rezeptoren in sehr vielen Reflexbögen. Der Ablauf der Reflexe kann durch die höheren motorischen Zentren über ihren direkten Einfluß auf die motorische Vorderhornzelle oder über eine indirekte Einflußnahme auf die Reflexerregbarkeit durch das gammamotorische System verändert werden.

Das *Sehnenorgan* ist das Sinnesorgan, mit dem der Muskel seine Spannung überwacht.

In den *Synapsen* werden die elektrischen Nervenimpulse durch die Vermittlung einer chemischen Überträgersubstanz auf die nächste Nervenzelle übertragen, deren Zellmembran sich durch die Reaktion mit der Überträgersubstanz so verändert, daß wiederum ein elektrischer Impuls entsteht und weitergeleitet wird.
Es gibt nicht nur erregende *Überträgersubstanzen*, sondern auch Substanzen, die die Übertragung hemmen.
Da an einer motorischen Vorderhornzelle im Durchschnitt 6000 verschiedene Endknöpfe von anderen Nervenzellen ankommen, entscheidet die motorische Vorderhornzelle nach der Summe der auf sie einwirkenden erregenden und hemmenden Überträgerstoffe, ob sie einen Impuls bildet und auf die Skelettmuskelzellen überträgt oder nicht.
Alle Versorgungssysteme des Körpers (z. B. Atmungs- und Herz-Kreislauf-System), die erst die Voraussetzungen für den zielgerichteten Bewegungsablauf schaffen, werden durch das *vegetative Nervensystem* kontrolliert.
Der *sympathische* Teil des vegetativen Nervensystems ist für die Umstellungsvorgänge der Versorgungssysteme bei aktiven motorischen Handlungen zuständig. Mit seinem Überträgerstoff Adrenalin und Noradrenalin regt er zum Beispiel das Herz-Kreislauf-System an und bremst alle Funktionen, die mit der Verdauung zu tun haben.
Der *Parasympathikus*, dessen Wirkung an den inneren Organen der des Sympathikus meistens entgegengesetzt ist, wird als der Erholungsnerv bezeichnet.
Nach der sensorischen Erfassung eines neuen Bewegungsablaufs wird zuerst die Grobform dieser Bewegung eingeübt, danach die Feinform.
Am Ende eines Übungsprogramms läuft die Bewegungsfolge weitgehend automatisiert ab, weil sich ein dynamisches Stereotyp ausgebildet hat.

3. Herz – Kreislauf

Für alle Ausdauersportarten, bei denen größere Muskelgruppen (mehr als ein Siebtel der Körpermuskulatur) dynamisch beansprucht werden, stellt die Sauerstoff-Transportfähigkeit des Herz-Kreislauf-Systems die entscheidend begrenzende Größe dar. Deswegen sind die Funktion des Herz-Kreislauf-Systems während einer sportlichen Belastung und die erstaunlichen Anpassungsmöglichkeiten dieses Systems an ein regelmäßig betriebenes Ausdauertraining in der leistungssportorientierten Sportmedizin von besonderem Interesse.
Aber auch in der Prävention und Rehabilitation von Erkrankungen mit Hilfe des Sports nimmt das Herz-Kreislauf-System eine zentrale Stellung ein. Denn zahlreiche neuere Untersuchungsergebnisse lassen vermuten, daß mangelnde körperliche Betätigung einer der Risikofaktoren für die Entstehung bestimmter Erkrankungen des Herzens und des Gefäßsystems ist, an deren Folgen heute mehr als die Hälfte der Bevölkerung in den Industriestaaten stirbt. Es kann als gesichert angesehen werden, daß sich solche Erkrankungen durch ein regelmäßig betriebenes Ausdauertraining weniger gravierend auswirken.
Die Kenntnisse über Aufbau und Arbeitsweise des Herz-Kreislauf-Systems und das Verständnis der gesundheitlichen Auswirkungen des Sports auf dieses System sind deshalb gleichermaßen wichtig für den Leistungs- und Freizeitsportler.

Das Herz und das Gefäßsystem teilen sich die Aufgabe, alle Körperzellen in Ruhe und unter wechselnden Belastungsbedingungen ausreichend mit Nährstoffen und Sauerstoff zu versorgen und den Abtrans-

port der entstandenen Stoffwechselendprodukte von den Geweben zu gewährleisten (Versorgung – Entsorgung). Das Herz wirkt bei dieser Transportaufgabe als Motor, der das Transportmittel Blut durch das geschlossene Leitungssystem des Gefäßnetzes pumpt.
Die sinnvolle Umverteilung des Blutes zugunsten der jeweils tätigen Organsysteme (z. B. beim Sport in die arbeitende Muskulatur) wird durch das Gefäßsystem reguliert. Anders als ein starres Leitungssystem (z. B. der Hausinstallation) spielt das menschliche Gefäßsystem gerade unter sportlichen Belastungsbedingungen eine dynamische, aktive Rolle bei der nach ihren jeweiligen Bedürfnissen ausgerichteten Umverteilung des Blutes an die Organe.

3.1. Herz

Das Herz ist ein Hohlmuskel, der durch seine besondere Konstruktion als Druck- wie als Ansaugpumpe des Kreislauf-Systems dient.
Die Herzgröße entspricht normalerweise der Faust des betreffenden Menschen.
Das Herz liegt, geschützt im knöchernen Brustkorb, zu zwei Drittel in der linken Körperhälfte; die Herzspitze liegt dem Zwerchfell auf und weist schräg nach links unten und vorn.
Die mehr oder weniger dicke Muskelschicht *(Myokard)* der Herzwand besteht aus den Herzmuskelzellen, die ähnlich aufgebaut sind wie die quergestreiften Muskelzellen der Skelettmuskulatur, jedoch untereinander anders verbunden sind und wesentlich mehr Mitochondrien enthalten.
Innen wird das Herz von einer dünnen Herzinnenhaut *(Endokard)* ausgekleidet; die äußere Schicht der Herzwand wird von der Herzaußenhaut *(Epikard)* gebildet.
Das Herz ist frei beweglich im Herzbeutel *(Perikard)* aus Bindegewebe aufgehängt. Zwischen Herzaußenhaut und Herzbeutel befindet sich ein schmaler, mit Flüssigkeit gefüllter Spalt, so daß das Herz in seinem Herzbeutel ohne Reibungsverluste schlagen kann.

Abb. 3/1: (A) Das Herz (ohne Herzbeutel)
(B) Körper- und Lungenkreislauf (schematisch)

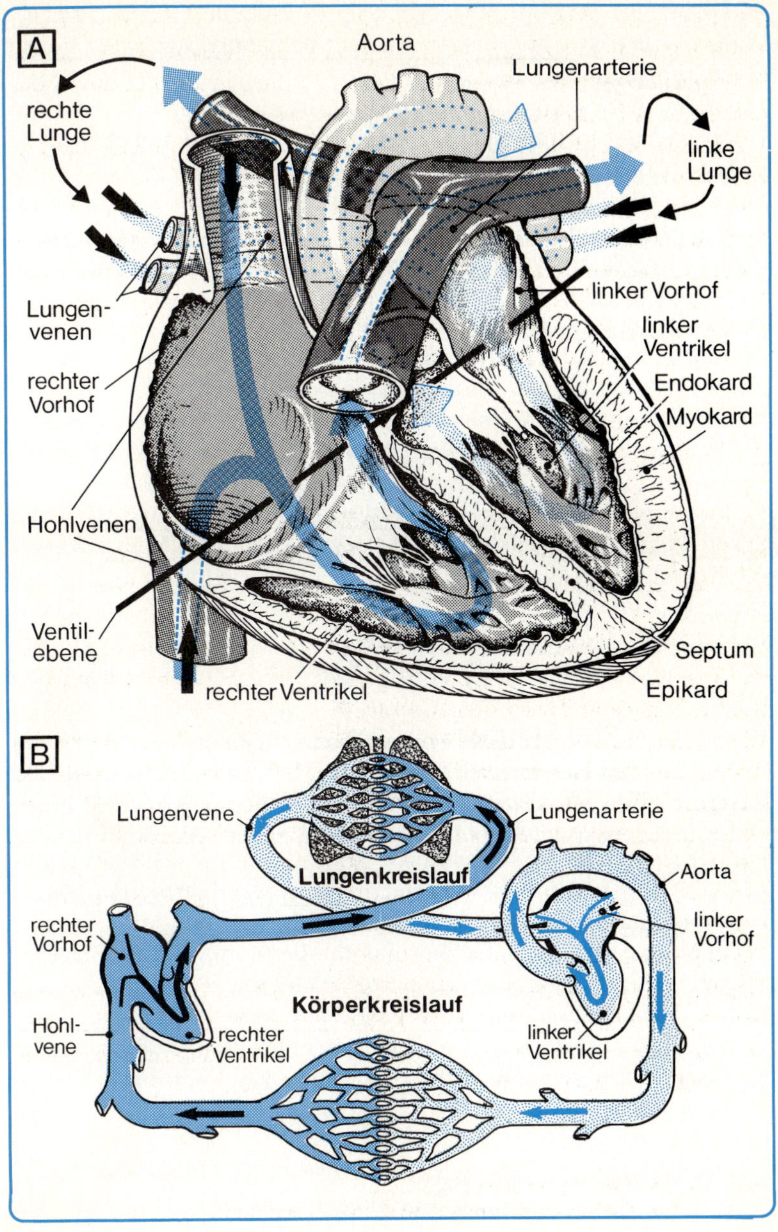
A
Aorta
Lungenarterie
rechte Lunge
linke Lunge
Lungenvenen
linker Vorhof
linker Ventrikel
rechter Vorhof
Endokard
Myokard
Hohlvenen
Ventilebene
Septum
rechter Ventrikel
Epikard
B
Lungenvene
Lungenarterie
Lungenkreislauf
Aorta
rechter Vorhof
linker Vorhof
Körperkreislauf
Hohlvene
rechter Ventrikel
linker Ventrikel

Abbildung 3/1 B, Seite 129, zeigt, daß das Herz im Grunde aus zwei Pumpen besteht, einer rechten Niederdruckpumpe und einer linken Hochdruckpumpe.
Das rechte Herz sammelt (saugt) das sauerstoffentsättigte Blut aus den Hohlvenen der oberen und unteren Körperhälfte und pumpt es in die Lungen (Lungenkreislauf – kleiner Kreislauf).
Das linke Herz befördert das in den Lungen wieder vollständig mit Sauerstoff beladene frische (arterielle) Blut in die große Körperhauptschlagader *(Aorta)*, von der zahlreiche Schlagadern *(Arterien)* zu den verschiedenen Organen führen.
Die rechte und die linke Herzhälfte bestehen jeweils aus einem Vorhof *(Atrium)*, in dem das Blut gesammelt wird, und aus einer Herzkammer *(Ventrikel)*, aus der das Blut in den Kreislauf gepumpt wird. Die Vorhöfe sind in erster Linie Blutsammelbecken; sie unterstützen aber auch die Pumparbeit der Hauptkammern, ähnlich wie ein Kompressor die Motorleistung eines Autos zu steigern vermag.
Während der rechte Ventrikel das Blut nur durch die Lungen bis zum linken Vorhof pumpen muß, ist die Arbeit des linken Ventrikels wesentlich schwerer. Der im linken Ventrikel erzeugte Druck muß ausreichen, das Blut unter den verschiedensten Bedingungen durch alle Organe und durch die Venen bis zurück zum Vorhof zu pumpen. Deswegen ist die Muskelwand des linken Ventrikels wesentlich dicker und kräftiger ausgebildet.
Die rechte Herzhälfte arbeitet mit der linken Herzhälfte, von der sie durch die Herzscheidewand *(Septum)* getrennt ist, weitgehend synchron. Die im folgenden geschilderte Arbeitsweise des linken Herzens läßt sich deswegen sinngemäß auf das rechte Herz übertragen.
Wie eine einfache Kolbenpumpe arbeitet der linke Ventrikel rhythmisch in einer festen Folge von Herzmuskelkontraktion *(Systole)* und Herzmuskelerschlaffung *(Diastole)*.
In der Systole wirft der linke Ventrikel eine bestimmte Menge Blut (das Schlagvolumen) in die große Hauptschlagader aus.
In der Diastole füllt sich der linke Ventrikel dann jeweils wieder mit der gleichen Menge Blut, die teils aus der Lunge angesaugt wird, teils durch die Pumpleistung des linken Vorhofs in den linken Ventrikel gelangt.
Beim nächsten Herzschlag – in der nächsten Systole – wird dieses frische Blut dann wieder ausgeworfen.
Die *Herzklappen* am Eingang und am Ausgang der Herzkammern sorgen wie Ventile dafür, daß das Blut immer nur in eine Richtung strömen

kann. Alle Herzklappen liegen in einer Ebene, der sogenannten Ventilebene des Herzens. Während der Systole wandert die Ventilebene in Richtung der Herzspitze, in der Diastole kehrt die Ventilebene in die Ausgangslage zurück. Durch diese Bewegung der Ventilebene während der Herzmuskelkontraktion wird die Ansaugung des Bluts in die Vorhöfe unterstützt (siehe Seite 154).
Abhängig von den wechselnden Druckverhältnissen können sich die Herzklappen nur passiv öffnen oder schließen, je nachdem, ob der Druck in der Herzkammer größer oder kleiner ist als der Druck im Vorhof bzw. in der Hauptschlagader.
Wenn der Druck im Ventrikel den Vorhofdruck übersteigt, schließt sich die große Segelklappe *(Mitralklappe)* zwischen dem Vorhof und dem linken Ventrikel und verhindert so in der Systole den Rückstrom des Bluts in den linken Vorhof bzw. in die Lunge.
Umgekehrt öffnet sich die Mitralklappe passiv wieder, wenn in der Diastole der Druck im Vorhof höher wird als der Druck im Ventrikel. Die Sehnenfäden und Papillarmuskeln können dabei die Segelklappe nicht aktiv bewegen, sondern verhindern in der Systole nur, daß die Klappe durch den hohen Ventrikeldruck wie ein Segel in den Vorhof zurückschlägt.
Durch die Druckentwicklung der Herzkammer während der Systole übersteigt der Druck in der Herzkammer den Blutdruck in der Aorta, und die Taschenklappe am Ausgang des Ventrikels *(Aortenklappe)* öffnet sich. Sie schließt sich wieder, wenn in der Diastole der Druck im Ventrikel auf Null, also unter den Druck in der Aorta absinkt. Dadurch verhindert sie, daß das einmal in den Kreislauf ausgeworfene Blut in den linken Ventrikel zurückfließt.
Die Herzmuskelwand bei ihrer Kontraktion und die Herzklappen bei ihrer Tätigkeit erzeugen die *Herztöne*, die man durch den knöchernen Brustkorb von außen hören kann.

3.1.1. **Elektrische Aktivität des Herzens**

Die rhythmische Kontraktion des Herzens wird ausgelöst durch die geordnete elektrische Erregung der Herzmuskelzellen, die im rechten Vorhof entsteht und danach auf beide Herzkammern übergeleitet wird.
Das Herz besitzt zwei unterschiedliche Zelltypen:
- solche, die Erregungsimpulse bilden und weiterleiten können – *Erregungsbildungs-* und *Erregungsleitungssystem* des Herzens –, und

– solche, die diese Impulse mit einer Herzmuskelkontraktion beantworten – Zellen der *Arbeitsmuskulatur* des Herzens.

Ein dichter Knoten von erregungsbildenden Zellen, der *Sinusknoten*, befindet sich in der hinteren äußeren oberen Wand des rechten Vorhofs unterhalb der Einmündungsstelle der oberen Hohlvene. Unabhängig von Einflüssen aus dem Nervensystem entstehen in diesem Sinusknoten normalerweise die Erregungen des Herzens, weswegen man ihn auch als ‹Schrittmacher› des Herzens bezeichnet.

Vom Sinusknoten aus breitet sich die Erregung über ein besonderes Reizleitungssystem zuerst durch die beiden Vorhöfe aus, die die Erregung mit einer Kontraktion beantworten. Danach gelangt die Erregung zum Vorhof-Kammerknoten *(Atrioventrikularknoten)*, der – wie sein Name sagt – in der Ventilebene des Herzens am Übergang von den Vorhöfen zu den Kammern liegt.

Im Vorhof-Kammerknoten wird die Erregungsfortleitung etwas verzögert, so daß die beiden Ventrikel sich vor ihrer Kontraktion auch durch die Pumpleistung der Vorhöfe optimal füllen können.

Anschließend gelangt die Erregung über das sogenannte *Hissche Bündel* in die Herzscheidewand, von wo sie über den rechten und linken Schenkel des Erregungsleitungssystems auf die Zellen der Arbeitsmuskulatur des rechten und linken Ventrikels übertragen wird.

In der Arbeitsmuskulatur ermöglichen besondere Verbindungen zwischen benachbarten Muskelzellen die Weiterleitung der Erregung von Zelle zu Zelle in alle Richtungen. Durch die anatomische Aufteilung des Reizleitungssystems arbeiten das rechte und das linke Herz synchron – die beiden Vorhöfe kontrahieren sich immer vor den beiden Kammern. Die elektrische Spannung, die durch die Impulsbildung und Weiterleitung im Herzmuskel entsteht, breitet sich durch die elektrisch gut leitenden Körpergewebe bis zur Hautoberfläche aus, wo man sie als Herzstromkurve *(Elektrokardiogramm – EKG)* ableiten und aufzeichnen kann (siehe Abb. 3/2).

Aus der Form des Elektrokardiogramms kann man wesentliche Rückschlüsse auf anatomische und physiologische Besonderheiten der Herzmuskulatur ziehen. Typische Veränderungen des Stromkurvenverlaufs können auf Rhythmusunregelmäßigkeiten hinweisen oder auf die Tatsache, daß einzelne Abschnitte der Herzmuskelwand besonders stark gewachsen (hypertrophiert) sind.

Auch über die Sauerstoffversorgung des Herzens lassen sich aus dem Stromkurvenverlauf des Elektrokardiogramms Rückschlüsse ziehen.

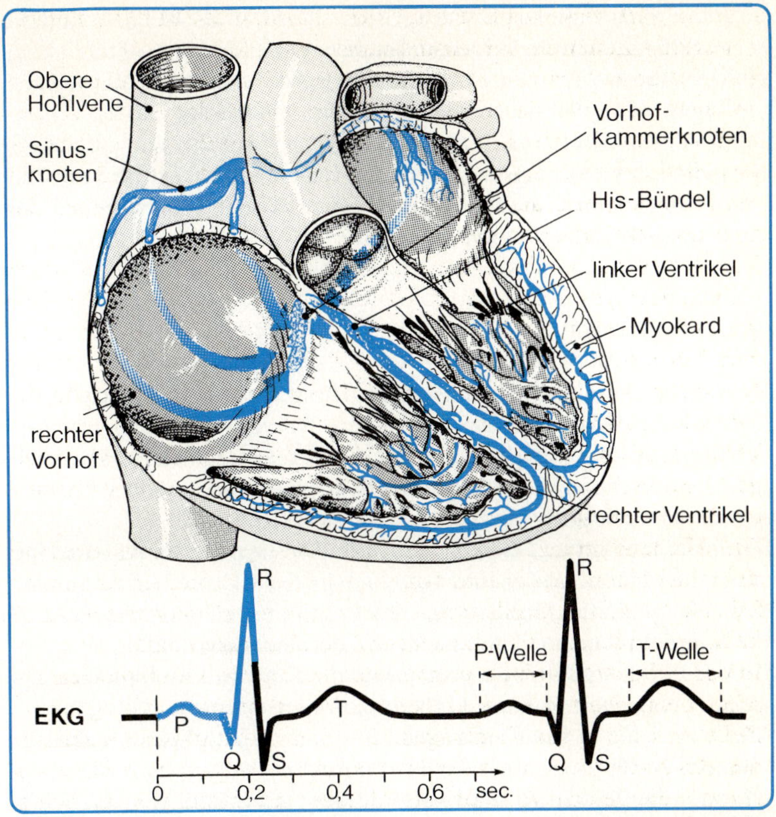

Abb. 3/2: Reizbildungs- und Reizleitungssystem des Herzens mit Elektrokardiogramm (EKG)

Das ist nicht nur der Fall, wenn einzelne Herzabschnitte völlig von der Sauerstoffversorgung abgeschnitten sind (Herzinfarkt); auch die beginnende Verengung der für die Sauerstoffversorgung des Herzens entscheidenden Herzkranzgefäße spiegelt sich in typischen Veränderungen des Elektrokardiogramms wider, besonders wenn man es bei körperlicher Belastung aufzeichnet, etwa auf einem Fahrradergometer. Aus diesem Grund nimmt die elektrokardiographische Untersuchung des Herzens in Ruhe und während Belastung bei sportmedizinischen Untersuchungen eine zentrale Stellung ein.

Grundsätzlich sollten sich alle Sportler, die älter als 40 Jahre sind, in regelmäßigen Abständen einer solchen Untersuchung unterziehen, gleichgültig ob sie in diesem Lebensalter mit der Ausübung einer Sportart beginnen wollen oder immer schon Sport getrieben haben.
In der Rehabilitation herzkranker Patienten durch ein sinnvoll dosiertes sportliches Trainingsprogramm spielt die kontinuierliche, zum Teil drahtlose (telemetrische) elektrokardiographische Überwachung der Patienten ebenfalls eine wichtige Rolle.

3.1.2. **Herznerven**

Weil das Herz mit seinem Sinusknoten über einen eigenen Schrittmacher verfügt, kann es zwar ohne äußere Nervenversorgung autonom schlagen *(Autonomie des Herzens)*; die Anpassung der Herztätigkeit an die wechselnden Bedürfnisse des Körpers geschieht jedoch über die Einflüsse der vegetativen Herznerven (siehe Kap. 2.7.).
Wenn bei sportlicher Tätigkeit der Einfluß des Sympathikus überwiegt, steigt die Häufigkeit der Impulsbildung im Sinusknoten und damit die Schlagfrequenz des Herzens an. Gleichzeitig steigen unter dem Einfluß des Sympathikus die Geschwindigkeit der Erregungsleitung im spezifischen Erregungsleitungssystem sowie die Kraft und die Geschwindigkeit der einzelnen Herzmuskelkontraktionen.
Der Vagus übt auf das Herz eine entgegengesetzte Wirkung aus: Er mindert (z.B. im Schlaf) die Herzfrequenz, verlangsamt die Erregungsleitung und senkt die Kraft und die Geschwindigkeit der Herzmuskelkontraktionen.

3.1.3. **Herzmechanik – Herzarbeit – Herzzyklus**

3.1.3.1. **Herzarbeit**

Die Pumptätigkeit des Herzens bedeutet Arbeit. Während die Arbeit des Skelettmuskels darin besteht, durch die erzeugte Muskelkraft einen Widerstand zu bewegen *(Arbeit = Kraft mal Weg)*, besteht die Arbeit des Herzmuskels darin, durch Druckerzeugung während der Kontraktion ein bestimmtes Blutvolumen in den Kreislauf zu pumpen *(Arbeit = Druck mal Volumen)*.
Die Herzarbeit ist um so schwerer, je größer das pro Systole ausgewor-

fene Schlagvolumen oder je höher der Druck ist, den das Herz aufbringen muß, um ein bestimmtes Schlagvolumen gegen den Widerstand im peripheren Kreislaufsystem auszuwerfen.
Wenn die Beziehungen zwischen Druck- und Volumenänderung des Herzens während der Kontraktion und der Erschlaffung (während eines Herzzyklus) in ein Koordinatensystem aufgetragen werden, entsteht das sogenannte Druck-Volumen-Diagramm, das man auch als Herzarbeitsdiagramm bezeichnet, weil sich die Arbeit des Herzens aus der umrundeten Fläche ermitteln läßt (siehe Abb. 3/4, Seite 140).
Dabei ist es von entscheidender Bedeutung, daß die Fähigkeit des Herzens, Druck für die systolische Pumparbeit zu erzeugen, abhängig ist von der Ausgangslänge der Herzmuskelzellen zu Beginn der Kontraktion bzw. vom Volumen der Herzkammer am Ende der Herzmuskelerschlaffung.
Die Erklärung für dieses Phänomen liegt in der Molekularstruktur der Herzmuskelzellen (bzw. im wechselnden Grad der Überlappung von dicken und dünnen Eiweißfäden in den Sarkomeren der Herzmuskelzelle) und unterscheidet sich nicht von den gleichen Erscheinungen an der quergestreiften Skelettmuskelzelle (siehe Kap. 1.4.1.).

Ruhedehnungskurve

Die Länge der Herzmuskelzellen zu Beginn der Kontraktion und damit das Volumen des Ventrikels ist abhängig von der Herzfüllung in der Diastole.
Wie ein Luftballon, der mit Wasser gefüllt wird und dabei immer größer und praller wird, dehnt sich auch der Ventrikel aus, wenn er in der Diastole vom Vorhof mit Blut aufgefüllt wird. Mit zunehmender Blutfüllung steigt der Druck im Ventrikel, und zwar in typischer Weise erst nur sehr wenig, dann aber immer stärker. Dieser Zusammenhang läßt sich für jedes Herz in seiner typischen Ruhedehnungskurve auftragen, wenn man das Herz schrittweise mit Flüssigkeit anfüllt, für jede Flüssigkeitsmenge (Volumen) den entstandenen Druck mißt und die so durch die verschiedenen Füllungsstufen gewonnenen Punkte verbindet (siehe Abb. 3/3 A, Seite 136).
Die Form der Ruhedehnungskurve ist in erster Linie abhängig von der Größe der Herzkammer und von der Dicke der Herzmuskelwand.
Die Ruhedehnungskurve eines harmonisch vergrößerten Sportherzens verläuft zum Beispiel länger im flachen Bereich und steigt erst später an als die Ruhedehnungskurve eines normal großen Herzens.

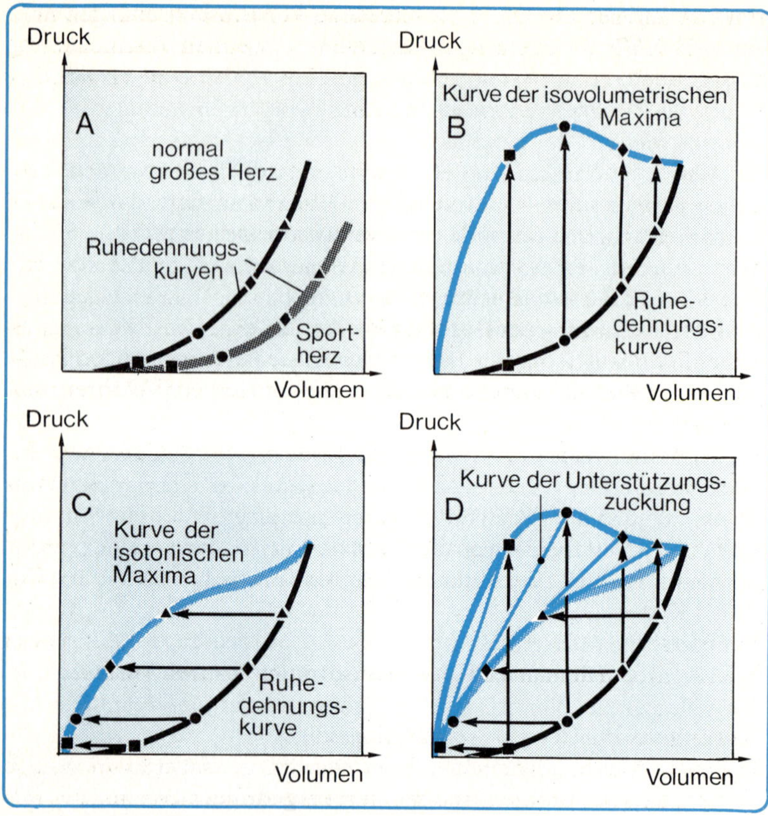

Abb. 3/3: (A) Ruhedehnungskurve des Herzens
(B) Kurve der isovolumetrischen Maximalspannung
(C) Kurve der isotonischen Maximalverkürzung
(D) Kurve der Unterstützungszuckung

Die daraus abzuleitenden positiven Auswirkungen auf die Arbeitsweise des vergrößerten Sportherzens sind im Kap. 3.4.1. genauer besprochen.

Kurve der isovolumetrischen Maxima (Abb. 3/3 B)
Ausgehend von verschiedenen Füllungsstufen (von verschiedenen Punkten auf der Ruhedehnungskurve), kann man das Herz zur Kon-

traktion anregen und durch verschiedene Versuchsanordnungen messen, wieviel Druck es erzeugen kann oder um welchen Volumenbetrag es sich während der Kontraktion verkleinern bzw. wieviel Milliliter Blut es pro Herzschlag auswerfen kann.

Biologie- oder Medizinstudenten benutzen zu diesem Experiment gern ein mit ansteigenden Wassermengen gefülltes Froschherz, das jedesmal durch elektrische Stromstöße zur Kontraktion angeregt wird.
Wenn man nur die maximalen Drucke messen will, bindet man alle Herzklappen zu, so daß während der Systole kein Wasser ausgepumpt werden kann und nur der Druck im Herzen ansteigt. Die jeweils gemessenen Druckwerte werden, ausgehend von den entsprechenden Punkten auf der Ruhedehnungskurve, als senkrechte Linien (Vektoren) aufgetragen.
Es zeigt sich, daß es einen optimalen Bereich der Vordehnung der Herzmuskelzellen (Füllung des Herzens) gibt, von dem aus das Herz absolut gesehen maximale Drucke erzeugen kann.
Entlang der Ruhedehnungskurve nach oben und nach unten werden die gemessenen Drucke immer kleiner, am oberen und am unteren Ende der Kurve sogar Null.
Verbindet man die jeweils gemessenen Druckwerte (die Spitzen der Vektoren), erhält man die Kurve der isovolumetrischen Maxima.

Kurve der isotonischen Maxima (Abb. 3/3 C)
In einem zweiten Experiment kann man die Versuchsanordnung so wählen, daß die Aortenklappe des Herzens geöffnet bleibt und das ausgeworfene Blut frei in einen Behälter ausfließen kann. Damit kann das Herz bei seiner Kontraktion das Blutvolumen ohne Widerstand auswerfen, so daß es sich nur verkleinert, ohne daß dabei der Druck wesentlich abfällt (es kontrahiert sich isotonisch).
Wieder ausgehend von verschiedenen Füllungsstufen – von verschiedenen Punkten auf der Ruhedehnungskurve –, kann man die jeweils gemessene Volumenabnahme in das Koordinatensystem eintragen (als waagerechte Vektoren).
Es zeigt sich, daß es auch für die isotonische Volumenverkleinerung des Herzens einen Optimalbereich der Herzfüllung gibt, von dem aus sich das Herz maximal verkleinern kann.
Mit zunehmender oder geringerer Vordehnung (nach oben und nach unten entlang der Ruhedehnungskurve) nimmt die mögliche Verklei-

nerung des Herzens ab und wird am oberen und am unteren Ende der Kurve sogar Null.
Verbindet man die gemessenen Werte (die Spitzen der verschieden langen Vektoren), so erhält man die Kurve der isotonischen Maxima.

Kurve der Unterstützungszuckung (Abb. 3/3 D, Seite 136)
Da sich das Herz nur in der ersten Phase der Systole rein isovolumetrisch kontrahiert, in der zweiten Phase der Systole aber in einer Kombination von Druckerhöhung und gleichzeitiger Volumenverkleinerung (auxotonische Kontraktion), entspricht die Druckvolumenänderung in der ganzen Systole einer Unterstützungskontraktion (siehe Kap. 1.1.7.).
Man erhält die einzelnen Punkte für die Kurve der Unterstützungszuckung, indem man für jedes Füllungsvolumen die jeweiligen isovolumetrischen und isotonischen Maxima verbindet (U-Kurve; siehe Abb. 3/3 D).
Die Kurve der Unterstützungszuckung liegt naturgemäß zwischen der Kurve der isometrischen und der Kurve der isotonischen Maxima.
Auch die Kurve der Unterstützungszuckung hat, abhängig von der Ausgangslänge der Herzmuskelzellen zu Beginn der Herzkontraktion, einen Maximalbereich.

Für alle drei Kurven gilt:
1. Die optimale Spannungsentwicklung – sei sie isovolumetrisch, isotonisch oder in Form der Unterstützungskontraktion – der Herzmuskelzellen ist abhängig von der Vordehnung der Herzmuskelzellen zu Beginn der Kontraktion bzw. von der Herzfüllung am Ende der Diastole und damit abhängig von der Blutmenge, die zum Herzen zurückfließt.
2. Unter dem Einfluß des Sympathikus steigt (zum Beispiel bei einer sportlichen Belastung) die Kontraktilität der Herzmuskelzellen an, so daß sie besser Spannung entwickeln können – unabhängig davon, ob sie sich isovolumetrisch, isotonisch oder in Form einer Unterstützungszukkung kontrahieren. Die unter Sympathikuseinfluß ermittelten Kurven verlaufen deshalb steiler und erreichen höhere Maximalwerte.
Die beschriebenen Kurven sind unter Laborbedingungen experimentell ermittelte mit maximal erreichbaren Werten. Zusammen mit der Ruhedehnungskurve geben sie die äußersten Grenzen an, innerhalb deren die Druck- und Volumenänderungen des lebenden Herzens während eines Herzzyklus ablaufen können.

3.1.3.2. **Herzzyklus**

Bei einer Herzfrequenz von 70/Min. in Ruhe hat das Herz für einen Zyklus (die Kombination von Systole und Diastole) etwas weniger als eine Sekunde Zeit. Wenn die Herzfrequenz zum Beispiel bei einem Dreitausendmeterlauf auf 180 bis 200/Min. steigt, verkürzt sich die Zeit für den Herzzyklus auf circa 0,3 Sekunden, insbesondere dadurch, daß die Dauer der Diastole überproportional stark abnimmt.
Unabhängig von der Herzfrequenz läßt sich die zeitliche Folge von Systole und Diastole nach den ablaufenden Druck- und Volumenänderungen und danach, welche Klappen gerade geöffnet oder geschlossen sind, noch genauer analysieren und in ein *Druck-Volumen-Diagramm* (Herzarbeitsdiagramm) auftragen. Dabei lassen sich vier Phasen unterscheiden (siehe Abb. 3/4, Seite 140):

1. Anspannungsphase (A–B)

Nach der Vorhofkontraktion (Vorhofsystole) am Ende der Diastole befinden sich in einem normal großen Herzen im linken Ventrikel circa 130 Milliliter Blut (enddiastolisches Volumen).
Der vom Vorhof erzeugte Druck liegt bei circa 1,3 kPa gleich 10 mm Hg.
Durch den plötzlichen Druckanstieg in der Kammer wird die Segelklappe zwischen Vorhof und Kammer gleich zu Beginn der Systole geschlossen, so daß das Blutvolumen in der Kammer bei geschlossenen Taschen- und Segelklappen konstant bleibt.
Der Druck im Ventrikel steigt schnell bis zur Höhe des diastolischen Aortendruckes (10,7 kPa = 80 mm Hg) an (Punkt B der Kurve).
Da in dieser Phase der Druck steigt, das Volumen sich aber bei allseits geschlossenen Herzklappen nicht verändert, ist die Anspannungsphase des Ventrikels rein isovolumetrisch.

2. Austreibungsphase (B–C)

Wenn der Druck im Ventrikel den Druck in der Aorta übersteigt, öffnet sich die Aortenklappe, und die Austreibung des Schlagvolumens in die Aorta beginnt.
Während der Austreibungsphase steigt der Druck weiter an, wobei gleichzeitig das Ventrikelvolumen um das Schlagvolumen (SV) verringert wird. Allerdings wird nicht das ganze Ventrikelvolumen ausgeworfen, sondern es bleibt etwas weniger als die Hälfte als sogenanntes Restvolumen zurück.

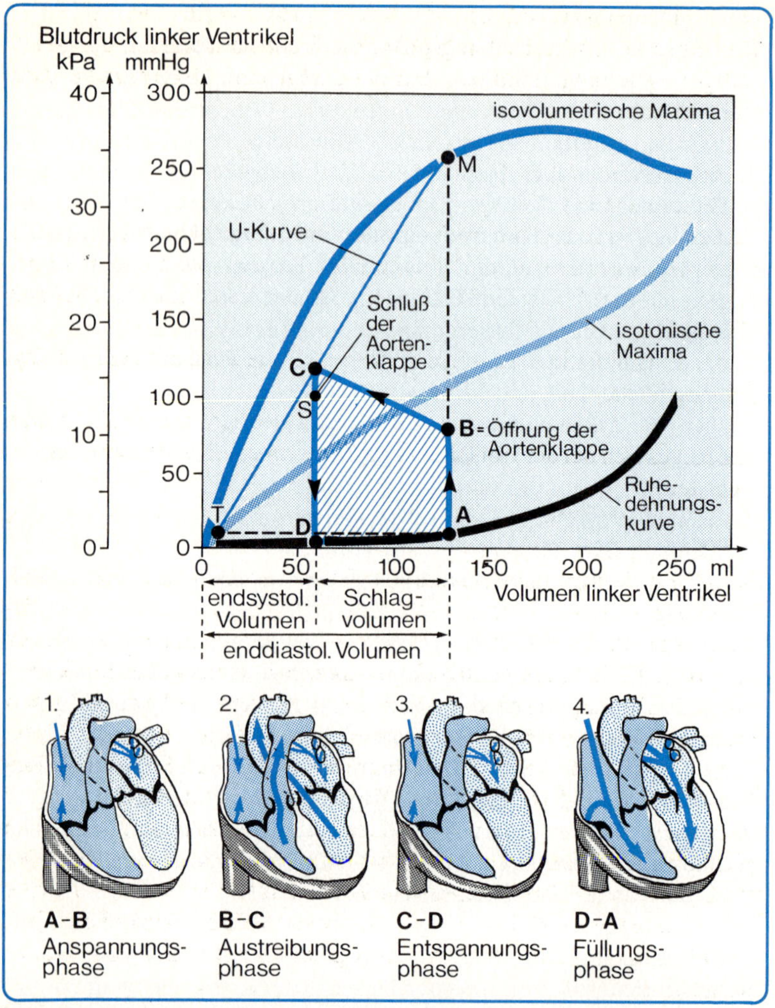

Abb. 3/4: Herzarbeitsdiagramm des linken Ventrikels (schraffierte Fläche) und die Phasen des Herzzyklus

Im Beispiel der Abbildung 3/4 beträgt das Schlagvolumen 70 ml und das Restvolumen 60 ml.
Während der Austreibung steigt der Ventrikeldruck auf den systoli-

schen Maximalwert (Punkt C der Kurve, 16 kPa = 120 mm Hg).
Da während der Austreibungsphase das Ventrikelvolumen bei gleichzeitiger Spannungszunahme abnimmt, liegt eine auxotonische Kontraktion vor.

3. Entspannungsphase (C–D)
Nach Beendigung der Systole beginnt der Druck im Ventrikel sehr schnell auf Null zu sinken, weil sich die Ventrikelmuskulatur entspannt. Dadurch tritt ein geringer Blutrückstrom aus der Aorta in den Ventrikel ein, wodurch sich die bis dahin geöffnete Taschenklappe schließt (Punkt S).
In der Entspannungszeit sind also die Segel- wie auch die Taschenklappen geschlossen.
Da bei geschlossenen Klappen das Ventrikelvolumen konstant bleibt, handelt es sich bei der Entspannungsphase um einen isovolumetrischen Vorgang.

4. Füllungsphase (D–A)
Sobald der Ventrikeldruck unter den Vorhofdruck fällt, öffnet sich die Segelklappe, und die Ventrikelfüllung beginnt zuerst sehr rasch, wird dann aber vor der nächsten Ventrikelsystole jedoch langsamer. Die erste rasche Füllung des Ventrikels ist durch das Zurückgehen der Ventilebene in die Ausgangsposition bedingt, wobei sich der Ventrikel gewissermaßen über den inzwischen wieder vollgelaufenen Vorhof ‹stülpt›.
Weil durch diesen Mechanismus der größte Teil der Ventrikelfüllung bereits im ersten Drittel der Diastole geschieht, wirkt sich die überproportionale Verkürzung der Diastolendauer bei hohen Herzfrequenzen nicht besonders nachteilig auf das Ventrikelvolumen am Ende der Diastole aus. Denn durch dieses schnelle Überstülpen ist der Ventrikel schon zu mehr als 75 Prozent gefüllt, bevor sich der Vorhof am Ende der Füllungsphase zu kontrahieren beginnt und aktiv zur Ventrikelfüllung beiträgt.
Da der Druck im Ventrikel bei der Füllung nur wenig ansteigt (von Null auf circa 1,3 kPa = 10 mm Hg entlang der Ruhedehnungskurve), verläuft die Füllungsphase fast isotonisch.

Die Anspannungs- und die Austreibungsphase ergeben die Phase der Herzmuskelkontraktion *(Systole)*, die Entspannungs- und die Füllungsphase die Phase der Herzmuskelerschlaffung *(Diastole)*.

Die Fläche, die durch die Druck- und Volumenänderungen während eines Herzzyklus begrenzt wird, ist ein Maß für die Arbeit des Herzens (Druck mal Volumen) – das *Herzarbeitsdiagramm.* Aus Abbildung 3/4, Seite 140, wird deutlich, daß man aus dem Herzarbeitsdiagramm nicht nur die pro Herzschlag geleistete Arbeit ermitteln kann, sondern auch das ausgeworfene Schlagvolumen.
Um zu erklären, auf welche Weise das vergrößerte Sportherz mit jedem Schlag ein entsprechend größeres Schlagvolumen auswerfen kann, wird auf Seite 165 nochmals auf das Herzarbeitsdiagramm eingegangen.

3.2. Gefäßsystem

3.2.1. **Körperkreislauf**

Durch das in sich geschlossene Leitungssystem der Blutgefäße kann das Blut alle Organe erreichen, Aufbau- und Abfallstoffe mit den Körperzellen austauschen und danach zum Herzen zurückströmen.
Alle Gefäße, die das Blut vom Herzen in die Körperperipherie leiten, heißen *Arterien.* Die Blutgefäße, die das Blut sammeln und zum Herzen zurückführen, heißen *Venen.*
Das linke Herz pumpt das Blut in die große Körperschlagader *(Aorta),* die sich auf dem Weg in die Körperperipherie in immer feinere Äste verzweigt. Über die großen Arterien, die zum Gehirn, in die Arme, Beine und einzelnen Organe führen, gelangt das Blut in immer kleinere Arterien und schließlich in die Arteriolen.

3.2.1. **Arteriolen – Widerstandsgefäße** (Abb. 3/5 A)

Die Arteriolen können sich aktiv eng *(Vasokonstriktion)* stellen oder durch den Druck des Blutes erweitert werden *(Vasodilatation),* je nach Bedarf der betreffenden Organe. Durch diese ausgeprägte Fähigkeit spielen die Arteriolen eine entscheidende Rolle bei der Regulierung des peripheren Gefäßwiderstandes und damit für die Verteilung des Bluts im Körper.

Abb. 3/5: (A) Arteriolen – Kapillarbett – kleinste Venen (Venulen)
(B) Wandaufbau einer Arterie
(C) Venenklappe

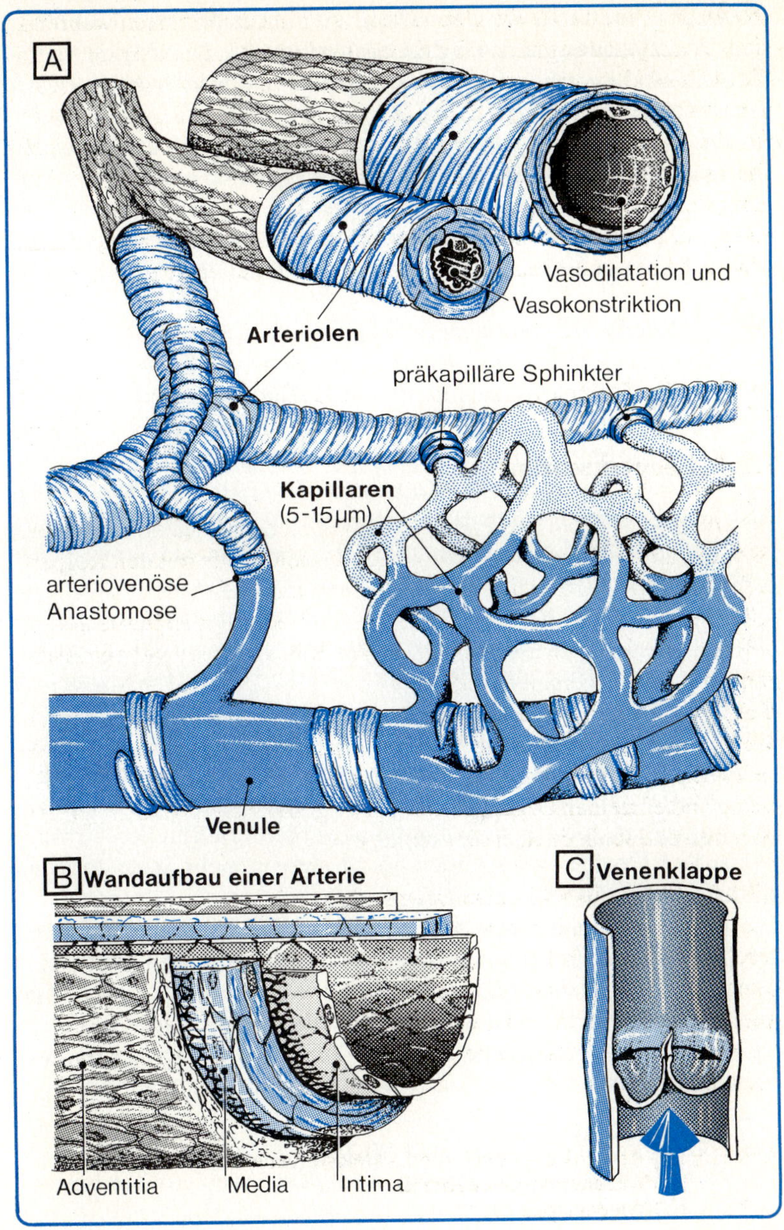
A
Vasodilatation und
Vasokonstriktion
Arteriolen
präkapilläre Sphinkter
Kapillaren
(5-15 µm)
arteriovenöse
Anastomose
Venule
B Wandaufbau einer Arterie
Adventitia
Media
Intima
C Venenklappe

Denn das Blut fließt, wie jede Flüssigkeit, immer den Weg des geringsten Widerstandes – immer in die Organgebiete, deren Arteriolen gerade weitgestellt sind und deswegen der Blutströmung den geringsten Widerstand entgegensetzen.
In einem Muskel, der Arbeit verrichten soll, müssen sich die Arteriolen weit stellen, damit seine Durchblutung und dadurch seine Energieversorgung zunehmen kann.
Weil die Arteriolen wesentlich den gesamten peripheren Widerstand kontrollieren, nennt man sie auch *Widerstandsgefäße*.

3.2.1.2. **Kapillaren – Stoffaustausch** (Abb. 3/5 A, Seite 143)
An ihrem Ende verzweigen sich die Arteriolen in die Haargefäße *(Kapillaren)*, aus denen der Sauerstoff und die Nährstoffe durch den Zellzwischenraum *(Interstitium)* in die Zelle übertreten und in die die Körperzellen ihre Stoffwechselendprodukte abladen.
Obwohl der Durchmesser der Kapillaren (5 bis 20 μm) so klein ist, daß sich zum Beispiel die roten Blutkörperchen oft verformen müssen, um durch dieses enge Leitungssystem zu gelangen, ist ihre Gesamtzahl mit circa fünf Milliarden doch so groß, daß sie mit einer Gesamtlänge von circa 100000 Kilometern den Hauptteil des menschlichen Gefäßsystems bilden. Allein die Kapillaren der quergestreiften Skelettmuskulatur würden aneinandergereiht eine Strecke von 10000 Kilometern ergeben.
Viele Organe verbrauchen unter Ruhebedingungen nur sehr wenig Energie, so daß zum Beispiel unter körperlichen Ruhebedingungen drei Viertel aller Muskelkapillaren verschlossen sind und nicht durchströmt werden. Sie öffnen sich nur und werden von Blut durchströmt, wenn ihre Organe aktiv werden und deswegen mehr Sauerstoff und Nährstoffe benötigen.
Allerdings dürfen niemals alle Kapillaren des Körpers gleichzeitig eröffnet und durchströmt werden, da sonst das gesamte Blutvolumen (circa fünf bis sieben Liter Blut) im weiten Kapillarbett versacken und nicht mehr zum rechten Herzen zurückfließen würde. Schon die gleichzeitige Eröffnung von zwei großen Kapillargebieten kann zu Kreislaufregulationsstörungen, zur Ausbildung eines Schocks oder zur Ohnmacht führen.
Weil nach einer Mahlzeit die Verdauungsorgane besonders stark durchblutet werden, ist es nicht günstig, nach dem Essen größere Muskelgruppen intensiv zu beanspruchen.

3.2.1.3. **Venen – Blutspeicher**

Wenn das Blut je nach Bedarf einen mehr oder weniger großen Anteil seines Sauerstoffs an die Körperzellen abgegeben hat beziehungsweise die Stoffwechselendprodukte aufgenommen hat, sammeln kleinste Venen *(Venulen)* das Blut wieder und leiten es in die kleinen und großen Venen. Diese Venen, deren Wand außerordentlich gut dehnbar ist, haben ein großes Fassungsvermögen und dienen deswegen als Blutreservoir des gesamten Kreislaufs.
So befindet sich unter Ruhebedingungen etwa die Hälfte des gesamten Blutvolumens in den kleinen und mittelgroßen Venen. Wegen ihrer Speicherfähigkeit bezeichnet man die Venen auch als Kapazitätsgefäße des Kreislaufs.
Aus den Venen fließt das Blut über die große obere und untere Hohlvene zum rechten Herzen zurück.

3.2.1.4. **Arteriovenöse Anastomosen** (Abb. 3/5 A, Seite 143)

Die arteriovenösen Anastomosen sind Kurzschlußverbindungen, die viele Arteriolen unmittelbar mit den kleinen Venulen verbindet. Wenn unter körperlichen Ruhebedingungen nur ein Viertel aller Kapillaren geöffnet sind, fließt das Blut durch diese arteriovenösen Anastomosen unter Umgehung des Kapillarbettes direkt aus den kleinen Arteriolen in die kleinen Venulen.
Bei einer sportlichen Belastung können sich die arteriovenösen Anastomosen aktiv verschließen, so daß das Blut gezwungen wird, durch das Kapillarbett zu fließen und dort entsprechend mehr Sauerstoff an die arbeitenden Muskelzellen abzugeben.

3.2.1.5. **Anatomischer Aufbau der Gefäßwände** (Abb. 3/5 B, Seite 143)

Die Wände der Arterien und der Venen sind ähnlich aufgebaut. Eine innere Schicht *(Intima)* bildet eine spiegelglatte innere Oberfläche, an der sich das Blut normalerweise nicht ablagern kann. Die äußere Schicht *(Adventitia)* der Gefäßleitungen besteht aus Bindegewebsmaterial. Die mittlere Schicht *(Media)* besteht aus einer Lage von ringförmig angeordneten Fasern glatter Muskulatur.
Durch diese Muskelschicht können sich die Gefäße aktiv weit stellen *(dilatieren)* oder eng stellen *(konstringieren)*. Sie ist besonders stark in den kleinen Arterien und in den Arteriolen ausgebildet, die den wesentlichen Anteil an der Regulation des peripheren Gefäßwiderstandes haben.

Aber auch die Venen verfügen in ihrer Wand über eine solche Muskelschicht und können sich deswegen ähnlich wie die Arterien aktiv weit oder eng stellen. Allerdings ist sie in der Venenwand wesentlich dünner ausgebildet als in der Arterienwand, womit auch die größere Dehnbarkeit der Venen zusammenhängt, die zweihundertmal so dehnbar sind wie die Arterien.
Die arteriovenösen Anastomosen öffnen oder verschließen sich ebenfalls durch die Erschlaffung oder Kontraktion ihrer glatten Gefäßmuskulatur.
Eine Ausnahme von diesem dreischichtigen Aufbau bilden die kleinen Kapillaren. Ihre Wand besteht nur aus einer einzigen Zellschicht *(Endothel)* auf einer sehr dünnen (15 nm) durchgängigen Basalmembran. Die dünne Kapillarwand besitzt zahlreiche Poren, die in den verschiedenen Organen einen mehr oder weniger großen Durchmesser haben. Während die Leberkapillaren Poren mit einem Durchmesser von mehr als 10 nm besitzen, damit auch größere Eiweißmoleküle die Blutbahn verlassen oder in die Blutbahn eintreten können, nimmt man für die Kapillaren der quergestreiften Skelettmuskulatur eine Porengröße von etwa 3 nm Durchmesser an. Durch Poren von dieser Größe können außer den Blutzellen und den großen Eiweißmolekülen alle im Blutplasma gelösten Stoffe frei in das Zellzwischengewebe und in die Muskelzelle gelangen.
Eine andere Besonderheit weist der Wandaufbau der kleinen und mittelgroßen Venen auf. Ihre Innenschicht (Intima) bildet halbmondförmige Falten, die in das Innere des Gefäßrohrs hineinragen und sogenannte *Venenklappen* bilden (Abb. 3/5 C, Seite 143). Zwei solcher Venenklappen liegen sich meistens genau gegenüber, so daß sich ihre Ränder bei der Schließung aneinanderlegen. Dadurch besitzen die Venenklappen eine Ventilfunktion, die nur eine zum Herzen gerichtete Blutströmung gestattet und die Blutströmung in die entgegengesetzte Richtung verhindert.

3.2.2. **Lungenkreislauf**

Wenn das verbrauchte, dunkle venöse Blut über die obere und untere Hohlvene zum rechten Vorhof zurückgelangt ist, wird es vom rechten Ventrikel in den Lungenkreislauf gepumpt.
Auch im Lungenkreislauf bezeichnet man die Gefäße, in denen das

Blut vom Herzen wegfließt, als Arterien und die Gefäße, die das Blut zum Herzen zurücktransportieren, als Venen.
Anders als im Körperkreislauf führt aber die Lungenarterie venöses verbrauchtes Blut. Durch die Verzweigung der Lungenarterie gelangt das venöse Blut in das Kapillarbett der rechten und der linken Lunge, wo es mit frischem Sauerstoff beladen wird (siehe Kap. 4.2.).
Die Lungenvenen sammeln das frische, arterielle Blut aus den Kapillaren und leiten es zum linken Vorhof und zum linken Ventrikel.
Obwohl pro Minute durch den Lungenkreislauf genausoviel Blut gepumpt werden muß wie durch den Körperkreislauf, ist der dazu notwendige Druck wegen des niedrigen Widerstandes der Lungengefäße sehr viel geringer.
In Ruhe muß das rechte Herz nur den Druck von 2,6 kPa (= 20 mm Hg) aufbringen, um das Blut zum linken Herzen zu pumpen, während das linke Herz einen Druck von 16 kPa (= 120 mm Hg) erzeugen muß, um unter körperlichen Ruhebedingungen das Blut durch alle Organe bis zurück zum rechten Herzen zu pumpen.
Während das linke Herz unter Belastungsbedingungen systolische Blutdrucke von mehr als 30 kPa (= 230 mm Hg) aufbringen muß, um das Blut durch den großen Kreislauf zu pumpen, steigt der systolische Blutdruck im kleinen Kreislauf auch unter intensivsten Belastungsbedingungen bei gesunden Menschen niemals über 5,3 kPa (= 40 mm Hg) an.

3.2.3. **Blutdruck**

3.2.3.1. **Arterieller Blutdruck**

Wenn das Blut durch die Röhrenleitungen des Gefäßsystems strömt, setzt es seiner Eigenbewegung einen Widerstand entgegen, weil sich seine Zellen und auch die anderen im Blut gelösten Teilchen aneinander und an der Wand der Gefäße reiben.
Dieser Reibungswiderstand ist in erster Linie abhängig vom Durchmesser der Leitung: Je enger die Leitung, desto größer ist der Widerstand.
Die Energie, die notwendig ist, um den Strömungswiderstand zu überwinden, wird dadurch bereitgestellt, daß das Herz am Anfang des Leitungssystems auf die Blutflüssigkeit einen höheren Druck ausübt als der, der am Ende des Leitungssystems herrscht.
Die treibende Kraft für die Zirkulation des Bluts ist der Blutdruck.

Wenn man von Blutdruck spricht, meint man im allgemeinen den *arteriellen* Blutdruck im Körperkreislauf. Er schwankt bei jedem Herzschlag zwischen dem *systolischen* Blutdruck (16 kPa = 120 mm Hg) während der Kontraktionsphase des Herzens und dem *diastolischen* Blutdruck (10 kPa = 80 mm Hg) während der Erschlaffungsphase des Herzens (Abb. 3/6 A).

Der *systolische* Blutdruck im Gefäßsystem entspricht dem Druck, den der Herzmuskel bei seiner Kontraktion erzeugt.

In der Diastole aber fällt der Druck im arteriellen Gefäßsystem nicht, wie im Herzen, auf Null ab, sondern bleibt bei circa 10 kPa (= 80 mm Hg). Die Erklärung liegt in den elastischen Wandstrukturen der Aorta und der großen Arterien.

In den elastischen Fasern der Aorta kann ein Teil des vom Herzen in der Systole erzeugten Drucks gespeichert und in der nachfolgenden Diastole wieder freigesetzt werden. Nur die Hälfte des vom Herzen in der Systole ausgeworfenen Schlagvolumens fließt während der Systole auch bis in die Körperperipherie. Die andere Hälfte dehnt die elastische herznahe Aortenwand aus und wird in diesem Teil unter Druckanstieg gespeichert (siehe Abb. 3/6).

Wenn zu Beginn der Diastole der Druck im Herzen plötzlich auf Null absinkt und sich die Aortenklappe schließt, ziehen sich die elastischen Fasern in der Aortenwand wieder zusammen und treiben das Blut auch in der Diastole noch mit einem Druck von circa 10 kPa (= 80 mm Hg) in die Körperperipherie.

Wegen der Parallelen zu einem mechanischen Windkesselsystem spricht man von der *Windkesselfunktion der Aorta*. Sie bewirkt, daß das vom Herzen stoßweise ausgeworfene Blut bereits im Gebiet der Arteriolen und der Kapillaren mit einer beinahe gleichmäßigen Strömungsgeschwindigkeit strömt, wodurch die Versorgung der Körperzellen mit Sauerstoff und Nährstoffen kontinuierlich und unabhängig von der jeweiligen Herzaktion ablaufen kann.

Die Druckschwankungen der Aorta pflanzen sich im arteriellen System als Druckwelle fort und führen an den großen Arterien zu pulsatori-

Abb. 3/6: (A) Blutdruckabnahme vom linken Ventrikel bis zu den Hohlvenen
(B) Gemeinsamer Querschnitt der einzelnen Gefäßgebiete und Strömungsgeschwindigkeit

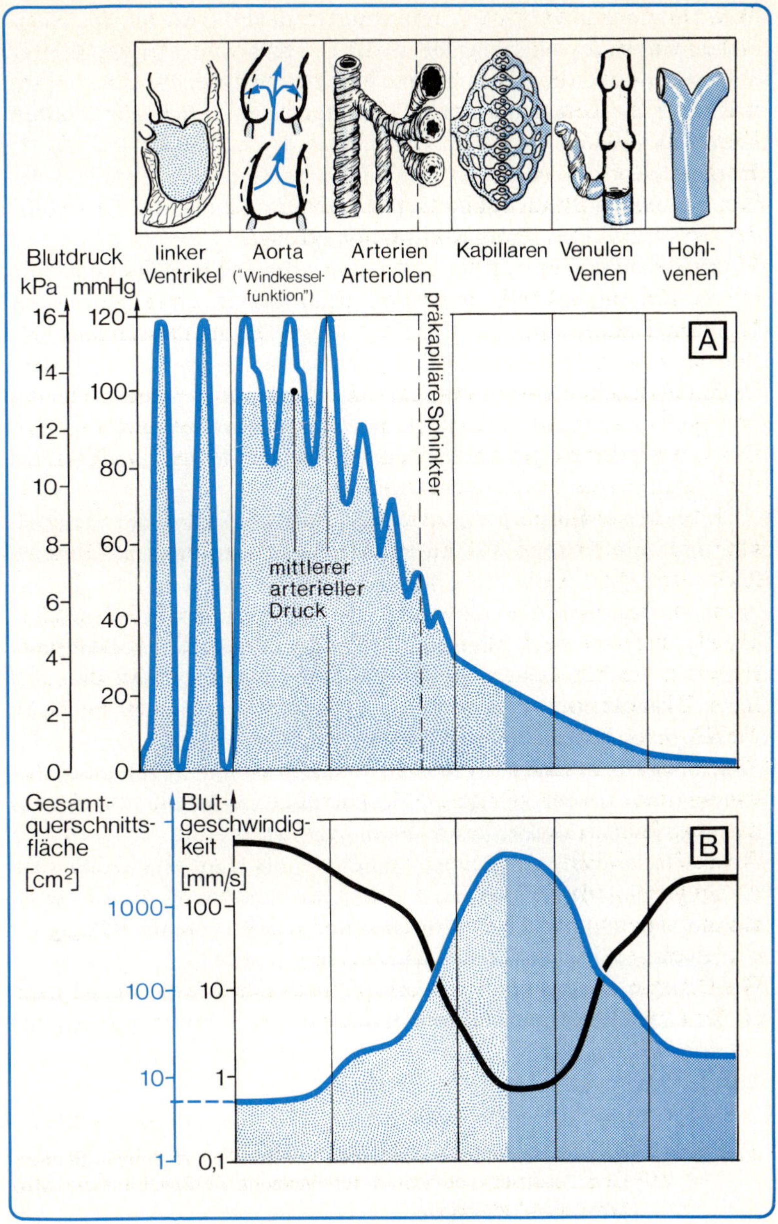
Blutdruck
kPa mmHg
linker Ventrikel
Aorta ("Windkesselfunktion")
Arterien Arteriolen
Kapillaren
Venulen Venen
Hohlvenen
präkapilläre Sphinkter
A
mittlerer arterieller Druck
16 14 12 10 8 6 4 2 0
120 100 80 60 40 20 0
Gesamtquerschnittsfläche [cm²]
Blutgeschwindigkeit [mm/s]
B
1000 100 10 1
100 10 1 0,1

schen Dehnungen der Gefäße. An den Arterien, die wie die Speichenarterie, die große Beinschlagader in der Leistenbeuge oder die Gehirnschlagadern neben dem Adamsapfel unmittelbar unter der Haut liegen, lassen sich diese pulsatorischen Dehnungen der Gefäßwand als *Puls* tasten.

Da die Druckschwankungen im Gefäßsystem von der Tätigkeit des Herzens abhängig sind, kann man aus der Pulsqualität (Frequenz, Stärke, Amplitude) Rückschlüsse auf die Tätigkeit des Herzens ziehen.

Während der systolische Blutdruck hauptsächlich durch den Druck bestimmt wird, den der Herzmuskel bei seiner Kontraktion erzeugt, wird der diastolische Blutdruck stark von der Abflußgeschwindigkeit des Bluts und damit vom peripheren Widerstand vor allem der Arteriolen beeinflußt. Für einen optimal regulierten Blutdruck ist daher immer ein geordnetes Zusammenwirken zwischen Herzauswurfleistung (Herzminutenvolumen) und dem peripheren Widerstand des Gefäßsystems notwendig.

Ein zu geringer Blutdruck kann zur Minderversorgung der Gewebszelle und damit zu ihrem Untergang führen. Ein dauernd erhöhter Blutdruck *(Hypertonus)* schädigt insbesondere das arterielle Gefäßsystem des Herzens, des Gehirns, der Nieren und der Augennetzhaut. Deswegen ist die Aufrechterhaltung des mittleren arteriellen Blutdrucks unter allen Lebensbedingungen eine der Hauptaufgaben der *Blutdruckregulation.*

Ein spezielles Herz-Kreislauf- und Blutdruck-Regulationszentrum im Gehirn besitzt zur Erfüllung dieser Aufgabe Nervenendigungen in der Wand der Aorta und der Gehirnarterien, die als Meßfühler dieses Regulationssystems den Blutdruck ständig überwachen.

Wenn sich durch Druckschwankungen im Gefäßsystem auch die Gefäßwände dehnen oder zusammenziehen, werden diese Blutdruckmeßfühler erregt und melden ihre Information an die vegetativen Regulationszentren im verlängerten Rückenmark und direkt zum Herzen. An beiden Orten werden dann aufeinander abgestimmte, autonome Korrekturen der Herzauswurfleistung (Herzminutenvolumen) und des peripheren Widerstandes – besonders der Arteriolen – vorgenommen, um den Blutdruck auf normaler Höhe zu halten.

Unter körperlichen Ruhebedingungen beträgt der systolische, mit einer Blutdruckmanschette am Oberarm gemessene Blutdruck normalerweise 16 kPa (= 120 mm Hg), der diastolische Blutdruck 10,7 kPa (= 80 mm Hg).

Die Differenz zwischen dem systolischen und dem diastolischen Blutdruck bezeichnet man als die *Blutdruckamplitude*. Sie beträgt in Ruhe circa 5 kPa (= 40 mm Hg). Wenn man den systolischen und den diastolischen Blutdruck rechnerisch zusammenfaßt, ergibt sich der *arterielle Mitteldruck*, der unter körperlichen Ruhebedingungen bei 13 kPa (= 100 mm Hg) liegt.

Da sich der Blutdruck aus dem außerordentlich fein koordinierten Zusammenspiel zwischen Herzauswurfleistung und peripherem Gefäßwiderstand zusammensetzt, ist er verständlicherweise eine sehr empfindliche und dynamische Größe.

Während sich zum Beispiel bei intensiver sportlicher Belastung der systolische Blutdruck verdoppeln kann (bis 29 oder 32 kPa = 220 bis 240 mm Hg), steigt der diastolische Blutdruck wegen der verbesserten Abflußbedingungen in die weitgestellte Strombahn der arbeitenden Organe (der arbeitenden Muskulatur) nur um circa 2,5 kPa (= 20 mm Hg) auf etwa 13 kPa (= 100 mm Hg) an. Dadurch vergrößert sich die Blutdruckamplitude stark; aber der arterielle Mitteldruck steigt sehr viel weniger als der systolische Blutdruck.

Auch ohne körperliche Belastung unterliegt der Blutdruck als Reaktion auf wechselnde Umgebungsbedingungen normalen (physiologischen) Schwankungen. So steigt er bei psychischen Reizen wie Ärger oder beruflichem Stress, manchmal schon beim Anblick des Arztes mit einem Blutdruckmeßgerät. Ebenfalls steigt der Blutdruck beim Übergang vom Liegen zum Stehen als Reaktion auf den veränderten Einfluß der Erdanziehung auf die Blutflüssigkeit *(Orthostase)*.

Im Schlaf und während der Verdauung sinkt der Blutdruck.

Obwohl der klassische Blutdrucknormalwert mit 16 zu 10,7 kPa (= 120/80 mm Hg) angegeben wird, sind geringgradig niedrige Blutdruckwerte zum Beispiel von 14,6 zu 9,3 kPa (= 110/70 mm Hg) keineswegs gefährlich oder gar krankhaft. Verschiedene Untersuchungen haben vielmehr gezeigt, daß das Risiko, einen Herzinfarkt oder einen Schlaganfall zu erleiden, um so niedriger liegt, je niedriger – in physiologischen Grenzen – der arterielle Blutdruck ist.

Die obere Grenze der Blutdrucknormalwerte unter Ruhebedingungen liegt bis zum vierzigsten Lebensjahr bei 19,3/12,6 kPa (= 145/95 mm Hg).

Regelmäßige Blutdruckkontrollen bei Hausarztbesuch sind deswegen so wichtig, weil sich ein bei wiederholten Messungen dauernd erhöht

gefundener Blutdruck *(arterielle Hypertonie)* sehr viel erfolgreicher behandeln läßt, wenn man ihn rechtzeitig entdeckt.
Nach Abklärung der für die Hypertonie verantwortlichen Ursachen besteht die Behandlung in diätetischen Maßnahmen wie salzarmer Kost und in der konsequenten, eventuell lebenslang durchzuführenden medikamentösen Behandlung. Denn der arterielle Bluthochdruck ist einer der gefährlichsten Risikofaktoren für die Entstehung der Arteriosklerose und damit für die Entstehung des Herzinfarkts beziehungsweise des Schlaganfalls oder des Niereninfarkts.
Da der arterielle Blutdruck von der Dehnbarkeit der arteriellen Gefäße abhängt und weil die Gefäße mit zunehmendem Alter starrer werden, kann der Blutdruck mit zunehmendem Lebensalter ansteigen.
Für normale Blutdruckwerte in Ruhe gilt als Faustregel:
Systolischer Blutdruck = 100 plus Lebensalter (gemessen in mm Hg).
Der diastolische Blutdruck steigt mit zunehmendem Lebensalter nur gering an.

3.2.3.2. **Blutdruck im venösen System**

Aus Abbildung 3/6 A, Seite 149, geht hervor, daß der Blutdruck von der Aorta bis zu den Kapillaren und weiter zu den Venen kontinuierlich sinkt.
Der größte Druckabfall ist im Stromgebiet der Arteriolen zu verzeichnen, wo der Blutströmung der größte Widerstand entgegengesetzt wird.
In den Venen beträgt der Blutdruck nur noch circa 2 kPa (15 mm Hg), in der unteren und oberen Hohlvene sogar nur noch 0,2 bis 0,5 kPa (= 1,5 bis 4 mm Hg).
Diese niedrigen Innendrücke machen die Gefäßweite stark vom Druck abhängig, mit dem die umgebenden Gewebe von außen auf die Venenwand drücken.
Da die treibende Kraft der Zirkulation, der Blutdruck, im Venensystem so schwach ist, wird unter körperlichen Belastungsbedingungen die Beeinflussungsmöglichkeit des Umgebungsdruckes im Zusammenhang mit der Ventilfunktion der Venenklappen dazu ausgenutzt, den venösen Rückstrom zum Herzen zu unterstützen.
Der *venöse Rückstrom* von der Körperperipherie zum Herzen unterliegt dem allgemeinen Kreislaufgesetz, das besagt:
Das Blut fließt, wie jede Flüssigkeit dem Druckgefälle folgend, vom Ort des höheren in Richtung des niedrigeren Drucks. Es fließt um so stärker, je höher die Druckdifferenz zwischen den beiden Gebieten und

je geringer der Strömungswiderstand ist, den es dabei überwinden muß.
Grundsätzlich strömt durch das venöse Niederdrucksystem pro Minute die gleiche Menge Blut wie durch das arterielle Hochdrucksystem (z. B. 6 Liter pro Minute). Da das Druckgefälle zwischen den peripheren Venen und den herznahen Venen aber nur noch circa 2 kPa (= 15 mm Hg) beträgt, muß der Strömungswiderstand im venösen System sehr niedrig sein, wenn eine entsprechende Menge Blut pro Minute hindurchfließen soll.
Der Strömungswiderstand des venösen Systems ist wegen seiner außerordentlich guten Dehnbarkeit in der Tat sehr niedrig, so daß das geringe Druckgefälle ausreicht, um unter Ruhebedingungen das Blut auch gegen die Erdanziehung zum Beispiel aus den Beinen zum Herzen zurückfließen zu lassen.
Wenn unter körperlichen Belastungsbedingungen das Herzminutenvolumen ansteigt und viermal soviel Blut pro Minute auch durch das venöse System zum Herzen zurückfließen muß, geschieht das im wesentlichen dadurch, daß das Druckgefälle zwischen den herzfernen und den herznahen Venen vergrößert wird.
Dafür bieten sich zwei Mechanismen an, durch die der Druck in den herzfernen Venen erhöht werden kann:

1. die Muskelpumpe,
2. die Übertragung der arteriellen Pulswelle auf die benachbarte Venenwand.

Durch zwei andere Mechanismen wird der Druck in den herznahen Venen erniedrigt:

3. durch die Ausdehnung der herznahen Venen bei der Einatmung,
4. durch die Saugwirkung der Ventilebene des Herzens in der Systole.

Zu 1: Wenn sich zum Beispiel die Unterschenkelmuskulatur kontrahiert, steigt bei der Spannungsentwicklung der intramuskuläre Druck und damit der Druck in den intramuskulären Venen. In Verbindung mit der Ventilfunktion der Venenklappen wird dadurch das Blut zum rechten Herzen hin ausgepreßt (Abb. 3/7 A, Seite 155).
Bei der Erschlaffung der Muskulatur füllt sich das leergedrückte Venensegment von peripher her wieder auf, um sich bei der nächsten Muskelkontraktion wieder herzwärts zu entleeren. Durch diese ‹Muskelpumpe› können so bei einem Schritt infolge der Kontraktion der Muskulatur beider Beine ungefähr 250 ml Blut herzwärts verschoben werden.

Die Bedeutung dieser Muskelpumpe zeigt sich besonders beim längeren Stehen; denn wenn man lange unbeweglich steht, kann ein zu großer Teil des Gesamtblutvolumens auf Grund seines eigenen Gewichts in den Venen der Beine versacken – eine Kreislaufregulationsstörung, die bis zum sogenannten orthostatischen Ohnmachtsanfall führen kann.

Zu 2: Da die Venen und Arterien des Körpers meistens sehr eng benachbart liegen, überträgt sich die Pulsation der Arterienwand auf die Venenwand, was in Verbindung mit den Venenklappenventilen ebenfalls zu einer Verlagerung des Bluts in Richtung Herz führt (Abb. 3/7 B).

Zu 3: Bei tiefer Einatmung entsteht im Bereich des Brustkorbs ein Unterdruck, wodurch sich die durch den Brustraum fließende obere und untere Hohlvene und auch der rechte Vorhof passiv ausdehnen müssen (siehe Kap. 4.1.). Durch die Ausdehnung sinkt der Innendruck in diesen großen herznahen Venen und im Vorhof; das Druckgefälle zwischen der Peripherie und den herznahen Venen steigt.

Zu 4: Wenn sich in der Ventrikelsystole die Ventilebene des Herzens bei geschlossenen Atrioventrikularklappen in Richtung Herzspitze bewegt, wird das Blut aus den großen herznahen Venen in die Vorhöfe gesaugt (Abb. 3/7 C). Über diesen Mechanismus, der sich auch zeigt, wenn man eine Flüssigkeit durch Zurückziehen des Kolbens in eine Injektionsspritze aufsaugt, kommt es zu einer Druckerniedrigung in den herznahen Venen und damit zu einer Steigerung des Druckgefälles zwischen den peripheren und den herznahen Venen.

Diese vier Mechanismen wirken bei einer körperlichen oder sportlichen Belastung gemeinsam und sorgen dafür, daß die Blutmenge, die vom linken Herzen in den großen Kreislauf ausgeworfen wird, mit entsprechender Geschwindigkeit zum rechten Herzen zurückströmen kann.

Abb. 3/7: (A) Muskelpumpe
(B) Übertragung der arteriellen Pulswelle auf die benachbarte Venenwand
(C) Saugwirkung der Ventilebene bei geschlossenen A-V-Klappen in der Systole

Muskelpumpe

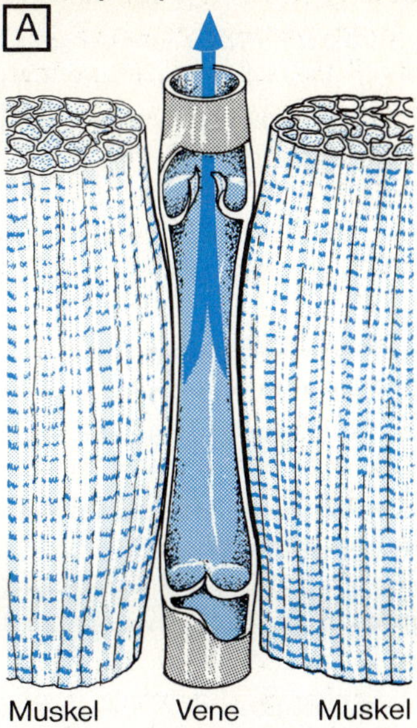

Arteriovenöse Kopplung

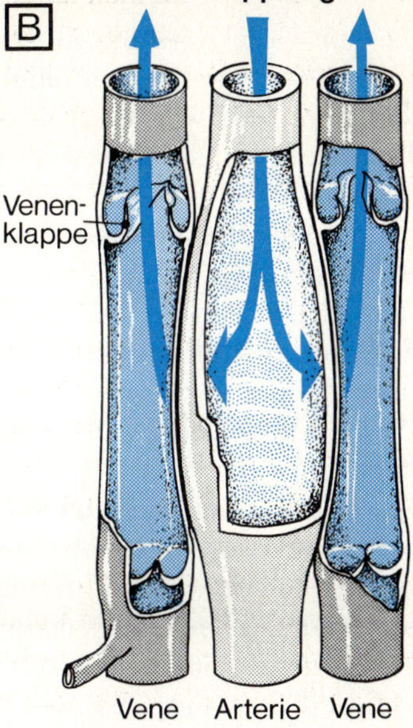

Ventilebenenmechanismus

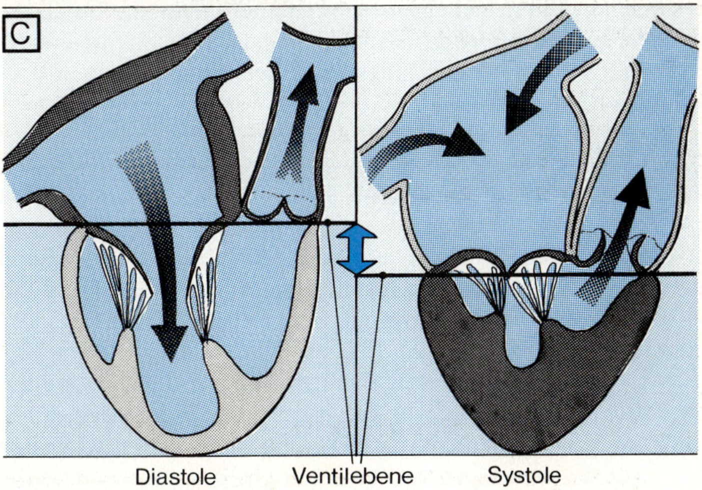

3.2.4. **Strömungsgeschwindigkeit – Gesamtquerschnitt**

Nach dem Gesetz der Strömungskontinuität werden alle Abschnitte des Gefäßsystems in einer Minute von dem gleichen Blutvolumen durchströmt. Als *Abschnitte des Gefäßsystems* bezeichnet man die Summe aller mittelgroßen Arterien, Kapillaren, kleiner oder großer Venen.
Wenn das linke Herz in einer Minute zehn Liter Blut durch den großen Kreislauf pumpt, muß auch das rechte Herz in einer Minute zehn Liter Blut durch den Lungenkreislauf pumpen.
Wenn in einer Minute zehn Liter Blut durch die Summe aller großen Arterien fließen, müssen in dieser Minute auch zehn Liter Blut durch die Summe aller Kapillaren fließen oder durch die Summe aller mittelgroßen Venen.
Da aber der Gesamtquerschnitt aller Kapillaren zusammengenommen sehr viel größer ist als der zusammengerechnete Querschnitt der großen Arterien oder der der mittelgroßen Venen, muß das Blut in den Arterien und in den Venen sehr viel schneller strömen als im weiten Flußdelta des Kapillarbetts (Abb. 3/6 B).
Die mittlere Strömungsgeschwindigkeit des Bluts ist dem Gesamtquerschnitt der einzelnen Gefäßabschnitte umgekehrt proportional.
Für die zeitabhängigen Austauschvorgänge zwischen Kapillarblut und Gewebszelle wirkt sich der große Gesamtquerschnitt des Kapillarbetts besonders günstig aus, da in diesem Gebiet das Blut unter Ruhebedingungen nur noch mit einer langsamen Geschwindigkeit von 0,5 bis 1,0 mm/s strömt.

3.2.5. **Funktion der Kapillaren**

Obwohl sich in den Kapillaren nur jeweils fünf Prozent der kreisenden Blutmenge befinden, sind sie für die Hauptfunktion des Herz-Kreislauf-Systems, nämlich die Versorgung und Entsorgung der Organe, der wichtigste Teil.
Durch die Kapillarwand treten Sauerstoff (O_2) und Nährstoffe in die Gewebsflüssigkeit über und von da weiter in die Körperzellen ein. Umgekehrt werden Kohlendioxyd (CO_2) und Stoffwechselzwischenprodukte aus der Körperzelle durch die Gewebsflüssigkeit zum Abtransport in den Kapillarstrom eingeschleust.

3.2.5.1. Transkapillärer Stoffaustausch durch Diffusion

Die treibende Kraft für den Transport von Stoffen aus dem Blut durch die Kapillarmembran, Gewebsflüssigkeit und Zellmembran in die Zelle entsteht durch Diffusion.

Diffusion bedeutet den Vorgang, bei welchem sich die Teilchen eines Gases oder einer gelösten Substanz auf Grund ihrer Eigenbewegung ausbreiten, um das verfügbare Volumen auszufüllen.

Diese Teilchen befinden sich in ständiger ungeordneter Bewegung (Braunsche Molekularbewegung), so daß sie bei hohen Konzentrationen häufig zusammenstoßen. Deshalb versuchen sie, sich von Orten hoher Konzentration wegzubewegen in Richtung auf Orte niedriger Konzentration, bis sie schließlich in beiden zur Verfügung stehenden Räumen gleichmäßig verteilt sind.

Die Diffusion kann also ablaufen, wenn ein Stoff am Ausgangsort höher konzentriert ist als am Zielort, wenn ein Konzentrationsgefälle besteht.

In Gasen geht der Diffusionsprozeß relativ rasch voran. So verteilen sich beispielsweise die Duftstoffe durch Diffusion schnell im ganzen Raum, wenn ein frischer Blumenstrauß aufgestellt wird.

In Flüssigkeiten dauert der Diffusionsprozeß relativ länger, besonders wenn er zwischen zwei verschiedenen Flüssigkeitsräumen abläuft, die durch halbdurchlässige *(semipermeable)* Barrieren voneinander getrennt sind.

Eine Grundvoraussetzung für den Stoffaustausch zwischen dem Kapillarblut und der Flüssigkeit im Zellzwischenraum bzw. in der Gewebszelle ist natürlich, daß die dazwischenliegenden Barrieren (Kapillar-Endothel, Basalmembran der Kapillaren und Zellmembran) für die auszutauschenden Substanzen durchlässig sind. Die auf Seite 146 beschriebenen Poren in der Kapillarwand gewährleisten diese Durchlässigkeit.

Die Geschwindigkeit des Stoffaustauschs durch Diffusion ist von mehreren Faktoren abhängig. Sie erhöht sich bei:

- kurzen Diffusionsstrecken, die zurückgelegt werden müssen;
- großen Diffusionsflächen, die für den Stoffaustausch zur Verfügung stehen;
- hoher Durchlässigkeit der Gewebsbarrieren für die auszutauschenden Stoffe bzw. hohe Löslichkeit dieser Stoffe in den betreffenden Gewebsbarrieren – die bessere Löslichkeit des Kohlendioxyds ist der Grund dafür, daß das CO_2 durch die Kapillarwand der Lungenkapil-

laren und durch die Membran der Lungenbläschen zwanzigmal schneller diffundiert als der Sauerstoff;
- hohem Konzentrationsgefälle zwischen beiden Seiten der durchlässigen Gewebsbarriere.

Neben dem Stoffaustausch durch Diffusion spielen für den Austausch der Körperflüssigkeiten und der in ihnen gelösten Substanzen zwischen dem Blut und dem Gewebszwischenraum die *Filtration* und die *Resorption* eine wichtige Rolle: Verallgemeinernd ausgedrückt wird unter normalen Bedingungen am Beginn der Kapillare Flüssigkeit in den Gewebszwischenraum ausgepreßt (filtriert), weil der Kapillarinnendruck auf der ersten Kapillarstrecke noch größer ist als der Gewebsdruck.

Am Ende der Kapillarstrecke wird Flüssigkeit in die Kapillare zurückgesaugt (resorbiert), weil im venösen Schenkel der Kapillare der Gewebsdruck größer ist als der Druck in der Kapillare.

3.2.6. **Herzkranzgefäße**

Der Herzmuskel kann den Sauerstoff nicht direkt aus dem Blut seiner Hohlräume entnehmen, sondern wird durch besondere Gefäße versorgt, die Herzkranzgefäße – *Koronararterien.*

Die Herzkranzarterien entspringen als erste Äste der Körperschlagader unmittelbar über der Aortenklappe.

85 Prozent des den Herzmuskel versorgenden Bluts fließen durch die linke Koronararterie, die normalerweise die Vorder- und Seitenwände des dicken linken Ventrikels und die Herzscheidewand versorgt.

15 Prozent des Bluts fließen durch die rechte Koronararterie, die den rechten Ventrikel und einen Teil der Hinterwand des linken Ventrikels mit Blut versorgt.

Der venöse Abfluß erfolgt überwiegend durch ein großes Venenbecken *(Koronarvenensinus)* in den rechten Vorhof.

Im Gegensatz zum Skelettmuskel, der unter Ruhebedingungen nur 20 bis 25 Prozent des Sauerstoffs aus dem Kapillarblut entnimmt, schöpft der Herzmuskel schon bei niedrigen Herzfrequenzen unter Ruhebedingungen ungefähr 70 Prozent des Sauerstoffs aus dem Blut der Koronararterien aus.

Wenn der Energie- und Sauerstoffbedarf des Herzens durch eine Herzfrequenz- oder Blutdruckerhöhung ansteigt, kann das Herz diesen erhöhten Sauerstoffbedarf nicht wie der Skelettmuskel dadurch abdekken, daß es wesentlich mehr Sauerstoff aus dem Blut entnimmt; denn die Sauerstoffausschöpfung ist schon unter Ruhebedingungen beinahe maximal. Deswegen muß der erhöhte Sauerstoffbedarf unter Belastungsbedingungen ausschließlich durch ein erhöhtes Blutangebot gedeckt werden.

Allerdings kann ein normaler untrainierter Herzmuskel seine Durchblutung nur von 250 ml pro Minute auf circa 1000 ml pro Minute – auf das maximal Vierfache – steigern und nicht auf das Zwanzigfache des Ruhewerts wie der Skelettmuskel, der unter Belastungsbedingungen seine Sauerstoffausschöpfung zusätzlich noch vervierfachen kann.

Diese geringe Möglichkeit, die Sauerstoffversorgung zu verbessern (geringe Reservekapazität), ist ein Grund dafür, daß eine Verengung des Koronararteriensystems, die zum Beispiel bei der koronaren Herzkrankheit auftritt, die Sauerstoffversorgung des Herzmuskelgewebes so empfindlich beeinträchtigen kann.

3.3. Anpassung des Herz-Kreislauf-Systems an dynamische sportliche Belastungen

Eine länger dauernde sportliche Ausdauerbelastung ist nur möglich, wenn die Energiebilanz der arbeitenden Muskeln ausgeglichen ist, wenn das Sauer- und Nährstoffangebot den erhöhten Bedarf voll dekken kann *(Steady-state)*.

Wenn bei einem 3000-m-Lauf der Energiebedarf der arbeitenden Muskeln ansteigt, wird der Mehrbedarf an die Kreislaufzentren (und natürlich an das Atmungszentrum) im verlängerten Rückenmark gemeldet, welche sofort die Herzauswurfleistung (das Herzminutenvolumen) und den arteriellen Blutdruck über den Einfluß des Sympathikus entsprechend steigern.

Neben der Steigerung des Herzminutenvolumens und dem Blutdruckanstieg wird die zur Verfügung stehende Blutmenge so sinnvoll in die arbeitenden Muskelgruppen umverteilt, daß die Durchblutung der

Beinmuskulatur auf das Zwanzigfache des Ruhewerts gesteigert werden kann.
Zusätzlich zur zwanzigfachen Steigerung der lokalen Muskeldurchblutung kann die schwerarbeitende Muskelzelle praktisch allen Sauerstoff aus dem vorbeiströmenden Blut entnehmen, und nicht nur 15 Prozent wie in Ruhe (verbesserte Sauerstoffausschöpfung).

- Durch die Verbindung von Herzminutenvolumenzunahme, Blutumverteilung in die arbeitende Muskulatur und verbesserter Sauerstoffausschöpfung durch die arbeitende Muskelzelle können die arbeitenden Muskeln auch dann noch über längere Zeit im Steady-state arbeiten, wenn ihr Energiebedarf auf das Hundertfache des Ruhewerts angestiegen ist.

3.3.1. **Steigerung des Herzminutenvolumens**

Das Herzminutenvolumen ist diejenige Blutmenge in Litern, die das Herz in einer Minute durch den großen und durch den kleinen Kreislauf pumpt.

Das Herzminutenvolumen ist das Produkt aus Herzschlagvolumen und Herzfrequenz.

- Herzminutenvolumen (HMV) gleich Herzfrequenz (HF) mal Schlagvolumen (SV).

Das Herzminutenvolumen kann also ansteigen, wenn einer der beiden Faktoren (HF oder SV) ansteigt.
Der wichtigste Mechanismus der HMV-Steigerung ist der Anstieg der Herzfrequenz, obwohl bei einer sportlichen Belastung auch das Schlagvolumen zunehmen kann.

3.3.1.1. **Herzfrequenz**

Die Herzschlagzahl pro Minute (Herzfrequenz) wird normalerweise vom Sinusknoten gesteuert (siehe Kap. 3.1.1.) und ist u. a. abhängig vom Lebensalter, vom Trainingszustand, von wechselnden Belastungsbedingungen und vom Einfluß der vegetativen Herznerven, Sympathikus und Vagus.

Die Normalwerte in Ruhe und während körperlicher Belastung sind in der folgenden Tabelle aufgeführt.

Lebensalter in Jahren (J)	Ruhe HF/Min.	maximale körperliche Belastung HF/Min.
Neugeborene	110–150	·/·
Kind	65–105	bis ca. 230
Erwachsene (20–60 J)	60–100	bis ca. 200
Erwachsene (60 J)	60–100	bis ca. 160

Tabelle 3/1: Normalwerte der Herzfrequenz in Ruhe und bei maximaler körperlicher Belastung in Abhängigkeit vom Lebensalter

Die Normalwerte der Männer unterscheiden sich nicht von den Durchschnittswerten der Frauen.
Warum mit zunehmendem Lebensalter die maximal erreichbare Herzfrequenz langsam abnimmt, ist nicht bekannt. Wenn man mit älteren Menschen Sport treibt, muß man neben anderen Faktoren diesen Umstand aber berücksichtigen.

Als Faustregel für die maximal erreichbare Herzfrequenz bei Gesunden gilt:

- Maximal erreichbare Herzfrequenz gleich 220 minus Lebensalter in Jahren.

Durch den Anstieg der Herzfrequenz um den Faktor 3 von 65 auf 195/Min. läßt sich das Herzminutenvolumen ebenfalls um den Faktor 3 steigern, bei untrainierten Erwachsenen zum Beispiel von 7 l/Min. auf 21 l/Min.

Auch durch intensivstes Ausdauertraining läßt sich die obere Grenze der Herzfrequenz nicht über 200/Min. hinausschieben. Die Beobachtung, daß große ausdauertrainierte Sportherzen bis zu 36 oder gar 40 Liter Blut pro Minute fördern, läßt sich darauf zurückführen, daß diese extreme Steigerung des Herzminutenvolumens durch einen anderen Faktor bedingt ist, nämlich durch die Erhöhung des Herzschlagvolumens (Genaueres siehe Seite 176: Ausdauertraining).

3.3.1.2. Schlagvolumen

Das Herzschlagvolumen ist diejenige Blutmenge in ml, die das Herz während einer Systole in die Aorta pumpt. Es ist in erster Linie abhängig von der Herzgröße und damit von der Körpergröße eines Menschen.

Große Menschen haben größere Herzen mit einem größeren Schlagvolumen als kleinere Menschen oder Kinder.

Bei gesunden Erwachsenen kann die Herzgröße und damit das Herzschlagvolumen durch ein Ausdauertraining zunehmen, was auf Seite 174 besprochen wird.

Das Schlagvolumen (SV) gesunder untrainierter Erwachsener liegt, abhängig von der Körpergröße, zwischen 60 und 90 ml.

Normalerweise pumpt die linke Herzkammer bei jeder Systole nur die Hälfte ihres Blutinhalts als Schlagvolumen in die Aorta; die andere Hälfte verbleibt als sogenannte Restblutmenge im Herzen (siehe Seite 139).

Man kann das Schlagvolumen definieren als die Differenz zwischen dem Blutvolumen der linken Herzkammer am Ende der Füllung *(enddiastolisches Volumen)* und dem Blutvolumen, das nach der Austreibung als Restblutmenge in der Kammer verbleibt *(endsystolisches Volumen)*.

Das enddiastolische Volumen ist unter anderem abhängig von dem Füllungsdruck, mit dem das Herz gefüllt wird, und damit von der Blutmenge, die durch die Venen zum Herzen zurückströmt.

Das endsystolische Volumen ist von den Einflüssen des Sympathikus auf Kraft und Geschwindigkeit der Herzmuskelkontraktion abhängig und davon, wieviel Widerstand das periphere Gefäßsystem der Herzauswurfleistung entgegensetzt.

Die Zunahme des Schlagvolumens bei körperlicher Arbeit kann grundsätzlich auf drei Wegen erfolgen:

1. autonom (ohne Hilfe des Nervensystems) durch die Änderung der Vordehnung bzw. der diastolischen Herzfüllung;
2. durch den Einfluß des Sympatikus auf die Kraft und Geschwindigkeit der Herzmuskelkontraktion;
3. durch die Abnahme des diastolischen Blutdrucks in der Aorta.

Diese Regulationsmechanismen lassen sich gut am Herzarbeitsdiagramm demonstrieren:

Zu 1: Bei körperlicher Arbeit kommt es durch die vertiefte Atmung

und durch die Tätigkeit der Muskelpumpe zu einem erhöhten venösen Rückstrom zum rechten Herzen (siehe Seite 154). Dadurch steigt der Füllungsdruck im rechten Ventrikel gering, das Füllungsvolumen aber deutlich an, und der Beginn der Anspannungsphase verschiebt sich auf der Ruhedehnungskurve nach rechts (A nach A_1 in Abb. 3/8 A, Seite 164). Zum Punkt A_1 gehört aber ein höheres isometrisches und ein höheres isotonisches Maximum (M_1, T_1), damit auch ein neuer Punkt auf der Kurve der Unterstützungszuckung (C_1).
Bei gleichem diastolischem Aortendruck (B, B_1) und bei gleichem systolischem Ventrikeldruck (C, C_1) vergrößert sich die Fläche des Herzarbeitsdiagramms, und das ausgeworfene Herzschlagvolumen steigt sehr viel stärker an als die endsystolisch verbleibende Restblutmenge.
Durch das erhöhte Schlagvolumen des rechten Ventrikels gelangt entsprechend mehr Blut durch die Lungenstrombahn zum linken Ventrikel, wodurch auch dort über das erhöhte Volumen der Füllungsdruck steigt und über den gleichen Mechanismus (Frank-Starling-Mechanismus) ein vergrößertes Schlagvolumen ausgeworfen wird.
Neben der Anpassung an körperliche Belastungssituationen besteht eine wichtige Aufgabe des Frank-Starling-Mechanismus darin, die Schlagvolumina des rechten und linken Ventrikels exakt aufeinander abzustimmen. Er sorgt dafür, daß im Lungen- und im Körperkreislauf immer gleich große Blutmengen pro Minute fließen, und verhindert, daß sich das Blut im Lungenkreislauf staut *(Lungenoedem)* oder der Lungenkreislauf leergepumpt wird.
Zu 2: Durch den Einfluß des Sympathikus auf die Herzmuskelzelle steigt bei körperlicher Arbeit die Kraft und die Geschwindigkeit der Herzmuskelkontraktion. Das bedeutet neue, steiler verlaufende Kurven der isovolumetrischen und isotonischen Maxima sowie eine steilere Kurve der Unterstützungszuckung (siehe Abb. 3/8 B, Seite 164).
Bei gleichem diastolischem Aortendruck verschiebt sich der Punkt C nach C_2, und das Herz kann ein größeres Schlagvolumen auswerfen, wobei die Schlagvolumenzunahme auf Kosten der endsystolisch verbleibenden Restblutmenge geht.
Zu 3: Auch wenn das Herz sein Schlagvolumen gegen einen geringeren peripheren Widerstand (Abnahme des diastolischen Aortendrucks) auswirft, kann es diese Arbeitserleichterung zu einer Erhöhung des Schlagvolumens ausnutzen.
Da bei einer sportlichen Belastung der diastolische Aortendruck aber

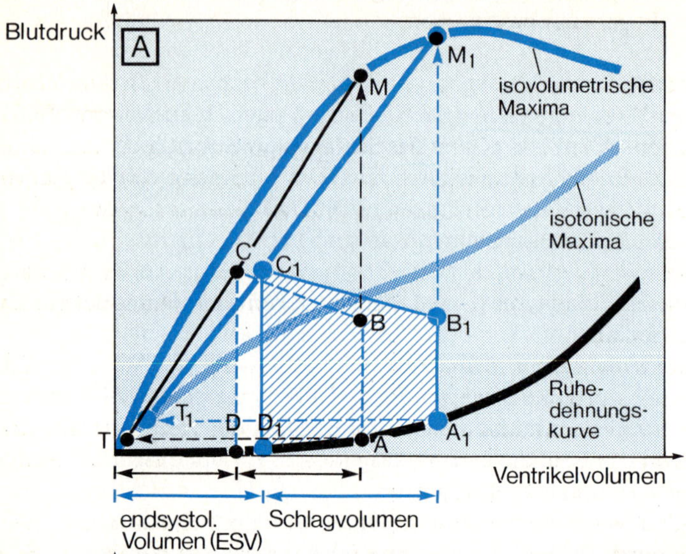
Blutdruck
A
M
M1
isovolumetrische Maxima
isotonische Maxima
C
C1
B
B1
T1
D
D1
T
A
A1
Ruhedehnungskurve
Ventrikelvolumen
endsystol. Volumen (ESV)
Schlagvolumen

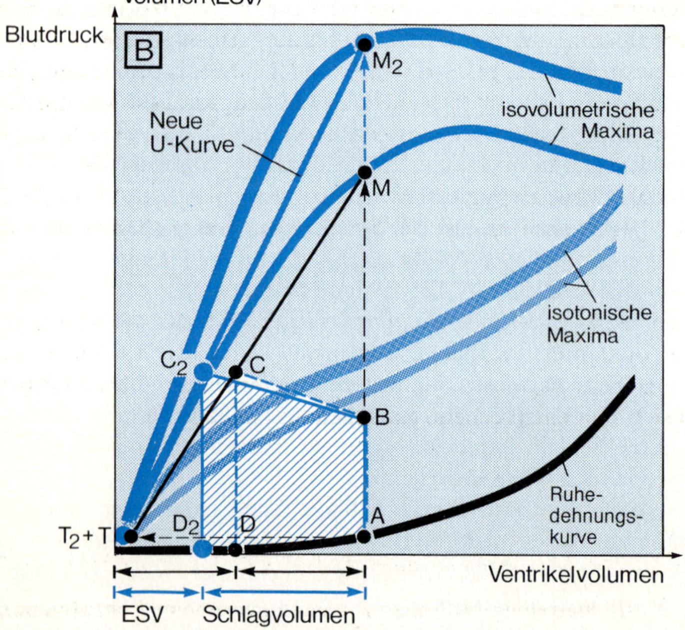
Blutdruck
B
M2
Neue U-Kurve
isovolumetrische Maxima
M
isotonische Maxima
C2
C
B
A
D2
D
T2 + T
Ruhedehnungskurve
Ventrikelvolumen
ESV
Schlagvolumen

nicht sinkt, sondern geringgradig ansteigt, wird dieser Mechanismus hier nicht genauer beschrieben.

Über diese Mechanismen kann bei einer sportlichen Belastung auch die Schlagvolumenzunahme zur Steigerung des Herzminutenvolumens beitragen. Allerdings nimmt das Schlagvolumen bei Belastung nur um 20 bis 30 Prozent zu, und zwar nur beim Übergang von körperlicher Ruhe auf die Belastungssituation, also zu Beginn der Belastung.
Danach erreicht das Schlagvolumen ein Plateau und ist bei zunehmender Belastung nicht mehr an der weiteren Steigerung des Herzminutenvolumens beteiligt, die dann nur noch über eine Erhöhung der Herzfrequenz abläuft.
Ob die Schlagvolumenzunahme beim Übergang von Ruhe zur Belastung nur durch den *direkten* Einfluß der sympathischen Überträgerstoffe auf die Kraft und die Geschwindigkeit der Herzmuskelkontraktion und damit über die Erniedrigung des endsystolischen Volumens abläuft, ist nicht endgültig geklärt.
Denkbar wäre ein zusätzlicher *indirekter* Einfluß des Sympathikus. Denn durch die gefäßverengende Wirkung des Sympathikus auch auf die Venen kommt es in Verbindung mit der Ventilwirkung der Venenklappen zu einer Steigerung des venösen Rückflusses zum rechten Herzen und damit zu einer Steigerung des Füllungsdrucks, was über den Frank-Starling-Mechanismus wieder zu einer Erhöhung des Schlagvolumens führt.
Es ist wahrscheinlich, daß bei einer sportlichen Belastung beide Mechanismen gemeinsam an der Steigerung des Schlagvolumens beteiligt sind.

Bei den vergrößerten ausdauertrainierten Sportherzen wird die Zunahme des Schlagvolumens bei körperlicher Belastung grundsätzlich in der gleichen Weise reguliert; die relative Zunahme von 20 bis 30 Prozent wirkt sich aber entsprechend günstiger aus (siehe Seite 175).

Abb. 3/8: (A) Steigerung des Schlagvolumens durch vermehrte diastolische Füllung
(B) Steigerung des Schlagvolumens durch erhöhte Kontraktilität der Herzmuskelzellen unter Sympathikuseinfluß

3.3.1.3. **Zentrale Mitinnervation**

Die Steigerung des Herzminutenvolumens setzt nicht erst in den ersten Sekunden einer sportlichen Belastung ein, sondern bereits in der Vorstartphase. Denn schon bei der Vorstellung eines bestimmten Bewegungsablaufs (z. B. in den Startlöchern) werden parallel zu den motorischen Zentren der Großhirnrinde auch die vegetativen Herz-Kreislauf-Zentren im verlängerten Rückenmark und das Atemzentrum mit erregt (zentrale bzw. kortikale Mitinnervation).

Über den sympathischen Teil des vegetativen Nervensystems bewirken diese Zentren schon während der Startvorbereitung eine Zunahme der Herzfrequenz und des Herzschlagvolumens sowie eine Zunahme der Atemfrequenz und auch der Atemtiefe.

Da zu diesem Zeitpunkt aber noch keine Muskelarbeit geleistet wird, sind die Gefäße der Muskulatur auch noch nicht weit gestellt. Deswegen führt die Herzminutenvolumenzunahme bei unverändertem peripherem Gefäßwiderstand in der Vorstartphase zu einem Anstieg des mittleren arteriellen Blutdrucks.

Wenn nach dem Start die Muskelgefäße weit gestellt werden und der periphere Widerstand wieder absinkt, sinkt auch der mittlere arterielle Blutdruck beinahe auf das Ausgangsniveau ab, so daß die durch die zentrale Mitinnervation ausgelösten Umstellungsreaktionen für einen Sportler nur Vorteile bringen.

Diese nervös gesteuerte Leistungsanpassung des Herz-Kreislauf-Systems kann aber ‹irrtümlicherweise› auch dann geschehen, wenn keine entsprechende körperliche Belastung folgt wie in Stress- oder Schrecksituationen.

Ein Mensch, der ununterbrochen beruflichen Stress-Situationen ausgesetzt ist, kann durch diese irrtümliche ‹Leistungsanpassung ohne Leistung› und den damit verbundenen Blutdruckanstieg sein Herz-Kreislauf-System zu stark beanspruchen und dadurch schädigen, weil er dauernd ‹unter Druck› steht.

Sind die energieliefernden Prozesse in den Zellen der arbeitenden Muskulatur erst einmal angelaufen, sorgt offenbar ein zweiter Mechanismus (siehe unten) für die Aufrechterhaltung eines entsprechend hohen Herzminutenvolumens.

3.3.1.4. **Nervöse Rückmeldung von der arbeitenden Muskulatur**

Wenn sich bei körperlicher Arbeit die Konzentrationen bestimmter chemischer Substanzen in der arbeitenden Muskelzelle ändern, wird

diese Konzentrationsänderung von bestimmten Rezeptoren des vegetativen Nervensystems an die Herz-Kreislauf- und Atmungszentren gemeldet, welche auf diese Information mit einer Aktivierung des Sympathikus antworten.
Der Sympathikus ist dann dafür verantwortlich, daß während einer körperlichen Belastung nicht nur die Herzfrequenz und das Schlagvolumen (Herzminutenvolumen) zunehmen, sondern auch die Atemfrequenz und die Atemtiefe.

3.3.2. **Blutumverteilung in die arbeitende Muskulatur**

Aus Abbildung 3/9, Seite 168, geht hervor, daß die untätige Skelettmuskulatur nur circa 20 Prozent des Herzminutenvolumens benötigt, um ihren Ruhestoffwechsel aufrechtzuerhalten (1,3 von 5,9 Litern). Wenn bei bestimmten Sportarten (Laufen, Radfahren, Schwimmen, Skilanglauf) gleichzeitig viele Muskeln arbeiten, kann durch entsprechende Umverteilung der Anteil der Muskeldurchblutung bei intensiver Belastung bis auf 90 Prozent des gesamten Herzminutenvolumens ansteigen. Das sind bei untrainierten erwachsenen ‹Normalpersonen› 21 von 24 Litern, bei hochausdauertrainierten Sportlern 33 von 36 Litern.
Die Blutumverteilung zugunsten der arbeitenden Muskulatur wird durch eine örtlich beschränkte Abnahme des peripheren Gefäßwiderstandes in den arbeitenden Muskelgruppen erreicht.
Da das Blut wie jede Flüssigkeit immer den Weg des geringsten Widerstandes nimmt, führt die isolierte Abnahme des Strömungswiderstandes zu einer Durchblutungszunahme in der arbeitenden Muskulatur und zu einer Durchblutungsabnahme in den Organen, die gerade keine Arbeit leisten müssen (z. B. Magen-Darm-Trakt, Niere).
Die Abnahme des Strömungswiderstandes in der arbeitenden Muskulatur wird dadurch erreicht, daß sich während körperlicher Belastung alle Muskelkapillaren eröffnen (unter Ruhebedingungen sind nur 25 Prozent aller Kapillaren eröffnet und durchströmt), und dadurch, daß sich die Gefäße in der arbeitenden Muskulatur weit stellen *(Vasodilatation)*.

Die Weite der Muskelgefäße und damit die Muskeldurchblutung werden im Herz-Kreislauf-System auf zwei verschiedene Arten reguliert:
1. durch den gefäßerweiternden Einfluß, den die lokalen chemischen

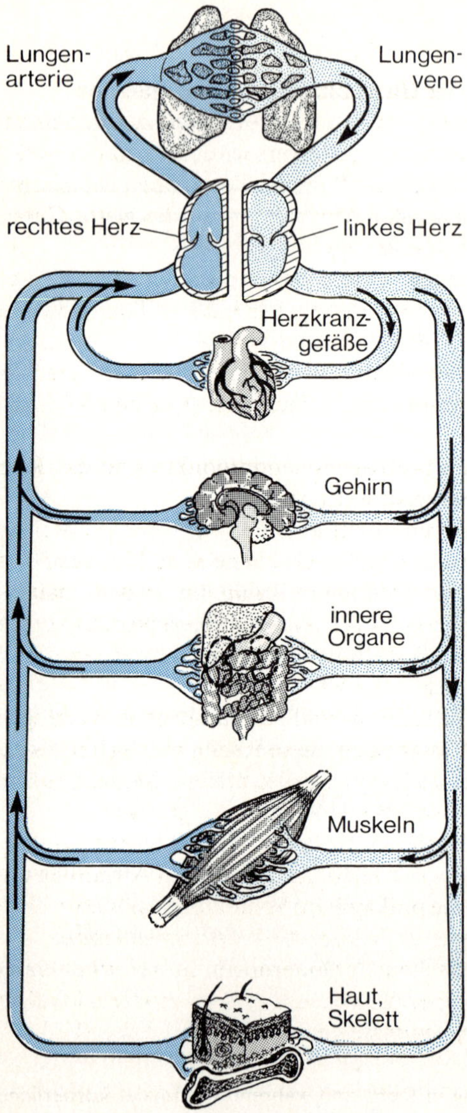

Ruhe	maximale Belastung

Herzminutenvolumen
[l/min]

Ruhe	maximale Belastung
5,9	24,0

Organdurchblutung
[ml/min]

Ruhe	maximale Belastung
250	1000
750	750
3100	600
1300	21150
500	500

Veränderungen des arbeitenden Muskels auf sein eigenes Gefäßbett ausüben (lokale Durchblutungssteuerung, Autoregulation);
2. durch zentrale Einflüsse des vegetativen Nervensystems, die durch nervale oder hormonale Signale übermittelt werden.

3.3.2.1. **Lokale Steuerung der Durchblutung – Autoregulation**

Der wichtigste Mechanismus, über den die Durchblutungszunahme in der arbeitenden Skelettmuskulatur gesteigert wird, scheint der gefäßerweiternde Einfluß zu sein, den die Summe aller lokalen chemischen Veränderungen in der arbeitenden Muskulatur auf die glatte Gefäßmuskulatur in diesem Muskelgebiet hat.
Die Konzentrationsänderungen verschiedener chemischer Stoffe entstehen bei Muskelarbeit durch die gesteigerte Umwandlung von chemisch gebundener Energie in Bewegungsenergie.
Verbraucht werden neben den Nährstoffen Zucker und Fettsäuren vor allem Sauerstoff und die energiereichen Phosphate ATP und KP (siehe Kap. 5.2.).
Die wichtigsten anfallenden Stoffwechselendprodukte sind das Kohlendioxyd (CO_2) und die Milchsäure (Lactat).
Die Konzentrationsänderungen all dieser Substanzen in der arbeitenden Muskelzelle teilen sich durch Diffusion (siehe Seite 157) auch dem unmittelbar benachbarten extrazellulären Raum mit, in dem man besondere Fühler des vegetativen Nervensystems (Rezeptoren) vermutet, die diese Konzentrationsänderungen ständig überwachen und in doppelter Weise weitermelden:
1. an die vegetativen Herz-Kreislauf- und Atemzentren im verlängerten Rückenmark, die ihre Tätigkeit auf diese Rückmeldung hin aus der arbeitenden Muskulatur einrichten (diese zentralen Regulationsmechanismen fallen nicht unter den Begriff der Autoregulation);
2. direkt und lokal an eine besonders stark ausgeprägte Ringmuskelschicht genau am Übergang zwischen den zuführenden Arteriolen und den Muskelkapillaren – an die präkapilläre Sphinktermuskulatur (siehe Abb. 3/5 A, Seite 143); dieses ist die eigentliche *Autoregulation*.
Daß die Summe der chemischen Veränderungen in der arbeitenden Muskelzelle ohne Umweg über das vegetative Nervensystem lokal gefäßerweiternd und durchblutungssteigernd wirkt, zeigt die Beobach-

Abb. 3/9: Organdurchblutung in Ruhe und während maximaler körperlicher Belastung

tung, daß venöses, aus den Venen der arbeitenden Muskelgruppen entnommenes Blut auch in ruhenden Muskelgruppen eine lokale Gefäßweitstellung und Durchblutungszunahme bewirkt, wenn man es in die entsprechenden Arterien dieser Muskelgruppen einspritzt.
Ob der Konzentrationsänderung einer einzelnen chemischen Substanz (z. B. der Abnahme der energiereichen Phosphate in der arbeitenden Muskelzelle) bei der lokalen Gefäßerweiterung eine Schlüsselrolle zukommt, ist bis heute zumindest zweifelhaft. Wahrscheinlich ist es so, daß nur die Summe der Konzentrationsänderungen aller Substanzen diesen starken lokal gefäßerweiternden Effekt hat.
An der lokalen Gefäßerweiterung und Durchblutungszunahme sind sicherlich noch andere gefäßaktive Substanzen (Gewebshormone) wie das Histamin beteiligt, die auf einen nervösen Reiz hin an Ort und Stelle freigesetzt werden.
Bei der Erklärung der gefäßerweiternden Autoregulation ergibt sich ein weiteres Problem, daß nämlich die Meßfühler des vegetativen Nervensystems trotz feinster elektronenoptischer Untersuchungsmethoden bis heute nicht nachgewiesen werden konnten.
Man muß die Existenz solcher Meßfühler (hypothetische Rezeptoren) aber annehmen, weil man sich sonst nicht erklären kann, auf welche Art und Weise die Information über die chemischen Konzentrationsänderungen in der arbeitenden Muskelzelle so schnell an die präkapilläre Sphinktermuskulatur und an die vegetativen Kreislaufzentren gelangt.
Sicher ist, daß die lokalchemische Autoregulation nur dann abläuft, wenn die Muskelzelle bereits arbeitet, weil sich erst dann die Konzentrationen der entsprechenden Substanzen ändern.
Für die Zunahme der Muskeldurchblutung schon vor Beginn der Belastung macht man demgegenüber nervöse Regulationsmechanismen verantwortlich.

3.3.2.2. **Zentralnervöse Steuerung der Muskeldurchblutung – das cholinerge sympathische System**

Schon vor dem Start kommt es in genau den Muskelgruppen, die hinterher beansprucht werden sollen, zu einer mäßigen Durchblutungszunahme.
Für die Erklärung dieses Phänomens übertragen in den letzten Jahren insbesondere schwedische Forscher an Tieren gemachte Beobachtungen auf den Menschen. Bei Tieren hat man ein besonderes System von Nervenbahnen nachgewiesen, die in der Körperperipherie zusammen

mit den Sympathikusfasern des vegetativen Nervensystems verlaufen, anders als die Sympathikusfasern an ihren Erfolgsorganen jedoch Azetylcholin und nicht Adrenalin freisetzen.
Da die Aktivierung dieses Systems eine Gefäßweitstellung *(Vasodilatation)* in der Skelettmuskulatur bewirkt, hat man dafür den paradox klingenden Namen «cholinerges sympathisches System» eingeführt. Dieses System, das in Tierexperimenten immer bei emotionalen Reaktionen wie Wut, Angst, Flucht, aber auch bei Start- oder Erwartungsreaktionen aktiviert wurde, glaubt man auch für den menschlichen Organismus annehmen zu können.
Während das cholinerge sympathische System die Gefäßerweiterung vor dem Start und zu Beginn der körperlichen Aktivität bewirken könnte, überwiegt im weiteren Verlauf der Arbeit, wenn die Stoffwechselprozesse voll angelaufen sind, die lokale chemische Autoregulation.

3.3.2.3. **Die Rolle des Sympathikus bei der Blutumverteilung**

Neben den bisher geschilderten Mechanismen spielt der Sympathikus auf Umwegen eine wichtige Rolle bei der Blutumverteilung in die arbeitende Muskulatur.
Der Sympathikus, der vom Rückenmark kommend mit seinen Fasern die glatte Gefäßmuskulatur insbesondere der kleinen Arterien, Arteriolen und Venen erreicht, kontrolliert mit seinen Überträgerstoffen Adrenalin und Noradrenalin den Spannungszustand *(Tonus)* dieser Gefäßmuskulatur. Er sendet auch unter Ruhebedingungen ununterbrochen eine geringe Anzahl von Nervenimpulsen an die Gefäßmuskulatur, so daß die Gefäße auch in Ruhe immer einen gewissen Spannungszustand *(Ruhetonus)* aufweisen.
Wenn unter körperlichen oder seelischen Belastungsbedingungen der Einfluß des Sympathikus überwiegt, nimmt die Frequenz der sympathischen Nervenimpulse zu. Darüber hinaus sorgt der Sympathikus bei seiner Aktivierung dafür, daß im Nebennierenmark zusätzlich Adrenalin und Noradrenalin (zusammen *Katecholamine* genannt) in die Blutbahn ausgeschüttet werden (Hormonausschüttung), die dann mit dem Blutstrom an die glatte Gefäßmuskulatur gelangen.
Durch die Erhöhung der sympathischen Impulsfrequenz und durch die Katecholaminausschüttung aus dem Nebennierenmark kommt es bei einer körperlichen Belastung zu einer Gefäßverengung *(Vasokonstriktion)* in den meisten Körperorganen.
Nur die Gefäße in der arbeitenden Muskulatur sind durch den Einfluß

ihrer lokalen chemischen Veränderungen vor den nervalen und hormonalen gefäßverengenden Einflüssen des Sympathikus geschützt, so daß sie sich gerade während einer körperlichen Belastung nicht verengen. Weil das Blut leichter in die weitgestellten Gefäßgebiete der arbeitenden Muskeln als in die enggestellten Gefäßgebiete wie des Magen-Darm-Trakts oder der Niere fließt, wirkt sich der allgemein vasokonstriktorische Einfluß des Sympathikus zugunsten der Blutumverteilung in die arbeitende Muskulatur aus.
Hier soll noch einmal die Bedeutung der vasokonstriktorischen Einflüsse des Sympathikus auf die Venenwände betont werden, die dafür sorgen, daß bei körperlicher Belastung das Blut entsprechend schneller zum Herzen zurückfließen kann.

3.3.2.4. **Obere Grenze der lokalen Durchblutungszunahme**

Die lokale chemische Autoregulation wie der Einfluß des cholinergen sympathischen Nervensystems können die lokale Muskeldurchblutung immer nur bis zu einer Obergrenze steigern. Sie ist dann erreicht, wenn die Arteriolen bzw. die präkapillären Sphinkter maximal weit gestellt und alle Kapillarwege eröffnet sind. Wenn der Blut- und Energiebedarf des Muskels über diese Obergrenze ansteigt, hat er keine andere Möglichkeit, als die Nährstoffe auf anaerobem Wege abzubauen (siehe Kap. 5.2.2.2.).
Da bei diesem Abbauweg die Milchsäureproduktion stark ansteigt und damit der Muskel zunehmend übersäuert, verschlechtern sich die chemischen Voraussetzungen für die mechanische Muskelkontraktion, so daß die Arbeit bald unter den subjektiven Zeichen der Ermüdung abgebrochen werden muß (periphere Ermüdung).

3.3.3. Verbesserte Sauerstoffausschöpfung im arbeitenden Muskel

Für den Energiebedarf des untätigen Muskels genügt es, wenn ungefähr ein Viertel seiner Kapillaren durchströmt wird. Die restlichen Kapillaren sind verschlossen, und das arterielle Blut fließt durch arteriovenöse Kurzschlußverbindungen direkt in die kleinen Venen.
Da der Muskel nur aus den durchströmten Kapillaren Sauerstoff und Nährstoffe für seine Ernährung *(Nutrition)* entnehmen kann, sind im venösen Blut ruhender Muskeln noch circa 80 Prozent aller roten Blut-

körperchen mit Sauerstoff beladen. Die Differenz zwischen dem Sauerstoffgehalt des arteriellen und dem des venösen Bluts, die arteriovenöse Sauerstoffdifferenz ($AVDO_2$), ist also bei Körperruhe gering. Wenn bei einer intensiven sportlichen Belastung der mittlere Blutdruck ansteigt und alle Arteriolen maximal weit gestellt sind, werden durch den erhöhten Blutandrang alle Kapillaren des Muskels eröffnet und durchströmt, wodurch sich die Kontaktverhältnisse (Diffusionsfläche, Diffusionsstrecke, Kontaktzeit) so verbessern, daß der Muskel dem arteriellen Blut praktisch den gesamten Sauerstoff entnehmen kann.
Nur durch diese regionale Sauerstoffausschöpfung von fast 100 Prozent und die damit verbundene erhöhte arteriovenöse Sauerstoffdifferenz ist zu erklären, daß ein Muskel, der bei intensivster dynamischer Muskelarbeit seine Durchblutung um das Zwanzigfache steigert, auch dann noch im Steady-state arbeiten kann, wenn sein Energiebedarf auf das Hundertfache angestiegen ist.

3.3.4. **Anpassung des Herz-Kreislauf-Systems an statische Belastungen**

Die Art der Umstellungsvorgänge im Herz-Kreislauf-System bei Muskelarbeit richtet sich danach, ob dynamische oder statische Muskelarbeit geleistet wird (siehe Kap. 1.1.8.).
Die meisten sportlichen Disziplinen erfordern weder reine dynamische noch reine statische Muskelarbeit, sondern eine Mischung dieser beiden Arbeitsformen.
Disziplinen, in denen überwiegend *dynamische* Arbeit geleistet wird, sind der Langstreckenlauf, das Schwimmen, das Fahrradfahren, das Rudern oder rhythmische Gymnastik.
Zu den Disziplinen, in denen überwiegend *statische* Muskelarbeit verrichtet wird, gehören das Gewichtheben, der Skiabfahrtslauf, das Sportschießen usw.
Abhängig von der überwiegenden Beanspruchungsform werden Herz und Kreislauf auf verschiedene Weise belastet.
Wenn beim Fahrradfahren viele Muskelgruppen dynamisch beansprucht werden, steigen der Sauerstoff- und Nährstoffbedarf der arbeitenden Muskulatur. Die Antwort des Herz-Kreislauf-Systems besteht in einer starken Zunahme der Herzauswurfleistung (des Herzminutenvolumens) über eine Zunahme der Herzfrequenz und des Schlagvolu-

mens, wohingegen der mittlere arterielle Blutdruck bei einer solchen dynamischen sportlichen Belastung kaum ansteigt.
Ganz anders stellt sich das Herz-Kreislauf-System auf intensive statische Muskelarbeit auch nur kleinerer Muskelgruppen (z. B. beim Sportschießen) ein. Es reagiert mit einem deutlichen Anstieg des mittleren arteriellen Blutdrucks, wohingegen die Herzauswurfleistung nur gering ansteigt.

- Während dynamische Muskelarbeit in erster Linie eine Volumenbelastung für das Herz bedeutet, stellt die statische Muskelarbeit eine Druckbelastung für das Herz-Kreislauf-System dar.

Es ist zu betonen, daß die auf den nächsten Seiten beschriebenen Trainingsauswirkungen auf das Herz-Kreislauf-System sich nur durch regelmäßige dynamische Muskelarbeit größerer Muskelgruppen erreichen lassen, keinesfalls durch statische Muskelarbeit.

3.4. Wirkungen des Ausdauertrainings auf das Herz-Kreislauf-System

Die Widerstandsfähigkeit der arbeitenden Muskelzelle gegen Ermüdung ist davon abhängig, inwieweit die benötigte Energie auf dem aeroben Abbauweg der Nährstoffe gewonnen werden kann. Deswegen ist die Fähigkeit des Organismus, eine größtmögliche Menge Sauerstoff aus der Luft aufzunehmen und schnell an die arbeitende Muskelzelle zu transportieren (die maximale O_2-Aufnahme), die entscheidende leistungsbegrenzende Größe für alle länger dauernden Ausdauerbelastungen.
Da die Beladung des Bluts mit frischem Sauerstoff in der Lunge auch unter intensivsten Belastungsbedingungen bei gesunden Menschen kein Problem darstellt (siehe Kap. 4.2.), ist die maximale Sauerstoffaufnahme- und Transportfähigkeit ausschließlich von der Menge Blut abhängig, die das Herz pro Minute durch den Körperkreislauf pumpen kann, dem *Herzminutenvolumen*.
In der Fähigkeit, das Herzminutenvolumen bei einer sportlichen Belastung verdoppeln zu können, besteht die wichtigste Anpassungserscheinung des Herz-Kreislauf-Systems an ein länger und regelmäßig betriebenes Ausdauertraining.

3.4.1. Sportherz

Seit Einführung der Röntgenstrahlen in die Medizin kann man nachweisen, daß ein systematisch betriebenes Ausdauertraining nach einiger Zeit zu einer Vergrößerung des Herzens führt. Es ist seit langem bekannt, daß das Ausmaß der Herzvergrößerung abhängig ist vom Trainingsaufwand.
Die größten Herzen weisen diejenigen Ausdauersportler auf, die am härtesten trainieren: Straßenradsportler, Langstreckenläufer, Skilangläufer, Schwimmer, Ruderer usw.
Von der Herzvergrößerung, die auch infolge von Herzerkrankungen auftreten kann, unterscheidet sich das vergrößerte Herz des ausdauertrainierten Sportlers durch seine normale Form und durch seine überdurchschnittliche Leistungsfähigkeit, weswegen man es als Leistungsherz bzw. Sportherz bezeichnet.
Die Herzgröße (das Herzvolumen) untrainierter Menschen weist in allen Altersstufen eine gesetzmäßige Beziehung zur Körpergröße und zum Körpergewicht auf; sie beträgt bei untrainierten jungen Männern zwischen 20 und 30 Jahren im Mittel circa 700 bis 800 ml, bei gleichaltrigen untrainierten Frauen 400 bis 600 ml, was jeweils der Größe der geballten Faust entspricht.
Demgegenüber liegen die Herzvolumina hochausdauertrainierter Sportler deutlich höher, nämlich zwischen 900 und 1200 ml; bei Berufsradrennfahrern sind sogar Werte von über 1400 ml ermittelt worden.
Die überdurchschnittliche Leistungsfähigkeit des Sportherzens ist dadurch bedingt, daß die Verdickung der Herzmuskelwand *(Hypertrophie)* und die Erweiterung der Herzinnenräume *(Dilatation)* in einem harmonischen physiologischen Verhältnis zueinander stehen. Wegen dieses harmonischen Wachstums spricht man von der «physiologischen Herzvergrößerung» des ausdauertrainierten Sportlers.
Wie der quergestreifte Skelettmuskel wächst die Herzmuskelwand nicht durch Zellteilung und Bildung neuer Herzmuskelzellen *(Hyperplasie)*, sondern dadurch, daß sich die vorhandenen Herzmuskelzellen verlängern und in ihrem Querdurchmesser vergrößern *(Hypertrophie)*. Ebenfalls wie bei der quergestreiften Skelettmuskelzelle wird die Hypertrophie der Herzmuskelzelle in erster Linie durch Neubildung der kontraktilen Eiweißfäden (Aktin und Myosin) in den Sarkomeren der Zelle bewirkt, obwohl sich auch die anderen Bestandteile der Herzmuskelzelle (insbesondere die Mitochondrien) proportional vermehren.

Der auslösende Reiz für die Hypertrophie der Herzmuskelzelle bzw. für die Neubildung von Muskelzelleiweiß ist nicht, wie man lange vermutet hat, ein relativer Sauerstoffmangel während intensivster Belastung (der tritt nämlich bei gesunden Menschen nicht auf), sondern die starke mechanische Spannungszunahme der Herzmuskelzellen bei hohen Trainingsbelastungen. Das wird deutlich, wenn man bedenkt, daß zum Beispiel bei einem 5000-m-Lauf der systolische Blutdruck von Ruhewerten von 16 kPa (= 120 mm Hg) auf Belastungswerte von über 32 kPa (= 240 mm Hg) ansteigen kann und daß das Herz diesen hohen Blutdruck unter Belastungsbedingungen bis zu 200mal pro Minute über einen entsprechend langen Zeitraum aufbauen muß.
Auf welche Weise sich durch Ausdauertraining auch die Herzinnenräume harmonisch vergrößern (dilatieren), ist bis heute nicht bekannt. Möglicherweise bewirkt das im Verlauf eines Ausdauertrainings um 10 bis 20 Prozent zunehmende Blutvolumen diese Vergrößerung.
Zusammen mit der harmonischen Hypertrophie der Herzmuskelwände liegt aber gerade in der Vergrößerung der Herzinnenräume – in der Vergrößerung des Hubraums – die entscheidende Ursache für die Zunahme des Herzschlagvolumens, welches zur Größe des gesamten Herzens (zum Herzvolumen) eine sehr enge geradlinige Beziehung hat.
Während die Normalwerte für das Herzschlagvolumen bei untrainierten Normalpersonen zwischen 60 und 90 ml liegen, können hochausdauertrainierte Sportler mit jedem Herzschlag bis zu 200 ml Blut in die Aorta auswerfen.

Die Fähigkeit, bei jedem Schlag ein so hohes Schlagvolumen auszuwerfen, bringt für die Arbeitsweise des vergrößerten Sportherzens folgende Vorteile:

1. Unter intensiven sportlichen Belastungsbedingungen kann der ausdauertrainierte Sportler sein *Herzminutenvolumen* trotz gleicher maximaler Herzfrequenz von 200/Min. gegenüber Werten eines gleichaltrigen, gleich großen untrainierten Menschen verdoppeln.

	SV / ml		HF / Min.		HMV / l/Min.
Untrainiert	90	×	200	=	18
Ausdauertrainiert	180	×	200	=	36

Die Fähigkeit des Sportherzens, bei intensiven Belastungen die doppelte Leistung zu erbringen wie ein untrainiertes Herz, läßt sich mit dem Unterschied vergleichen zwischen einem Automotor mit 1500 ccm Hubraum und einem Automotor mit 3000 ccm Hubraum.

2. Die Schlagvolumenzunahme ermöglicht es dem Sportherzen, in Ruhe das gleiche Herzminutenvolumen mit entsprechend *niedrigerer Herzfrequenz* zu fördern.
Das Sportherz eines hochausdauertrainierten Sportlers mit einem Schlagvolumen von 180 ml kann ein Herzminutenvolumen von 7,2 l/Min. mit nur 40 Schlägen/Min. pumpen, während ein untrainiertes Herz mit einem Schlagvolumen von 90 ml für das gleiche Herzminutenvolumen eine Herzfrequenz von 80 Schlägen pro Minute benötigt.
Die Tatsache, daß sich das ausdauertrainierte Sportherz leisten kann, ein bestimmtes Herzminutenvolumen mit entsprechend niedrigerer Herzfrequenz zu fördern, bedeutet nicht, daß sich das Herzminutenvolumen eines ausdauertrainierten Sportlers in Ruhe von dem eines untrainierten Menschen unterscheidet. Denn trainierte Organe und auch eine trainierte Muskulatur brauchen natürlich unter Ruhebedingungen nicht mehr Sauerstoff und Nährstoffe als untrainierte.
Bei entsprechend erhöhtem Schlagvolumen kann die Ruheherzfrequenz hochausdauertrainierter Sportler durchaus bei 35 bis 50 Schlägen pro Minute liegen. Man bezeichnet die langsame Herzschlagfolge des Sportlers als *Trainingsbradycardie.*
Ob das Herz von seiner eigenen Hubraumvergrößerung weiß und deswegen von allein langsamer schlägt oder ob die Abnahme der Ruhepulsfrequenz durch eine trainingsbedingte Zunahme der Einflüsse der parasympathischen Herznerven reguliert wird, ist bisher nicht geklärt. Sicher ist aber, daß die Abnahme der Ruhefrequenz insgesamt eine erhebliche Energieeinsparung für das Sportherz bedeutet. An einem trainingsfreien Tag schlägt ein Sportherz mit beispielsweise doppeltem Schlagvolumen in 24 Stunden nur halb so oft wie ein normales Herz.

3. Auch in submaximalen Belastungsbereichen wirkt sich die Schlagvolumenzunahme für das Sportherz energiesparend aus. Denn durch ein hohes Schlagvolumen von zum Beispiel 180 ml benötigt ein Sportherz nur eine Herzfrequenz von 90 Schlägen pro Minute, um ein Herzminutenvolumen von 16,2 Litern/Min. zu fördern. Ein normal großes Herz mit einem Schlagvolumen von 90 ml benötigt für das gleiche Herzminutenvolumen eine Herzfrequenz von 180 Schlägen pro Minute.

Für eine mittlere, submaximale Laufgeschwindigkeit benötigt die Beinmuskulatur des ausdauertrainierten Sportlers die gleiche Treibstoff- und Sauerstoffmenge wie die Muskulatur eines untrainierten Sportlers. Deswegen muß der Trainierte sein Herzminutenvolumen bei dieser Geschwindigkeit auf den gleichen submaximalen Wert steigern wie der Untrainierte; allerdings vermag er diesen Herzminutenvolumenanstieg mit einer entsprechend geringeren Zunahme der Herzfrequenz zu erreichen als der Untrainierte.
Das Sportherz mit seinem großen Hubraum läuft im *submaximalen Bereich* gewissermaßen mit niedrigerer Umdrehungszahl im Schongang.

4. Die ruhigere Gangart des Sportherzens in Ruhe und während submaximaler Belastung wirkt sich auch positiv auf die *Durchblutung* des Herzmuskels aus.
Bei hohen Schlagvolumina und entsprechend niedrigeren Herzfrequenzen kann sich das Herz überproportional viel Zeit für seine Entspannungs- und Füllungsphase nehmen. Da die Herzmuskeldurchblutung aber überwiegend in der Diastole geschieht, wirkt sich die relative Verlängerung der Diastole nicht nur fördernd auf die Füllung des Herzens aus, sondern auch auf die Sauerstoffversorgung des Herzmuskels selbst.

5. Durch die Querschnittsvergrößerung seiner Ventrikel kann das Sportherz nach physikalischen Gesetzen ein bestimmtes Schlagvolumen mit einer geringeren *Verkürzung* der einzelnen Herzmuskelzelle auswerfen als ein normales Herz. Auch das bedeutet für den Sauerstoffverbrauch der Herzmuskelzelle eine Einsparung und für die Arbeitsweise des Herzmuskels eine Ökonomisierung.

Früher hat man befürchtet, daß eine extreme Vergrößerung des Sportherzens Nachteile mit sich bringt. Denn von Herzen, die durch einen Bluthochdruck oder einen Herzklappenfehler ständig überbelastet sind und deswegen hypertrophieren und dilatieren, weiß man, daß die pathologische Herzmuskelhypertrophie solche Ausmaße annehmen kann, daß die Sauerstoffversorgung der einzelnen Herzmuskelzelle gefährdet ist. Durch die Verdickung der einzelnen Herzmuskelzelle kann sich nämlich die Diffusionsstrecke des Sauerstoffs so verlängern, daß unter Umständen eine kritische Grenze erreicht wird, bei der der Sauerstoff nicht mehr in die kapillarfernsten Mitochondrien der Herzmuskelzelle gelangt.

Die kritische Grenze wird für das krankhaft hypertrophierte Herz durch das sogenannte kritische Herzgewicht repräsentiert, das bei circa 500 Gramm liegt.

Heute weiß man, daß dieses kritische Herzgewicht auch durch intensivstes Ausdauertraining nicht erreicht werden kann. Deswegen sind Überlegungen über mögliche Nachteile eines großen Sportherzens nur mehr von theoretischem Interesse.

So kann man auch die immer wieder beschriebenen plötzlichen Herztodesfälle während des Sports mit Sicherheit nicht auf das ‹zu große Herz› des Sportlers zurückführen. Denn bei all diesen Todesfällen konnte stets der Nachweis geführt werden, daß das versagende Herz vorgeschädigt war, und zwar nicht durch den Sport, sondern durch eine bereits zuvor bestehende und nicht rechtzeitig erkannte Krankheit wie angeborene oder erworbene Herzklappenfehler, Herzmuskelentzündungen oder eine koronare Herzerkrankung.

- Das gesunde Herz eines jungen Menschen zwischen 20 und 30 Jahren kann nach heutiger Auffassung selbst durch intensivstes dynamisches Ausdauertraining niemals geschädigt werden.

Ob ein Herz gesund ist, läßt sich nur durch eine ärztliche Untersuchung ermitteln. Konkret bedeutet das – insbesondere für alle Sportler, die das 40. Lebensjahr erreicht haben:

- Vor Beginn jedes systematischen Ausdauertrainingsprogramms – auch des Joggings – sollte eine eingehende sportärztliche Untersuchung durchgeführt werden. Diese Untersuchung sollte in jedem Fall ein Ruhe- und ein Belastungselektrokardiogramm einschließen, damit möglicherweise bestehende Herzerkrankungen frühzeitig erkannt und behandelt werden können.

Zusammen mit den Auswirkungen des Trainings auf die periphere Skelettmuskulatur bewirken die ausdauertrainingsbedingten Veränderungen des Herz-Kreislauf-Systems eine Verbesserung der Sauerstofftransport-Kapazität des kardiopulmonalen Systems und eine Verbesserung der Sauerstoffverwertung in der trainierten Muskulatur.

Da sich die Sauerstofftransport-Kapazität des kardiopulmonalen Systems wie die Sauerstoffverwertungsmöglichkeit der trainierten Muskelzelle in der maximalen Sauerstoffaufnahme widerspiegeln, hat sich in der sportmedizinischen Leistungsdiagnostik diese Größe zur Bestimmung der allgemeinen dynamischen aeroben Ausdauerleistungsfähigkeit durchgesetzt (siehe Kap. 4.3.1.1.).

Um die allgemeine aerobe Ausdauer zu verbessern, muß man täglich mindestens zehn Minuten trainieren, wobei größere Muskelgruppen (mehr als ein Sechstel oder Siebtel der Muskulatur) so zu beanspruchen sind, daß 50 Prozent der maximalen Leistungsfähigkeit des Herz-Kreislauf-Systems erreicht werden.

Größere Muskelgruppen werden beim Radfahren, beim Schwimmen oder beim Laufen bewegt.

Der Grad der Beanspruchung des Herz-Kreislauf-Systems läßt sich bei untrainierten Personen sehr gut an der Höhe der Pulsfrequenz abschätzen. Bei 20- bis 30jährigen ist das Herz-Kreislauf-System zu 50 bis 70 Prozent ausgelastet, wenn die Herzfrequenz zwischen 130 und 160 Schlägen pro Minute liegt.

Für ältere gesunde, untrainierte Personen gilt als Faustregel:

- Ausreichende Belastungsherzfrequenz gleich 180 minus Lebensalter in Jahren (gemessen in Schlägen pro Minute).

Wenn man wirklich nicht die Zeit hat, täglich zehn Minuten zu trainieren, sollte man versuchen, dreimal in der Woche eine 50- bis 70prozentige Kreislaufbelastung über jeweils 30 Minuten einzugehen.

Tägliches Ausdauertraining von zehn Minuten Dauer mit circa 50 Prozent maximaler Kreislaufbelastung wirkt sich auf das Herz-Kreislauf-System vorteilhafter aus, als wenn man seinen Kreislauf nur einmal pro Woche mit 50- bis 70prozentiger Kreislaufbelastung über eine Dauer von 60 bis 70 Minuten trainiert.

Tägliches zehnminütiges Training mit 50 bis 70 Prozent maximaler Kreislauffähigkeit bewirkt bei untrainierten Personen schon nach vier Wochen eine meßbare Verbesserung der allgemeinen aeroben dynamischen Ausdauerleistungsfähigkeit.

Die oben aufgeführten Zeiten und Belastungsintensitäten gelten natürlich nur für untrainierte Normalpersonen. Hochausdauertrainierte Sportler bedürfen eines wesentlich höheren Trainingsreizes und -aufwandes, um einen entsprechenden Leistungszuwachs zu erreichen. So legen Marathonläufer, die nach der Dauerleistungsmethode trainieren, pro Woche mindestens 150 bis 300 km zurück; Straßenradrennfahrer absolvieren pro Saison bis zu 25000 km.

Wenn Ausdauersportler ihr Training über einen längeren Zeitraum unterbrechen müssen, bilden sich die Trainingsanpassungen der Skelettmuskulatur zurück; auch das Sportherz verkleinert sich, indem die Herzmuskelwand dünner und die Herzhohlräume wieder kleiner werden.

Bei plötzlicher Unterbrechung eines intensiv und lange betriebenen

Ausdauertrainings können sich als ‹Entlastungssyndrom› Kreislaufregulationsstörungen einstellen, die zwar keinen Krankheitswert haben, aber sehr lästig sind. Für ausdauertrainierte Hochleistungssportler ist es deswegen sinnvoll, über einen Zeitraum von Monaten allmählich abzutrainieren.
Welche Trainingsmethode (Dauerleistungsmethode, extensive-intensive Intervallmethode) sich zur Verbesserung der Ausdauerleistungsfähigkeit in welchen Sportarten besonders sinnvoll anwenden läßt, ist in der Fachliteratur zur Trainingslehre nachzulesen.

3.5. Zusammenfassung

Aus den Venen des Körpers kehrt das Blut zum rechten Herzen zurück. Die rechte Herzkammer pumpt das Blut durch die Lungen, wo es mit Sauerstoff beladen wird, bis zum linken Herzen. Die linke Herzkammer pumpt das frische Blut durch den großen Kreislauf an alle Organe und Körperzellen.
Die *rhythmische Kontraktion* des Herzens wird ausgelöst durch den Sinusknoten, den Schrittmacher des Herzens. Die bei der Herztätigkeit auftretenden elektrischen Erscheinungen breiten sich durch das Körpergewebe bis an die Oberfläche aus, wo man sie als Elektrokardiogramm ableiten kann.
Durch seine Kontraktion pumpt das Herz das Blut in den Kreislauf; während der Erschlaffung füllt es sich wieder mit neuem Blut.
Herzklappen am Eingang und am Ausgang der Herzkammern sorgen wie Ventile dafür, daß das Blut nur in eine Richtung strömen kann.
Bei der Zuteilung des Bluts an die einzelnen Organsysteme spielt das Gefäßsystem eine aktive, dynamische Rolle. Die wichtigste Funktion für die Blutverteilung besitzen die *Arteriolen,* die den Strömungswiderstand des Bluts dadurch entscheidend bestimmen, daß sie sich aktiv eng oder weit stellen können.
Die Hauptaufgabe des Kreislaufsystems, die Versorgung und Entsorgung der Organe, wird im weiten *Kapillarbett* erfüllt, wo der

Stoffaustausch abläuft. Die kleinen Venen wirken als Blutreservoir des Körpers. Wie die Arteriolen können sich auch die kleinen Venen aktiv zusammenziehen und dadurch das in ihnen gespeicherte Blut tätigen Organen zur Verfügung stellen. Die Gefäße können aktiv ihren Durchmesser verändern, weil ihre Wand eine Schicht ringförmig angeordneter glatter Muskelzellen enthält.
Unter Ruhebedingungen sind in der Muskulatur nur ein Viertel aller vorhandenen Kapillaren geöffnet und von Blut durchströmt; das in den Muskel einströmende Blut fließt dann durch Kurzschlußverbindungen unter Umgehung des Kapillarbetts direkt in kleine Venen. Unter Belastungsbedingungen verschließen sich diese Kurzschlußverbindungen, wodurch alle vorhandenen Kapillaren eröffnet werden.
Der *Blutdruck*, die treibende Kraft des Kreislaufs, muß immer aufrechterhalten werden, damit das Blut fließen kann. Deswegen wird er ununterbrochen durch Meßfühler des Blutdruckregulationssystems überwacht, das Veränderungen des Blutdrucks mit Veränderungen der Herzauswurfleistung und Veränderungen des peripheren Strömungswiderstandes beantwortet. Der Blutdruck sinkt kontinuierlich von den großen Arterien bis zum Kapillarbett und noch weiter bis in die herznahen Venen.
Der *Stoffaustausch* zwischen dem Blut im Kapillarbett und den Körperzellen geschieht durch Diffusion; zum *Flüssigkeitsaustausch* tragen auch Filtration und Resorption bei.
Da der *Herzmuskel* bereits unter Ruhebedingungen 70 Prozent des Sauerstoffs aus dem arteriellen Blut ausschöpft und er seine Durchblutung unter Belastungsbedingungen nur auf das Vierfache steigern kann, besitzt er nur geringe Reserven und reagiert besonders empfindlich auf eine Verengung der Herzkranzgefäße.
Die *Herzauswurfleistung* kann durch eine Beschleunigung der Herzfrequenz gesteigert werden; beim Übergang von Ruhe- zu Belastungssituationen steigt auch das Schlagvolumen an.
Ein erhöhter venöser Rückstrom zum Herzen dehnt die Herzmuskelzellen so, daß sie besser Spannung entwickeln bzw. ein größeres Schlagvolumen auswerfen können.
Wenn parallel zu den motorischen Zentren durch die zentrale Mitinnervation auch die Herz-Kreislauf-Zentren erregt werden, kommt es zu einer Hormonausschüttung von Überträgerstoffen des sympa-

thischen Nervensystems *(Katecholaminen)*, wodurch die Kraft und die Geschwindigkeit der Kontraktion der Herzmuskelzelle unabhängig vom Vordehnungsgrad zusammen mit der Herzfrequenz gesteigert wird.
Die Blutumverteilung zugunsten der arbeitenden Muskelgruppen wird durch Erweiterung der *Arteriolen* erreicht, die auf lokale chemische Veränderungen in der arbeitenden Muskelzelle zurückzuführen ist.
Diese lokalen chemischen Einflüsse schützen die arbeitende Muskulatur vor dem gefäßverengenden Einfluß des *Sympathikus*, wodurch es zu einer Blutumverteilung kommt, weil die Gefäße in anderen Organgebieten (Haut; Magen-Darm-Trakt) bei körperlicher Belastung durch diesen Sympathikuseinfluß eng gestellt werden.
Die schon vor dem Start zu beobachtende Durchblutungszunahme der Muskulatur wird dem cholinergen sympathischen System zugeschrieben.
Durch Eröffnung aller Kapillaren kann der arbeitende Muskel die Sauerstoffausschöpfung auf beinahe 100 Prozent steigern. Durch die Verbindung von gesteigerter Herzauswurfleistung, sinnvoller Blutumverteilung und verbesserter Sauerstoffausschöpfung können dynamisch arbeitende Muskelgruppen auch dann noch über längere Zeit im Steady-state arbeiten, wenn ihr Energiebedarf über das Hundertfache des Ruhewerts angestiegen ist.
Während *dynamische* Muskelarbeit eine Volumenbelastung für das Herz-Kreislauf-System bedeutet, bewirkt *statische* Muskelarbeit eine Druckbelastung für das Herz.
Durch *dynamisches Ausdauertraining* läßt sich die Sauerstofftransportkapazität des Herz-Kreislauf-Systems verdoppeln, weil das Herz größer wird und durch seinen größeren Hubraum mit jedem Schlag die doppelte Blutmenge auswerfen kann wie ein normal großes Herz. Durch das große Schlagvolumen kann es sich leisten, in Ruhe oder bei leichteren Belastungen sehr viel langsamer zu schlagen, was eine Ökonomisierung der Herzarbeit bedeutet.
Trainingsauswirkungen auf das Herz-Kreislauf-System lassen sich schon erreichen, wenn man größere Muskelgruppen etwa beim Fahrradfahren, Laufen oder Schwimmen täglich nur zehn Minuten so bewegt, daß mehr als 50 Prozent der Leistungsfähigkeit des Herz-Kreislauf-Systems beansprucht werden.

4. Atmung

Der Mensch kann bis zu drei Wochen ohne Nahrung auskommen und bis zu drei Tagen ohne Wasser; aber ohne Sauerstoff kann er nicht länger als einige Minuten überleben. Die menschliche und die tierische Zelle müssen atmen, das heißt, sie verbrauchen Sauerstoff (O_2) und produzieren Kohlendioxyd (CO_2).

Einzeller wie Amöben können direkt durch die Zellwand hindurch atmen, weil Sauerstoff den kurzen Weg aus der umgebenden Flüssigkeit durch die Zellmembran in das Zellinnere (weniger als 1 mm) diffundieren (siehe Seite 157) kann und Kohlendioxyd in die umgekehrte Richtung. Lebewesen, die kleiner als ein Millimeter im Durchmesser sind, brauchen deswegen kein besonderes Atmungssystem.

Da die *Diffusion* über größere Strecken aber zu langsam abläuft – die Diffusion des Sauerstoffs von der Körperoberfläche des Menschen zu den inneren Organen würde zum Beispiel viele Monate dauern –, verfügen größere Lebewesen zusätzlich über einen zweiten Transportmechanismus für ihre Atemgase, den man als Konvektion bezeichnet.

Unter *Konvektion* versteht man den Teilchentransport durch Mitführung in strömenden Flüssigkeiten oder Gasen. So kann ein Stück Treibholz durch Konvektion mit dem Fluß bis ins offene Meer gelangen.

Die Leitungs- und Transportsysteme, die die größeren Entfernungen überwinden, sind:

- das System der äußeren Atemwege und
- das Blutkreislaufsystem.

Auf dem Weg der Atemgase aus der Umgebungsluft bis zur Körperzel-

le und in umgekehrter Richtung wechseln Konvektion und Diffusion regelmäßig miteinander ab.
Der Sauerstoff gelangt zum Beispiel durch Konvektion mit der Einatmungsluft in die Lungenbläschen der Lunge. Aus den Lungenbläschen tritt er durch Diffusion in das Blut der Lungenkapillaren über, wo er auf besondere Transportmoleküle, die *Hämoglobinmoleküle* in den roten Blutkörperchen, geladen wird (äußere Atmung). Mit den Hämoglobinmolekülen wird der Sauerstoff durch Konvektion die weite Strecke in das Kapillarbett, etwa der Muskulatur, transportiert (Gastransport im Blut), von wo er durch Diffusion durch die Gewebsflüssigkeit in die Muskelzelle übertritt (innere Atmung). Das Kohlendioxyd wird in umgekehrter Richtung transportiert.
Für den Transport der Atemgase durch Konvektion sind Pumpsysteme notwendig, die die mitführenden Flüssigkeiten oder die mitführenden Gase hin- und herpumpen.
Der Gastransport im Gefäßsystem wird durch die ventilgesteuerte, gerichtete Pumptätigkeit des Herzens gewährleistet; den Austausch der Atemgase zwischen der Umgebungsluft und der Lunge besorgt ein besonderes Blasebalgsystem, das aus den Lungen, dem knöchernen Brustkorb und der Atemmuskulatur besteht.

4.1. Mechanik der Atmung

4.1.1. **Atemwege**

Die Einatmungsluft strömt aus der Umgebung über die oberen und unteren Atemwege bis in die Lungenbläschen, den einzigen Ort des Gasaustausches zwischen Luft und Lungenkapillarblut. Die Ausatmungsluft strömt in umgekehrter Richtung (Abb. 4/1, Seite 187).
Zu den oberen Atemwegen zählt man die Nasenhöhle, die Mundhöhle und den Rachen *(Pharynx)*.
Zwischen oberen und unteren Atemwegen liegt der Kehlkopf *(Larynx)*.
Zu den unteren Atemwegen rechnet man die Luftröhre *(Trachea)* mit ihren beiden Ästen *(Hauptbronchien)* für die rechte und linke Lunge. Die Hauptbronchien verästeln sich in beiden Lungen über immer kleiner werdende Äste *(Bronchien* und *Bronchiolen)* bis in die kleinen Lungenbläschen *(Alveolen)*.

Wenn man überwiegend durch die Nase atmet, spricht man von Nasenatmung; die Atmung durch die Mundhöhle bezeichnet man als Mundatmung.
Das System der äußeren Atemwege ist aber nicht nur ein starres Leitungssystem, sondern erfüllt drei wichtige Funktionen:
1. Es reinigt die eingeatmete Luft von Krankheitserregern und Staubteilchen;
2. es erwärmt die eingeatmete Luft sehr schnell bis auf die Körpertemperatur von 37° C;
3. es feuchtet die Einatmungsluft an.

Zu 1: Der größte Teil der unteren Atemwege und auch die Nasenhöhle ist mit einer Schleimhaut ausgekleidet, deren Drüsen ununterbrochen wasserhaltiges Sekret produzieren. Dieses Sekret bildet einen dünnen Schleimfilm auf der inneren Oberfläche der Atemwege, auf dem kleinste Partikelchen der Einatmungsluft wie Staub oder Bakterien haften, so daß die Einatmungsluft beinahe steril ist, wenn sie schließlich die Lungenbläschen erreicht.
Kleine Härchen an der Oberfläche der Schleimhäute *(Cilien)* flimmern ununterbrochen rhythmisch koordiniert von innen nach außen. Auf diese Weise wird das schleimige Sekret zusammen mit dem eingedrungenen Staub von innen nach außen befördert, wo es unbewußt verschluckt und dann durch die Magensäure unschädlich gemacht wird. Wenn die Einatmungsluft zu staubig ist und durch diesen Reiz mehr Schleimhautsekret produziert wird, hilft der Hustenreflex, die Atemwege von Schleim und Fremdmaterial zu reinigen.
Wenn man bedenkt, daß in Großstädten jeder Liter Luft mehrere Millionen Teilchen von Staub und Reizstoffen enthält, wird deutlich, wie wichtig und effektiv die Reinigungsfunktion des von den Flimmerhärchen erzeugten Flimmerstroms ist, der die Staubteilchen mit einer Geschwindigkeit von circa 16 mm/Min. von innen nach außen befördern kann.
Zu 2: Für die Reinigung der Einatmungsluft, aber auch für ihre Erwärmung besitzt die Nasenatmung Vorteile gegenüber der Mundatmung, weil die Nasenhöhle durch die außerordentlich stark durchbluteten Nasenmuscheln eine große innere Schleimhautoberfläche besitzt.

Abb. 4/1: System der äußeren Atemwege und ihre Verzweigung in der Lunge

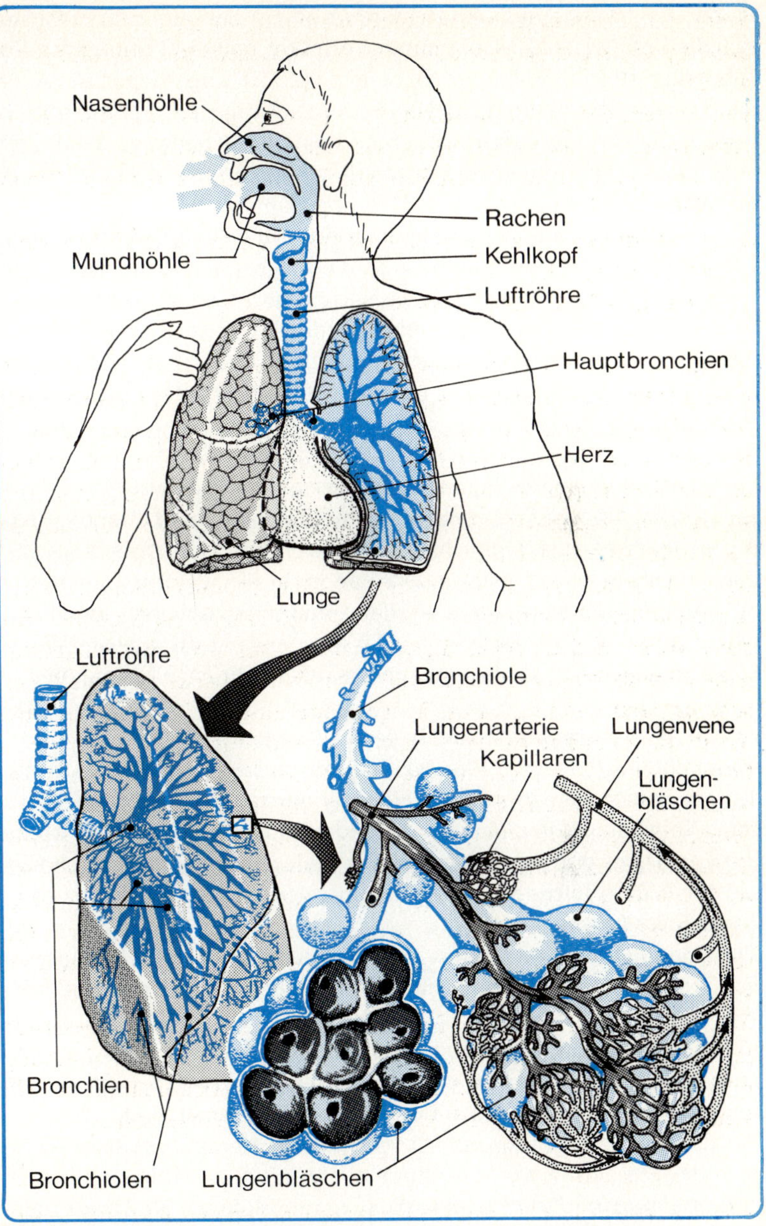
Nasenhöhle
Rachen
Mundhöhle
Kehlkopf
Luftröhre
Hauptbronchien
Herz
Lunge
Luftröhre
Bronchiole
Lungenarterie
Lungenvene
Kapillaren
Lungen-
bläschen
Bronchien
Bronchiolen
Lungenbläschen

Durch den breiten und unmittelbaren Kontakt mit dem Blut erwärmt sich die Luft bei der Nasenatmung so effektiv, daß die Temperatur der Einatmungsluft im Rachenraum bereits auf 37°C angestiegen ist. Aber auch bei der Mundatmung und bei extremen Umgebungstemperaturen wird die Einatmungsluft im weiteren Verlauf der Atemwege so effektiv angewärmt, daß die in den Lungenbläschen eintreffende Luft immer der Körperkerntemperatur von 37°C angepaßt ist.

Zu 3: Damit die innere Auskleidung der Lungenbläschen nicht austrocknet und Schaden nimmt, wird die eingeatmete Luft durch den Flüssigkeitsfilm der Atemwege immer gut angefeuchtet (mit Wasserdampf gesättigt). Die Schleimdrüsen der Atemwege geben bis zu 250 ml Wasser pro Stunde an die Atemluft ab, wenn zum Beispiel ein Skilangläufer bei minus 20°C in jeder Minute 100 Liter Luft ein- und ausatmet.

Obwohl unter Ruhebedingungen die Nasenatmung wegen ihrer größeren inneren Oberfläche die eingeatmete Luft besser und effektiver reinigen, erwärmen und anfeuchten kann, reicht sie bei intensiven sportlichen Belastungen oft nicht aus. Wenn mehr als 50 Liter Luft in der Minute ein- und ausgeatmet werden, muß man zusätzlich durch den Mund atmen, weil die Mundhöhle der strömenden Luft weniger Widerstand entgegensetzt als die in manchen Teilen sehr enge Nasenhöhle.

4.1.1.1. **Strömungswiderstand in den Luftwegen**

Wenn ein Gas oder eine Flüssigkeit durch eine Röhrenleitung strömt, setzt es seiner Eigenbewegung einen Widerstand entgegen, weil sich seine Teilchen *(Moleküle)* untereinander und an der Wand der Röhre reiben. Dieser Widerstand ist in erster Linie abhängig vom Durchmesser der Röhre: Je enger die Rohrleitung, desto größer der Widerstand (siehe Seite 147).

Die Energie, die notwendig ist, den Strömungswiderstand zu überwinden, kann dadurch bereitgestellt werden, daß an dem einen Ende der Rohrleitung ein höherer Druck auf das Gas oder die Flüssigkeit ausgeübt wird als am anderen Ende. So kann auch die Atemluft ein- und ausgeatmet werden, indem ein Druckunterschied zwischen der Umgebungsluft und der Luft in den Lungenbläschen erzeugt wird.

Bei der Einatmung *(Inspiration)* erweitern die Atemmuskeln das Volumen des Brustkorbs aktiv, wodurch der Druck in den Lungenbläschen *(intrapulmonaler Druck)* sinkt. Wenn der intrapulmonale Druck nied-

riger liegt als der atmosphärische Druck der Umgebungsluft, strömt die Luft in die Lungen.
Bei der Ausatmung *(Exspiration)* strömt die Luft in die umgekehrte Richtung, weil der intrapulmonale Druck in den Alveolen größer ist als der atmosphärische Druck der Umgebungsluft.
Damit bei einer sportlichen Belastung mehr Luft ein- und ausgeatmet werden kann, muß die Druckdifferenz zwischen Umgebungsluft und der Luft in den Lungen durch eine tiefere und schnellere Atmung erhöht werden. Weil die Luft dabei entsprechend schneller strömen muß, wird ihre Strömung zunehmend unruhiger und turbulenter, wodurch der Strömungswiderstand besonders stark ansteigt.

4.1.1.2. **Wandaufbau**

Die Wand der Atemwege besteht nicht nur aus Schleimhaut; in den unteren Luftwegen sind die Wände der Luftleitungen zusätzlich mit in regelmäßigen Abständen eingebauten *Knorpelspangen* und mit einer Schicht glatter Muskulatur ausgestattet. Die Knorpelspangen sorgen dafür, daß die Luftwege immer geöffnet bleiben.
Durch die glatte Wandmuskelschicht können sich insbesondere die kleinen Bronchien *(Bronchiolen)* aktiv eng oder weit stellen.
Durch den Reiz der kleinen Rauchpartikelchen einer Zigarette, aber auch beim Asthmaanfall zieht sich die glatte Muskulatur in den kleinen Bronchien zusammen, wodurch sich die Leitung verengt und der Strömungswiderstand stark ansteigt. Dadurch wird natürlich die Ein- wie auch die Ausatmung erschwert.
Der *sympathische* Teil des vegetativen Nervensystems (siehe Kap. 2.7.) vermag bei körperlicher Belastung über die Erschlaffung der glatten Wandmuskulatur die kleinen Bronchien zu erweitern. Dadurch sinkt der Widerstand, und die Luft kann leichter strömen.

4.1.2. **Aufbau des Brustkorbs und Arbeitsweise der Atemmuskulatur**

Die Druckunterschiede, die die Atemluft zum Strömen bringen, werden dadurch erzeugt, daß sich das Lungenvolumen bei der Einatmung vergrößert (Drucksenkung) und bei der Ausatmung wieder verkleinert, wodurch der Druck in den Lungen über den atmosphärischen Druck der Umgebungsluft ansteigt.

Für die Volumenänderungen des Brustkorbs und der Lungen, die selbst keine willkürliche Muskulatur besitzen, sind – wie überall im Körper – Muskeln zuständig, die die aktive Atemarbeit leisten (Atemmuskulatur). Wenn die Zwischenrippenmuskeln den Brustraum erweitern, indem sie die Rippen anheben, spricht man von *Brustatmung,* wenn sich der Brustraum durch die Abflachung des Zwerchfellmuskels erweitert, spricht man von *Bauchatmung.*
Der knöcherne Brustkorb *(Thorax)* besteht aus der Brustwirbelsäule, mit der auf jeder Seite zwölf Rippen gelenkig verbunden sind. In diesen Gelenken können sich die Rippen gegen die Wirbelsäule bewegen. Wenn sie bei der Einatmung durch die Zwischenrippenmuskeln angehoben werden, dehnt sich der Brustkorb aus; bei der Ausatmung sinken die Rippen wieder nach unten, wodurch das Brustraumvolumen und damit das Lungenvolumen wieder abnehmen.
Während die rechten und linken oberen Rippen vorn knorpelig mit dem knöchernen Brustbein in Verbindung treten, haben die beiden unteren Rippenpaare (11. und 12.) gar keine Verbindung mit dem Brustbein oder mit anderen Rippen. Der nach oben und zur Seite knöchern begrenzte Brustraum wird nach unten gegen die Bauchhöhle durch den größten Atemmuskel, den Zwerchfellmuskel *(Diaphragma),* abgegrenzt (Abb. 4/2).
Der platte Zwerchfellmuskel besteht aus einer zentralen Sehnenplatte und den nach allen Seiten ausstrahlenden Muskelfasern, die an der unteren Öffnung des knöchernen Brustkorbs befestigt sind. Von diesen Befestigungsstellen wölbt sich der Zwerchfellmuskel in erschlafftem Zustand kuppelartig nach oben in den Brustraum vor.
Bei der Einatmung (Bauch- oder Zwerchfellatmung) ziehen die Muskelfasern von allen Seiten an der zentralen sehnigen Kuppel, wodurch das Kuppeldach nach unten verlagert wird, so daß sich durch die Abflachung der Zwerchfellkuppel das Brustraumvolumen vergrößert.
Wenn der Zwerchfellmuskel bei der Ausatmung erschlafft, wölbt sich die sehnige Zwerchfellkuppel wieder nach oben in den Brustraum, auch durch den Druck, den die Bauchmuskulatur über die Baucheingeweide von unten auf das Zwerchfell ausübt.

Abb. 4/2: Formänderung des Brustraums beim Übergang von der Einatmungsstellung in die Ausatmungsstellung

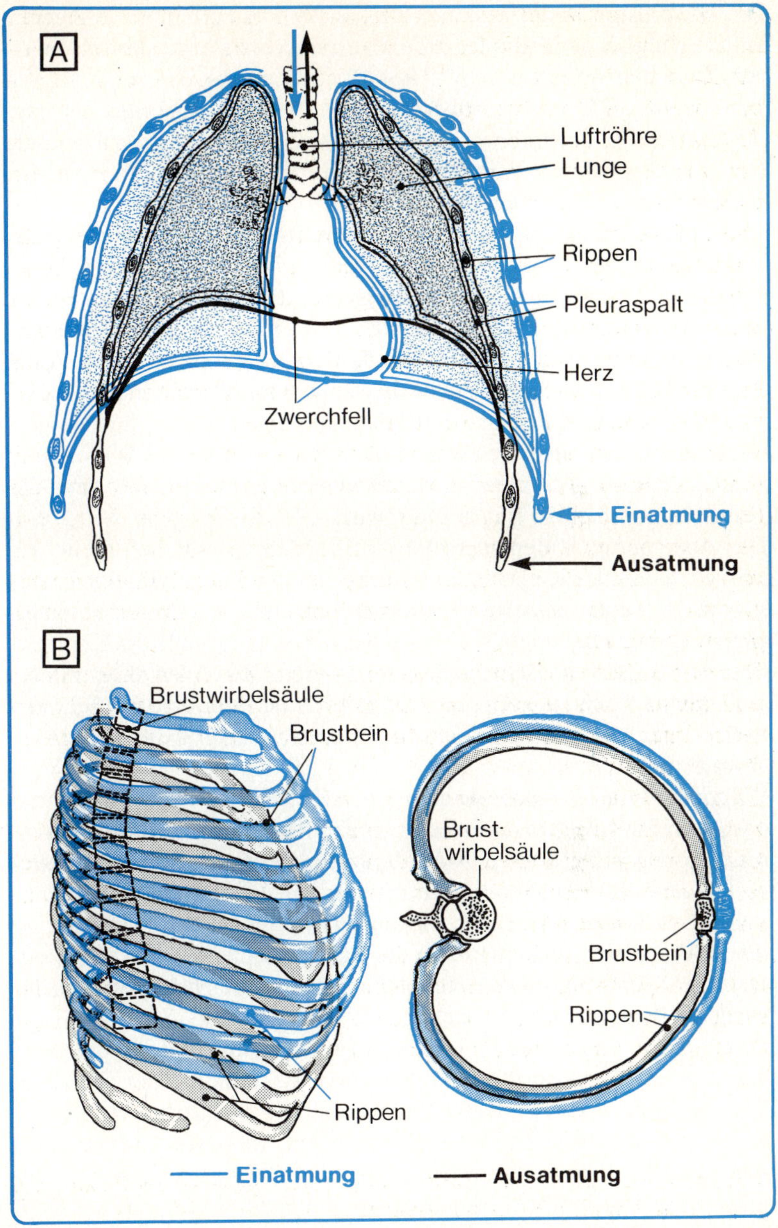
A
Luftröhre
Lunge
Rippen
Pleuraspalt
Herz
Zwerchfell
Einatmung
Ausatmung
B
Brustwirbelsäule
Brustbein
Rippen
Brust-
wirbelsäule
Brustbein
Rippen
Einatmung
Ausatmung

Die wichtigsten Atemmuskeln, die bei der Brustatmung die Rippen anheben und dadurch das Brustraumvolumen erweitern, sind die äußeren Zwischenrippenmuskeln *(Musculi intercostales externi)*. Für die Funktion des Herz-Kreislauf-Systems ist die Bauchatmung günstiger, da durch das Tiefertreten des Zwerchfells bei der Einatmung das Volumen der Bauchhöhle zusammenschrumpft, so daß der Druck in der Bauchhöhle ansteigt. Dadurch wird insbesondere die große Lebervene zusammengedrückt, wodurch der venöse Rückstrom des Blutes zum Herzen unterstützt wird (siehe Seite 153).

Es ist nicht so, wie man früher vermutete, daß bei Frauen die Brustatmung überwiegt und bei Männern die Bauchatmung, sondern der Atmungstyp ändert sich im Verlauf des Lebens. Mit zunehmendem Alter nimmt die Beweglichkeit des knöchernen Brustkorbs durch die Altersveränderung allmählich ab, so daß dann die Bauchatmung überwiegt.

Bei Frauen überwiegt die Brustatmung nur während der Schwangerschaft, wenn das Volumen der Bauchhöhle eingeengt ist oder wenn die Taille besonders stark eingeschnürt wird.

Die Ausatmung ist demgegenüber in Ruhe ein passiver Vorgang. Es genügt, daß sich die elastischen Strukturen der Lunge und der Brustkorbwand wieder zusammenziehen und dadurch das Lungenvolumen verkleinern, nachdem sie vorher bei der Einatmung durch die Kontraktion der Atemmuskulatur angespannt waren. Bei erschlaffter Atemmuskulatur sinken die Rippen auch auf Grund ihrer eigenen Schwere nach unten, was zur Verkleinerung des Brustraums und damit zur Ausatmung führt.

Während unter Ruhebedingungen die Zwischenrippenmuskeln und das Zwerchfell die Atemarbeit sehr wohl allein verrichten können, wird die Atmung bei erhöhten Anforderungen zusätzlich durch die sogenannte Atemhilfsmuskulatur unterstützt. Als Hilfsmuskeln für die Einatmung wirken alle Muskeln, die am Schultergürtel, am Kopf oder an der Wirbelsäule ansetzen und in der Lage sind, die Rippen zu heben. Dazu gehören der große und der kleine Brustmuskel, der obere Teil des vorderen Sägemuskels sowie einige Halsmuskeln.

Den Einsatz dieser Atemhilfsmuskeln kann man oft auf dem Sportplatz beobachten, wenn Sportler, die nach dem Wettkampf oder nach dem Training außer Atem sind, unwillkürlich beide Arme in die Seiten stemmen und den Kopf nach hinten überstrecken, um besser Luft holen zu können. Durch diese typische Haltung wird der Ursprung der Atemhilfsmuskulatur am Schultergürtel, an den Halswirbeln und am Kopf

fixiert, wodurch sie ihre unterstützende Wirkung besonders gut entfalten können.
Auch die Ausatmung kann bei einer körperlichen Belastung beschleunigt und unterstützt werden, vor allem durch die Muskeln, die die Rippen aktiv senken, den viereckigen Lendenmuskel und die vorderen Bauchmuskeln. Durch Anspannen der vorderen Bauchmuskulatur (Bauchpresse) werden die Rippen nach unten gezogen und die Baucheingeweide zusammen mit dem erschlafften Zwerchfell nach oben gedrängt.

4.1.2.1. **Atemarbeit**

Wie alle Muskeln brauchen auch die Atemmuskeln für ihre Arbeit Nährstoffe und Sauerstoff. Während unter Ruhebedingungen die Atemarbeit dazu benötigt wird, die elastischen Gewebe von Lunge und Brustkorb bei der Einatmung zu dehnen, besteht die Hauptarbeit der Atemmuskulatur bei einer sportlichen Belastung darin, den besonders stark angestiegenen Strömungswiderstand der Luft in den Atemwegen zu überwinden.
In Ruhe beträgt der Anteil des Energieaufwands für die Atemarbeit lediglich circa ein Prozent des gesamten Energieumsatzes des Körpers, weil nur für die aktive Einatmung Arbeit geleistet wird, die Ausatmung aber überwiegend passiv erfolgt.
Bei einer sportlichen Belastung kann sich der Anteil des Energieaufwands für die Atemarbeit bis auf zehn Prozent des Gesamtkörperenergieumsatzes erhöhen, weil für die tiefere und schnellere Atmung zusätzlich die Atemhilfsmuskulatur für die Einatmung wie auch zur Unterstützung der Ausatmung eingesetzt werden muß.
Bei Belastung wird die Atemarbeit nicht nur durch den ansteigenden Strömungswiderstand der Luft in den Atemwegen erschwert, sondern auch deswegen, weil sich bei tiefer Einatmung die Lungenbläschen weiter ausdehnen müssen, wodurch die Oberflächenspannung des die Lungenbläschen auskleidenden Flüssigkeitsfilms steigt.

4.1.3. **Funktion des Pleuraspalts**

Beide Lungen sind an ihrer Oberfläche von einer spiegelglatten Haut überzogen, dem Lungenfell *(Pleura visceralis).* Auch der knöcherne Brustkorb und die Oberseite des Zwerchfells sind innen mit der glei-

chen spiegelglatten Haut überzogen, dem Rippenfell *(Pleura parietalis)* (s. Abb. 4/3).
Drüsen im Lungenfell und im Rippenfell produzieren eine Flüssigkeit, die sich als hauchdünner Film in den *Pleuraspalt* zwischen Lungenfell und Rippenfell legt. Weil die Flüssigkeit im Pleuraspalt nicht ausdehnbar ist, bleibt das Lungenfell immer mit dem Rippenfell verhaftet und muß zum Beispiel dessen Bewegungen folgen, wenn sich der Brustraum bei der Einatmung ausdehnt. Der Flüssigkeitsfilm bewirkt aber auch, daß sich das Lungenfell gegen das Rippenfell weitgehend reibungsfrei verschieben kann. Nur wenn das Lungenfell oder das Rippenfell durch eine Entzündung aufgerauht ist, kommt es bei der Atmung zu deutlichen Reibegeräuschen, die man mit dem Hörrohr von außen durch den Brustkorb hindurch hören kann.
Das Lungengewebe besteht überwiegend aus elastischen Strukturen, so daß es die Tendenz hat, seiner Ausdehnung einen Widerstand entgegenzusetzen und sich wieder zusammenzuziehen, wenn die von außen dehnende Kraft aufhört. Deswegen übt die Lungenoberfläche auf den Flüssigkeitsfilm im Pleuraspalt eine saugende Wirkung aus, was dazu führt, daß im Pleuraspalt ein Unterdruck entsteht *(intrapleuraler Druck, intrathoracaler Druck).*
Wenn der Brustraum bei der Einatmung *(Inspiration)* erweitert wird, nimmt der Sog der elastischen Lunge auf den Flüssigkeitsfilm zu, so daß der intrapleurale Unterdruck bei der Einatmung weiter abfällt.
Bei der Ausatmung *(Exspiration)* wird der Sog zwar wieder schwächer, bewirkt aber, daß auch am Ende der Ausatmung in Atemruhelage immer noch ein Unterdruck im Pleuraspalt bestehenbleibt (siehe Abb. 4/3).
Nur bei besonders kräftiger Ausatmung oder bei der sogenannten Preßatmung kann der intrapleurale Druck positiv werden. Wenn zum Beispiel auf Grund einer falschen Atemtechnik beim Gewichtheben versucht wird, die Luft kräftig gegen verschlossene Stimmbänder auszuatmen, kann der Druck im Pleuraspalt bzw. im Brustraum für einige Sekunden bis auf circa 1,8 kPa (circa 15 mm Hg) ansteigen. Durch so hohe intrathoracale Drucke werden die Hohlvenen zusammengedrückt oder sogar verschlossen, so daß das venöse Blut nicht aus der Körperperipherie zum Herzen zurückkehren kann. Das wiederum bedeutet, daß das Herz entsprechend weniger Blut auswerfen kann, wodurch es schnell zu einer Sauerstoffmangelsituation des Gehirns und damit zur Bewußtlosigkeit kommen kann.

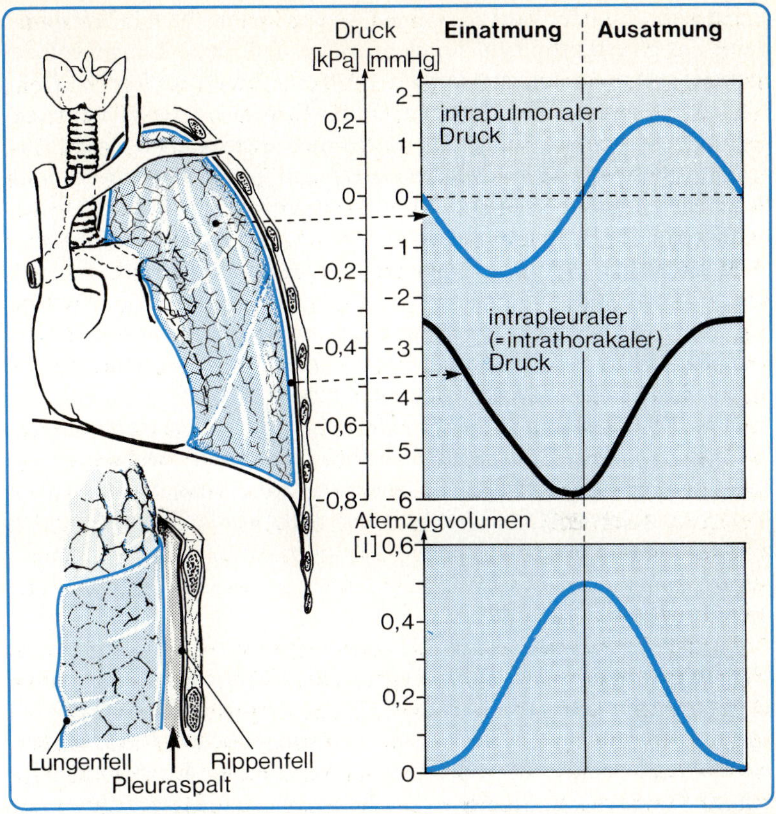

Abb. 4/3: Intrapulmonaler und intrapleuraler Druck während der Ein- und Ausatmung

4.1.3.1. **Pneumothorax**

Durch die Vermittlung des Pleuraspalts muß die elastische Lunge, die selbst keine willkürliche Muskulatur besitzt, alle Bewegungen des Brustkorbs bzw. der Atemmuskulatur mitmachen.

Die Bedeutung des Flüssigkeitsfilms bzw. des Unterdrucks im Pleuraspalt für die Entfaltung der Lunge wird besonders deutlich, wenn unter krankhaften Bedingungen Umgebungsluft in den Pleuraspalt eindringen kann *(Pneumothorax).* Abhängig davon, wieviel Luft in den Pleuraspalt eingedrungen ist, ziehen sich die elastischen Fasern der Lunge sofort teilweise oder ganz zusammen, so daß im Röntgenbild auf einer Seite des Brustkorbs kein Lungengewebe und keine Lungengefäße mehr zu erkennen sind, sondern nur noch eine leere Brustkorbhälfte. Bei jungen Männern zwischen dem 17. und dem 30. Lebensjahr können schwache Stellen der Lungenoberfläche ohne ersichtlichen Grund einreißen, so daß die Luft durch die oberen und unteren Atemwege und durch die unmittelbar unter der Lungenoberfläche liegenden Lungenbläschen in den Pleuraspalt eindringen kann *(Spontanpneumothorax)*. Weil die rechte und linke Lunge voneinander getrennt sind und jede Lunge ihren eigenen Pleuraspalt hat, kollabiert jeweils nur eine Lunge. Wenn sich die anderen Organe im Brustraum, insbesondere das Herz und die großen Gefäße, durch dieses Ungleichgewicht nicht zu sehr verschieben oder verziehen, muß ein junger Mensch einen solchen Spontanpneumothorax subjektiv nicht unbedingt bemerken. Die andere Lunge ist normalerweise unter Ruhebedingungen durchaus in der Lage, das Blut so ausreichend mit Sauerstoff zu beladen, daß der Ruhebedarf der Körperzellen dadurch noch gedeckt werden kann.

4.1.4. **Lungenvolumina**

Der Brustkorb nimmt nach einer normalen Ausatmung eine entspannte Mittelstellung ein, die sogenannte Atemruhelage. Durch die Messung des ein- und ausgeatmeten Luftvolumens kann man Rückschlüsse auf die Änderungen des Lungenvolumens während der Atmung ziehen.

Atemzugvolumen ist das Luftvolumen, das bei einem normalen Atemzyklus ein- und ausgeatmet wird. Normalerweise beträgt das Atemzugvolumen bei Erwachsenen circa 0,5 Liter in Ruhe. Wenn bei intensiver körperlicher Belastung mit guter Atemtechnik tiefer ein- und ausgeatmet wird, kann das Atemzugvolumen aber bis auf 2,5 Liter ansteigen. In sportmedizinischen Labors konnte man zeigen, daß hochausdauertrainierte Sportler bei intensiven Ausdauerbelastungen auf einem Laufband sogar Atemzugvolumina von über vier Litern über längere Zeit ein- und ausatmen können.

Inspiratorisches Reservevolumen heißt das Luftvolumen, das nach einer normalen Einatmung bei vertiefter Atmung zusätzlich eingeatmet werden kann.

Exspiratorisches Reservevolumen heißt das Luftvolumen, das man nach einer normalen Ausatmung mit Hilfe der Bauchpresse willentlich noch zusätzlich ausatmen kann.

Vitalkapazität nennt man das Volumen, das nach tiefster Einatmung maximal ausgeatmet werden kann. Die Vitalkapazität ist also die Summe aus dem normalen Atemzugvolumen, dem inspiratorischen Reservevolumen und dem exspiratorischen Reservevolumen.

Residualvolumen: Auch durch maximale Ausatmung kann man seine Lunge nicht völlig luftleer pumpen. Das Luftvolumen, das selbst bei tiefster Ausatmung noch in der Lunge zurückbleibt, bezeichnet man als Residualvolumen. Es beträgt bei gesunden Erwachsenen circa 1,3 Liter.

Weil sich die Luft im Residualvolumen immer mit der eingeatmeten frischen Luft vermischt, enthält sie noch sehr viel Sauerstoff, der deswegen auch während der Ausatmungsphase weiterhin in das Lungenblut übertritt, wodurch der Gasaustausch zwischen den Lungenbläschen und dem Lungenblut gleichmäßig und unabhängig von der jeweiligen Atemphase abläuft.

Totalkapazität heißt das Luftvolumen, das sich nach maximaler Einatmung insgesamt in der Lunge befindet. Die Totalkapazität setzt sich aus dem Residualvolumen und der Vitalkapazität zusammen.

Das Fassungsvermögen der Lunge (die einzelnen Lungenvolumina und Lungenkapazitäten) schwanken von Mensch zu Mensch sehr stark; sie sind abhängig von der Körpergröße und dem Körpergewicht, dem Alter, der Konstitution, dem Geschlecht und vom Trainingszustand (siehe Kap. 4.5.).

Die Vitalkapazität und die in ihr enthaltenen Lungenvolumina kann man bei einer sportmedizinischen Untersuchung mit einem Spirometer messen. Dieses Gerät besteht aus einem luftgefüllten Topf, über den, durch Wasser abgedichtet, eine Glocke gestülpt ist. Der so abgedichtete Luftbehälter hat einen Auslaß, an den die Atemwege der Versuchsperson angeschlossen werden. Wenn die Versuchsperson in den Spirometer ausatmet, hebt sich die durch ein Gegengewicht ausbalancierte Glocke; bei der Einatmung senkt sie sich wieder. Durch die geeichte Übertragung der Glockenbewegungen auf eine fortlaufende Schreibeinrichtung kann man so auch die einzelnen Lungenvolumina messen.

Wenn eine Versuchsperson mehrere Minuten an ein solches Spirometer angeschlossen ist, kann man auch das Atemminutenvolumen messen.

Atemminutenvolumen: Diejenige Luftmenge, die in einer Minute ein- und ausgeatmet *(ventiliert)* wird, bezeichnet man als Atemminutenvo-

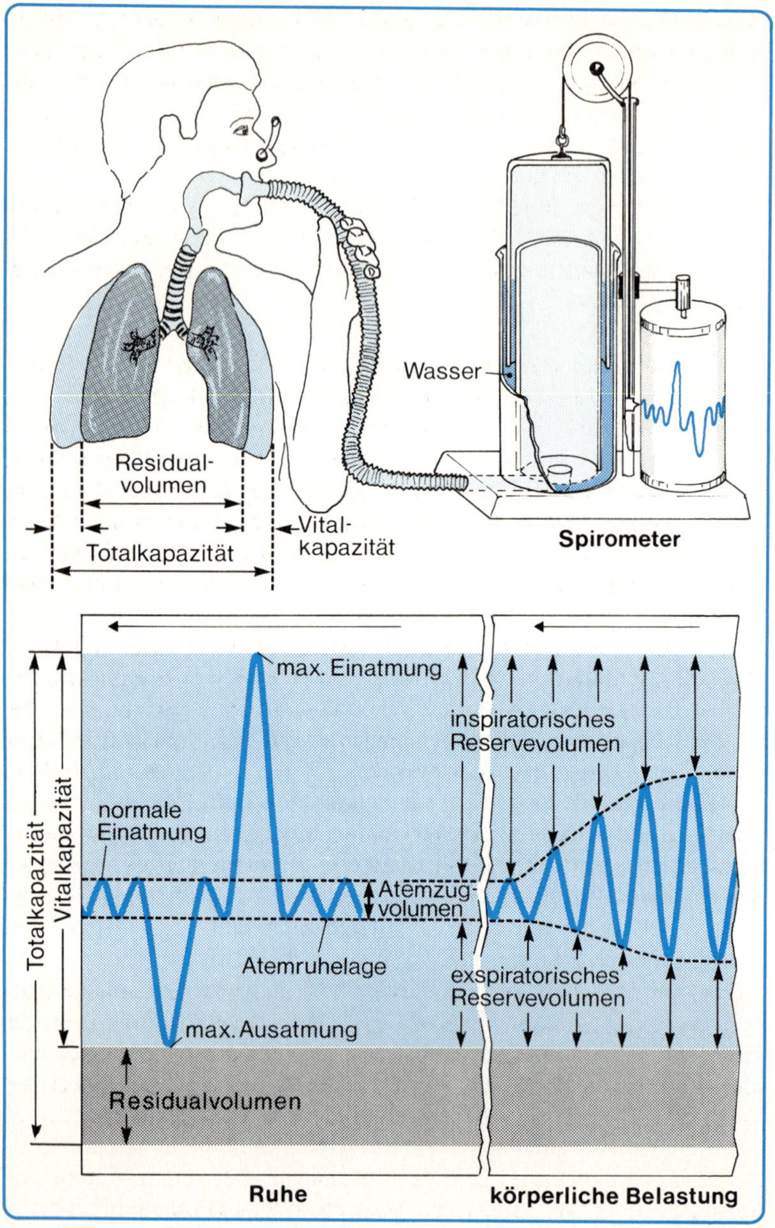
Residual-
volumen
Totalkapazität
Vital-
kapazität
Wasser
Spirometer
max. Einatmung
inspiratorisches
Reservevolumen
normale
Einatmung
Totalkapazität
Vitalkapazität
Atemzug-
volumen
Atemruhelage
exspiratorisches
Reservevolumen
max. Ausatmung
Residualvolumen
Ruhe
körperliche Belastung

lumen. Das Atemminutenvolumen ist das Produkt aus dem Atemzugvolumen und der Atemfrequenz. Das Atemminutenvolumen wird über das Atemzentrum des Gehirns so reguliert, daß der Sauerstoffbedarf der Körperzellen zu jedem Zeitpunkt ausreichend gedeckt ist. Dazu reicht unter Ruhebedingungen bei Erwachsenen ein Atemminutenvolumen von 6 bis 8 Litern aus.
Wenn bei sportlicher Belastung die arbeitende Muskulatur mehr Sauerstoff benötigt, steigt auch das Atemminutenvolumen durch die Erhöhung der Atemfrequenz und des Atemzugvolumens (siehe Atmungsregulation).

Die normale Atemfrequenz liegt bei Erwachsenen in Ruhe zwischen 12 bis 16 Atemzügen in der Minute, bei Belastungsbedingungen können gesunde Zwanzigjährige eine Atemfrequenz von 40 bis 50 Atemzügen/Min. erreichen, ausdauertrainierte Sportler sogar eine Atemfrequenz von bis zu 60 Atemzügen/Min. Bezogen auf die Körperoberfläche (Körpergewicht, Körpergröße) entspricht das kindliche Atemminutenvolumen etwa dem des Erwachsenen. Allerdings unterscheidet sich die normale Atmung des Kindes von der des Erwachsenen in Frequenz und Atemtiefe.
Während im Verlauf des ersten Lebensjahrs die Atemfrequenz in Ruhe von 50/Min. bis auf 60/Min. ansteigt, fällt sie bis zum zweiten Lebensjahr auf 24/Min. ab und erreicht etwa mit der Pubertät den Wert des Erwachsenen (12 bis 16/Min.). Unter intensiven Belastungsbedingungen können Schulkinder ihre Atemfrequenz bis auf 70 Atemzüge/Min. steigern.
Da auch die Lungen in Abhängigkeit vom Lebensalter mitwachsen, steigt das Atemzugvolumen von circa 18 ml beim Neugeborenen auf etwa 120 ml im zweiten Lebensjahr und von da an kontinuierlich, bis mit dem 18. Lebensjahr das durchschnittliche Atemzugvolumen des Erwachsenen von circa 500 ml erreicht wird.
Jenseits des 60. Lebensjahres bewirken die normalen Altersveränderungen eine Abnahme der elastischen Kräfte der Lunge und eine zunehmende Starre des knöchernen Thorax, wodurch die Atemarbeit erschwert und die Anpassungsfähigkeit der Atmung an gesteigerte Anforderung bei körperlicher Belastung auch beim gesunden älteren

Abb. 4/4: Lungenvolumina und ihre Messung mit dem Spirometer

Menschen eingeschränkt werden. Das muß ein Übungsleiter bedenken, wenn er ältere Menschen sportlich betreut. Allerdings ist nachgewiesen, daß sich durch regelmäßiges Sporttreiben der Beginn dieser altersbedingten Veränderungen weit hinausschieben läßt.
Bei intensiver sportlicher Belastung kann das Ruheatemzugvolumen von 0,5 Litern (500 ml) maximal bis auf 55 Prozent der Vitalkapazität ansteigen. Bei hochausdauertrainierten Sportlern mit einer Vitalkapazität von 8 Litern ergibt sich daraus ein Atemzugvolumen von circa 4 Litern.
Durch eine Kombination von vertiefter Atmung und gesteigerter Atemfrequenz können bei intensiven sportlichen Belastungen Atemminutenvolumina von 140 Liter / Min., in Einzelfällen sogar bis zu 180 oder 200 Liter / Min. über einen längeren Zeitraum aufrechterhalten werden. Ausdauertrainierte Spitzensportler konnten bei sportmedizinischen Untersuchungen auf dem Laufband sogar 250 Liter / Min. hin- und heratmen bei einer Atemfrequenz von 60 / Min. und einem Atemzugvolumen von 4,2 Litern.

4.1.5. **Totraum und Atemtechnik**

Für die Frischluftversorgung der Lungenbläschen ist es grundsätzlich effektiver, das Atemminutenvolumen durch tiefere als durch schnellere Atmung zu steigern; denn nicht die gesamte eingeatmete Luft erreicht die Lungenbläschen, den einzigen Ort des Gasaustausches. Vielmehr bleiben bei jeder Einatmung ungefähr 150 ml Luft in den oberen und unteren Luftwegen liegen und stehen deswegen nicht für den Gasaustausch mit dem Lungenkapillarblut zur Verfügung. Aus diesem Grund bezeichnet man das Volumen der Luftwege bis zu der Grenze zwischen den Bronchiolen und den Lungenbläschen als den *anatomischen Totraum.*
Das Volumen des anatomischen Totraums ist durch das Fassungsvermögen der Atmungswege festgelegt und beträgt bei Erwachsenen circa 150 ml. Diese 150 ml anatomischer Totraum bewirken, daß bei jedem ruhigen Atemzug von etwa 500 ml nur 350 ml (etwa zwei Drittel der eingeatmeten Luft in Ruhe) bis in die Lungenbläschen strömen und dort am Gasaustausch teilnehmen können.
Umgekehrt bleiben bei jeder Ausatmung immer 150 ml Luft im anatomischen Totraum liegen, und zwar gerade die Luft, die vorher in den

Lungenbläschen schon einen Teil ihres Sauerstoffes an das Kapillarblut abgegeben hat. Weil bei der nächsten Einatmung zuerst diese 150 ml teilweise verbrauchter Luft und danach erst frische Luft in die Lungenbläschen gelangen, wirkt sich das Volumen des anatomischen Totraums für die Frischluftversorgung der Lunge nicht vorteilig aus.
Das Frischluftvolumen, das während der Einatmung bis in die Lungenbläschen gelangt, bezeichnet man als *alveoläre Ventilation.* Während unter Ruhebedingungen bei einem Atemzugvolumen von 500 ml der Anteil der alveolären Ventilation nur bei etwa 70 Prozent und der Anteil der Totraumventilation bei 30 Prozent liegt, läßt sich bei sportlichen Belastungen der Nachteil der Totraumventilation durch eine gute Atemtechnik weitgehend ausschalten.
Zwei Extrembeispiele sollen das verdeutlichen.
Wenn bei vertiefter Atmung das Atemzugvolumen 3 Liter beträgt, gelangen mit jedem Atemzug zuerst die 150 ml teilweise verbrauchter Luft aus dem anatomischen Totraum in die Lungenbläschen, dann aber jeweils 2850 ml frische Luft. Hier beträgt die alveoläre Ventilation 95 Prozent und die Totraumventilation nur noch 5 Prozent des Atemzugvolumens.
Würde man (unsinnigerweise) versuchen, sein Atemminutenvolumen ausschließlich durch die Beschleunigung der Atemfrequenz und bei entsprechend flacher Atmung (Atemzugvolumen von circa 150 ml) zu steigern, würde überhaupt keine frische Luft mehr in die Lungenbläschen gelangen, weil diese 150 ml Luft nur im anatomischen Totraum hin- und hergehechelt würden.
In diesem (unrealistischen) Beispiel würde die Totraumventilation 100 Prozent und die alveoläre Ventilation 0 Prozent des Atemzugvolumens betragen. Daraus wird deutlich, wieviel sinnvoller es für den Sportler ist, bei körperlicher Belastung tiefer durchzuatmen, anstatt schnell zu atmen.
Allerdings hat man herausgefunden, daß sich bei gesunden Personen und bei Sportlern die Atemfrequenz und das Atemzugvolumen unter allen Belastungsbedingungen automatisch optimal aufeinander einstellen. Jede bewußte Veränderung des Atemrhythmus wirkt sich negativ aus, weil dadurch die Ökonomie der Atmung offenbar herabgesetzt wird. Deswegen sollte man Sportlern anraten, sich dem Atemrhythmus zu fügen, dem sie unbewußt und in Abhängigkeit von den Bewegungsabläufen in den einzelnen Sportarten folgen.
Die ausgeatmete Luft ist immer ein Gemisch aus den 150 ml frischer

Luft, die bei der Einatmung im anatomischen Totraum liegengeblieben ist (21 Volumprozent O_2 und 0,03 Volumprozent CO_2), und aus der Luft, die in den Lungenbläschen schon einen Teil ihres Sauerstoffs abgegeben und Kohlendioxyd aus dem Blut aufgenommen hat (14 Volumprozent O_2 und 5,7 Volumprozent CO_2).
Die Konzentration der Gase in den 500 ml Ausatmungsluft liegt deswegen zwischen der im anatomischen Totraum und der in den Lungenbläschen, nämlich bei circa 16 Volumprozent Sauerstoff und 4 Volumprozent Kohlendioxyd. Das ist für die künstliche Beatmung von Bedeutung; denn die ausgeatmete Luft enthält noch genug Sauerstoff, um zusätzlich einen anderen Menschen damit am Leben zu erhalten.
Unter Ruhebedingungen werden einige Lungenbläschen nicht ausreichend belüftet, andere belüftete Lungenbläschen werden nicht vom Kapillarblut der Lunge umspült, weil ein Teil des Lungenkapillarblutes direkt aus den kleinen Lungenarterien über Kurzschlußverbindungen in die kleinen Lungenvenen strömt. Weil in diesen belüfteten, aber nicht blutumflossenen Lungenbläschen kein Gasaustausch mit dem Lungenkapillarblut stattfindet, bezeichnet man sie zusammen mit den schlechtbelüfteten Lungenbläschen als den *funktionellen Totraum.* Dieser umfaßt also den anatomischen Totraum und diejenigen Lungenbläschen, die nicht am Gasaustausch teilnehmen.
Der funktionelle Totraum ist dafür verantwortlich, daß sich dem frischen Blut, das aus der Lunge zum Herzen zurückströmt, immer ein bis zwei Prozent venöses Blut beimischen.
Abschließend sei daran erinnert, daß der Totraum nicht nur Nachteile hat, sondern daß die Einatmungsluft im anatomischen Totraum gereinigt, erwärmt und angefeuchtet wird.

4.2. Gasaustausch in der Lunge

Wenn das venöse sauerstoffentsättigte Blut aus dem Körper zum rechten Herzen zurückfließt, wird es von dort aus durch die Lungenarterie auf beide Lungen verteilt und gelangt weiter in das Kapillarbett der Lungen. Die Lungenkapillaren sind so stark verzweigt, daß jedes einzelne Lungenbläschen von einem dichten Kapillarnetz umgeben ist wie ein aufgeblasener Luftballon in einem gehäkelten Einkaufsnetz (siehe Abb. 4/1, Seite 187).

Durch den Übertritt des Sauerstoffs aus den Lungenbläschen in das Kapillarblut und durch die Entfernung des Kohlendioxyds aus dem Kapillarblut wird das dunkelrote venöse Blut zum frischen, hellroten arteriellen Blut, das über die Lungenvenen zum linken Herzen und von dort in den großen Kreislauf gelangt.
Die Gewebsbarriere, die der Sauerstoff überwinden muß, um aus der Alveolarluft in das Blut überzutreten, ist außerordentlich dünn (nur ca. 1 µm) und besteht aus der Alveolarwand und aus der Kapillarwand. Man bezeichnet diese Gewebsbarriere, die für O_2 und für CO_2 gut durchlässig ist, als die *alveolokapillare Membran.*
Der Transport des Sauerstoffs und des Kohlendioxyds zwischen den luftgefüllten Lungenbläschen und den flüssigkeitsgefüllten Lungenkapillaren geschieht durch *Diffusion* (siehe Seite 157).

4.2.1. **Gaspartialdruck**

Die treibenden Kräfte für die Gasdiffusion durch die alveolokapillare Membran sind die unterschiedlichen Gaspartialdrücke für O_2 und für CO_2 in den beiden Räumen. Unter Gaspartialdruck versteht man den Gasdruck, den ein Gas entsprechend seinem Volumenanteil am Gesamtdruck eines Gasgemisches oder einer Flüssigkeit ausmacht.
Entsprechend seinem Volumenanteil von 21 Prozent übt zum Beispiel der Sauerstoff in trockener Umgebungsluft auf Meereshöhe einen Gaspartialdruck von 21,2 kPa (= 160 mm Hg) aus, das sind 21 Prozent vom gesamten Luftdruck, der in Meereshöhe etwa 101 kPa (= 760 mm Hg) beträgt (Abb. 4/5, Seite 204). Da der Volumenanteil des Kohlendioxyds in der trockenen Umgebungsluft nur 0,04 Prozent ausmacht, trägt das Kohlendioxyd nur 0,04 kPa (= 0,3 mm Hg) Partialdruck zum Gesamtluftdruck bei.
Der Partialdruck für O_2 und für CO_2 in den Lungenbläschen entspricht nicht dem Partialdruck dieser Gase in der Umgebungsluft; denn durch die Anfeuchtung in den oberen und unteren Atemwegen, durch die Vermischung mit der verbrauchten Luft des anatomischen Totraums und durch die Vermischung mit dem aufgenommenen Kohlendioxyd sinkt der Volumenanteil des Sauerstoffs in der Luft der Lungenbläschen auf 14 Prozent ab, das entspricht einem O_2-Partialdruck von 13,33 kPa (= 100 mm Hg) in den Lungenbläschen.
Der Volumenanteil des Kohlendioxyds ist in den Lungenbläschen mit

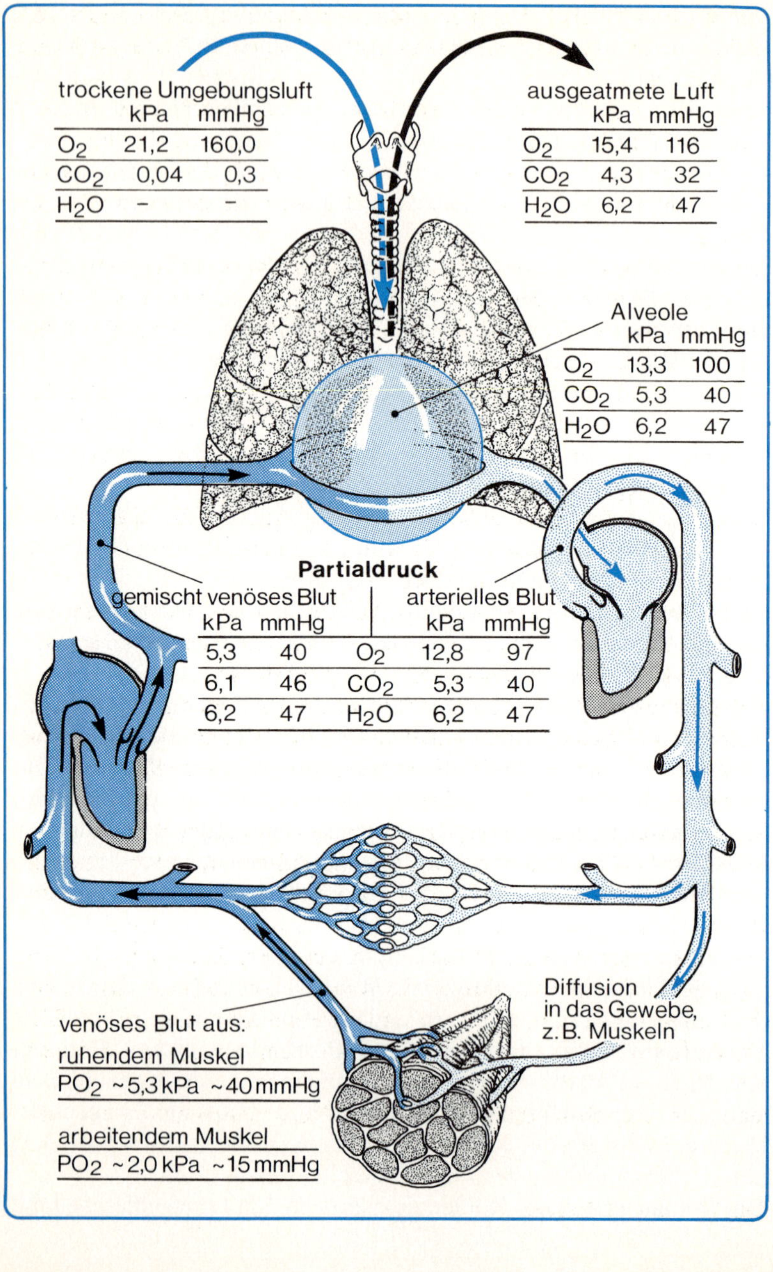
trockene Umgebungsluft
kPa mmHg
O2 21,2 160,0
CO2 0,04 0,3
H2O – –
ausgeatmete Luft
kPa mmHg
O2 15,4 116
CO2 4,3 32
H2O 6,2 47
Alveole
kPa mmHg
O2 13,3 100
CO2 5,3 40
H2O 6,2 47
Partialdruck
gemischt venöses Blut
kPa mmHg
5,3 40 O2
6,1 46 CO2
6,2 47 H2O
arterielles Blut
kPa mmHg
O2 12,8 97
CO2 5,3 40
H2O 6,2 47
Diffusion in das Gewebe, z. B. Muskeln
venöses Blut aus:
ruhendem Muskel
PO2 ~5,3 kPa ~40 mmHg
arbeitendem Muskel
PO2 ~2,0 kPa ~15 mmHg

5,7 Prozent mehr als hundertfach höher als in der Umgebungsluft, so daß der CO_2-Partialdruck in den Lungenbläschen bei 5,3 kPa (= ca. 40 mm Hg) liegt.
Wenn sich das venöse Blut aus den tätigen und den untätigen Organen im rechten Herzen vermischt und in die Lungenkapillaren einfließt, hat dieses *zentralvenöse Blut* in Ruhe einen mittleren O_2-Partialdruck von 5,33 kPa (= 40 mm Hg) und einen CO_2-Partialdruck von 6,1 kPa (= 46 mm Hg).
Aus Abbildung 4/6, Seite 206 wird ersichtlich, daß zwischen dem zentralvenösen Blut am Beginn der Lungenkapillaren und der Luft in den Lungenbläschen ein Partialdruckgefälle für den Sauerstoff und in umgekehrter Richtung für das Kohlendioxyd besteht.
Beide Gase diffundieren in Richtung ihres niedrigeren Partialdrucks durch die alveolokapillare Membran: Der Sauerstoff diffundiert aus den Lungenbläschen in das Blut, das Kohlendioxyd diffundiert aus dem Blut in die Lungenbläschen.
Die oben aufgeführten Partialdruckwerte gelten für Ruhebedingungen, wenn die Körperzellen relativ wenig Sauerstoff verbrauchen und relativ wenig Kohlendioxyd produzieren.
Wenn bei sportlichen Belastungen große Muskelgruppen entsprechend mehr Sauerstoff verbrauchen, kann der O_2-Partialdruck des zentralvenösen Bluts bis unter 2,5 kPa (= 20 mm Hg) absinken.
Analysiert man nicht dieses Mischblut aus den ruhenden und den stark arbeitenden Organen, sondern nur das venöse Blut aus den arbeitenden Muskeln, kann der O_2-Partialdruck sogar noch wesentlich niedriger liegen (1,25 kPa = 10 mm Hg).
Die Diffusionsstrecke, die der Sauerstoff aus den Lungenbläschen bis in die roten Blutkörperchen überwinden muß, ist außerordentlich kurz (circa 1 µm von den Lungenbläschen bis in die Blutflüssigkeit und noch einmal circa 1 µm durch die Blutflüssigkeit bis in die roten Blutkörperchen). Deswegen läuft die Diffusion so schnell ab, daß sich nach etwa 0,3 Sekunden der O_2-Partialdruck des Kapillarblutes schon weitgehend dem O_2-Partialdruck in den Lungenbläschen angeglichen hat. – Die Diffusion des CO_2 läuft in umgekehrter Richtung sogar noch schneller ab.
Wenn unter Ruhebedingungen ein rotes Blutkörperchen etwa eine Se-

Abb. 4/5: Gaspartialdrücke

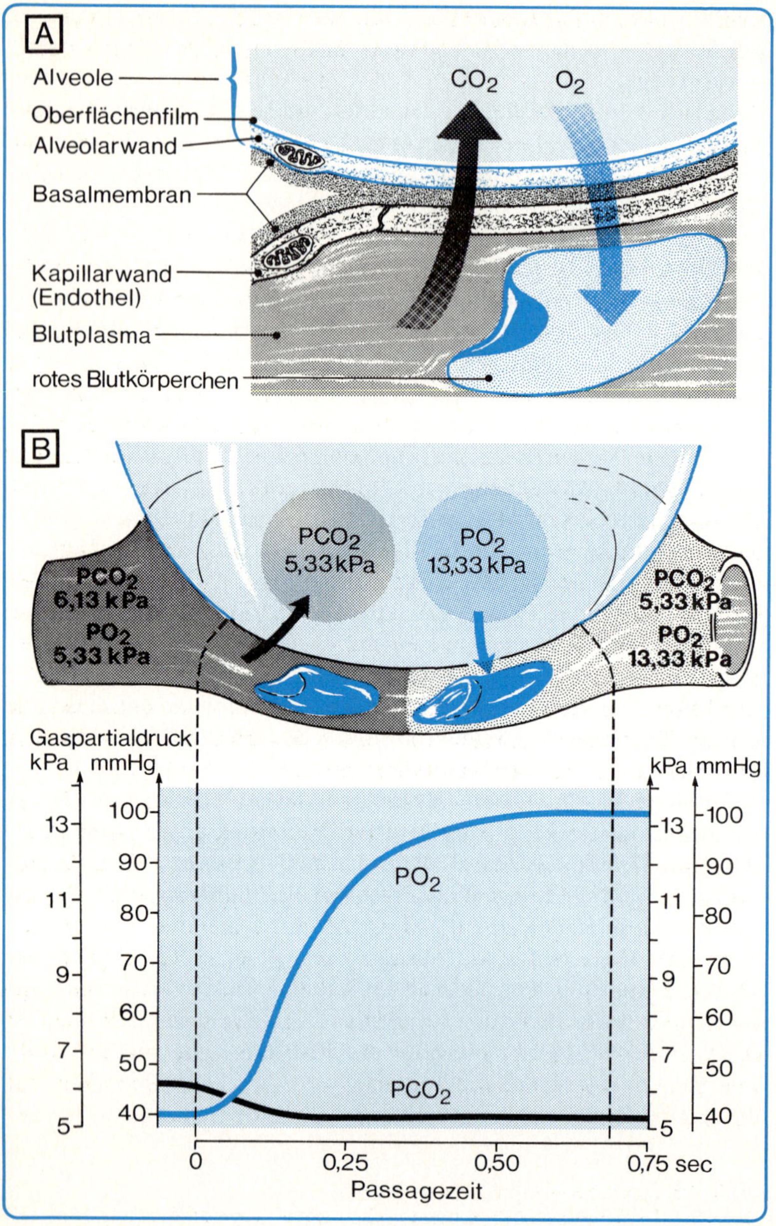
A
Alveole
Oberflächenfilm
Alveolarwand
Basalmembran
Kapillarwand
(Endothel)
Blutplasma
rotes Blutkörperchen
CO_2
O_2
B
PCO_2 6,13 kPa
PO_2 5,33 kPa
PCO_2 5,33 kPa
PO_2 13,33 kPa
PCO_2 5,33 kPa
PO_2 13,33 kPa
Gaspartialdruck
kPa mmHg
kPa mmHg
PO_2
PCO_2
0
0,25
0,50
0,75 sec
Passagezeit

kunde benötigt, um vom einen Ende der Kapillare an das andere zu gelangen, ist der Gasaustausch bereits im ersten Drittel der zur Verfügung stehenden Zeit weitgehend vollzogen. Das liegt vor allem daran, daß die Diffusion der Gase gerade am Anfang der Austauschstrecke besonders intensiv abläuft, weil dort die Gaspartialdruckdifferenz ihren maximalen Wert hat (am Ende besteht keine Gaspartialdruckdifferenz mehr).

Obwohl unter Belastungsbedingungen mehr Lungenkapillaren eröffnet und durchströmt werden als unter Ruhebedingungen, nimmt die Blutströmungsgeschwindigkeit in den Lungenkapillaren bei körperlichen Belastungen doch so zu, daß sich die Passagezeit auf etwa 0,3 Sekunden verkürzt. Die Abbildung 4/6 zeigt, daß diese Zeit aber immer noch für den beinahe vollständigen Ausgleich der Partialdrücke zwischen dem Kapillarblut und der Luft in den Lungenbläschen ausreicht. Nur bei hochausdauertrainierten Sportlern kann man beobachten, daß gegen Ende einer extremen körperlichen Belastung der O_2-Partialdruck im arteriellen Blut geringfügig abzusinken beginnt.

Als Grund dafür diskutiert man die besondere Fähigkeit der ausdauertrainierten Muskelzelle, aus dem peripheren Blut besonders viel Sauerstoff zu entnehmen, so daß in der Lunge auch entsprechend mehr Sauerstoff wieder zugeladen werden muß (Sauerstoffaufnahme). Außerdem kann das Herz eines ausdauertrainierten Sportlers in Extremfällen pro Minute bis zu 40 Liter Blut durch die Lungen pumpen, wodurch sich die Kontaktzeit der roten Blutkörperchen mit den Lungenbläschen möglicherweise unter 0,3 Sekunden verkürzt.

Normalerweise analysiert man nicht den O_2-Partialdruck direkt in den Lungenkapillaren, sondern im arteriellen Blut, etwa der Armschlagader oder der Beinschlagader. Mit 12,66 bis 12,8 kPa (= 95 bis 97 mm Hg) liegt der O_2-Partialdruck dort etwas niedriger als der O_2-Partialdruck in den Lungenbläschen. Das liegt daran, daß die Belüftung der Lunge *(Ventilation)* und ihre Durchblutung *(Perfusion)* nicht immer in allen Lungenabschnitten ideal aufeinander abgestimmt sind. Auch gelangt ein kleiner Teil des venösen Bluts durch Kurzschlußverbindungen direkt in die kleinen Lungenvenen, ohne am Gasaustausch mit belüfteten Lungenbläschen teilzunehmen (siehe unter «funktioneller Totraum»).

Abb. 4/6: (A) Alveolokapillare Membran
(B) Gasaustausch zwischen Alveole und Kapillarblut

4.2.2. **Diffusionskapazität für Sauerstoff**

Die Sauerstoffdiffusionskapazität ist ein Maß dafür, wieviel ml Sauerstoff in einer Minute pro mm Hg Partialdruckdifferenz aus der Luft der Lungenbläschen in das Kapillarblut diffundiert.
Sie ist abhängig von der Größe der gesamten Austauschfläche zwischen den Lungenbläschen und den Lungenkapillaren, von der Dicke der alveolokapillaren Membran, von der Durchlässigkeit dieser Membran für Sauerstoff und von der Kontaktzeit des Blutes mit der Luft in den Lungenbläschen. In Ruhe liegt die Diffusionskapazität für Sauerstoff zwischen 20 bis 50 ml/(Min. × mm Hg.).
Bei körperlichen Belastungsbedingungen nimmt die Diffusionskapazität zu, weil zusätzliche Kapillargebiete eröffnet und durchströmt werden, die in Ruhe verschlossen oder nur wenig durchblutet sind. Man kann errechnen, daß die Diffusionskapazität 60 ml/(Min. × mm Hg) betragen muß, wenn aus der Luft beider Lungen in einer Minute vier Liter Sauerstoff in das Blut übertreten sollen.
Bei hochausdauertrainierten Spitzensportlern, die in einer Minute bis zu sechs Liter Sauerstoff aus der Umgebungsluft in ihr Blut aufnehmen können (maximale Sauerstoffaufnahme), errechnet sich eine Diffusionskapazität von bis zu 100 ml/(Min. × mm Hg).
Obwohl die Diffusionskapazität für O_2 durch allmählich einsetzende Altersveränderungen der alveolokapillaren Membran bereits jenseits des 20. Lebensjahres abzunehmen beginnt, bildet sie bei gesunden Menschen nie die begrenzende Größe für eine körperliche oder sportliche Leistung, vor allem weil die gesamte Austauschfläche zwischen den circa 300 Millionen Lungenbläschen und den Lungenkapillaren so außerordentlich groß ist (80 bis 100 m^2).
Nur wenn bei bestimmten Lungenerkrankungen (z. B. beim Untergang einzelner Lungenbläschen – *Lungenemphysem*) die Diffusionskapazität abnimmt, kann dieser Faktor sehr schnell zur leistungsbegrenzenden Größe werden, was sich durch Atemnot schon bei geringeren Belastungen und in besonders schweren Fällen durch Atemnot bereits in Ruhe bemerkbar macht.

4.3. Transport von Sauerstoff und Kohlendioxyd im Blut

4.3.1. **Sauerstoff**

Weil Sauerstoff (O_2) nur sehr schlecht wasserlöslich ist, wird nur ein geringer Teil des Sauerstoffs im *Blutplasma* (Blutflüssigkeit ohne Blutzellen) gelöst zu den Körperzellen transportiert.
Der größte Teil des Sauerstoffs wird mit Hilfe eines besonderen Transportmoleküls transportiert, des Hämoglobins (Hb). Das *Hämoglobin* ist der in den roten Blutkörperchen *(Erythrozyten)* enthaltene Farbstoff, der dem Blut seine rote Farbe gibt.
Das Hämoglobinmolekül besteht aus vier Untereinheiten, die jeweils aus einem Eiweißanteil und einer sogenannten *Häm-Gruppe* bestehen. In der Lunge kann sich jede dieser Häm-Gruppen ein Sauerstoffmolekül aufladen und weitertransportieren, weil sich der Sauerstoff zu dem zweiwertigen Eisen des Häm-Moleküls hingezogen fühlt (Affinität zwischen zweiwertigem Eisen und O_2).
So leicht, wie das Hämoglobin den Sauerstoff in der Lunge an sich bindet, gibt es ihn im Gewebe aber auch wieder ab.
Wenn das Hämoglobinmolekül im Gewebe angekommen ist, wo ein niedrigerer O_2-Partialdruck herrscht, muß der Sauerstoff das Hämoglobin leicht verlassen können, um seinem Partialdruckgefälle folgend aus dem Blut in die Gewebszelle diffundieren zu können.
Die einzigartige Fähigkeit des Hämoglobinmoleküls, sich sehr schnell (in weniger als 0,01 Sekunden) jeweils vier Sauerstoffmoleküle aufzuladen und diese im Gewebe ebenso schnell wieder abzugeben, läßt sich nur verstehen, wenn man weiß, daß die Anziehungskraft des Hämoglobinmoleküls auf den Sauerstoff steigt, wenn eine seiner Häm-Gruppen bereits mit Sauerstoff beladen ist und umgekehrt.
Die Verbindung des ersten Häms eines Hämoglobinmoleküls mit Sauerstoff erhöht die Affinität des zweiten zu Sauerstoff, die Beladung des zweiten erhöht die Affinität des dritten usw., so daß die Affinität des Hb für das vierte Sauerstoffmolekül ein Vielfaches derjenigen für das erste beträgt.
Umgekehrt gibt das Hämoglobinmolekül das erste und das zweite Sauerstoffmolekül weniger gern ab als die beiden übriggebliebenen. Wenn

aber die ersten Sauerstoffmoleküle bereits an das Gewebe abgegeben sind, folgen die letzten um so leichter nach. Mit zunehmender Entladung sinkt die Affinität zwischen dem Hämoglobinmolekül und dem Sauerstoff.

Dieser besondere Umstand bewirkt den typischen S-förmigen Verlauf der Sauerstoffbindungskurve.

Die *Sauerstoffbindungskurve* zeigt, wieviel Prozent der Hämoglobinmoleküle bei welchem Sauerstoffpartialdruck im Blutplasma mit Sauerstoff beladen sind (siehe Abb. 4/7). Der rechte obere Bereich der Kurve spiegelt die Verhältnisse in der Lunge wider, so daß es sinnvoll ist, die Kurve von rechts oben nach links unten zu lesen.

In den Lungenkapillaren liegt der O_2-Partialdruck genauso hoch wie der O_2-Partialdruck in den Alveolen, bei 13,3 kPa (= 100 mm Hg). Die Sauerstoffbindungskurve zeigt, daß bei diesem O_2-Partialdruck alle vorhandenen Hämoglobinmoleküle mit Sauerstoff beladen sind, die Sauerstoffsättigung (Hb-O_2-Sättigung) beträgt 100 Prozent.

Weil durch die Kurzschlußverbindungen in der Lunge dem arteriellen Blut immer ein kleiner Teil venöses Blut beigemischt ist, beträgt die Sauerstoffsättigung des Blutes im linken Herzen und in den großen Arterien nur circa 98 Prozent.

In den großen und kleinen Arterien gibt das Blut keinen Sauerstoff ab, so daß die Sauerstoffsättigung hier überall noch unverändert hoch ist. Aber wenn das Blut in die Organkapillaren gelangt, tritt der Sauerstoff in die Gewebszellen über, wodurch der Sauerstoffpartialdruck des Blutes sinkt.

Das zentralvenöse Blut, das vermischt aus den tätigen und den untätigen Organen wieder durch die Pulmonalarterie in die Lungen zurückfließt, hat in Ruhe einen O_2-Partialdruck von circa 5,3 kPa (= 40 mm Hg).

Aus der Sauerstoffbindungskurve ist ersichtlich, daß bei diesem O_2-Partialdruck die Hämoglobinmoleküle noch zu 75 Prozent mit Sauerstoff beladen sind, oder, anders ausgedrückt, daß unter Ruhebedingungen der Körper nur 25 Prozent, also ein Viertel der gesamten Transportkapazität des Blutes ausnutzt.

Muskelzellen, die intensive Arbeit verrichten, oder Gehirnzellen, die angestrengt nachdenken, entnehmen aus dem arteriellen Kapillarblut

Abb. 4/7: Hämoglobinmolekül (schematisch) und Sauerstoffbindungskurve

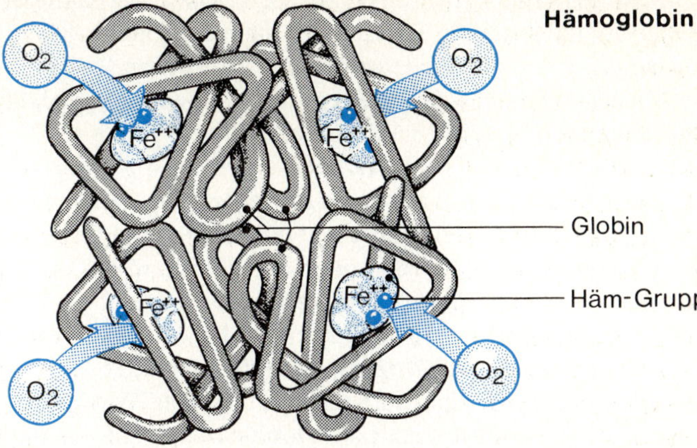
Hämoglobin
O_2
O_2
O_2
O_2
Fe^{++}
Fe^{++}
Fe^{++}
Fe^{++}
Globin
Häm-Gruppe

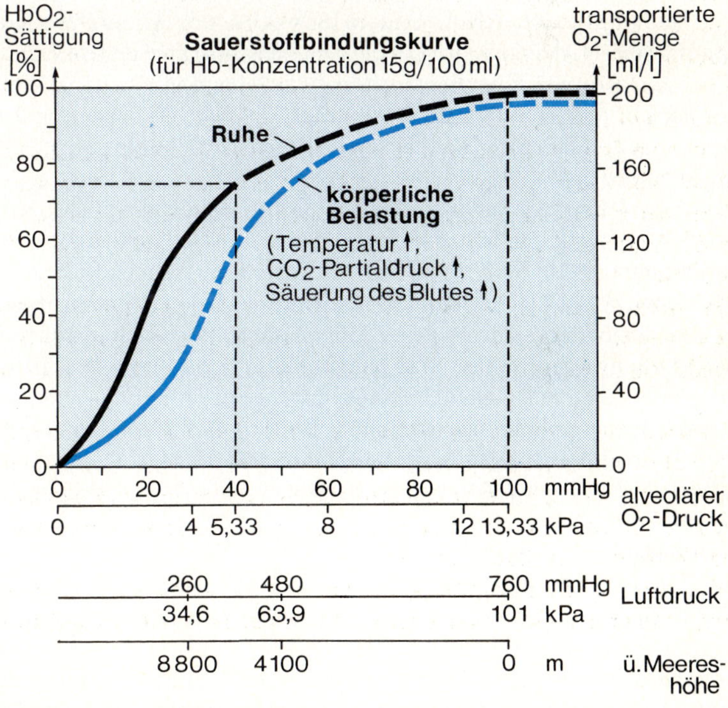
HbO_2-Sättigung [%]
Sauerstoffbindungskurve
(für Hb-Konzentration 15g/100 ml)
transportierte O_2-Menge [ml/l]
100
80
60
40
20
0
200
160
120
80
40
0
Ruhe
körperliche Belastung
(Temperatur ↑, CO_2-Partialdruck ↑, Säuerung des Blutes ↑)
0 20 40 60 80 100 mmHg
0 4 5,33 8 12 13,33 kPa
alveolärer O_2-Druck
260 480 760 mmHg
34,6 63,9 101 kPa
Luftdruck
8800 4100 0 m
ü. Meereshöhe

sehr viel mehr Sauerstoff. In solchen Gebieten kann der O_2-Partialdruck bis auf 1,3 kPa (= 10 mm Hg) absinken. Diese Verhältnisse spiegeln sich im linken unteren Bereich der Sauerstoffbindungskurve wider, die zeigt, daß bei so niedrigen O_2-Partialdrücken (bei so hohem Sauerstoffverbrauch der Körperzellen) die Hämoglobinmoleküle ihre restliche Sauerstoffladung besonders bereitwillig abgeben.
Wenn bei intensiver sportlicher Belastung gleichzeitig große Muskelgruppen sehr viel Sauerstoff aus dem arteriellen Blut entnehmen, sinkt auch der O_2-Partialdruck im gemischt venösen Blut der Lungenarterie. Da sich aber im rechten Herzen und in der Lungenarterie das venöse Blut aus den arbeitenden Muskelgebieten immer mit dem venösen Blut aus anderen, ruhenden Organgebieten (z. B. Magen-Darm-Trakt) mischt, sinkt die Sauerstoffsättigung im zentralvenösen Blut selbst bei hochausdauertrainierten Sportlern nicht unter 20 bis 25 Prozent.
Die besondere Eigenschaft der Hämoglobinmoleküle begünstigt nicht nur die bereitwillige Sauerstoffabgabe genau an die Zellen, die gerade viel Sauerstoff verbrauchen, sondern die wechselnde Affinität des Sauerstoffs zum Hämoglobin wirkt sich auch günstig in großen Höhen aus. Wenn zum Beispiel der äußere Luftdruck auf einem 4100 m hohen Berg nur noch 63,9 kPa (= 480 mm Hg) beträgt, sinkt der O_2-Partialdruck in den Lungenbläschen und damit auch im Lungenkapillarblut auf 6,6 kPa (= 50 mm Hg) ab.
Aus dem Verlauf der Sauerstoffbindungskurve im rechten oberen Kurvenabschnitt wird deutlich, daß auch unter diesen Bedingungen die Hämoglobinmoleküle immer noch zu 80 Prozent mit Sauerstoff beladen sind, obwohl der O_2-Partialdruck des Blutes auf die Hälfte abgefallen ist. Das ermöglicht auch in solchen Höhen immer noch eine ausreichende Versorgung des Körpers mit Sauerstoff.
Die Sauerstofftransportfähigkeit des Blutes ist in erster Linie abhängig von der Hämoglobinkonzentration im Blut, das heißt von der Anzahl der Hämoglobinmoleküle zum Beispiel in 100 ml Blut. Die normale Hämoglobinkonzentration beträgt bei Männern circa 15,8 g Hämoglobin pro 100 ml Blut, bei Frauen beträgt sie 14,5 g Hämoglobin pro 100 ml Blut.
Bei hundertprozentiger Sättigung kann jedes Gramm Hämoglobin 1,34 ml Sauerstoff binden und transportieren; 100 ml Blut mit einer Hb-Konzentration von 15 g enthalten demnach 20,1 ml an Hämoglobin gebundenen Sauerstoff (1,34 mal 15). Da unter Ruhebedingungen das zentralvenöse Blut in der Pulmonalarterie bei einer Sauerstoffsätti-

gung von 75 Prozent immer noch circa 15,2 ml Sauerstoff pro 100 ml Blut enthält, kann man leicht ausrechnen, daß alle Körpergewebe zusammen in Ruhe aus jeweils 100 ml vorbeifließendem Blut jeweils circa 4,7 ml Sauerstoff entnommen haben. Wenn das Herz unter Ruhebedingungen in einer Minute circa 5,5 Liter Blut durch den Körper und durch den Lungenkreislauf pumpt, kann man weiter ausrechnen, daß unter Ruhebedingungen von allen Geweben zusammen circa 250 ml Sauerstoff aus dem kreisenden Blut entnommen werden.
Da die Aufnahme des Sauerstoffs in das Kapillarblut immer dem Verbrauch des Körpers angepaßt ist, beträgt die durchschnittliche Sauerstoffaufnahme in Ruhe circa 250 ml / Min.

4.3.1.1. **Maximale Sauerstoffaufnahme**

Wenn bei einer sportlichen Belastung ein untrainiertes Herz mehr als 20 Liter Blut pro Minute durch den Körper pumpt und wenn die arbeitenden Muskelzellen aus diesem Blut sehr viel mehr Sauerstoff ausschöpfen als in Ruhe, sinkt der Sauerstoffgehalt des zentralvenösen Blutes, so daß in den Lungen wieder entsprechend mehr Sauerstoff zugeladen wird.
Die durchschnittliche maximale Sauerstoffaufnahme eines untrainierten Mannes zwischen dem 20. und dem 30. Lebensjahr liegt dann zwischen 3000 und 3500 ml / Min.
Zur besseren Vergleichbarkeit zwischen Kindern und Erwachsenen oder zwischen Männern und Frauen bezieht man die maximale Sauerstoffaufnahme auf das Körpergewicht, was für die oben bezeichnete Gruppe von mäßig aktiven, gesunden jungen Männern mit einem durchschnittlichen Körpergewicht von 70 kg circa 45 ml pro Kilogramm Körpergewicht und Minute ausmacht.
Die vergrößerten Sportherzen von hochausdauertrainierten Spitzensportlern können pro Minute bis zu 40 Liter Blut durch den Körperkreislauf und durch den Lungenkreislauf pumpen, und die ausdauertrainierten Muskelzellen dieser Sportler können dem vorbeiströmenden Blut sehr viel mehr Sauerstoff entnehmen als eine untrainierte Muskelzelle. Deswegen liegen die Werte für die maximale Sauerstoffaufnahme ausdauertrainierter Spitzensportler entsprechend höher, zwischen 75 und 80 ml pro Kilogramm Körpergewicht und Minute.
Werte von über 55 ml pro Kilogramm Körpergewicht und Minute werden normalerweise nur bei Sportlern gemessen, die regelmäßig Ausdauertraining betreiben.

Weil man aus der maximalen Sauerstoffaufnahme sehr genaue Rückschlüsse auf den Ausdauertrainingszustand der Sportler ziehen kann, hat sich diese Untersuchung als eine der wichtigsten Routineuntersuchungen in den sportmedizinischen Laboratorien durchgesetzt.
Unter Laborbedingungen wird der Sauerstoffgehalt der eingeatmeten Luft und derjenige der ausgeatmeten Luft in Ruhe und unter ansteigender Belastung auf dem Fahrradergometer oder auf einem Laufband ermittelt. Die gemessenen Werte werden mit den Vergleichswerten anderer Sportler verglichen oder mit den Werten, die der Sportler bei früheren Untersuchungen gezeigt hat, so daß der Sportarzt dem Sportler oder dem Trainer wesentliche Hilfen für eine effektive Trainingsgestaltung geben kann.
Die Faktoren, die die maximale Sauerstoffaufnahme begrenzen, sind:

1. die Beatmung der Lunge *(Atemminutenvolumen)*,
2. der Gasaustausch zwischen Lungenbläschen und Lungenkapillarblut *(Diffusionskapazität)*,
3. die Sauerstofftransportkapazität des Herzens und des Kreislaufsystems *(Herzminutenvolumen)*,
4. der gemeinsame Sauerstoffverbrauch aller ruhenden und arbeitenden Organsysteme, insbesondere die biochemische Ausstattung der arbeitenden Muskelzelle (*arteriovenöse O_2-Differenz*; siehe Seite 72),
5. das Blutvolumen,
6. die Gesamtzahl aller Hämoglobinmoleküle (*Totalhämoglobingehalt* des Blutes).

Bei einer intensiven sportlichen Belastung dürfte der wichtigste leistungsbegrenzende Faktor die Höhe des Herzminutenvolumens und die Möglichkeiten der Sauerstoffausschöpfung durch die arbeitende Muskelzelle sein. Das subjektive Gefühl des Sportlers, ‹außer Atem› zu sein, wird offenbar mehr durch diese beiden Faktoren ausgelöst als durch die Fähigkeit der Lunge, den Sauerstoff aus der Umgebungsluft in das Blut aufzunehmen.

4.3.1.2. **Zyanose**

Das arterielle, sauerstoffbeladene Blut besitzt eine charakteristische helle kirschrote Farbe. Nach Abgabe des Sauerstoffs an das Gewebe ändert das Blut seine Farbe, so daß das venöse Blut dunkelrot bis schwarzrot erscheint.
Wenn besonders stark sauerstoffentsättigtes Blut durch die Haut fließt,

schimmert es dunkel durch die Hautoberfläche und läßt die Haut blau erscheinen (Zyanose). Das kann man in kalter Umgebung beobachten, wenn die Hautdurchblutung gedrosselt wird und infolgedessen dem wenigen Blut, das noch durch die Haut fließt, besonders viel Sauerstoff entzogen wird. Eine solche Blauverfärbung tritt zuerst an den Stellen zutage, wo die Haut besonders durchsichtig ist wie an den Lippen oder unter den Nägeln von Kindern, die im Schwimmbad zu lange im Wasser waren und frieren. Diese Blauverfärbung der Haut kann man auch beobachten, wenn bei Herzerkrankungen das Herz zuwenig Blut durch den Körper pumpt, oder bei Blutverteilungsstörungen wie dem Kreislaufschock.

4.3.1.3. **Myoglobin**

Der rote Farbstoff der Muskelzelle heißt Myoglobin. Wie das *Hämoglobin* kann sich auch das *Myoglobin* sehr leicht mit dem Sauerstoff beladen und den Sauerstoff ebensoleicht wieder abgeben. Deswegen fungiert das Myoglobin wahrscheinlich als Vehikel für den Transport des Sauerstoffs von der Zellmembran bis zu den *Mitochondrien* der Zelle, dem eigentlichen Bestimmungsort des Sauerstoffs (siehe Kap. 5.2.2.1.).

Kleine Sauerstoffmengen können vom Myoglobin angelagert und gespeichert werden. Diesen gespeicherten Sauerstoff verwendet die Muskelzelle wahrscheinlich dann, wenn bei der Muskelkontraktion die Innenspannung des Muskels so groß wird, daß der Blutdruck nicht mehr ausreicht, um das Blut durch den Muskel zu pressen. In der Phase der Muskelerschlaffung wird das Myoglobin dann jedesmal wieder mit Sauerstoff beladen.

4.3.1.4. **Sauerstoffübertritt in die arbeitende Muskelzelle**

Die Hämoglobinmoleküle geben ihren Sauerstoff noch bereitwilliger an das Gewebe ab (die Affinität zwischen Sauerstoff und Hämoglobin sinkt), wenn

- die Bluttemperatur steigt,
- der CO_2-Partialdruck steigt,
- die Säuerung des Blutes steigt.

Alle drei Bedingungen treffen für das Kapillarblut in der arbeitenden Muskulatur zu.

Weil der größte Teil der in den Nährstoffen chemisch gebundenen Energie (75 Prozent) als Wärme frei wird, kann bei intensiver Muskel-

arbeit die Bluttemperatur bis auf 40 Grad Celsius ansteigen. Der CO_2-Partialdruck kann bis auf 10,4 kPa (= 78 mm Hg) ansteigen; durch die Milchsäurebildung in der intensiv beanspruchten Muskelzelle steigt die Säuerung des Blutes.
Durch diese Einflüsse wird die Sauerstoffbindungskurve nach rechts verlagert, so daß bei gleichem Sauerstoffpartialdruck die Hämoglobinmoleküle nur noch weniger Sauerstoff enthalten oder – anders ausgedrückt – daß bei einem gleichen Sauerstoffpartialdruck die Sauerstoffabgabe an das Gewebe erleichtert wird (Bohr-Effekt).

4.3.2. **Kohlendioxyd**

Im Gegensatz zum Sauerstoff ist das Kohlendioxyd (CO_2) sehr gut in Wasser löslich. Deswegen benötigt es auch nicht ein besonderes Transportmolekül, um aus dem Gewebe bis in die Lungen zu gelangen.
Das CO_2, das bei der aeroben Zerlegung der Nahrungsstoffe als Endprodukt übrigbleibt, diffundiert aus der Zelle in das Kapillarblut, wo es sich in einer chemischen Reaktion mit Wasser verbindet, wodurch Kohlensäure und Bikarbonat gebildet werden.

$$CO_2 + H_2O \xrightleftharpoons{\text{Karboanhydratase}} H_2CO_3 \rightleftharpoons H^+ + HCO_3^-$$

Kohlendioxyd plus Wasser	Kohlensäure	Wasserstoffion plus Hydrogenkarbonat

Weil diese Reaktion normalerweise sehr langsam ablaufen würde, wird sie von einem Enzym (siehe Seite 235) beschleunigt, der *Karboanhydratase.* Es stört dabei nicht, daß sich die größte Menge dieses Enzyms innerhalb der roten Blutkörperchen befindet, da das CO_2 frei und sehr schnell zwischen dem Blutplasma und den roten Blutkörperchen hin und her diffundieren kann.
Der größte Teil des Kohlendioxydes (circa 44 ml/100 ml Blut) wird durch die oben erwähnte chemische Reaktion als Bikarbonat (HCO_3^-) transportiert; ein kleiner Teil lagert sich aber dem Eiweißanteil des Hämoglobinmoleküls an und gelangt auf diese Weise zur Lunge (circa 3 ml/100 ml Blut). Ein anderer kleiner Teil des CO_2 gelangt, physikalisch im Blutplasma gelöst, zu den Lungen (circa 2,5 ml/100 ml Blut).

In den Lungenkapillaren läuft die oben beschriebene chemische Reaktion in umgekehrter Richtung ab, so daß das CO_2 aus dem Blut in die Luft der Lungenbläschen abgegeben werden kann.

4.4. Regulation der Atmung

Die Atmung wird durch einen zentralnervösen Regulationsmechanismus gesteuert, der die Atemtätigkeit meistens genau nach den Bedürfnissen der Körperzellen richtet. Wenn bei einer intensiven sportlichen Belastung 150 oder sogar 200 Liter Luft pro Minute ventiliert werden anstatt 6 bis 8 Liter unter Ruhebedingungen, steigt die Sauerstoffaufnahme von Ruhewerten um 250 ml/Min. auf Belastungswerte um 4000 ml/Min., bei hochausdauertrainierten Sportlern sogar auf Werte bis zu 6000 ml/Min. an. Gleichzeitig steigt die Menge CO_2, die minütlich aus dem Blut abgeatmet wird, von 200 ml/Min. bis auf Werte von 8000 ml/Min.
Obwohl die Mechanismen der extremen Ventilationssteigerung bei sportlicher Belastung im einzelnen noch nicht aufgeklärt sind, lassen sich einige aus der Ruheatemregulation bekannte nervale und chemische Faktoren auf die Regulation der Atmung bei einer sportlichen Belastung übertragen.

4.4.1. **Nervale Regulation**

Die Atemtätigkeit wird durch das sogenannte Atemzentrum zentral gesteuert. Das *Atemzentrum* besteht aus einer Ansammlung von Nervenzellen im verlängerten Rückenmark *(Medulla oblongata)*, von denen Nervenbahnen bis zur Atemmuskulatur reichen. Räumlich zum Teil getrennt liegende inspiratorisch und exspiratorisch wirkende Nervenzellen des Atemzentrums sorgen dafür, daß die Atmung auch ohne willentliche Beeinflussung rhythmisch und regelmäßig abläuft, angepaßt an die jeweilige Bedarfssituation der Körperzellen.
Allerdings läßt sich durch den Einfluß höherer Gehirnzentren die Atmung willkürlich verändern, so daß man den Atem anhalten oder zum Sprechen, Singen oder zum Spielen eines Blasinstruments nutzen kann.
Wie die Herz-Kreislauf-Zentren wird auch das Atemzentrum schon bei der Vorstellung eines Bewegungsablaufs parallel zu den motorischen

Systemen des Gehirns aktiviert, so daß die Atemtätigkeit bereits vor dem Start um ein Vielfaches ansteigen kann. Man spricht in diesem Zusammenhang von *kortikaler Mitinnervation* (siehe Seite 166).
Wenn der Wettkampf oder der Trainingslauf begonnen hat, erregen offensichtlich Impulse von den Dehnungsrezeptoren der Muskeln und der Sehnen das Atemzentrum und halten dadurch die verstärkte Atmung aufrecht. Auch scheint die Information über die veränderte chemische Situation in der arbeitenden Muskulatur von bisher lediglich vermuteten – hypothetischen – Meßfühlern im Bereich der quergestreiften Skelettmuskulatur nicht nur an die Kreislaufzentren, sondern auch an das Atemzentrum zu gelangen und dort für eine Ventilationssteigerung zu sorgen (Rückmeldung aus der arbeitenden Muskulatur; siehe Seite 166).
Bei psychischen Erregungszuständen wie Angst und Schmerz oder bei Reflexen wie Niesen, Husten, Gähnen und Schlucken üben auch andere höhere Gehirnzentren einen zum Teil unbewußten Einfluß auf die Atmung aus.

4.4.2. **Chemische Regulation**

Besondere Nervenendigungen melden fortwährend Informationen über die chemische Zusammensetzung des Blutes bzw. der Körperflüssigkeiten an das Atemzentrum. Diese Nervenendigungen, die als Meßfühler in einem Regulationssystem dienen, bezeichnet man als *Chemorezeptoren.*
Periphere Chemorezeptoren befinden sich in der Wand des Aortenbogens und an der Teilungsstelle der Gehirnschlagadern *(Aorten-* und *Karotiskörperchen).* Diese peripheren Chemorezeptoren überwachen ständig den O_2-Partialdruck (PO_2) des arteriellen Blutes und melden ihre Information an das Atemzentrum. Die Abnahme des O_2-Partialdrucks wird vom Atemzentrum mit einer Verstärkung der Atmung beantwortet.
Auch der CO_2-Partialdruck (PCO_2) und die Säuerung des Blutes werden von diesen Körperchen ständig überwacht, wobei ein Anstieg des PCO_2 und eine Übersäuerung des Blutes das Atemzentrum ebenfalls erregen.
Über zentrale Chemorezeptoren, die direkt im Gehirn am Boden des Hirnstammes im verlängerten Rückenmark liegen, wird die chemische

Zusammensetzung der Gehirnflüssigkeit kontrolliert, die der chemischen Zusammensetzung des Blutes entspricht. Einen Anstieg des PCO_2 und die damit verbundene Übersäuerung der Gehirnflüssigkeit melden diese zentralen Chemorezeptoren direkt an das unmittelbar benachbarte Atemzentrum, das daraufhin die Atemtätigkeit verstärkt, um den erhöhten PCO_2 der Gehirnflüssigkeit bzw. des Blutes wieder auf die normalen Werte einzuregulieren.
Die wichtigsten chemischen Blutveränderungen, die eine Steigerung der Atemtätigkeit bewirken, sind zusammengefaßt:
- der steigende CO_2-Partialdruck bei überschießender Produktion von Kohlendioxyd,
- die Säuerung des Blutes durch die bei Muskelarbeit anfallende Milchsäure und Kohlensäure,
- der sinkende Sauerstoffpartialdruck.

Besonders beim Tauchen im Schwimmunterricht sollte von Sportlehrern beachtet werden, daß der sinkende O_2-Partialdruck das Atemzentrum erst später und sehr viel schwächer anreizt als der erhöhte CO_2-Partialdruck und dementsprechend einen relativ schwächeren bewußten Wunsch auslöst, die Atemtätigkeit zu steigern (siehe Seite 225).
Außer durch die nervösen und chemischen Regulationsmechanismen wird die Atemtätigkeit durch die Körpertemperatur beeinflußt. Sowohl die Erhöhung der Körperkerntemperatur (z. B. beim Fieber) als auch ein Absinken führen zur Mehratmung. Dabei spielen zentrale Temperaturfühler und die Temperaturfühler auf der Haut eine Rolle.

4.4.3. **Atmungsregulation bei sportlicher Belastung**

Der Anstieg der Atemtätigkeit (Ventilation) ist der vermehrten Sauerstoffaufnahme weitgehend proportional. Über die genauen auslösenden Mechanismen der Ventilationsanpassung bei körperlicher Arbeit ist man sich auch heute noch nicht im klaren.
Mit Sicherheit kann die extreme Ventilationssteigerung von sechs Liter/Minute bis auf 180 oder 200 Liter/Minute jedoch nicht auf den Einfluß der oben diskutierten chemischen Blutveränderungen zurückgeführt werden. Denn bis zum Erreichen der individuellen Dauerleistungsgrenze bleiben die Partialdruckwerte für das Kohlendioxyd und den Sauerstoff im arteriellen Blut annähernd konstant; ebensowenig ändert sich die Säuerung des arteriellen Blutes (siehe Abb. 4/8).

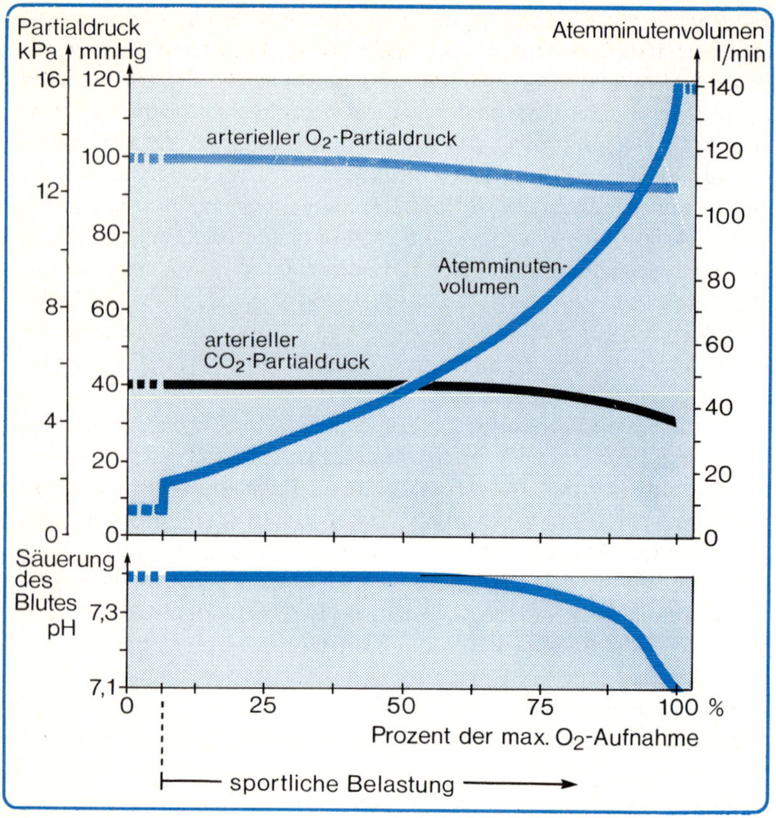

Abb. 4/8: Veränderungen blutchemischer Faktoren während intensiver sportlicher Belastung

Auch bis zum Erreichen der individuell maximal möglichen Leistung ändern sich diese Werte nur so wenig, daß weder eine einzelne Veränderung noch die Summe dieser Veränderungen als auslösender Faktor in Frage kommen.

Gegen ein Überwiegen der chemischen Regulationsmechanismen spricht auch die Tatsache, daß unmittelbar mit Beginn der Belastung bereits eine steile Zunahme der Ventilation und bei Beendigung eine ebenfalls relativ steile Abnahme der Atemtätigkeit beobachtet wird.

Beide Änderungen erscheinen für eine chemische Regulation zu plötzlich. Deswegen ist man heute der Meinung, daß die nervalen Regulationsvorgänge bei körperlicher Arbeit genauso wichtig sind. Am Start und zu Beginn der körperlichen Belastung scheint im wesentlichen die *zentrale Mitinnervation* für die schnelle Steigerung der Atemtätigkeit verantwortlich zu sein, während im weiteren Verlauf dann die *Rückmeldung aus den hypothetischen Chemorezeptoren* in der arbeitenden Muskulatur sowie Impulse aus den Dehnungsrezeptoren in den Muskeln, Sehnen und Gelenken für die gesteigerte Ventilation verantwortlich sind. Ferner könnten der Anstieg der Körpertemperatur bei Belastung und eine Zunahme der Empfindlichkeit des Atemzentrums für den steigenden CO_2-Partialdruck zur Ventilationssteigerung beitragen.

Jeder Sportler weiß aus eigener Erfahrung, daß man nach dem Ziel ‹völlig außer Atem› ist und eventuell noch bis zu einer Stunde nach dem Training oder nach dem Wettkampf mehr atmet, als es dem Sauerstoffruhebedarf der Körperzellen entspricht. Ein Teil dieser Mehratmung nach Arbeitsende dient dazu, die *Sauerstoffschuld* zu begleichen, die man zu Beginn oder während der Belastung eingegangen ist (siehe Kap. 5.5.). – Über welche Regulationsmechanismen diese Mehratmung nach Arbeitsende aufrechterhalten wird, ist nicht bekannt.

4.4.4. ‹**Zweite Luft**›

Manche Sportler berichten, daß sie kurz nach dem Beginn einer mittelschweren Belastung das Gefühl haben, nur sehr schwer Luft zu bekommen, sich dann aber nach einigen Minuten Erleichterung einstellt, so daß sie wieder tief und frei durchatmen können. Dieses subjektive Phänomen kann physiologisch nur schwer erklärt werden. Möglicherweise sind die relativ langsam anlaufenden Umstellungsvorgänge der Herz-Kreislauf-Regulation und der Atemregulation in der ersten Belastungsphase dafür verantwortlich.

Vielleicht hängt auch die Sauerstoffschuld, die auch die Atemmuskulatur zu Beginn jeder Belastung eingehen muß, mit diesem Phänomen zusammen oder die Tatsache, daß die in der Anfangsphase einer Belastung erhöhten Milchsäurewerte in der Muskelzelle und im Blut sich im weiteren Verlauf der Belastung zunächst normalisieren (siehe Kap. 5.4.).

4.4.5. **Seitenstiche**

Während man früher der Meinung war, Seitenstiche entständen dann, wenn sich die Gefäße in der Milz kontrahieren, um bei Belastung das in der Milz gespeicherte Blutvolumen in den Kreislauf abzugeben, weiß man heute, daß der Milz eine solche Speicherfunktion nicht zukommt. Auch Menschen ohne Milz bekommen Seitenstiche. So gelangte man zu der Auffassung, daß die Seitenstiche im Zwerchfell entstehen, und zwar dann, wenn dieser wichtigste Atemmuskel seinen Sauerstoffbedarf vorübergehend nicht ausreichend decken kann.
Für diese Theorie spricht die Beobachtung, daß Seitenstiche öfter bei untrainierten Personen auftreten, besonders nach einer größeren Mahlzeit, wenn die Umverteilungsvorgänge des Kreislaufsystems langsamer ablaufen. Wenn im weiteren Verlauf der Belastung das Sauerstoffangebot den Sauerstoffbedarf des Zwerchfells zu decken vermag, verschwinden diese Beschwerden meistens.
Auch die Erfahrung, daß ausdauertrainierte Sportler seltener Seitenstiche verspüren, wenn sie sich vor der Belastung ausreichend ‹warm machen›, unterstützt diese Theorie.

4.5. Trainingseinflüsse auf die Atmung

Durch regelmäßig betriebenes Ausdauertraining verbessert sich die Atmungsregulation, wodurch die Atmung ökonomisiert wird.
Wenn zu Beginn einer sportlichen Belastung das *Atemminutenvolumen* ansteigt, reguliert der ausdauertrainierte Sportler diese Zunahme eher über eine Steigerung des *Atemzugvolumens,* während der untrainierte die gleiche Zunahme über eine Steigerung der *Atemfrequenz* erreicht.
Die tiefe Atmung hat gegenüber der schnellen Atmung aber deutliche Vorteile, weil der negative Einfluß der *Totraumventilation* verringert wird, so daß in einer Minute trotz gleichen Atemminutenvolumens mehr frische Luft in die Alveolen gelangt (die alveoläre Ventilation steigt; siehe Seite 201).
Die größere *alveoläre* Ventilation trägt unter anderem dazu bei, daß ein ausdauertrainierter Sportler die gleiche submaximale Belastung mit

einem kleineren Atemminutenvolumen durchhalten kann als ein untrainierter.
Hochausdauertrainierte Sportler können bei intensivster sportlicher Belastung mehr Luft hin- und heratmen als untrainierte. Spitzensportler erreichten bei Belastungsuntersuchungen auf dem Laufband Atemminutenvolumina von bis zu 250 Liter/Min. bei einer Atemfrequenz von 60/Min. und einem Atemzugvolumen von jeweils 4,2 Litern.
Dementsprechend höher liegt die maximale Sauerstoffaufnahme der ausdauertrainierten Sportler, die bis zu 80 ml pro Kilogramm Körpergewicht und Minute betragen kann, wobei man allerdings berücksichtigen muß, daß die Sauerstoffaufnahme eher durch die Transportfähigkeit des Herz-Kreislauf-Systems (Herzminutenvolumen bis zu 40 Liter/Min.) und durch die verbesserte Sauerstoffausschöpfung der trainierten Muskelzelle bestimmt wird als durch den Sauerstoffübertritt in das Blut.
Um eine Aussage über die Ökonomie der Atmung machen zu können, bestimmt man bei sportmedizinischen Untersuchungen routinemäßig das *Atemäquivalent.* Dieses gibt an, wieviel Liter Luft ventiliert werden müssen, um einen Liter Sauerstoff in das Blut aufzunehmen. In Ruhe beträgt das Verhältnis etwa 25 : 1; um einen Liter Sauerstoff in das Blut aufzunehmen, müssen 25 Liter Luft ventiliert werden.
Mit ansteigender Belastung sinkt das Atemäquivalent, weil sich die Belüftung *(Ventilation)* und die Durchblutung *(Perfusion)* der Lunge verbessern.
Im Bereich der Dauerleistungsgrenze erreicht das Atemäquivalent seinen kleinsten Wert; bei ausdauertrainierten Spitzensportlern kann er um 20 liegen. Die persönliche Dauerleistungsgrenze entspricht bei gesunden jüngeren Menschen einer Belastungsintensität, bei der circa 50 Prozent der maximal möglichen Sauerstoffaufnahme erreicht werden. Bei untrainierten Personen zwischen dem 20. und dem 30. Lebensjahr liegt die mittlere Pulsfrequenz dabei um circa 130 Schläge/Min.
Wenn die Laufgeschwindigkeit oder die Belastungsintensität weiter ansteigt, steigt das Atemäquivalent wieder an und erreicht Werte von 30 bis 35; das heißt, bei intensivsten Belastungen müssen zur Aufnahme von einem Liter Sauerstoff 30 bis 35 Liter Luft ventiliert werden, so daß im Grenzbereich der körperlichen Leistungsfähigkeit die Atmung unökonomisch wird. Neben anderen Faktoren ist ein Grund dafür die relativ starke Zunahme der Totraumventilation, da in diesen Grenzbereichen wegen des starken Strömungswiderstandes in den Luftwegen und

der hohen Oberflächenspannung in den Alveolarbläschen das Atemzugvolumen nicht mehr gesteigert wird, sondern nur noch die Atemfrequenz.
Bei hochausdauertrainierten Sportlern mag an der Erhöhung des Atemäquivalents auch die kurze Kontaktzeit zwischen dem Lungenkapillarblut und der Luft in den Lungenbläschen beitragen.
Der steilste Anstieg des Atemäquivalents erfolgt etwa an demselben Punkt, an dem die Milchsäurekonzentration des arteriellen Blutes und dadurch die Säuerung des Blutes deutlich über den Ruheausgangswert anzusteigen beginnt. Das ist immer dann der Fall, wenn die von der Muskulatur benötigte Energiemenge nicht mehr überwiegend über den aeroben Abbau der Nährstoffe bereitgestellt werden kann (siehe Kap. 5.4.), so daß der Anteil der anaerob gelieferten Energie zu steigen beginnt. Der steile Anstieg des Atemäquivalents entspricht somit der sogenannten aerob-anaeroben Schwelle, die bei einer Milchsäurekonzentration des Blutes von circa 4 μmol/ml liegt.
Ausdauertrainierte Sportler erreichen diese aerob-anaerobe Schwelle später als untrainierte Personen bzw. erst bei einer höheren Belastungsintensität; dementsprechend später tritt bei ihnen auch der steile Anstieg des Atemäquivalents ein.
Kennzeichnend für den Trainingszustand ist ebenfalls, daß ausdauertrainierte Sportler nach dem Wettkampf bzw. nach einer bestimmten Belastung schneller wieder ihren normalen Atemruherhythmus finden als untrainierte Personen, wobei zu beachten ist, daß jüngere Menschen grundsätzlich schneller zur Ruheatmung zurückkehren können als ältere Menschen.

Vitalkapazität

Vielleicht weil sie sich so leicht messen läßt, ist die Bestimmung der Vitalkapazität immer noch eine der beliebtesten Lungenfunktionsgrößen; das gilt auch für manche sportmedizinische Untersuchungen. Dabei wird die Aussagekraft dieser Funktionsgröße oft überschätzt; denn die Vitalkapazität ist in erster Linie abhängig von der Körpergröße und dem Körpergewicht und damit der Körperoberfläche.
Größere Menschen haben eine größere Vitalkapazität als kleinere Menschen; Erwachsene haben eine größere Vitalkapazität als Kinder. Auch das Geschlecht spielt eine Rolle; die Vitalkapazität von Frauen liegt um circa zehn Prozent niedriger als diejenige von gleichaltrigen und gleich großen Männern.

Die Tatsache, daß ausdauertrainierte Sportler im Durchschnitt eine um etwa 20 Prozent höhere Vitalkapazität haben als untrainierte ‹Normalpersonen›, bedeutet nicht zwangsläufig, daß Ausdauersportler auch insgesamt größere Lungen, also eine größere Totalkapazität besitzen; vielmehr könnte dieser höhere Durchschnittswert der Vitalkapazität etwas mit der sicher besseren Atemtechnik der ausdauertrainierten Sportler zu tun haben. Allerdings sind manche Sportmediziner der Meinung, daß durch Ausdauertraining, das in der Wachstumsphase intensiv und umfangreich betrieben wird, die Totalkapazität und damit auch die Vitalkapazität vergrößert werden kann.
Die normalen Altersveränderungen der elastischen Lungenstrukturen, die dafür verantwortlich sind, daß die Vitalkapazität mit zunehmendem Alter langsam abnimmt, lassen sich durch Ausdauertraining positiv beeinflussen. So haben Langzeituntersuchungen an regelmäßig trainierenden Sportlern gezeigt, daß diese auch im Alter von 40 bis 45 Jahren im Durchschnitt noch die gleichen hohen Vitalkapazitäten hatten wie 20 Jahre vorher.
Das Fassungsvermögen der Lunge spielt für ihre eigentliche Funktion, nämlich die Aufnahme von Sauerstoff in das Blut und die Abgabe von CO_2 aus dem Blut, sicher nicht die entscheidende Rolle. Das kann man aus Messungen schließen, die zeigen, daß bei gleichaltrigen, gleich schweren Personen mit der gleichen Vitalkapazität von vier Litern die maximale O_2-Aufnahme zwischen 2 und 3,5 Liter/Minute schwankt. Deswegen hat im Einzelfall die Messung der Vitalkapazität nur eine begrenzte Aussagekraft über die Leistungsfähigkeit der Lunge bzw. über die Leistungsfähigkeit des kardio-pulmonalen Systems.
Sportler und Trainer können sich lediglich an der Faustregel orientieren, daß man mindestens über eine Vitalkapazität von 4,5 Litern verfügen muß, um unter maximalen Belastungsbedingungen eine Sauerstoffaufnahme von vier Liter/Minute erreichen zu können.

4.6. Atmung beim Tauchen

Auch gesunde Menschen können ohne Sauerstoff nur einige Minuten überleben, weil der menschliche Körper außerordentlich wenig Sauerstoff speichern kann. Wenn man mit angehaltenem Atem taucht, beträgt die durchschnittliche maximale Atem-Anhaltezeit nicht mehr als 30 bis 60 Sekunden. Den Befehl zum Auftauchen und zum Luftholen gibt das Atemzentrum aber nicht erst, wenn nach dieser Zeit der O_2-Partialdruck im arteriellen Blut auf ungefähr 10 kPa oder sogar bis auf 6,7 kPa (75 bis 50 mm Hg) abgesunken ist. Schon früher entsteht der dringende Wunsch zum Auftauchen, und zwar wenn durch das im Körper produzierte Kohlendioxyd der arterielle CO_2-Partialdruck über Werte von 6,0 kPa oder 6,7 kPa (45 bis 50 mm Hg) ansteigt.

Um den Zeitpunkt dieses Auftauchbefehls hinauszuzögern, atmen manche Taucher – und leider immer wieder auch Schüler im Schwimmunterricht – vor dem Tauchen absichtlich über das normale Maß hinaus *(Hyperventilation)*. Dadurch wird nur unwesentlich mehr Sauerstoff im Körper gespeichert; denn die Sättigung der Hämoglobinmoleküle liegt ja schon bei normaler Atmung bei beinahe 100 Prozent.

Vielmehr wird durch diese Hyperventilation mehr Kohlendioxyd aus dem Blut in die Umgebungsluft abgeatmet, wodurch der CO_2-Partialdruck sinkt. Wenn der künstlich verringerte CO_2-Partialdruck unter Wasser entsprechend später wieder ansteigt, kann dieses wichtigste Auftauchsignal zu spät eintreffen.

Das kann lebensgefährlich sein, weil der O_2-Partialdruck erst dann auf Werte absinkt, die das Atemzentrum erregen und dadurch zum Auftauchen zwingen, wenn durch das Schwimmen unter Wasser schon sehr viel Sauerstoff verbraucht ist. Für die wenigen Schwimmstöße, die den Taucher zur Wasseroberfläche zurückbringen sollen, wird dann so viel von dem restlichen Sauerstoff verbraucht, daß der O_2-Partialdruck unter die für die Funktion des zentralen Nervensystems kritischen Werte von etwa 4,0 bis 3,3 kPa (30 bis 25 mm Hg) absinkt. Unterhalb dieser kritischen Werte kommt es aber zur augenblicklichen Bewußtlosigkeit und damit zum Ertrinken.

Mehrere Taucher haben solche Hyperventilation vor Rekordversuchen mit dem Leben bezahlen müssen.

Deswegen müssen Sportlehrer und Trainer sehr streng darauf achten, daß Schüler und jugendliche Sportler vor dem Tauchen nicht mehr als ein- bis zweimal tief durchatmen.

Um sich die Unterwasserlandschaft in aller Ruhe durch die Taucherbrille zu betrachten, kann man die Atemwege künstlich durch einen Schnorchel verlängern, wodurch der Zugang zur Außenluft erhalten bleibt. Der Schnorchel darf aber nicht zu lang sein, weil die Einatmung unter Wasser um so schwerer wird, je größer der Wasserdruck ist, der

zusätzlich zum atmosphärischen Druck der Umgebungsluft auf dem Brustkorb lastet.
Da auch bei intensivster Anstrengung aller Atemmuskeln und -hilfsmuskeln nur ein maximaler Druck von ungefähr 11 kPa (= 112 cm H_2O) erzeugt werden kann, ist eine Einatmung unterhalb von 112 cm Wassertiefe nicht mehr möglich, weil der Brustkorb durch den einwirkenden Wasserdruck in eine dauernde Ausatmungsstellung gezwungen wird.
Zu lange Schnorchel darf man auch deshalb nicht verwenden, weil dann das Totraumvolumen im Extremfall so stark vergrößert wird, daß bei der Einatmung gar keine frische Luft mehr in die Alveolen gelangt. Auch wenn das Schnorchelrohr sehr eng ist, kann die Einatmung verhindert werden, weil der Strömungswiderstand der Luft so stark ansteigen kann, daß die Atemmuskulatur diese Pumpleistung unter Wasser nicht mehr bewältigt. Deshalb darf ein Schnorchel nicht länger als 30 Zentimeter sein. Jugendliche, denen man diese Gefahren erklärt, verzichten sicherlich freiwillig auf die oft gesehene Verlängerung ihrer Schnorchel.
Um in größeren Wassertiefen (bis etwa 70 m) noch atmen zu können, benutzt man Tauchgeräte. Aus mit Überdruck gefüllten Gasflaschen stellen diese Geräte den Druck der Einatmungsluft automatisch auf den umgebenden Wasserdruck ein, so daß der Wasserdruck immer vom Gegendruck des Tauchgeräts ausgeglichen wird. Auf diese Weise kann der Taucher mit normalem Kraftaufwand auch in größeren Wassertiefen frei atmen.
An dieser Stelle sei nur folgendes angemerkt:
Alle zehn Meter, die ein Taucher tiefer absteigt, lastet ein zusätzlicher Druck von einer Atmosphäre auf seinem Körper. Nach physikalischen Grundgesetzen nimmt der Körper aber mit zunehmendem Umgebungsdruck mehr Gase auf, die sich in den verschiedenen Körpergeweben lösen. So sind bei einer Tauchtiefe von 20 Metern schon dreimal soviel Gase im Blut des Tauchers gelöst wie an der Wasseroberfläche.
Probleme ergeben sich dabei vor allem durch den Stickstoffgehalt der Luft; denn genauso langsam wie der Stickstoff unter hohem Partialdruck in die Körpergewebe diffundiert, verläßt er diese Gewebe, wenn sein Partialdruck beim Auftauchen wieder abnimmt. Wenn bei zu schnellem Auftauchen der Umgebungsdruck des Wassers zu schnell sinkt, wird der Stickstoff aus dem Gewebe in Form von kleinen Gas-

bläschen in das Blut freigesetzt, die die Kapillaren verstopfen, in denen dann kein Blut mehr fließen kann.
In leichteren Fällen machen sich diese Stickstoffbläschen als Kribbeln in den Muskeln und den Gelenken bemerkbar; in schwereren Fällen können sie zu einer Lähmung des zentralen Nervensystems führen.
Weil die Bläschenbildung vermieden werden kann, wenn man sehr langsam auftaucht, müssen Taucher mit Tauchgeräten streng nach einem vorgegebenen Zeitplan auftauchen.
Wenn man den Stickstoffanteil der komprimierten Luft durch Heliumgas ersetzt, kann man diese Gefahren mindern, da Helium im Blut und in den Körpergeweben sehr viel weniger löslich ist als Stickstoff.

4.7. Zigarettenrauchen

Zigarettenrauchen ist eine gefährliche Sucht, die das Risiko erhöht, früh an Arteriosklerose, am Herzinfarkt oder an Lungenkrebs zu sterben. Zigarettenrauchen trägt zur Entstehung der chronischen Entzündung der Atemwege (chronische Bronchitis) und zum Untergang von Lungenbläschen (Lungenemphysem) bei und dazu, daß Magengeschwüre schlecht abheilen.
Wegen dieser bekannten Gefahren rauchen die meisten Sportler nicht, aber auch deshalb nicht, weil das Rauchen die Ausdauerleistungsfähigkeit beeinträchtigt.
Eine wichtige Ursache dafür ist die Tatsache, daß sich nach dem Rauchen einer Zigarette für 10 bis 30 Minuten der Strömungswiderstand in den Atemwegen um das Zwei- bis Dreifache erhöht. Diese Widerstandserhöhung wird vor allem durch die kleinen, circa 1 μm großen Rauchpartikel ausgelöst, die die Atemwege zu einer vermehrten Schleimproduktion und die Bronchiolen zu einer Verengung reizen.
Auch der Umstand, daß sich das Kohlenmonoxyd (CO) gern mit dem Hämoglobin verbindet, beeinträchtigt die Atmungsfunktion.
Zehn Zigaretten über den Tag verteilt können bewirken, daß sich fünf Prozent der Hämoglobinmoleküle fest mit dem Kohlenmonoxyd verbinden und deswegen keinen Sauerstoff mehr transportieren können.
Bei 30 bis 40 Zigaretten pro Tag sind bis zu zehn Prozent aller Hämoglobinmoleküle für den Sauerstofftransport blockiert. Schon deswegen sollten Sportler – aber nicht nur sie – auf keinen Fall rauchen.

4.8. Zusammenfassung

Zusammen mit dem Herz-Kreislauf-System sorgt das System der äußeren und inneren Atmung dafür, daß alle Körperzellen zu jeder Zeit ausreichend mit Sauerstoff versorgt werden und daß das Kohlendioxyd aus dem Körper entfernt wird.

Auf dem Weg bis in die Lungenbläschen wird die Atmungsluft in den äußeren Atemwegen gereinigt, angewärmt und angefeuchtet.

Das Blasebalgsystem des Brustkorbs wird mit der Muskelkraft der Atemmuskulatur betrieben; durch die nicht ausdehnbare Flüssigkeit im Pleuraspalt müssen die Lungen passiv den aktiven Atembewegungen des Brustkorbs folgen.

Der wichtigste Atemmuskel ist das Zwerchfell.

In Ruhe verbraucht die Atemmuskulatur wenig Energie, bei Belastung steigt der Anteil der Atemarbeit auf bis zu zehn Prozent am Gesamtenergieumsatz des Körpers, vor allem deswegen, weil der Strömungswiderstand in den Luftwegen überproportional ansteigt.

Die nachteilige Wirkung des anatomischen Totraums auf die Frischluftversorgung der Lungenbläschen kann durch tiefe Atmung weitgehend ausgeglichen werden.

Die Gasaustauschfläche zwischen der Luft in den Lungenbläschen und dem Blut in den Lungenkapillaren ist so groß und so hauchdünn, daß sich das venöse Blut innerhalb von 0,3 Sekunden annähernd voll mit Sauerstoff beladen und das überschüssige Kohlendioxyd abladen kann.

Da die Kontaktzeit des Blutes mit den Lungenbläschen nur bei ausdauertrainierten Spitzensportlern unter 0,3 Sekunden absinkt, ist der Gasaustausch zwischen Umgebungsluft und Lungenkapillarblut nur in Ausnahmefällen die begrenzende Größe der körperlichen Leistungsfähigkeit.

Der schlecht wasserlösliche Sauerstoff wird in den Lungen auf die Hämoglobinmoleküle geladen, die ihn mit dem Blutstrom zur Gewebszelle transportieren und dort wieder bereitwillig abladen.

Das leicht wasserlösliche Kohlendioxyd wird im Blut überwiegend als Bikarbonat von den Körperzellen zur Lunge transportiert und dort abgeatmet.

Die extreme Steigerung der Ventilation um den Faktor 20 oder 30

unter Belastungsbedingungen kann nur durch ein Zusammenwirken von chemischen und nervösen Faktoren erklärt werden; die genauen Mechanismen sind nicht bekannt.
Ausdauertraining bewirkt über eine verbesserte Atemtechnik eine tiefere Atmung, einen Anstieg des maximal möglichen Atemminutenvolumens und insgesamt eine Ökonomisierung der Atmung.
Die Verbesserung der maximalen Sauerstoffaufnahme des ausdauertrainierten Sportlers ist genauso von der Steigerung des Herzminutenvolumens und von der verbesserten Sauerstoffausschöpfung durch die trainierte Skelettmuskulatur abhängig wie vom Funktionszustand des Atmungssystems.
Vor dem Tauchen darf man keinesfalls mehr als zweimal willkürlich tief ein- und ausatmen, da sonst die Gefahr des Ertrinkungstodes heraufbeschworen wird.
Ein Schnorchel darf nie länger als 30 Zentimeter sein.
Sportler sollten nicht rauchen, weil es gesundheitsschädlich ist und die Ausdauerleistungsfähigkeit verschlechtert.

5. Energie

Die Physiologie der Muskelbewegungen beschäftigt sich mit der Umwandlung von chemisch gebundener Energie in mechanische Energie. Weil auch in einem Automotor chemische Energie in Bewegungsenergie umgewandelt wird, vergleicht man den Muskel gern mit einem Verbrennungsmotor.

5.1. Motor – Muskel

Im Zylinder des Verbrennungsmotors wird ein Gemisch aus Luft und Benzin durch den Zündfunken der Zündkerze zur Explosion gebracht. Dabei wird nicht nur die vorher im Benzin gespeicherte potentielle Energie in kinetische Bewegungsenergie der Kolben umgewandelt, sondern ein relativ großer Energieanteil auch als Wärme frei. Die Bewegungsenergie der Kolben überträgt sich auf die Kurbelwelle, das Getriebe und die Achsen und bringt schließlich die Räder zum Rollen.
Die entstandene Wärme wird durch eine Wasser- oder Luftkühlung abgeleitet, damit der Motor nicht überhitzt wird. Die bei der Explosion entstandenen Abgase werden über das Auspuffsystem in die Umgebung abgegeben.
Da der Motor auf ständigen Energienachschub angewiesen ist, kann er nicht mehr arbeiten, wenn der Benzintank leer oder die Benzinzuleitung verstopft ist. Auch muß der Vergaser ständig frischen Sauerstoff ansaugen, weil sonst der Treibstoff nicht verbrannt werden kann. Der

Verbrennungsmotor arbeitet *aerob* (nur wenn Sauerstoff vorhanden ist).
Die Startenergie für die ersten Umdrehungen erhält der Motor über den Anlasser, wobei der Anlasser die elektrische Energie der Batterie in Drehbewegungen umwandeln kann, ohne daß dazu Sauerstoff notwendig wäre. Der Anlasser arbeitet *anaerob* (auch ohne Sauerstoff).
Da die gespeicherte elektrische Energie in der Batterie nur sehr begrenzt ist, muß die Batterie ständig aufgeladen werden.

Die Kolben des ‹Muskelmotors› werden durch die kontraktilen Eiweißmoleküle *Aktin* und *Myosin* (siehe Kap. 1.2.) gebildet. Der Treibstoff der Muskelzelle besteht aus freien Fettsäuren und aus Zucker *(Glukose)*.
Wenn diese energiereichen Treibstoffe in energieärmere Bestandteile zerlegt werden, wird Energie frei, die die kontraktilen Eiweißmoleküle in der Muskelzelle für ihre Bewegung ausnutzen können. Ein Teil der frei gewordenen Energie (circa 70 Prozent) wird dabei immer in Wärme umgewandelt, die zusammen mit den energiearmen Abfallprodukten aus der Muskelzelle entfernt, über das Blut abtransportiert und zum Teil in die Umgebungsluft abgegeben wird (Blutkühlung).
Im Unterschied zum Verbrennungsmotor ist die frei gewordene Wärmeenergie kein unerwünschtes Nebenprodukt, sondern dient dazu, den Körper ständig auf diejenige Temperatur aufzuheizen, bei der die biologischen Stoffwechselvorgänge der Zelle optimal ablaufen können.

5.1.1. **Energie**

Energie ist definiert als «die Fähigkeit, Arbeit zu verrichten». Die verschiedenen Erscheinungsformen der Energie (mechanische, elektrische, chemische) können zwar unter geeigneten Bedingungen ineinander umgewandelt werden; nach dem ersten thermodynamischen Grundgesetz kann aber Energie weder neu erschaffen werden noch verlorengehen.
Unabhängig von ihrer Erscheinungsform existiert Energie als gespeicherte *(potentielle)* oder als aktive *(kinetische)* Energie.
Das Wasser in einem 1600 Meter hoch gelegenen Stausee besitzt eine potentielle Energie von 16 kJ/l. Auf seinem Weg zum Meer wird die potentielle Energie des Wassers in kinetische Energie umgewandelt, mit der zum Beispiel ein Wasserkraftwerk betrieben werden

kann. Im Wasserkraftwerk wird die kinetische Energie in elektrische Energie verwandelt, mit der dann im Haushalt der Elektroofen Wärme erzeugen kann.
Auch ein Gramm Glukose hat eine potentielle chemische Energie von circa 16 kJ, die dann frei wird und Arbeit verrichten kann, wenn das Glukosemolekül vollständig in Kohlendioxyd und Wasser zerlegt wird.
Vereinfacht kann man sagen, daß potentielle Energie in einem System auf Grund seiner Position (1600 m über dem Meeresspiegel) oder durch seine innere Struktur (z. B. die Bindungskräfte zwischen den einzelnen Bausteinen des Glukosemoleküls) gespeichert ist.
Wenn die gespeicherte Energie freigesetzt wird, resultiert daraus eine Bewegung oder eine Strukturveränderung, wodurch Arbeit geleistet werden kann.
Die aktive Form der Energie bezeichnet man als kinetische Energie.
Zur Aufrechterhaltung des Lebens ist der menschliche Organismus auf die ständige Zufuhr von Energie angewiesen.
Energie wird u. a. benötigt:

1. für den Aufbau (Synthese) von neuem Zellmaterial aus einfachen chemischen Grundbausteinen (z. B. werden pro Minute 150 Millionen rote Blutkörperchen gebildet),
2. für aktive Transportvorgänge, durch die Moleküle von Orten niedriger Konzentration an Orte hoher Konzentration gegen ein Konzentrationsgefälle (stromaufwärts) transportiert werden,
3. für die mechanische Kontraktionsarbeit in der Muskelzelle,
4. zur Wärmeproduktion für die Aufrechterhaltung der Körperkerntemperatur von 37° C.

5.1.2. **ATP – die Engergiewährung der Zelle**

Die für all diese Lebensvorgänge benötigte Energie nimmt der menschliche Körper vorwiegend in Form von chemischer Energie aus den Nahrungsstoffen (Fetten, Eiweißstoffen, Kohlenhydraten) auf.
Die Energie wird frei, wenn die großen energiereichen Molekülverbindungen der einzelnen Nährstoffe in ihre energiearmen Grundbausteine zerlegt werden.
Ein großer Teil der dabei freiwerdenden Energie wird in Wärme umge-

wandelt bzw. kann vorübergehend in Form von energiereichen chemischen Verbindungen gespeichert werden.
Die wichtigste energiereiche Verbindung des menschlichen Körpers ist das *Adenosin-Triphosphat (ATP)*, das für die meisten energieverbrauchenden Prozesse der Zelle als universeller Energieüberträger (gemeinsame Währung) herangezogen wird.
Dieses energiereiche Phosphat ist zum Beispiel auch der unmittelbare Energielieferant für die Muskelkontraktion (siehe Seite 38). Bei der Abspaltung der letzten Phosphatgruppe (P_1) wird die in dieser Bindung gespeicherte potentielle Energie des ATP-Moleküls als kinetische Energie frei, die dann von den kontraktilen Eiweißfäden der Muskelzelle dazu benutzt wird, Spannung zu erzeugen.

Gleichung 1

$$\text{ATP} \xrightarrow{\text{ATP-ase}} \text{ADP} + \text{P}_1 + \text{Energie}$$

Außer der Energie entsteht bei dieser chemischen Reaktion *Adenosin-Diphosphat (ADP)* und *anorganisches Phosphat (P_1).*

Abb. 5/1: Strukturformel des Adenosin-Triphosphats (ATP)

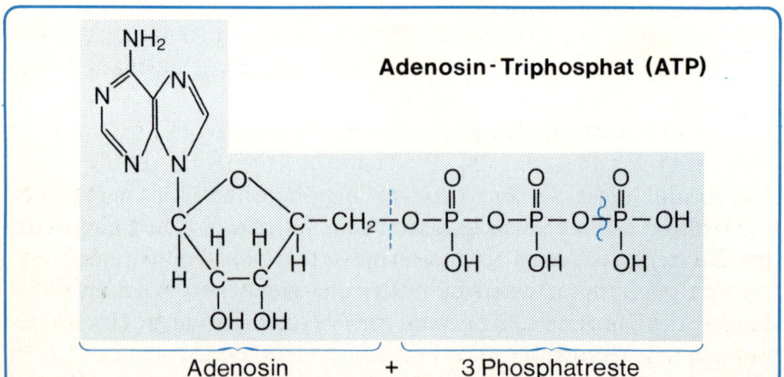

5.1.3. **Starterfunktion der Enzyme**

Die Abspaltung des letzten Phosphatrestes und die Energiefreisetzung geschehen nicht spontan, sondern nur, wenn ein Enzym diese energieliefernde *(exergonische)* Reaktion startet.
Enzyme sind Eiweißstoffe, die alle chemischen Reaktionen in der Zelle (den Stoffwechsel) kontrollieren. Sie bestimmen die Richtung und die Geschwindigkeit, mit der chemische Stoffe in der Zelle miteinander reagieren, ohne sich selbst dabei wesentlich zu verändern. Die Enzyme sind die Katalysatoren der lebenden Zelle.
Die von einem Enzym umgesetzten chemischen Stoffe heißen *Substrate.*
Die Tatsache, daß ein Enzym immer nur eine Reaktion zwischen zwei ganz bestimmten Stoffen ermöglichen kann, bezeichnet man als *Substratspezifität.*
Unter energetischen Gesichtspunkten sind die Enzyme deswegen so wichtig, weil sie die Eigenschaft haben, die Aktivierungsenergie für eine bestimmte Reaktion (z. B. für die Spaltung des ATP) herabzusetzen (zu starten), wodurch diese chemische Reaktion erst ermöglicht wird.
Wegen ihrer hohen Substratspezifität haben alle Enzyme verschiedene Namen. Das Enzym, das für die Spaltung des energiereichen ATP benötigt wird, heißt *ATP-ase.*

5.1.4. **Coenzyme – Transportvehikel der Zelle**

Coenzyme sind organische Hilfssubstanzen, die in der Zelle gewöhnlich als Träger für die Produkte fungieren, die bei den enzymatisch kontrollierten chemischen Reaktionen entstehen.
An einem Ort der Zelle belädt sich das Coenzym mit einem solchen Produkt, um es an einem andern Ort der Zelle wieder abzuladen.
Anders als die spezifisch wirksamen Enzyme können Coenzyme an einer Vielfalt chemischer Reaktionen beteiligt sein. So kann ein wichtiges Coenzym, das *Nikotinamid-adenin-dinucleotid (NAD)* als Transportvehikel für den Wasserstoff auftreten, der an verschiedenen Orten der Zelle bei verschiedenen chemischen Reaktionen freigesetzt wurde.
Enzyme und Coenzyme sind sinnvollerweise immer dort in der Zelle besonders reichlich vorhanden, wo die entsprechenden chemischen

Reaktionen ablaufen. So ist die ATP-ase in der Muskelzelle zum Beispiel besonders in den Köpfchen der dicken Eiweißfilamente vorhanden, die die Spannungskräfte des Muskels erzeugen.

5.2. Resynthese des ATP

Das energiereiche ATP ist die einzige Energiequelle, die der Muskel für seine Spannungsentwicklung verwenden kann. Allerdings kann die Muskelzelle kein ATP aus dem Blut oder aus anderen Geweben entnehmen; auch sind die Vorräte an ATP in der Muskelzelle außerordentlich klein (circa 5 µmol ATP/g Muskelfeuchtmasse), so daß sie für höchstens 3 bis 4 maximale Muskelkontraktionen reichen, was einer Arbeitsdauer von 1 bis 2 Sekunden entspricht. Deswegen muß die Muskelzelle über Mechanismen verfügen, die das bei der Muskelkontraktion verbrauchte ATP sehr schnell und effektiv wieder aufbauen (resynthetisieren) können. Diese Mechanismen müssen so effektiv sein, daß sie nicht nur sofort nach den ersten Sekunden ausreichend ATP nachliefern können, sondern auch dann, wenn zum Beispiel bei einem 800-m-Lauf der Energiebedarf der Skelettmuskulatur auf das 120fache des Ruhewertes, in manchen besonders belasteten Muskelzellen sogar auf das 200fache des Ruhewertes ansteigt.
Der Mechanismus, über den so schnell große ATP-Mengen nachgeliefert werden können, ist denkbar einfach. Er besteht darin, daß die vorher bei der Spaltung des ATP entstandenen Spaltprodukte ADP und P_1 wieder zusammengesetzt werden – eine relativ einfache chemische Reaktion, die aber nur ablaufen kann, wenn Energie zugeführt wird.

Gleichung 2

$$\mathrm{ADP} + \mathrm{P}_1 + \mathrm{Energie} \longrightarrow \mathrm{ATP}$$

Diese chemische Reaktion bezeichnet man als *Phosphorylierung*, weil hier ein Phosphatrest an das ADP-Molekül angelagert wird.
Die Energie, die für die Resynthese des Adenosin-Triphosphats benötigt wird, stellt die Zelle bereit:
1. durch die Spaltung des Kreatinphosphats, einer anderen energiereichen Verbindung;
2. durch die Zerlegung der Nährstoffe.

5.2.1. **Spaltung des Kreatinphosphats**

Wenn man das ATP mit der geladenen Batterie eines Autos vergleicht, aus der die Startenergie zur Zündung des Motors gewonnen werden soll, ist eine Batterie, die nach 1 bis 2 Sekunden schon leer ist, nicht von sehr großem Nutzen.
Die Muskelzelle verfügt deshalb über einen anderen ‹Batterietyp› mit einer etwas größeren Energiereserve, das *Kreatinphosphat (KP).*
Das Kreatinphosphat kann seinen Phosphatrest ohne Umwege auf das ADP übertragen.

Gleichung 3

$$\text{KP} + \text{ADP} \xrightarrow{\text{Kreatinkinase}} \text{Kreatin} + \text{ATP}$$

Unter dem Einfluß des Enzyms *Kreatinkinase* läuft diese Reaktion so schnell ab, daß das Kreatinphosphat als Sofortreserve für die Resynthese des ATPs fungiert. Aber auch diese ‹Zusatzbatterie› enthält nur soviel Energie (circa 25 µmol KP/g Muskelfeuchtmasse), daß damit nur etwa 20 maximale Muskelkontraktionen möglich sind, die für eine Zeit zwischen 3 und 9 Sekunden intensiver Muskelarbeit ausreichen.
Mit anderen Worten ist die Muskelzelle letztlich immer auf die Zerlegung der Nährstoffe angewiesen, wenn eine Maximalbelastung länger als einige Sekunden dauert.
Für kürzere Bewegungsphasen kann die maximale Kontraktionsenergie aus den ATP- und KP-Speichern gewonnen werden. Das ist für Sportler insofern von Bedeutung, als daß viele Sportarten aus der Folge von kurzen Phasen intensivster Muskelaktivität und zwischengeschalteten Phasen von relativ verminderter Muskelaktivität bestehen, in denen diese Sofortdepots immer wieder aufgefüllt werden.

5.2.2. **Zerlegung der Nährstoffe**

Die Energie, mit der die Sofortdepots wieder aufgefüllt werden und mit der die Muskelzelle über einen längeren Zeitraum Spannung entwikkeln kann, wird bei der enzymatischen Zerlegung der Nährstoffe frei.
Die beiden Hauptenergielieferanten der Muskelzelle sind die *Fettsäuren* und die *Glukose* (Zucker), beides große energiereiche Nährstoffmoleküle, die bei der Verdauung der Nahrung entstehen.

Aus den Strukturformeln in der Abbildung 5/2 geht hervor, daß diese beiden Moleküle nur aus den drei verschiedenen Bausteinen Kohlenstoff (C), Wasserstoff (H) und Sauerstoff (O) zusammengesetzt sind. Abhängig davon, ob Sauerstoff in ausreichender Menge in der Muskelzelle vorhanden ist, aber auch davon, wie dringend die Energie benötigt wird, können die Nährstoffe auf zwei verschiedenen Wegen zerlegt werden:

1. auf dem aeroben Weg, der beschritten wird, wenn ausreichend Sauerstoff vorhanden ist, und über den die Fettsäuren und die Glukose vollständig in die energielosen Endprodukte Kohlendioxyd (CO_2) und Wasser (H_2O) zerlegt werden können;
2. auf dem anaeroben Weg, der beschritten wird, wenn nicht genügend Sauerstoff zur Verfügung steht, und über den nur die Glukose in zwei Milchsäuremoleküle zerlegt werden kann, die beide noch viel chemische Bindungsenergie enthalten.

Abb. 5/2: Strukturformel einer typischen Fettsäure (Palmitinsäure) und der Glukose

Palmitinsäure ($C_{15}H_{31}COOH$)

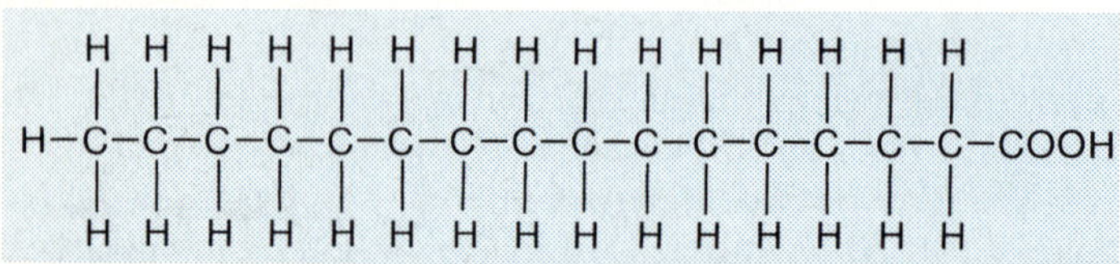

Glukose ($C_6H_{12}O_6$)

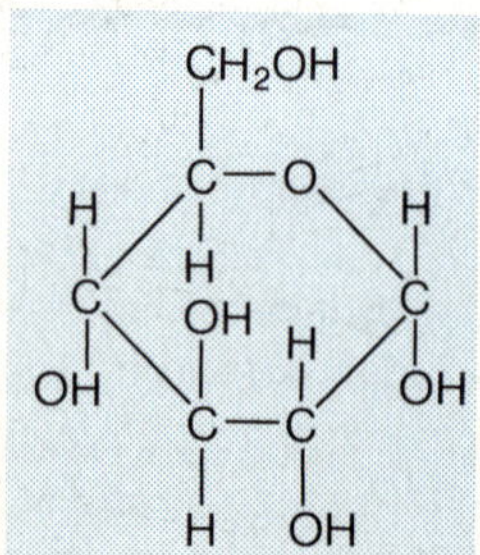

5.2.2.1. **Aerober Weg in den Mitochondrien**

Die Mitochondrien

Die meisten ATP-Moleküle werden in den Mitochondrien resynthetisiert.

Die Mitochondrien sind kleine Zellorgane, die wegen ihrer besonderen Funktion als die Kraftwerke der Zelle bezeichnet werden. Sie sehen aus wie Würste und besitzen eine sehr durchlässige äußere und innere Wandschicht (siehe Abb. 5/3). Die äußere Wandschicht ist glatt, die innere Schicht ist in regelmäßigen Abständen zu Leisten *(cristae)* gefaltet, wodurch die innere Oberfläche des Kraftwerkes um ein Vielfaches vergrößert wird.

Auf den inneren Falten sind in regelmäßiger Anordnung die drei wichtigsten Enzymsysteme angeordnet, mit deren Hilfe die Fettsäuren und die Zuckermoleküle in Anwesenheit von Sauerstoff vollständig zerlegt werden können in

Abb. 5/3: Schematischer Aufbau eines Mitochondriums

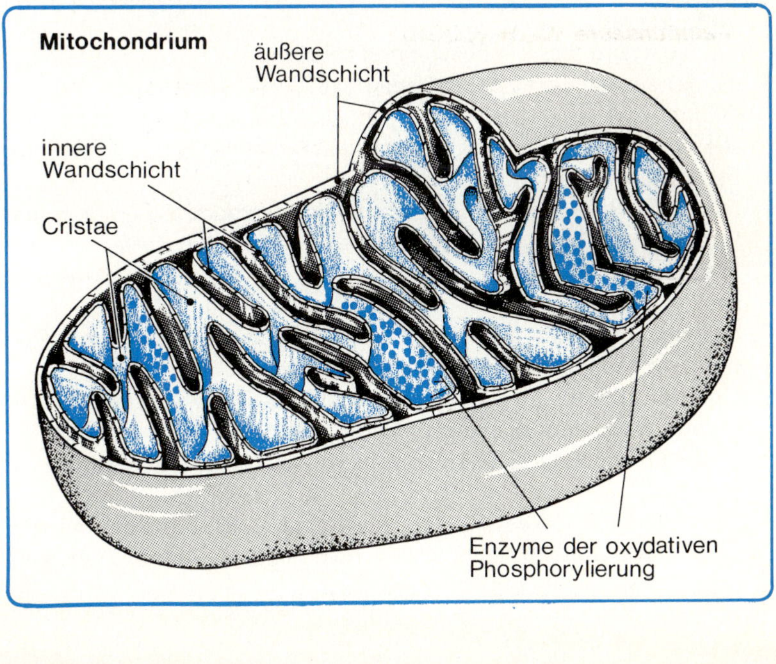

1. das System der Fettzerlegung (β-Oxydation),
2. den Zitronensäurezyklus,
3. die Atmungskette.

Die Mitochondrien liegen in den Muskelzellen sinnvollerweise in unmittelbarer Nähe der *Myofibrillen,* wo das in den Mitochondrien resynthetisierte ATP sofort verbraucht werden kann. Die Anzahl der Mitochondrien in einer Muskelzelle kann zwischen einigen 100 und 10000 (Herzmuskelzelle) schwanken; die wichtigste Wirkung des Ausdauertrainings auf die Skelettmuskelzelle besteht in der Zunahme der Mitochondrienzahl.

Jedes Mitochondrium enthält circa 10 Billionen Enzymmoleküle, von denen jedes in einer Minute viele Millionen spezifische Reaktionsabläufe auslösen kann.

Grundprinzipien des aeroben Abbaus

Der aerobe Abbau der Fettsäuren und der Glukose geschieht grundsätzlich auf ähnliche Weise:

In einzelnen Schritten werden die Moleküle in immer kleinere Bruchstücke zerlegt, wobei bei den meisten enzymatischen Spaltungen Energie frei wird, die unmittelbar dazu benutzt werden kann, neues ATP zu resynthetisieren.

Vereinfacht läuft dieser Abbau in drei Schritten ab:

1. Zuerst werden die Fettsäuren innerhalb der Mitochondrien und das Glukosemolekül außerhalb der Mitochondrien in identische Bruchstücke zerlegt, die jeweils nur noch ein Grundgerüst aus zwei Kohlenstoffatomen haben.
   Dieses C_2-Bruchstück ist die sogenannte *aktivierte Essigsäure,* ein Stoffwechselzwischenprodukt, das sowohl bei der Zerlegung der Fettsäuren wie bei der aeroben Zerlegung des Glukosemoleküls entsteht.
2. Der weitere Abbau der identischen C_2-Bruchstücke (aktivierte Essigsäure) geschieht im *Zitronensäurezyklus.*
   Dort wird jeweils ein Molekül aktivierter Essigsäure unter Aufnahme von Wasser in vielen einzelnen Reaktionsschritten schließlich in zwei CO_2-Moleküle und vier Paare von Wasserstoffatomen ($4\ H_2$) zerlegt.
   Die beiden CO_2-Moleküle treten aus dem Mitochondrium durch die Zelle in die Blutbahn über und werden zur Lunge zurücktransportiert.

Die vier Paare von Wasserstoffatomen werden auf die Transportvehikel der Coenzyme *NAD (Nikotinamid-adenin-dinucleotid)* und *FAD (Flavin-adenin-dinucleotid)* geladen und durch das Mitochondrium zu einem anderen Enzymsystem transportiert, zu der sogenannten Atmungskette.

3. In der Atmungskette werden die vier Paare von Wasserstoffatomen von den Transportvehikeln abgeladen und in mehreren enzymatisch kontrollierten Einzelschritten schließlich auf den Sauerstoff übertragen, wodurch das energielose Endprodukt Wasser entsteht, das aus dem Mitochondrium leicht in die Zelle und in die Blutbahn übertreten kann.

Der Sauerstoff, der diesem Zerlegungsweg den Namen gegeben hat (aerob), ist deswegen so wichtig, weil er in der Atmungskette unbedingt als Endempfänger für die Wasserstoffatompaare zur Verfügung stehen muß. Ohne diesen Endempfänger Sauerstoff verstopft die Atmungskette und schließlich auch der Zitronensäurezyklus, weil schließlich alle Transportvehikel mit Wasserstoff beladen sind, den sie nirgendwo mehr loswerden.
Durch die Übertragung der Wasserstoffmoleküle von einem Molekül auf das andere in der Atmungskette wird jedesmal chemische Energie frei, die dazu benutzt wird, ein Molekül ADP mit einem Phosphatrest (P_1) zusammenzusetzen (zu phosphorylieren).
Da der Vorgang, bei dem einem Molekül molekularer Wasserstoff entzogen wird, in der Chemie *Oxidation* genannt wird (die Angliederung molekularen Wasserstoffs an ein Molekül heißt *Reduktion*), bezeichnet man diese Art der Resynthese von ATP über die aerobe Zerlegung der Nährstoffe auch als *oxydative Phosphorylierung.*
Aus dieser groben Übersicht wird deutlich, daß die Zerlegung der Fette wie auch die aerobe Zerlegung der Zuckermoleküle über die aktivierte Essigsäure in den Mitochondrien sehr bald in einer gemeinsamen Endstrecke münden, den Zitronensäurezyklus und die Atmungskette.

Wenn man berechnen will, wieviel Moleküle ATP durch die vollständige Zerlegung dieser beiden Nährstoffe resynthetisiert werden können, bleibt zu klären:

1. Wieviel Moleküle aktivierter Essigsäure (C_2-Bruchstücke) entstehen bei der Zerlegung von einem Fettsäure- bzw. Glukosemolekül?
2. Wie sieht diese Zerlegung in C_2-Bruchstücke aus, und wieviel Energie wird eventuell schon dabei frei?

3. Wie hoch ist die Energieausbeute bei der Zerlegung der aktivierten Essigsäure in der gemeinsamen Endstrecke des Zitronensäurezyklus und der Atmungskette?

Aerobe Zerlegung der Fettsäuren (β-Oxydation)

Anders als das Gehirn, das zur Energiegewinnung nur Zuckermoleküle zerlegen kann, bevorzugt die Muskelzelle Fettsäuren als ‹Treibstoff›, wenn ausreichend Sauerstoff vorhanden ist. Die Muskelzelle kann selbst Fett speichern; normalerweise entnimmt sie aber die Fettsäuren aus dem zirkulierenden Blut.

Die Fettsäuren können frei aus dem Kapillarblut in die Zelle übertreten (*diffundieren*, siehe Seite 157), und zwar um so mehr, je höher das Angebot im arteriellen Blut ist oder je höher die Abbaurate in der Zelle ist.

Wenn die relativ inerte – *inert* ist eine chemische Substanz, die mit anderen Substanzen nur ungern eine chemische Verbindung eingeht – Fettsäure in die Zelle übergetreten ist, wird sie enzymatisch aktiviert, damit sie in die Mitochondrien übertreten und dort in C_2-Bruchstücke zerlegt werden kann (bei der Berechnung der Netto-Energieausbeute aus einem Fettsäuremolekül muß man berücksichtigen, daß zu dieser Aktivierung zwei Moleküle ATP aufgewendet werden müssen).

Die Zerlegung der aktivierten Fettsäure wird als *β-Oxydation* bezeichnet und geschieht durch eine Gruppe bestimmter Enzyme in den Mitochondrien. Eine Fettsäure muß dabei mehrmals durch diese Enzymgruppe durchgeschleust werden, da bei jeder Passage immer nur ein C_2-Bruchstück abgespalten wird.

Da die *Palmitinsäure* (siehe Abb. 5/2) zum Beispiel aus einem Grundgerüst von 16 Kohlenstoffatomen besteht, muß sie siebenmal die Enzymsequenz der β-Oxydation passieren, um in acht C_2-Bruchstücke aktivierter Essigsäure zerlegt zu werden.

Bei der siebten Passage hat die zuletzt übriggebliebene Fettsäure nur noch ein Grundgerüst von vier Kohlenstoffatomen, das dann in zwei Moleküle aktivierter Essigsäure mit jeweils zwei Kohlenstoffatomen zerlegt wird.

Bei jeder Passage durch die Enzymsequenz werden jeweils zwei Paare von Wasserstoffatomen freigesetzt, die zu gleichen Teilen von den Coenzymen FAD oder NAD aufgenommen werden.

Abb. 5/4: Aerobe Zerlegung der Fettsäuren (β-Oxydation)

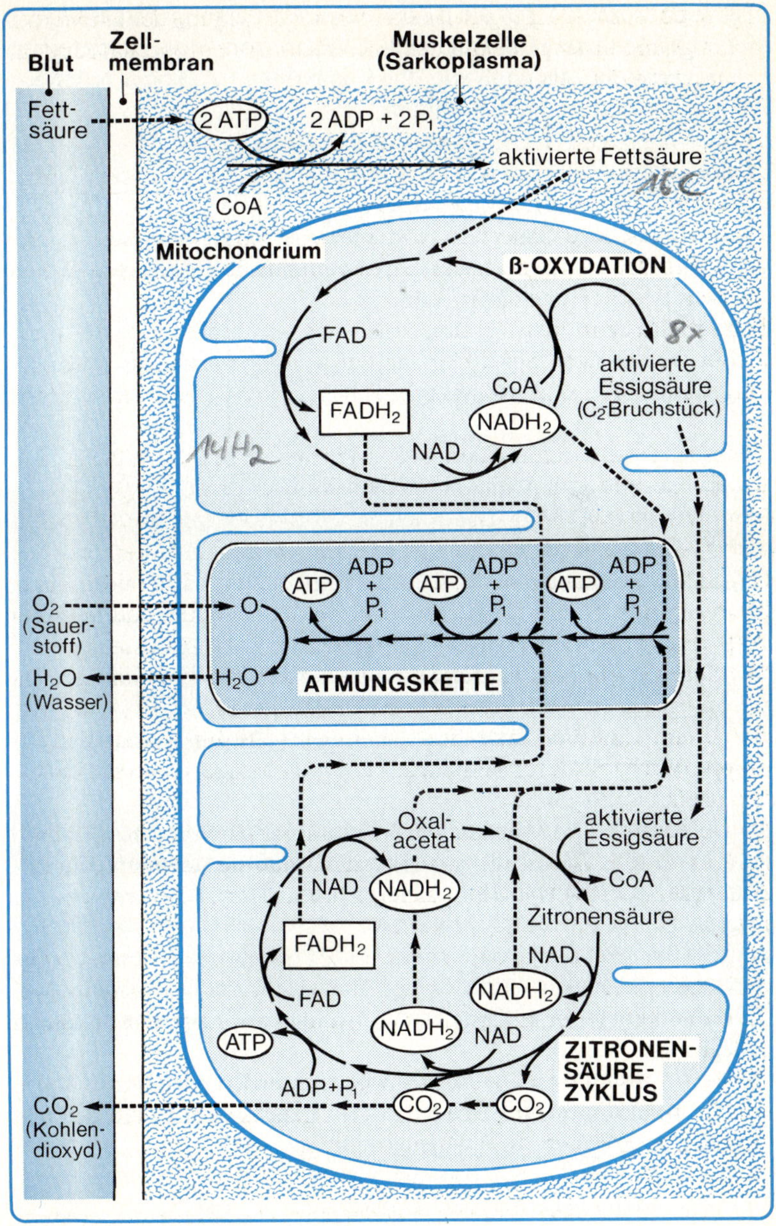

Blut
Zell-
membran
Muskelzelle
(Sarkoplasma)
Fett-
säure
2 ATP
2 ADP + 2 P1
aktivierte Fettsäure
CoA
Mitochondrium
ß-OXYDATION
FAD
FADH2
CoA
NADH2
NAD
aktivierte
Essigsäure
(C2-Bruchstück)
ATP
ADP
+
P1
O2
(Sauer-
stoff)
O
H2O
(Wasser)
H2O
ATMUNGSKETTE
Oxal-
acetat
aktivierte
Essigsäure
CoA
NAD
NADH2
Zitronensäure
FADH2
FAD
NAD
NADH2
NADH2
NAD
ATP
ADP+P1
CO2
CO2
(Kohlen-
dioxyd)
ZITRONEN-
SÄURE-
ZYKLUS

Insgesamt werden durch die β-Oxydation der Palmitinsäure also acht Moleküle aktivierter Essigsäure und 14 Paare von Wasserstoffatomen (14 H_2) gebildet, die dann von den Coenzymen FAD oder NAD zur Atmungskette transportiert werden.

Enzymsystem	Art der Phosphorylierung	Zahl der produzierten ATP-Moleküle
Fettsäure-aktivierung	unter ATP-Verbrauch	− 2
β-Oxydation	Atmungskettenphosphorylierung von 7 NAD H_2	21
	Atmungskettenphosphorylierung von 7 FAD H_2	14
Zitronensäure-zyklus	Atmungskettenphosphorylierung von 24 NAD H_2	72
	Atmungskettenphosphorylierung von 8 FAD H_2	16
	Substratkettenphosphorylierung	8
Nettoausbeute an ATP-Molekülen		129

Tab. 5/1: ATP-Ausbeute bei der Zerlegung eines Palmitinsäure-Moleküls

Die durch die β-Oxydation der Palmitinsäure entstandenen acht Moleküle aktivierter Essigsäure gelangen einzeln an eine andere Enzymgruppe in den Mitochondrien, die man als *Zitronensäurezyklus* bezeichnet. Im Zitronensäurezyklus wird jedes Molekül aktivierter Essigsäure unter Aufnahme von Wasser (Wasser wird als Endprodukt in der Atmungskette immer wieder neu gebildet; siehe oben) in jeweils zwei CO_2-Moleküle und vier Paare coenzymgebundenen Wasserstoff (4 H_2) zerlegt.
Durch die weitere Zerlegung der acht Essigsäuremoleküle im Zitronensäurezyklus werden also noch einmal insgesamt 32 (8 mal 4) Wasserstoffatompaare für die Energiegewinnung in der Atmungskette bereitgestellt, wohin sie mit Hilfe der Coenzyme transportiert werden, und zwar durch NAD und FAD im Verhältnis 3:1 (24:8).

Das gebildete Kohlendioxyd (CO_2) tritt frei aus den Mitochondrien in die Zelle und in das venöse Kapillarblut über, wird mit dem Blut zur Lunge transportiert und dort abgeatmet (siehe Kap. 4.2.).

Außer dem CO_2 und der großen Menge von Wasserstoffmolekülen für die oxydative Phosphorylierung in der Atmungskette entsteht bei der Zerlegung der aktivierten Essigsäure im Zitratzyklus zusätzlich noch jeweils ein Molekül einer energiereichen Phosphatverbindung. Die Energie dieser energiereichen Verbindung reicht aus, um jeweils ein Molekül ATP aus ADP und P_1 zu bilden (phosphorylieren).
Gegenüber der oxydativen Phosphorylierung in der Atmungskette bezeichnet man diese Art der Phosphorylierung als *Substratkettenphosphorylierung.*
Wenn man zum Schluß die Netto-Energiebilanz zieht, können durch die vollständige Zerlegung der Palmitinsäure 129 Moleküle ATP resynthetisiert werden (siehe Tab. 5/1).

Es soll noch einmal betont werden, daß Fettsäuren nur dann vollständig zerlegt werden können, wenn immer genug Sauerstoff als Endempfänger für die durch die β-Oxydation und den Zitronensäurezyklus gebildeten Wasserstoffmoleküle vorhanden ist.
Die Energiegewinnung aus der Zerlegung der Fettsäuren kann nur aerob ablaufen.

Aerobe Zerlegung der Zuckermoleküle
Der zweite Treibstoff, den die Muskelzelle zur Energiegewinnung heranzieht, ist die *Glukose.* Bei intensiven Muskelbelastungen wird das Glukosemolekül sogar zum wichtigsten Energielieferanten der Muskelzelle.
In Ruhezeiten legt die Muskelzelle umfangreiche Glukosevorratslager in Form der Glykogendepots an. *Glykogen* ist ein Kohlenhydrat, das aus einer sehr langen Kette miteinander verbundener Glukosemoleküle (30000 bis 60000 Moleküle) besteht. Bei erhöhtem Energiebedarf kann die Muskelzelle diese Vorratslager zwar sehr schnell wieder abbauen; unter dem Einfluß bestimmter Hormone (Insulin) kann die Glukose aber auch direkt aus dem zirkulierenden Blut aufgenommen und sofort verwertet werden.
Letztlich entstehen alle Glukosemoleküle durch die Zerlegung der Kohlenhydrate (Stärke, Zucker, Glykogen) in den Verdauungsorganen.

Einmal in die Zelle eingetreten, muß das Glukosemolekül – genau wie das Fettsäuremolekül – erst aktiviert werden, um dann weiter zerlegt werden zu können. Die Aktivierung geschieht durch die Anlagerung eines Phosphatrestes, was man als die Phosphorylierung der Glukose bezeichnet. Für die Aktivierung (Phosphorylierung) muß ein Molekül ATP aufgewendet werden, und es entsteht Glukose-6-Phosphat.

Wenn das Glukosemolekül aktiviert ist, kann es die Zelle nicht mehr verlassen, weil es durch die Anlagerung des Phosphatrestes gewissermaßen nicht mehr durch die Poren der Zellmembran paßt. Die Zelle besitzt auch kein Enzym, mit dem Glukose-6-Phosphat wieder in Glukose zurückverwandelt werden kann. Glukose-6-Phosphat muß also entweder in die Vorratslager (Glykogendepots) transportiert und dort gespeichert oder als Treibstoff benutzt werden.

Soll die im Glukosemolekül gespeicherte Energie sofort zur Resynthese des ATPs benutzt werden, wird das Glukose-6-Phosphat-Molekül in ein besonderes Enzymsystem eingeschleust, das sich nicht in den Mitochondrien, sondern im *Sarkoplasma* der Muskelzelle befindet. Die in diesem Enzymsystem ablaufende Zerlegung des Glukosemoleküls in zwei C_3-Bruchstücke bezeichnet man als *Glykolyse*.

Für den sofortigen Einsatz muß allerdings zunächst – unter Verbrauch eines ATP-Moleküls – ein zweiter Phosphatrest an das Zuckermolekül angelagert werden, damit es in einzelnen Reaktionsschritten in zwei Hälften zerlegt werden kann, die jeweils aus einem Grundgerüst von drei Kohlenstoffatomen (zwei C_3-Bruchstücke-Triosen) bestehen.

Immer noch im Sarkoplasma der Muskelzelle werden diese beiden C_3-Bruchstücke im weiteren Verlauf in zwei Moleküle *Brenztraubensäure* umgewandelt, wobei insgesamt vier Moleküle ATP gebildet (Substratkettenphosphorylierung) und zwei Paare von Wasserstoffatomen ($2\ H_2$) auf das Coenzym NAD übertragen werden können. Wenn man eine Zwischenbilanz der bisherigen Netto-Energieausbeute zieht, sind bis zu diesem Zerlegungsschritt zwei Moleküle ATP (vier ATP-Moleküle bei der Substratkettenphosphorylierung minus zwei Moleküle ATP, die zur Aktivierung aufgewandt werden mußten) und zwei Moleküle coenzymgebundener Wasserstoff entstanden.

Wenn die Glukose durch Abspaltung aus dem Glykogendepot gewonnen wurde, weist die Zwischenbilanz drei Moleküle ATP auf, da zur Aktivierung nur ein ATP-Molekül benötigt wurde (siehe Tab. 5/2).

Abb. 5/5: Vollständige aerobe Zerlegung der Glukose

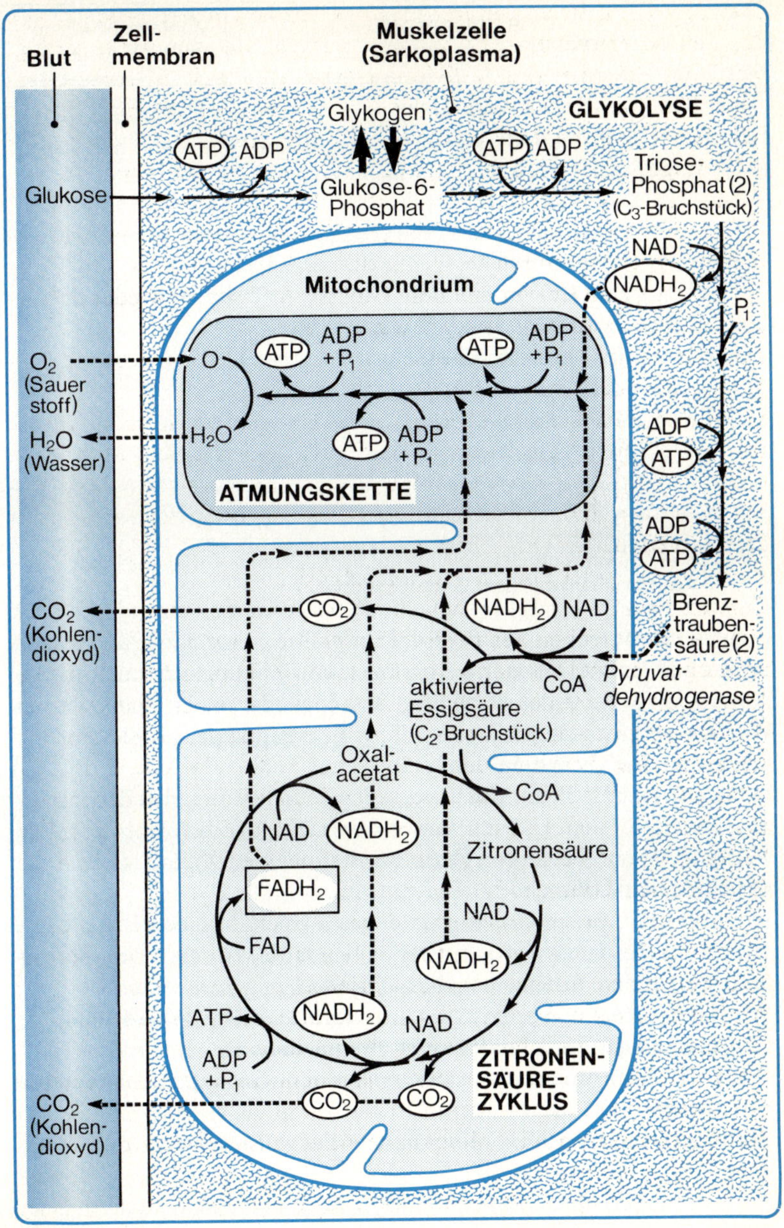
Blut
Zell-
membran
Muskelzelle
(Sarkoplasma)
GLYKOLYSE
Glykogen
ATP
ADP
Glukose
Glukose-6-
Phosphat
ATP
ADP
Triose-
Phosphat (2)
(C_3-Bruchstück)
NAD
$NADH_2$
P_1
Mitochondrium
O_2
(Sauer
stoff)
O
H_2O
(Wasser)
H_2O
ATP
ADP
$+P_1$
ATP
ADP
$+P_1$
ATP
ADP
$+P_1$
ATMUNGSKETTE
ADP
ATP
ADP
ATP
CO_2
(Kohlen-
dioxyd)
CO_2
$NADH_2$
NAD
Brenz-
trauben-
säure (2)
aktivierte
Essigsäure
(C_2-Bruchstück)
CoA
Pyruvat-
dehydrogenase
Oxal-
acetat
CoA
NAD
$NADH_2$
Zitronensäure
$FADH_2$
NAD
FAD
$NADH_2$
ATP
$NADH_2$
NAD
ADP
$+P_1$
CO_2
CO_2
ZITRONEN-
SÄURE-
ZYKLUS
CO_2
(Kohlen-
dioxyd)

Enzymsystem	Art der Phosphorylierung	Zahl der produzierten ATP-Moleküle
Glykolyse	ATP-Verbrauch	– 1
	Substratkettenphosphorylierung	4
	Atmungskettenphosphorylierung von 2 NAD H_2	6
Pyruvat-dehydrogenase	Atmungskettenphosphorylierung von 2 NAD H_2	6
Zitronensäure-zyklus	Atmungskettenphosphorylierung von 6 NAD H_2	18
	Atmungskettenphosphorylierung von 2 FAD H_2	4
	Substratkettenphosphorylierung	2
Nettoausbeute an ATP-Molekülen		39

Tab. 5/2: ATP-Ausbeute bei der vollständigen aeroben Zerlegung eines Zukkermoleküls aus dem Glykogendepot

Das weitere Schicksal der Brenztraubensäure hängt davon ab, ob die beiden auf das NAD übertragenen Paare von Wasserstoffatomen an die Atmungskette abgeliefert werden können oder nicht, mit anderen Worten, ob ausreichend Sauerstoff als Endempfänger für die Wasserstoffatome zur Verfügung steht oder nicht.
Unter aeroben Bedingungen werden den beiden Molekülen Brenztraubensäure unter dem Einfluß eines Enzyms *(Pyruvatdehydrogenase)* jeweils ein weiteres Paar von Wasserstoffatomen entzogen, wonach die Moleküle in die Mitochondrien eintreten.
Wenn in den Mitochondrien von diesen Molekülen jeweils ein CO_2-Molekül abgespalten wird, entstehen wieder C_2-Bruchstücke, die zusammen mit dem Coenzym A die aktivierte Essigsäure bilden.
Von diesem Reaktionsschritt aus durchlaufen auch diese beiden bei der Glukosezerlegung entstandenen C_2-Bruchstücke die gemeinsame Endstrecke des Zitronensäurezyklus und der Atmungskette wie oben beschrieben.
Die Netto-Energiebilanz ergibt somit für die vollständige aerobe Zerlegung eines Glukosemoleküls aus dem Glykogendepot drei Moleküle ATP, die außerhalb der Mitochondrien durch die Phosphorylierung auf

Substratebene entstanden sind, und 36 Moleküle ATP, die in den Mitochondrien durch den weiteren Abbau im Zitronensäurezyklus und in der Atmungskette gewonnen wurden. Das ergibt zusammen 39 Moleküle ATP für ein Molekül Glukose aus dem Glykogendepot.

5.2.2.2. **Anaerober Weg der Zuckerzerlegung im Sarkoplasma**

Wenn das bei der Glykolyse entstandene NAD H_2 seine Wasserstoffatome nicht an die Atmungskette loswerden kann (nicht wieder zu NAD reoxydiert werden kann), weil dort kein Sauerstoff mehr als Endempfänger zur Verfügung steht (anaerob), würde sich das NAD H_2 in der Zelle anstauen. Die Glykolyse weiterer Zuckermoleküle würde dadurch behindert, so daß das Coenzym NAD allmählich aufgebraucht und nicht mehr durch die Oxydation des NAD H_2 nachgeliefert würde. Dieses Problem wird in der Muskelzelle durch einen Kunstgriff gelöst, bei dem die Brenztraubensäure das Wasserstoffatompaar des NAD H_2 übernehmen kann, so daß dadurch wieder das Coenzym NAD entsteht.

Durch die Anlagerung eines Wasserstoffatompaars wird die Brenztraubensäure zur Milchsäure *(Lactat)*.

Der Preis für diesen Kunstgriff ist allerdings die zunehmende Anhäufung der Milchsäure in der Muskelzelle. Da die Milchsäure eine schwache Säure ist, wird das Zellmilieu allmählich saurer. Das wiederum hat zur Folge, daß die hochsensiblen Enzyme der Glykolyse bei einem bestimmten Säuerungsgrad der Zelle ihre Tätigkeit einstellen, wodurch überhaupt kein ATP mehr resynthetisiert werden kann. Die Muskelzelle stellt dann ihre Tätigkeit unter den subjektiven Zeichen der Erschöpfung ganz ein.

Diese unerwünschte Übersäuerung der anaerob arbeitenden Zelle wird verzögert durch

1. die in der Zelle vorhandenen Puffersysteme (Puffersysteme haben die Eigenschaft, H^+-Ionen und OH^--Ionen abzufangen und dadurch die Säuerungsänderungen abzumildern, die auf Zusatz von Säuren oder Basen entstehen);
2. die Entfernung der so entstandenen Milchsäure, die aus der Zelle in das zirkulierende Kapillarblut übertritt.

Dieser Abtransportmechanismus ist sehr effektiv, so daß ein ausreichend durchbluteter Muskel die Anhäufung der Milchsäure in seinen Zellen lange hinauszögern und dementsprechend über einen längeren Zeitraum seine Energie auf anaerobem Wege gewinnen kann.

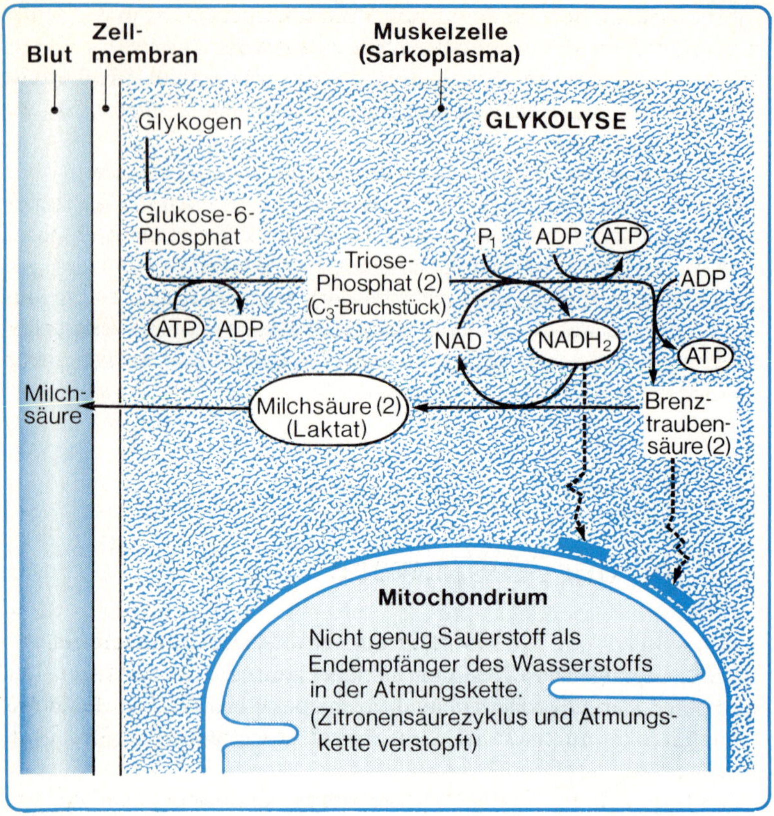

Abb. 5/6: Anaerobe Glykolyse

Mit dem zirkulierenden Blut wird die im Muskel gebildete Milchsäure im ganzen Körper verteilt und gelangt so auch an die Leberzellen oder an die Zellen von anderen Muskeln, die gerade nicht arbeiten müssen und deswegen einen niedrigeren Energiebedarf haben.
In der Leber wird die Milchsäure benutzt, um in einem energieverbrauchenden, enzymatisch gesteuerten Prozeß wieder neue Glukosemoleküle aufzubauen *(Glukoneogenese).*
In den weniger aktiven oder ruhenden Muskelzellen, die ausreichend mit Sauerstoff versorgt sind, kann die Milchsäure als zusätzlicher Treibstoff verwendet werden, indem sie wieder in Brenztraubensäure zu-

rückverwandelt und dann in den Zitronensäurezyklus und die Atmungskette der Mitochondrien eingeschleust wird.
Wenn die Milchsäure also aus der anaerob arbeitenden Muskelzelle entfernt wird, kann sie durchaus noch nutzbringend wiederverwendet werden *(recycling)*.
Die Herzmuskelzelle, mit ihrem unverhältnismäßig hohen Anteil an Mitochondrien und damit auch an den Enzymgruppen des Zitronensäurezyklus und der Atmungskette, deckt bei körperlicher Arbeit ihren Energiebedarf bis zu 50 Prozent aus der Milchsäure.
Ohne Sauerstoff bleibt die anaerobe Zerlegung des Zuckers also nach der Glykolyse stehen, so daß durch die Zerlegung eines Zuckermoleküls aus dem Glykogendepot nur drei Moleküle ATP resynthetisiert werden können.

5.3. Vor- und Nachteile beider Abbauwege

Wenn man die Vor- und Nachteile des aeroben und des anaeroben Weges der Glykogenzerlegung gegeneinander aufrechnet, sieht man, daß durch *aeroben Glykogenabbau* dreizehnmal mehr ATP-Moleküle resynthetisiert werden können als durch den anaeroben Weg (39 ATP zu 3 ATP).
Allerdings dauern die Umstellungsvorgänge im Herz-Kreislauf- und Atmungssystem (erhöhte Herzfrequenz, vertiefte und beschleunigte Atmung, Umverteilung des Blutes zur arbeitenden Muskulatur durch die Erweiterung der Arteriolen und der Kapillaren in der arbeitenden Muskulatur) bei einer mittelschweren körperlichen Belastung 45 bis 90 Sekunden, so daß die Energiebereitstellung auf aerobem Wege relativ langsam anläuft. Entspricht danach aber die Menge des antransportierten Sauerstoffs (und der Nährstoffe) genau dem aeroben Energiebedarf, könnte die Muskelzelle theoretisch unbegrenzt lange Zeit aerobe Kontraktionsarbeit verrichten. Das tut zum Beispiel ein gesundes Herz, das sich zeitlebens niemals ausruhen kann.
Das Gleichgewicht zwischen Energiebedarf und Energienachschub bezeichnet man als *Steady-state*.
Der Vorteil der *anaeroben Glykolyse* besteht darin, daß sie unabhängig

von der Sauerstoffversorgung der Zelle und ohne Zeitverlust sofort auf Hochtouren anlaufen kann. Auch ist die Geschwindigkeit, mit der die Energie auf dem kurzen anaeroben Weg der Glykolyse bereitgestellt wird, wesentlich höher. Dadurch kann trotz der geringeren Energieausbeute pro Molekül Glukose auf dem anaeroben, schnellen Weg eine größere Energiemenge pro Zeiteinheit bereitgestellt werden als auf dem aeroben Weg.
Die in der Zelle gespeicherten Glykogendepots können allerdings durch den verschwenderischen anaeroben Weg der Energiebereitstellung nicht voll aufgebraucht werden, da die Muskelzelle durch die steigende Milchsäurekonzentration zunehmend übersäuert und ihre Arbeit schließlich unter den Zeichen der peripheren Ermüdung relativ früh einstellen muß.
Der aerobe und der anaerobe Abbauweg der Glukose schließen sich keineswegs aus, sondern laufen immer gemeinsam ab. Gerade bei einem gesunden Sportler wird die dynamisch arbeitende Muskelzelle immer mit Sauerstoff versorgt, so daß parallel zum anaeroben schnellen Weg auch immer der aerobe ökonomischere Weg beschritten wird. Andersherum kann man sich vorstellen, daß der verschwenderische anaerobe Weg dann eingeschlagen wird, wenn der akute Energiebedarf der Muskelzelle die Grenzen der aeroben Energiebereitstellung überschreitet.

5.4. Anaerobe und aerobe Energiebereitstellung bei verschiedenen sportlichen Belastungen

Welcher Speicher wann und in welchem Umfang bei einer sportlichen Belastung zur Energiegewinnung herangezogen wird, ist abhängig von der Intensität der Belastung und ihrer Dauer.
Die Beziehungen zwischen aerober und anaerober Energiegewinnung bei verschiedenen Laufgeschwindigkeiten ist in Abbildung 5/7, Seite 254, gegenübergestellt. Verglichen wird
1. ein gemütlicher Spaziergang,
2. ein mittelschneller Dauerlauf (Jogging),
3. ein mit maximaler Geschwindigkeit gelaufener 1500-m-Lauf.

1. Während eines Spaziergangs steigt der Gesamtenergiebedarf des Körpers nur mäßig an. Hauptenergieverbraucher ist die Beinmuskulatur.
Nach einer kurzen anaeroben Phase der Energiebereitstellung während der Umstellungsvorgänge des Herz-Kreislauf-Systems (schnellere Herzfrequenz, beschleunigte und vertiefte Atmung, Umverteilung des Blutes in die arbeitende Muskulatur durch die Erweiterung der Arteriolen und der Kapillaren in der Arbeitsmuskulatur) wird nahezu die gesamte benötigte Energie auf dem aeroben Abbauweg gewonnen.
Auch bei dieser alltäglichen Belastungsform steigt der *Lactatspiegel* im Blut kurzfristig an, kehrt aber dann schnell auf den Ruhewert zurück, weil bei dieser milden körperlichen Belastung alles angefallene Lactat abtransportiert wird und in der nicht arbeitenden Muskulatur wiederverwendet werden kann.

2. Für einen mittelschnellen Dauerlauf muß man pro Minute eine Gesamtenergie von circa 40 kJ (10 kcal) aufwenden. Bei dieser mittleren Belastungsintensität nimmt weder die ATP-Konzentration in der arbeitenden Muskelzelle (ca. 5 μmol/ATP/g Muskelfeuchtmasse) noch die Kreatinkonzentration (ca. 25 μmol KP/g Muskelfeuchtmasse) besonders stark ab. Da während der Umstellungsphase des kardio-pulmonalen Systems ein relatives Sauerstoffdefizit entsteht, wird die für den Dauerlauf benötigte Energie durch den schnellen anaeroben Abbauweg der Glukose nachgeliefert. Danach kann aber auch bei einer mittleren Intensität der überwiegende Energiebedarf des Körpers auf aerobem Wege gedeckt werden, wenn das Sauerstoffangebot dem Sauerstoffbedarf entspricht (Steady-state).
Für die Beobachtung, daß der Energienachschub durch die aerobe Zerlegung der Nährstoffe immer mit einer geringen Verzögerung anläuft, sind nicht nur die Umstellungsvorgänge im kardio-pulmonalen System verantwortlich; sondern wahrscheinlich brauchen die Enzymsysteme in den Mitochondrien (β-Oxidation, Zitronensäurezyklus, Atmungskette) einige Sekunden, bevor sie voll aktiviert sind.
Auch benötigt das bei der Muskelkontraktion im Zellplasma angefallene ADP Zeit, um bis zu den aeroben Enzymgruppen in den Mitochondrien zu gelangen. Obwohl nach der kurzen anaeroben Anfangsphase bei einer mittleren Belastungsintensität der weitaus überwiegende Energiebedarf auf aerobem Wege gedeckt werden kann, bleibt der *Lactatspiegel* auch im weiteren Verlauf

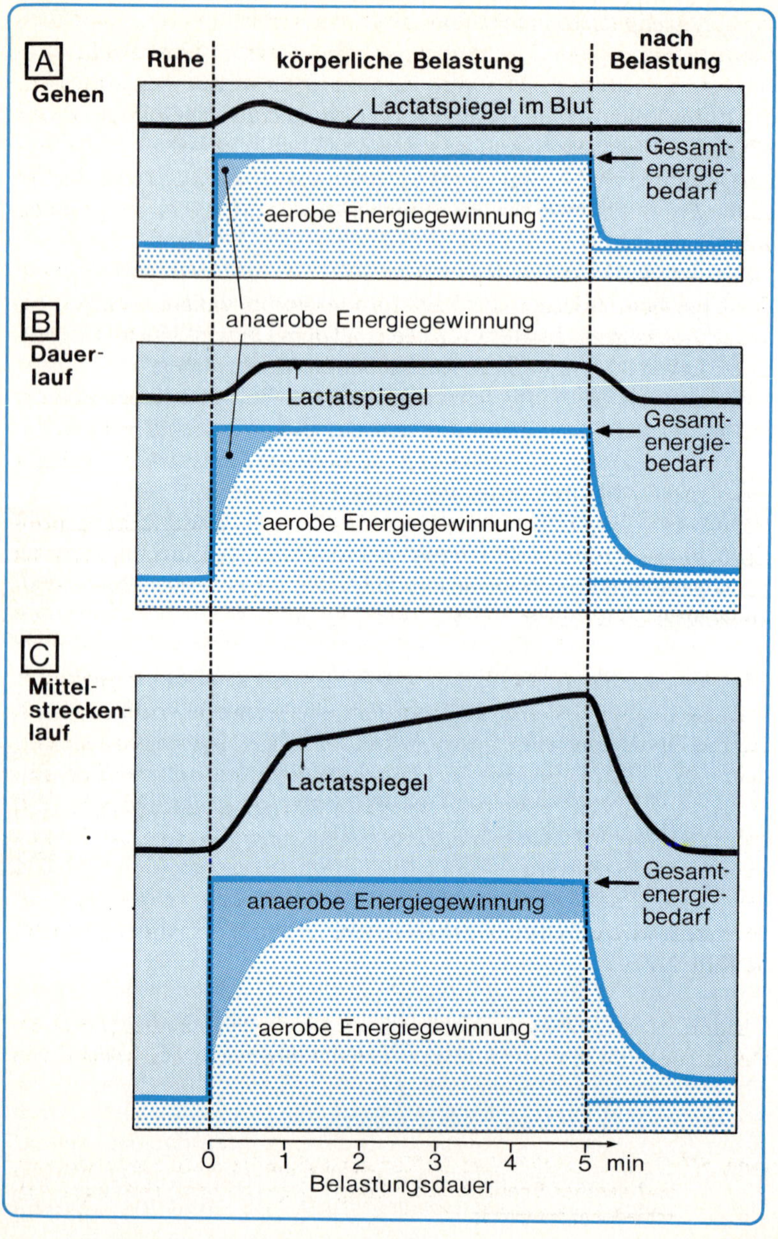
A
Gehen
Ruhe
körperliche Belastung
nach Belastung
Lactatspiegel im Blut
Gesamt-energie-bedarf
aerobe Energiegewinnung
anaerobe Energiegewinnung
B
Dauer-lauf
Lactatspiegel
Gesamt-energie-bedarf
aerobe Energiegewinnung
C
Mittel-strecken-lauf
Lactatspiegel
Gesamt-energie-bedarf
anaerobe Energiegewinnung
aerobe Energiegewinnung
0
1
2
3
4
5 min
Belastungsdauer

der Belastung leicht erhöht. Das zeigt, daß schon bei dieser mittleren Laufgeschwindigkeit die am intensivsten belasteten Muskelzellen zusätzlich zum aeroben Abbauweg den anaeroben Weg benutzen müssen. Es wird deutlich, daß man aus der Höhe des Lactatspiegels im gesamten Blut nur schlecht Rückschlüsse auf die Belastungsintensität der besonders betroffenen Muskelgruppen ziehen kann (das kann man besser beurteilen, wenn man nur das venöse Blut aus diesen Muskelgruppen analysiert).

Bei einer mittleren Laufgeschwindigkeit besteht offensichtlich ein Gleichgewicht zwischen der Lactatproduktion in einigen wenigen besonders beanspruchten Muskelzellen und dem Lactatabbau im Herzen, in der Leber oder in weniger beanspruchten Muskelzellen.

Abhängig von der Laufgeschwindigkeit liegt die Lactatkonzentration mehr oder weniger deutlich über dem Ruhewert; in jedem Falle ist die Schwelle zwischen ausschließlich aerober und zusätzlich geringer anaerober Energiebereitstellung gerade überschritten.

Für das *Training* der aeroben Ausdauer nach dem Dauerleistungsprinzip liegt die optimale Belastungsintensität (Laufgeschwindigkeit) bei der sogenannten aerob-anaeroben Schwelle, die bei einer Blut-Lactatkonzentration von circa 4 mmol/l erreicht ist.

Die Muskelzelle benutzt für die aerobe Energiegewinnung besonders gern die freien Fettsäuren als Treibstoff, eine sinnvolle Vorliebe, durch die die Glykogenvorräte geschont werden. Die Zelle weiß offensichtlich, daß für den Fall eines plötzlich auftretenden zusätzlichen Energiebedarfs nur das *Glykogen* für den anaeroben Abbauweg geeignet ist, und schont deshalb ihre Glykogenreserven möglichst lange auf Kosten der Fettsäurezerlegung.

Die Fähigkeit der Muskelzelle, bevorzugt Fettsäure als Treibstoff zu benutzen, wird durch ein Ausdauertraining besonders ausgebildet (siehe Kap. 1.7.3.).

3. Ein 1500-m-Lauf wird mit hoher Geschwindigkeit gelaufen; die Belastungsintensität entspricht hierbei einem Gesamtenergieaufwand von

Abb. 5/7: Gesamtenergiebedarf des Körpers und das Verhältnis von anaerober und aerober Energiebereitstellung bei sportlichen Belastungen verschiedener Intensität circa 200 kJ / Minute (ca. 50 kcal / Minute). Bei dieser Belastungsintensität und Dauer werden alle verfügbaren Energiereserven eingesetzt; aber der relative Anteil der einzelnen Treibstoffe wechselt von Sekunde zu Sekunde (siehe Abb. 5/8).

Wenn auf den ersten Metern nach spätestens 20 Sekunden die ATP- und Kreatinphosphatspeicher ausgeschöpft sind, hat die anaerobe Zerlegung des Glykogens gerade ihren Höhepunkt erreicht, so daß die ersten 90 Sekunden überbrückt werden, bis dann durch die aerobe Zerlegung des Glykogens und der Fettsäuren der Hauptanteil der benötigten Energie bereitgestellt wird.

Bei einer so hohen Belastungsintensität (Laufgeschwindigkeit) reicht die durch das kardio-pulmonale System nachgelieferte Sauerstoffmenge nicht aus, um die benötigte Energie ausschließlich auf aerobem Abbauwege zu decken.

Abb. 5/8: Anteil der verschiedenen energieliefernden Prozesse bei intensiver körperlicher Belastung unterschiedlicher Dauer (nach KEUL)

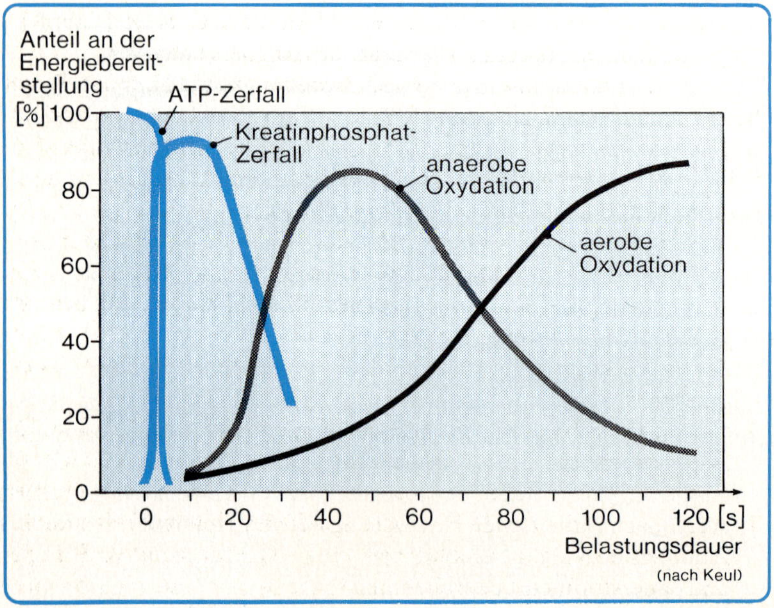

Deswegen muß die Muskelzelle während der ganzen Belastungsdauer zusätzlich den anaeroben Abbauweg des Glykogens beschreiten.
Weil sich bei so hoher Belastungsintensität kein Gleichgewicht mehr zwischen Milchsäureproduktion durch die arbeitende Muskulatur und Milchsäureabbau in den anderen Geweben einstellt, kann die Milchsäurekonzentration im zirkulierenden Blut bei einem 1500-m-Lauf z. B. 15 mmol/l erreichen, bei kürzeren, noch intensiveren Belastungen (z. B. 400-m-Lauf) sogar bis zu circa 25 mmol/l.
Bei so hohen Milchsäurekonzentrationen kommt es zu einer Übersäuerung des Blutes und besonders der arbeitenden Muskelzelle, wodurch die weitere Energiefreisetzung in zunehmendem Maße behindert wird, was schließlich zum Abbruch der Belastung führt.

5.5. Sauerstoffschuld

Abbildung 5/7, Seite 254, zeigt, daß die aerobe Energiebereitstellung bei allen drei Belastungsintensitäten (leicht, mittel, schwer) nach Beendigung der Belastung nicht sofort wieder auf ihren Ruhewert abfällt; es wird also auch nach Beendigung der Belastung noch mehr Sauerstoff aufgenommen, als es dem Ruhebedarf des Körpers entspricht.
Diese Sauerstoffmehraufnahme nach Belastungsende über den Ruhebedarf hinaus bezeichnet man als *Sauerstoffschuld*. Wenn auch die Ursachen und die Regulationsmechanismen für die Sauerstoffmehraufnahme nach Arbeitsende noch nicht in allen Einzelheiten bekannt sind, kann man zur Erklärung doch folgende Faktoren heranziehen:

1. Die Energiesofortspeicher *(Adenosin-Triphosphat, Kreatinphosphat)* müssen wieder aufgeladen werden.
2. Das während der Belastung angefallene Lactat muß wieder in aerobe Abbauvorgänge eingeschleust oder unter Energieverbrauch wieder zu Glykogen aufgebaut werden. Beides bedeutet einen Sauerstoffmehrbedarf.
3. Die Sauerstoffspeicher im kreisenden Blut *(Hämoglobin)* und die Sauerstoffspeicher in der Muskelzelle *(Myoglobin)* müssen nach Arbeitsende wieder aufgefüllt werden.
4. Auch nach Arbeitsende ist die Tätigkeit des Herzmuskels und der Atmungsmuskulatur erhöht, was einen entsprechenden Energie- und Sauerstoffmehrbedarf bedingt.

5. Nach Belastungsende sind die Hormonspiegel *(Katecholamine)* und die Körpertemperatur noch erhöht, was zu einem erhöhten Energieumsatz des Körpergewebes und damit zu einem erhöhten Sauerstoffbedarf führt.

5.6. Trainingseinflüsse

Über die Auswirkung des Ausdauertrainings auf die Mitochondrienvermehrung und die enzymatische Ausstattung der Skelettmuskelzelle wird ausführlich im Kapitel 1.7.3.1. berichtet.
Während das Ausdauertraining die Fähigkeit der Muskelzelle zur aeroben Energiegewinnung im optimalen Falle um das Vierfache verbessern kann, sind die Untersuchungsergebnisse über die Trainierbarkeit der anaeroben Energiebereitstellung noch widersprüchlich.
Die Konzentration der Enzyme der anaeroben Glykolyse ist auch im Sarkoplasma einer untrainierten Zelle relativ hoch und möglicherweise sogar bereits vor der Geburt festgelegt (genetisch determiniert).
Auch ein intensives anaerobes Training scheint die Fähigkeit der Muskelzelle zur anaeroben Energiebereitstellung nicht wesentlich verbessern zu können. Vielleicht ist das ein Grund, warum ein Sprinter zur Erreichung von Höchstleistungen mehr auf sein ‹Talent› angewiesen ist als ein Langstreckenläufer.

5.7. Zusammenfassung

Alle Energie ist durch die Lichtenergie der Sonne entstanden. Die einzelnen Energieformen können ohne Energieverlust ineinander umgewandelt werden.
Die Muskelzelle entwickelt ihre mechanische Spannung mit Hilfe der Energie, die sie aus der Spaltung des ATP in ADP und P_1 gewinnt.
Das *ATP* ist die wichtigste Energiewährungseinheit für alle Lebensprozesse. Da die Muskelzelle nur über einen kleinen ATP-Vorrat verfügt, muß sie sehr schnell und effektiv ATP nachliefern können, wenn sie länger als einige Sekunden arbeiten will.

In den ersten 20 Sekunden kann ATP aus der Spaltung des Kreatinphosphats nachgeliefert werden. Danach wird die weitere zur Resynthese des ATP notwendige Energie durch die Zerlegung der Fettsäuren und der Glukose gewonnen.

Wenn genug *Sauerstoff* durch das kardio-pulmonale System nachgeliefert werden kann, wird der aerobe Zerlegungsweg in den Mitochondrien beschritten, der die Nährstoffe vollständig in die energielosen Endprodukte CO_2 und H_2O zerlegt.

Ohne Sauerstoff kann auf dem anaeroben Abbauweg im Sarkoplasma der Zelle nur das Zuckermolekül teilweise zerlegt werden, wobei die Energieausbeute sehr gering ist und außerdem die entstehende Milchsäure die Muskelzellfunktion zunehmend beeinträchtigt.

Der *anaerobe* Weg ist zwar ineffektiver, aber schneller; deshalb wird er dann eingeschlagen, wenn große Energiemengen für kurze Zeiträume benötigt werden.

Der dreizehnmal effektivere *aerobe* Abbauweg in den Mitochondrien läuft langsamer an; bei Belastungen mittlerer Intensität kann aber über diesen Zerlegungsweg die benötigte Energie kontinuierlich nachgeliefert werden. Wenn ein Muskel wie der Herzmuskel im *Steady-state* arbeitet, ist seine Belastungsdauer theoretisch unbegrenzt.

Anaerobe und aerobe Energieabbauprozesse laufen immer gemeinsam ab; bei intensiven Kurzzeitbelastungen überwiegt der anaerobe Weg, bei Ausdauerbelastungen der aerobe.

Die während der Startphase eingegangene *Sauerstoffschuld* wird nach Belastungsende beglichen.

Während sich die lokale Muskelausdauer durch *Ausdauertraining* vervierfachen läßt, scheinen sich die anaeroben energieliefernden Prozesse nur wenig oder gar nicht trainieren zu lassen.

6. Sportverletzungen

6.1. Definition – Häufigkeit – Ursachen

Sportverletzungen sind Verletzungen, die durch äußere Gewalteinwirkung *(exogen)* oder durch den überschießenden Einsatz körpereigener Kräfte *(endogen)* entstehen. Jedoch unterscheiden sich die beim Sport entstehenden Verletzungen in keiner Weise von Verletzungen, die man sich bei anderen Beschäftigungen zuziehen kann. Deswegen kann der behandelnde Arzt einem verstauchten Sprunggelenk auch nicht ansehen, ob es beim Aufsprung in der Sprunggrube verletzt wurde oder beim Ausrutschen auf dem frisch gebohnerten Schulflur.
Der Sportler als Patient unterscheidet sich von anderen Patienten aber in mancher Beziehung. Normalerweise ist er zum Zeitpunkt seiner Verletzung in sehr gutem Gesundheitszustand und bester Kondition, und er will möglichst bald wieder den Sport betreiben, bei dem er sich verletzt hat.
Der Freizeit- und besonders der Leistungssportler, der sich den Zuschauern oder seinem Trainer gegenüber verpflichtet fühlt, bald wieder die von ihm gewohnte Leistung zu bringen, kann wegen der verständlichen Sportbegeisterung gelegentlich ein sehr ‹schwieriger› Patient sein. Manche Sportler und Trainer glauben fälschlicherweise immer noch, daß Muskeln, Sehnen, Bänder und Knochen von Sportlern schneller heilen als die von anderen gleichaltrigen Menschen; viele werden in der Phase der Ruhigstellung oft so ungeduldig, daß sie zu früh wieder mit dem Sport beginnen und damit Schaden nehmen.

Auf der anderen Seite können kleinere Behinderungen, derentwegen man bei alltäglicher körperlicher Belastung nicht einmal den Arzt aufsuchen würde, einen Sportler beim Training oder beim Wettkampf empfindlich stören. Wenn er dann vernünftigerweise zum Arzt geht, bedeutet das keineswegs, daß er ‹zimperlicher› ist als andere Menschen. Es wird vielmehr deutlich, daß sich kleinere Verletzungen oder Behinderungen oft erst unter den extremen Belastungsbedingungen im Sport bemerkbar machen.

Man kann Sportlern nicht eindringlich genug raten, aufmerksam die ersten Warnsignale des Körpers zu beachten und sich auch bei kleineren Verletzungen rechtzeitig darauf einzurichten. Nur so kann man vermeiden, daß eine an sich harmlose Verletzung durch Nichtbeachtung schlimmer wird oder eine durch eine leichte Behinderung unbewußt ausgelöste Veränderung der Technik oder des Bewegungsablaufs dazu führt, daß Folgeverletzungen auftreten bzw. einzelne Gewebsanteile überlastet werden.

Die Angaben über die *Häufigkeit von Sportverletzungen* in bestimmten Sportarten sind problematisch, da nur die schwereren, ärztlich behandelten Verletzungen einer Zählung zugänglich sind und sich nur die in Vereinen organisierten Sportler über ihre Unfallversicherung statistisch erfassen lassen.

Wenn man von solchen Statistiken ausgeht, muß man bei circa zwei Prozent aller Sporttreibenden mit einer Verletzung rechnen. Insgesamt ereignen sich circa vier bis zehn Prozent aller in den Krankenhäusern oder von niedergelassenen Ärzten behandelten Verletzungen beim Sport.

Etwa 80 Prozent aller Sportverletzungen laufen so glimpflich ab, daß es zu einer Arbeits- bzw. Sportunfähigkeit von weniger als sechs Wochen kommt. Nach entsprechender ärztlicher Behandlung heilen diese leichten Sportverletzungen ohne nachteilige Auswirkungen auf die Gesundheit oder sportliche Leistungsfähigkeit völlig aus. Circa fünf bis zehn Prozent aller Sportverletzungen sind ernsterer Natur und bedürfen einer stationären Krankenhausbehandlung. Nur 0,3 Prozent aller Sportverletzungen sind so schwerwiegend, daß sie zu dauernder Sport- bzw. Berufsunfähigkeit führen.

Die bisher vorliegenden Statistiken zeigen, daß sich Sportunfälle beim Wettkampf doppelt so häufig ereignen wie im Training, daß die Verletzungsgefährdung um das 20. Lebensjahr besonders hoch liegt und daß in Sportdisziplinen, die von Männern und Frauen gleichermaßen betrieben werden, die Verletzungsgefährdung für Männer fast doppelt so hoch liegt wie diejenige für Frauen.

Typische Sportverletzungen sind solche, die auf Eigenarten der sportlichen Technik oder der Sportgeräte beruhen und deswegen bei bestimmten Sportarten charakteristischerweise gehäuft auftreten.

Typische Sportverletzungen in diesem Sinne sind zum Beispiel der Innenbandriß des Kniegelenks beim Skilaufen, die Meniskusverletzung beim Fußballspielen oder die Verrenkung des Daumengrundgelenks beim Volleyball. Diese Beispielc zeigen, daß die Lokalisation der Verletzungen von der jeweiligen Sportart abhängig ist. Insgesamt betreffen circa 50 Prozent aller Sportverletzungen die Beine, 25 Prozent die Arme, die restlichen 25 Prozent verteilen sich auf die übrigen Körperteile.

Sportverletzungen treten nicht ‹schicksalsmäßig› auf, sondern sind das Ergebnis menschlichen Fehlverhaltens. Unter den *Ursachen der Sportverletzungen* führen deswegen eigene Unvorsichtigkeit bei ungenügender oder sorgloser Vorbereitung und die Fehleinschätzung des eigenen Leistungsvermögens, zum Beispiel bei Übermüdung, Überbeanspruchungen oder ungenügenden Trainingsvorbereitungen. Auch technische Mängel von Sportgeräten oder -stätten und Disziplinlosigkeit bzw. Regelverstöße anderer Sportler tragen zu Verletzungen bei.

Im Gegensatz zu den akut auftretenden Sportverletzungen können die langsam sich entwickelnden *Überlastungsschäden* lange unbemerkt bleiben und erst allmählich Krankheitswert erreichen. Chronische Überlastungsschäden (Sportschäden) entstehen als Folge von anhaltender bzw. zu häufig wiederholter Gewebsüberlastung, in vielen Fällen auch als Folge von unbeachtet gebliebenen kleineren Sportverletzungen.

Die periodisch wiederkehrende Beanspruchung im Grenzbereich der Gewebstoleranz führt zu kleinsten Verletzungen *(Mikrotraumen)*, die als Einzelereignis keine Beschwerden bereiten und deswegen unbemerkt bleiben, sich im Laufe der Zeit aber so summieren können, daß schließlich ein chronisches Überlastungssyndrom – ein Sportschaden mit seinem typischen Beschwerdebild – entsteht.

Typische Überlastungsschäden sind zum Beispiel der Tennisellbogen, die Kugelstoßerhand, der Werferellbogen oder der Ermüdungsbruch des Knochens, die im einzelnen und ausführlich in Band 2 beschrieben werden.

6.2. Weitermachen – ja oder nein?

Für den Sportler, Trainer, Übungsleiter oder Sportlehrer ist es oft ein Problem, den Schweregrad einer Verletzung richtig einzuschätzen und eigenverantwortlich zu entscheiden, ob ‹weitergemacht› werden darf oder nicht. Auch wenn, wie in den meisten Fällen, kein Arzt in der Nähe ist, der bei dieser Entscheidung helfen kann, sollten vor der Entscheidung über eine weitere Teilnahme drei Fragen möglichst klar beantwortet sein:

1. Was genau ist passiert, um welche Verletzung handelt es sich?
2. Kann eine weitere Teilnahme die Sportverletzung verschlimmern?
3. Kann die weitere Teilnahme die Entstehung einer anderen Sportverletzung (Folgeverletzung) begünstigen?

Während ein Arzt die erste Frage nach der Diagnose in den meisten Fällen klar beantworten kann, bereitet ihm die Beantwortung der zweiten und dritten Frage möglicherweise Schwierigkeiten, wenn er nicht – am besten aus eigener Erfahrung – die speziellen Anforderungen und Belastungen der jeweiligen Sportart einzuschätzen vermag.
Der Sportler oder Trainer kennt seine Sportart genau und weiß um die spezifischen Belastungen bestimmter Muskelgruppen und Gelenke; die Diagnose wird ihm allerdings Schwierigkeiten bereiten, wenn er nicht über ein fundiertes sportbiologisches-sportmedizinisches Grundwissen verfügt.
Für jüngere oder unerfahrene Sportler ist es oft schwierig zu entscheiden, ob es sich bei bestimmten Beschwerden überhaupt um eine Sportverletzung handelt. Denn Beschwerden wie Seitenstiche können auch ‹normalerweise› bei intensiver sportlicher Belastung auftreten, ohne daß es sich dabei um eine Verletzung handeln muß.
Verwirren kann ferner die Tatsache, daß schlimmere Verletzungen wie der Achillessehnenriß manchmal relativ wenig Beschwerden und Schmerzen verursachen, andererseits harmlose Verletzungen wie eine Schienbeinprellung sehr unangenehm und schmerzhaft sein können.
Im folgenden sind einige subjektive und objektive Anzeichen *(Symptome)* aufgeführt, von denen jedes einzelne – und erst recht mehrere zusammen – auf eine Sportverletzung schließen lassen, die so schwer ist, daß die weitere Teilnahme am Sport unterbrochen werden sollte.

6.2.1. Zeichen, die auf eine ernstere Sportverletzung schließen lassen

1. Bewußtlosigkeit: Ein Sportler, der bewußtlos ist, sich plötzlich auffällig verhält oder verwirrt erscheint, sollte auf keinen Fall weitermachen, bevor er nicht eingehend ärztlich untersucht worden ist.
2. Neurologische Symptome wie ein plötzlich auftretendes Taubheits- oder Schwächegefühl in einem Arm oder einem Bein und subjektive Empfindungen wie Prickeln oder ‹tausend Stecknadeln›.
3. Deutlich sichtbare Anschwellungen im Bereich einzelner Körperteile.
4. Stärkere Schmerzen, zumal dann, wenn sie das normale Ausmaß der Gelenkbeweglichkeit einschränken.
5. Blockierungen des normalen Bewegungsausmaßes, auch wenn sie nicht gleichzeitig Schmerzen verursachen.
6. Blutungen: Oft erscheinen blutende Verletzungen schlimmer, als sie sind; bei genauerer Betrachtung entpuppt sich die Blutungsquelle als eine kleine Schürf- oder Platzwunde. Ein Sportler kann nach entsprechender Behandlung gleich wieder am Sport teilnehmen. Allerdings müssen auch in diesem Fall die drei oben aufgeführten Kardinalfragen zufriedenstellend beantwortet worden sein.
7. Jegliche auffällige Verformung *(Deformität)* an Armen, Beinen, Rumpf oder Kopf.
8. Gefühl von Instabilität, wenn ein Sportler zum Beispiel empfindet, daß sein Fuß- oder Kniegelenk die Festigkeit und den Halt verloren hat, sich ‹schlackerig› anfühlt oder in die ‹falsche Richtung schlenkert›.

   Selbst wenn diese Symptome nicht mit Schmerzen verbunden sind, sollten sie immer Anlaß zu einer gründlichen ärztlichen Untersuchung sein.
9. Das Geräusch oder das Gefühl, daß etwas zerrissen, geplatzt oder ‹verrutscht› ist. Auch wenn er keine Schmerzen verspürt, sollte man diese subjektiven Angaben des Sportlers ernst nehmen, zumindest so lange davon ausgehen, daß er recht hat, bis das Gegenteil bewiesen ist.

Manche der oben beschriebenen Symptome werden nur deutlich, wenn man den verletzten Körperteil mit dem unverletzten Teil auf der anderen Körperseite vergleicht, weil man sich oft erst durch den direkten

Vergleich ein genaues Bild zum Beispiel über die normale Armbeweglichkeit machen kann oder darüber, ob ein Sprunggelenk geschwollen ist oder nicht.
Natürlich kann man eine Verletzung nicht durch den Trainingsanzug feststellen. Deswegen muß der verletzte Körperteil gut sichtbar freigelegt werden, wozu man den Sportler an den Spielfeldrand oder in die Kabine transportiert.
Die strikte Befolgung dieser Regeln mag zwar die weitere Teilnahme am Spiel und Sport verzögern. Dem Sportler aber, der bereit ist, sich danach zu richten, garantiert sie in den meisten Fällen, daß eine leichte Sportverletzung sich nicht verschlimmert.

6.2.2. **Vier Grundregeln für die Erstversorgung**

Um die akuten Beschwerden zu lindern, die auftretende Schwellung einzudämmen und einer weiteren Verschlimmerung der Sportverletzung vorzubeugen, ist es bei nahezu allen Sportverletzungen sinnvoll, sofort mit der Behandlung zu beginnen. Für die Erstbehandlung der Sportverletzungen haben sich folgende Maßnahmen bewährt:
1. Kälteanwendung,
2. Kompression,
3. Hochlagerung,
4. Ruhigstellung.

Zu 1: Die *Kälteanwendung* geschieht am besten durch einen Vereisungsspray (ohne Zusatz von lokalbetäubenden Mitteln) oder durch das Auflegen eines Eisbeutels auf das verletzte Gebiet für circa 30 Minuten.
Wenn kein Eis oder Vereisungsspray vorhanden ist, kann man das verletzte Gelenk oder den verletzten Körperteil unter fließendes kaltes Wasser halten oder mit kalten, feuchten Umschlägen bedecken.
Durch den Kältereiz ziehen sich die Gewebskapillaren zusammen, so daß ein weiterer Blutaustritt in das Gewebe und die damit verbundene Anschwellung unterbunden wird. Die lindernde, schmerzstillende Wirkung ergibt sich daraus, daß Kälteanwendung die Schmerzrezeptoren in den Organen zu beruhigen vermag.
Zu 2: Durch den *Kompressionsverband* soll das verletzte Gewebe gerade so weit zusammengedrückt werden, daß keine weitere Blut- oder Gewebsflüssigkeit ins umliegende Gewebe austreten kann.

Ein Kompressionsverband sollte immer angelegt werden, möglichst in Verbindung mit der Kälteanwendung.
Wenn Knochenvorsprünge wie der Fußgelenksknöchel unter dem elastischen Kompressionsverband liegen, muß man diese Vorsprünge durch U-förmige Einlagen aus Schaumgummi oder aus einem weichen Material abpolstern, damit der Druck nicht auf dem Knochenvorsprung liegt, sondern auf das darum liegende Weichgewebe ausgeübt wird.
Zu 3: Unter *Hochlagerung* versteht man eine Lagerung, bei der der verletzte Körperteil höher gelagert wird als das Herz. Durch die Hochlagerung über die Herzebene wird der venöse Blutrückstrom zum Herzen erleichtert, so daß die in das Gewebe eingelagerte Flüssigkeit besser in die Blutbahn aufgesaugt werden kann und die Schwellung abzieht oder gar nicht erst entsteht.
Zu 4: Die Hochlagerung und der Kompressionsverband bewirken meistens auch gleichzeitig die *Ruhigstellung* des verletzten Körperteils. Die Ruhigstellung und die damit verbundene Schonung verletzter Organe sind das älteste und wichtigste Behandlungsprinzip in der Medizin, das nicht nur in der Behandlung von Sportverletzungen, sondern bei der Behandlung praktisch aller Erkrankungen angewendet wird.
Durch die schnelle und konsequente Ruhigstellung im Rahmen der Sofortmaßnahmen wird mit großer Wahrscheinlichkeit eine weitere Verschlimmerung der Sportverletzung verhindert.
Im Gegensatz zu diesen bewährten Sofortmaßnahmen seien einige häufig zu beobachtende Fehler aufgeführt, die man unbedingt vermeiden muß. Bei einer frischen Sportverletzung darf man niemals:

- Wärme anwenden;
- den elastischen Verband so stark anlegen, daß sich im dahinterliegenden Gebiet die Haut durch das gestaute Blut verfärbt oder ein Taubheits- bzw. Prickelgefühl auftritt;
- die Warnsignale der verletzten Organe (Schmerz, Schwellung, Bewegungseinschränkung) in der Hoffnung mißachten, daß es nur ‹halb so schlimm› sei.

Ob im weiteren Verlauf der Behandlung weiterhin Kälte oder Wärme angewendet und ob das verletzte Organ eingegipst oder operiert werden muß, kann nur der Arzt beurteilen. Unabhängig von dessen Entscheidung über die weitere Behandlung sind die vom Sportler durchzuführenden Sofortmaßnahmen immer die gleichen:

- Kälteanwendung, Kompressionsverband, Hochlagerung und Ruhigstellung.

6.3. Hautverletzungen

6.3.1. **Hautabschürfungen**

Die häufigste Sportverletzung ist die Hautabschürfung *(Exkoriation)*. Sie kommt besonders oft bei Mannschaftsspielen vor und wird nicht immer beachtet. Obwohl der auftretende Schmerz oder die leichte Sikkerblutung nur wenig Beschwerden bereiten, sollte jede Hautabschürfung durch ein keimtötendes, abdeckendes Spray oder durch einen sterilen Pflasterverband ordnungsgemäß behandelt werden.
In den meisten Fällen wird der so ‹verarztete› Sportler das Spiel, den Wettkampf oder das Training sofort wiederaufnehmen können.
Selbst bei diesen harmlosen Verletzungen besteht die Gefahr, daß Krankheitserreger durch die Wunde in den Körper eindringen, weil die schützende Hautoberfläche durchbrochen ist.
Besonders gefährlich sind die weit verbreiteten Erreger des Wundstarrkrampfes *(Tetanus)*, weil man gegen sie nur sehr schwer etwas unternehmen kann, wenn sie erst einmal in den Körper eingedrungen sind. Aus diesem Grunde sollte jeder Sportler – und möglichst schon jedes Kind – vorbeugend gegen den Erreger des Wundstarrkrampfes geimpft sein.
Die ‹Tetanusimpfung›, die jeder Arzt durchführen kann, besteht aus einer Grundimpfung und daran anschließenden Auffrischimpfungen in regelmäßigen Abständen von fünf bis zehn Jahren. Die Dreifach-Grundimpfung besteht aus der ersten Impfung, der zweiten Impfung nach einem Monat und der dritten Impfung nach einem Jahr. Nur der Sportler, der eine vollständige Dreifach-Grundimpfung mitgemacht hat und dessen letzte Auffrischimpfung nicht länger als fünf Jahre zurückliegt, darf sich als ausreichend geschützt gegen den Erreger des Wundstarrkrampfes betrachten.
In allen anderen Fällen muß ein Arzt über das weitere Vorgehen entscheiden.
Weil der Wundstarrkrampf auch heute noch eine sehr gefährliche Erkrankung ist, ist die Tetanusschutzimpfung immer eine der ersten ärztlichen Maßnahmen bei allen Wunden, bei denen die schützende Hautoberfläche durchbrochen ist, so auch bei Quetsch-, Platz-, Schnitt-, Stich- oder Schußwunden.

6.3.2. **Platzwunden, Schnittwunden, Stichwunden**

Platzwunden entstehen beim Sport durch Sturz, Schlag oder Stoß. Sie tun oft erstaunlich wenig weh, können aber stark bluten. Helles kirschrotes Blut, das im Rhythmus des Herzschlags aus der Wunde austritt, weist auf eine Schlagaderverletzung hin; wenn eine Blutvene mitverletzt ist, sickert dunkelrotes Blut aus der Wunde. Die Behandlung der Platzwunden ist die gleiche wie die Behandlung der durch Schnitte oder Stiche entstandenen Wunden. Sie besteht in der Abdeckung mit sterilem Verbandstoff, im Notfall mit sauberer, frischgebügelter Wäsche.
Bei Schlagaderblutungen muß eventuell ein Druckverband angelegt, bei schweren Verletzungen die Schlagader abgedrückt bzw. der ganze Arm oder das ganze Bein abgebunden werden (Zeit notieren !).
Auf keinen Fall darf man die Wunde berühren oder gar auswischen. Auch dürfen keine feststeckenden Teile aus der Wunde herausgezogen werden, wodurch sich die Blutung verschlimmern kann.
Bei schwereren Verletzungen muß ein Arzt innerhalb der ersten sechs Stunden über die weiteren Behandlungsmaßnahmen entscheiden, ob zum Beispiel die Wundränder zur Unterstützung des Heilungsverlaufs glattgeschnitten werden müssen oder ob die Wunde durch eine Naht bzw. einen Wundkleber verschlossen werden muß.
Die Wunden des Hautgewebes heilen – mit Ausnahme des Knochengewebes – wie alle anderen Gewebe durch Narbenbildung. Innerhalb von Stunden beginnen die weißen Blutkörperchen damit, die zerstörten Gewebszellen abzubauen und die Abbauprodukte abzutransportieren. Innerhalb der ersten Tage erscheinen besondere Bindegewebszellen *(Fibroblasten)* am Verletzungsort und beginnen, das zerstörte Gewebe durch Neubildung und Narbengewebe zu ersetzen. Kleinere Hautwunden verheilen nach drei bis sechs Tagen, größere nach zehn bis vierzehn Tagen. Größere Hautwunden können frühestens nach drei Wochen mechanisch belastet werden.

6.3.3. **Blasen und Schwielen**

Blasen entstehen, wenn sich durch ständigen Druck oder ständige Reibung die obersten Hautschichten von den darunterliegenden abheben und in den entstandenen Zwischenraum Blut- oder Gewebswasser eindringt.

Die Haut am Blasenboden bleibt intakt; wenn die Blase nicht platzt, wird die Flüssigkeit allmählich aufgesogen, und die oberste abgehobene Hautschicht wird durch neue Haut ersetzt.
Weil die abgehobene Hautschicht einen ausgezeichneten Schutz gegen Infektionen bildet, sollte man Blasen nicht eröffnen oder bereits geplatzte, saubere Blasen nicht frühzeitig abtragen, sondern lediglich steril abdecken.
Blasen an den Handflächen entstehen oft beim Rudern, Segeln, Tennis oder Turnen. Durch schlechtsitzendes Schuhwerk können Blasen bei allen Sportarten entstehen, vor allem bei Läufern, Fußballspielern usw.
Schwielen entstehen durch hornartige Wucherungen der obersten Hautschicht an besonders druckbelasteten Stellen. Eingerissene Schwielen (Schrunden) müssen besonders sorgfältig gepflegt werden, da sich sonst in den Rißstellen Bakterien ansiedeln können (Schwielenabszeß).

6.3.4. **Verbrennungen**

Verbrennungen entstehen bei Sportlern durch Sonnenbestrahlung – wie bei Wassersportlern, Langstreckenläufern, Radfahrern usw. – oder durch Reibungswärme – wie die Verbrennungen der Handflächen durch Reibung an den Turngeräten oder Verbrennungen von Armen und Beinen, wenn zum Beispiel Basketballspieler den Hallenboden entlangrutschen.
Man unterscheidet drei Schweregrade von Verbrennungen:
1. Grad: Rötung der Haut und deutlicher Berührungsschmerz;
2. Grad: wie (1) mit zusätzlicher Blasenbildung (Brandblasen);
3. Grad: Zerstörung der Haut und Unterhaut mit Narbenbildung.
Die Behandlung der Verbrennungen richtet sich nach dem Schweregrad. Im Rahmen der Ersten Hilfe genügt es, die verbrannte Stelle sofort unter fließendem Wasser für 10 bis 20 Minuten zu kühlen und danach sauber und steril abzudecken. Auf keinen Fall dürfen Brandsalben oder irgendwelche Puder aufgetragen werden. Wenn größere Hautbezirke verbrannt sind, muß der verletzte Sportler in einem Krankenhaus ärztlich versorgt werden.

6.3.5. **Erfrierungen**

Erfrierungen treten am häufigsten bei Skiläufern und Bergsteigern in Form von örtlich begrenzten Kälteschäden auf. Man unterscheidet wie bei den Verbrennungen drei Schweregrade:
1. Grad: blasse, kalte Haut mit herabgesetztem Gefühl. Bei langsamer Wiedererwärmung kommt es zu einer brennenden Rötung.
2. Grad: Blauverfärbung und Empfindungslosigkeit der Haut mit Blasenbildung und Schwellung (Frostbeulen). Bei sachgerechter und vorsichtiger Wiedererwärmung (siehe unten) bleibt kein Dauerschaden zurück.
3. Grad: irreparable Gewebsschädigung und Gewebstod.
Erfrierungen werden allgemein und lokal behandelt. Der Sinn der Allgemeinbehandlung besteht darin, daß durch Erwärmung des Gesamtorganismus die verengten Gefäße am Ort der Erfrierung langsam wieder weit gestellt werden. Deswegen muß man den Verletzten in einen warmen Raum oder in ein warmes Bad bringen und ihm in zwei- bis dreistündigen Intervallen heiße Getränke anbieten.
Erst wenn der gesamte Körper ausreichend aufgewärmt ist, wird der erfrorene Körperteil langsam erwärmt, bei Erfrierungen 1. Grades am besten in warmen Bädern von 25 bis 37 Grad mindestens fünfmal täglich.
Das Einreiben der erfrorenen Stellen mit Schnee kann zu Hautschädigungen führen und ist deswegen nicht sinnvoll.
Erfrierungen 2. und 3. Grades gehören unbedingt in ärztliche, eventuell in stationäre Behandlung. In schlimmsten Fällen kann nur die Abtrennung des erfrorenen Körperteils (Amputation z. B. der großen Zehe) helfen.

6.4. Prellungen

Die Prellung *(Kontusion)* gehört sicher zu den häufigsten Sportverletzungen. Sie entsteht durch direkte stumpfe Gewalteinwirkung auf den Körper, ohne daß es dabei zu einer Durchtrennung der elastischen Hautoberfläche kommt. Abhängig von der Richtung und dem Ort der Gewalteinwirkung werden Weichteile entweder direkt gegen härtere Gewebsstrukturen (z. B. Knochen) gedrückt und dabei zerquetscht

oder aber gegen den Knochen abgeschert, wodurch es zu Zerreißungen des Unterhautgewebes kommen kann.
Durch die Gewalteinwirkung zerreißen immer kleinste oder mittelgroße Blutgefäße, so daß das Blut aus dem geschlossenen Gefäßsystem in den Zellzwischenraum des Gewebes austreten kann, was man als Bluterguß *(Hämatom)* bezeichnet. Am häufigsten ist die Prellung der Unterhaut, bei der sich umschriebene oder ausgedehnte Blutergüsse im Unterhautfettgewebe ausbilden, die dann zur typischen Blauverfärbung und Schwellung der Haut führen *(Hautprellung)*. Abhängig von der Intensität und dem Ort der Gewalteinwirkung können aber auch alle anderen Gewebe bzw. Organe durch Prellungen verletzt werden.
Das bekannteste Beispiel für eine *Muskelprellung* ist der ‹Pferdekuß› am Oberschenkel des Fußballspielers. Da der Muskel im Zustand der Erschlaffung sehr elastisch ist (siehe Kap. 1.4.), entsteht er – wie die meisten Muskelprellungen – typischerweise dann, wenn der Oberschenkelmuskel im Stadium der Kontraktion vom angezogenen Knie des Gegners getroffen wird. Eine Muskelprellung kann äußerst schmerzhaft sein. Bei unsachgemäßer Behandlung (zu frühe Anwendung von Wärme und Massage) wird der Bluterguß zwischen den Muskelfasern oder unterhalb der Muskelfaszie nicht richtig aufgesaugt (resorbiert), was zu Verkalkungen oder sogar zu Verknöcherungen des verletzten Muskelgewebes führen kann.
An den Armen und Beinen führen Prellungen besonders häufig zu Verletzungen der exponiert liegenden Knie-, Sprung- und Schultergelenke *(Gelenkprellung)*. Neben den zumeist mitbetroffenen Schädigungen des Unterhautfettgewebes über dem Gelenk und der damit verbundenen Ausbildung von Blutergüssen können auch Gefäße innerhalb der Gelenkkapsel geschädigt werden oder ganz zerreißen. Das führt zur Flüssigkeitsansammlung im Gelenk (Gelenkerguß) oder dazu, daß die Gelenkhöhle voll Blut läuft (Bluterguß im Gelenk).
Durch die Flüssigkeitsansammlung in der Gelenkhöhle kommt es immer zu sekundären Reizerscheinungen (Entzündungen) mit Verdikkung der Gelenkkapsel, wodurch die Funktion des Gelenks für längere Zeit erheblich beeinträchtigt sein kann.
Knochenprellungen entstehen an den Stellen, wo Knochen nur von einer dünnen Hautschicht überdeckt sind wie am Schienbein oder am Schädel. Sie sind äußerst schmerzhaft, weil die Knochenhaut *(Periost)* eines der empfindlichsten Gewebe des Körpers ist. Zum Glück läßt der

Schmerz aber normalerweise schnell nach, so daß ein gefoulter Spieler oft nach einer kurzen Behandlung auf dem Platz weiterspielen kann.
Wenn durch die Gewalteinwirkung die Knochenhautgefäße zerreißen, entsteht zwischen Knochenhaut und Knochen ein Bluterguß, der oft nur sehr langsam abzieht.
Direkte Nervenschädigungen durch Prellungen *(Nervenprellungen)* kommen im Sport relativ selten vor. Sie treten nur an besonders exponierten Stellen auf. So kann bei einem Tritt gegen das Wadenbeinköpfchen der dahinterliegende Nerv *(Nervus peronaeus)* geschädigt werden.
Auch der elektrisierende Schmerz, der vom Ellbogengelenk in den ganzen Unterarm ausstrahlt, ist auf eine Prellung des Ulnarnervs über den berühmten ‹Musikantenknochen› zurückzuführen. Wie im letzteren Fall wirken die durch eine Nervenprellung hervorgerufenen Beschwerden nur einige Minuten nach; in schwereren Fällen dagegen können sensible oder motorische Störungen vier bis sechs Wochen oder länger nachwirken.
Die *Behandlung* der Prellungen besteht in einer sofortigen Anwendung von Kälte, Kompression, Hochlagerung und Ruhigstellung. Diese Sofortmaßnahmen führen in den meisten Fällen dazu, daß der Sportler relativ bald weitermachen kann.
Im weichen Haut- und Muskelgewebe werden Blutergüsse normalerweise innerhalb von fünf bis zehn Tagen aufgesaugt *(resorbiert)*.
Zur Unterstützung der körpereigenen Resorption kann man nach zwei Tagen heparinhaltige Salben oder Gelsubstanzen anwenden, die die Verflüssigung des im Gewebe geronnenen Bluts unterstützen.
Allerdings kann der Körper die bei den meisten Prellungen entstandenen Flüssigkeits- oder Blutansammlungen im Gewebe nicht immer in regelrechter Weise resorbieren. Dann besteht die Gefahr, daß diese Flüssigkeitsansammlungen mit einer bindegewebigen Kapsel umhüllt werden, wodurch sie oft monatelang als ‹schwappende Ergüsse› bestehenbleiben, in manchen Fällen sogar in Verkalkung oder Verknöcherung übergehen können. Diese Komplikation kann vermieden werden, wenn der Arzt größere lokalisierte Ergüsse rechtzeitig punktiert, das heißt durch eine Hohlnadel nach außen in eine Spritze absaugt.
Zur Vermeidung von Prellungen und anderen Sportverletzungen werden in vielen Mannschaftssportarten Bandagen und Schoner getragen (Helm und gepolsterte Kleidung beim Rugby und Eishockey, Schienbeinschoner beim Fußball usw.).

Trotz dieser sinnvollen Vorsichtsmaßnahmen kommt es bei überraschender Gewalteinwirkung beim Sport gelegentlich zu *Prellungen innerer Organe*. Dazu gehören stumpfe Verletzungen der Nieren beim Fußballsport oder Zerreißungen von Leber, Milz oder Darm bei stumpfer Gewalteinwirkung auf die erschlafften Bauchdecken.
Prellungen innerer Organe sind oft nur sehr schwer zu erkennen. Da es sich meistens um schwerere Verletzungen handelt, muß für den Sportler schon der Verdacht genügen, den Sport sofort zu unterbrechen und sich einer ärztlichen Untersuchung zu unterziehen.

6.5. Verletzungen des Bandapparats

Die meisten Bänder des menschlichen Körpers sind Hilfseinrichtungen der Gelenke, die als platte, sehr derbe, blutgefäßarme, bindegewebige Stränge von einem Knochen zum anderen ziehen und helfen, das Gelenk zu stabilisieren.
Bänder sind im allgemeinen nur wenig elastisch, das heißt, sie leiern aus oder reißen ganz, wenn sie überdehnt werden.
Die Bänder, die mehr oder weniger fest mit der bindegewebigen Schicht der Gelenkkapsel verwachsen oder fast in ihrer ganzen Ausdehnung in die Gelenkkapsel ‹eingewebt› sind, bezeichnet man als *Verstärkungsbänder*.
Bänder, die wie die Seitenbänder der Scharniergelenke die Aufgabe haben, gewisse Bewegungen des Gelenks zu behindern oder zu hemmen, bezeichnet man als *Hemmungsbänder*.
Durch ihre enge räumliche und funktionelle Beziehung zu den Gelenken werden die Verstärkungs- und Hemmungsbänder immer dann überdehnt, angerissen oder ganz zerrissen, wenn die Knochen in dem entsprechenden Gelenk über ihr normales physiologisches Ausmaß hinaus bewegt werden. Deswegen treten die meisten Verletzungen des Bandapparats an den Scharniergelenken auf, die sich auf Grund ihrer Konstruktion nur in einer Richtung des Raums bewegen können. Das Kniegelenk, das Sprunggelenk und die Fingergelenke, die alle wie Scharniergelenke funktionieren, sind dementsprechend die Gelenke, die am häufigsten von Bandverletzungen betroffen werden.
Die Verletzungen des Bandapparats lassen sich in drei Schweregrade unterteilen:

Grad 1: Banddehnung, bei der einzelne Fasern des Bandes überdehnt sind, ohne daß es zu einer Instabilität oder zu einer abnormen Bewegungsmöglichkeit im Gelenk kommt.
Grad 2: Bandanriß, bei dem so viele Fasern des Bandes (zwischen 5 und 99 Prozent) zerrissen sind, daß das Gelenk mehr oder weniger instabil wird.
Grad 3: Vollständiger Bandriß, bei dem alle Fasern des Bandes zerrissen sind, wodurch das Gelenk in eine falsche, vorher nicht mögliche Richtung aufklappbar wird.
Eine Sonderform der schweren Bandverletzung bzw. eine Übergangsform zur Knochenverletzung ist dann gegeben, wenn nicht das äußerst zugfeste Band zerreißt, sondern durch den Unfallmechanismus das Knochenstückchen herausgerissen wird, an dem das Band ansetzt *(knöcherner Abriß).*

Die *Symptome* der Bandverletzungen richten sich nicht immer nach dem Schweregrad der Verletzung. Während Banddehnungen und Bandanrisse sich nach einer anfänglich relativ schmerzarmen Phase durch allmählich zunehmenden, länger andauernden lokalen Druckschmerz und schmerzhafte Bewegungseinschränkung bemerkbar machen können, können komplette Bandrisse nach einigen Minuten gelegentlich nur noch wenig Schmerzen verursachen.
Bei kompletten Bandrissen hört der Sportler manchmal ein schnappendes oder reißendes Geräusch. Wenn die Schmerzen nachlassen, verspürt er weiterhin deutlich, daß die Stabilität des Gelenks vermindert oder ganz aufgehoben ist.
Die ärztliche Untersuchung ergibt im Falle eines teilweisen Bandrisses eine deutliche Schmerzhaftigkeit bei dem Versuch, das Band passiv zu dehnen; bei einem vollständigen Bandriß läßt sich das Gelenk in eine falsche Richtung aufklappen, ohne daß der Sportler dabei starke Schmerzen verspüren muß.
In Verbindung mit der klinischen Untersuchung können gehaltene Röntgenaufnahmen des Gelenks in den meisten Fällen eine Klärung über das Ausmaß der Bandverletzung herbeiführen.
Ziel der Behandlung von Verletzungen des Bandapparats besteht immer darin, die alte Bandfestigkeit und -straffheit wiederherzustellen.
Bei leichten Banddehnungen wird das Band oft bereits durch die über das gleiche Gelenk ziehende Muskulatur entlastet und geschont. Reicht das nicht aus, erfolgt die Bandentlastung dadurch, daß man

nichtdehnbares Pflaster parallel zum Verlauf des verletzten Bandes auf die Haut klebt und es so vor neuer Überdehnung schützt.
In schwereren Fällen muß das Gelenk durch einen Zinkleim- oder Gipsverband völlig ruhig gestellt werden. Die Dauer der Ruhigstellung kann von Fall zu Fall schwanken. Weil die gefäßarmen Bandfasern nur außerordentlich langsam durch Narbenbildung zusammenwachsen, muß man bei ausgedehnteren Bandanrissen mit einer Heilungsdauer von mindestens vier bis sechs Wochen rechnen.
Nach Beendigung der Ruhigstellungsphase kann rechtzeitig begonnene krankengymnastische Behandlung die funktionelle Wiederherstellung des betroffenen Bandes beschleunigen.
Komplett zerrissene Bandenden müssen vom Chirurgen operativ zusammengenäht werden, weil nur durch eine chirurgische Bandnaht die Bandenden wieder so weit einander angenähert werden können, daß der Zwischenraum durch Narbengewebe überbrückt werden kann.
Auch für den erfahrenen Arzt ist die Einschätzung des Schweregrades von Bandverletzungen oft schwierig. Das kann dazu führen, daß Bandverletzungen ungenügend behandelt werden, wodurch eine bleibende Lockerung des Bandapparats, in schweren Fällen sogar ein Schlottergelenk mit wiederkehrenden Reizzuständen und Gelenkergüssen zurückbleibt.

6.5.1. **Bandverletzungen des Kniegelenks**

Die häufigste Bandverletzung des Kniegelenks betrifft das innere Seitenband. Der Mechanismus, der zur Verletzung des inneren Seitenbandes führt, ist immer der gleiche: Durch Gewalteinwirkung auf die Außenseite des Kniegelenks wird das Bein in eine X-Beinstellung gezwungen, wodurch es zu einer Überdehnung bis zur vollständigen Zerreißung des Innenbandes kommen kann.
Die erzwungene X-Beinstellung kann wie beim Fußball, Handball oder Rugby direkt durch den Aufprall des Gegners entstehen oder indirekt durch die Hebelwirkung der eigenen Körpermasse, wenn zum Beispiel bei Drehstürzen der Fuß durch die Stollen des Fußballschuhs am Boden oder der Unterschenkel mit dem Skischuh in der zu straff eingestellten Skibindung fixiert ist.
Weil bei einem kompletten Innenbandriß gelegentlich kurzzeitige Schmerzen auftreten und danach nur ein Gefühl der Instabilität zurück-

bleibt – als ob sich das Knie in die ‹falsche Richtung› beugt –, kann sich der Sportler in der Eigendiagnose dieser Verletzung leicht irren.
Bereits in Verdachtsmomenten sollte er deswegen den Arzt aufsuchen, der bei der klinischen Untersuchung und bei der gehaltenen Röntgenaufnahme die ‹Aufklappbarkeit› des Kniegelenks feststellen wird.
Die genaue Diagnose ist bei einer solchen Bandverletzung deshalb entscheidend, weil bei einem kompletten Bandriß beide Bandenden unbedingt operativ zusammengenäht werden müssen, bevor das Band durch einen Kniegelenkgips bis zu sechs Wochen entlastet wird.
Die Verletzungen der Kreuzbänder, die innerhalb des Kniegelenks vom Unterschenkel zum Oberschenkel ziehen, werden zusammen mit den Meniskusverletzungen des Kniegelenks auf Seite 283 besprochen.

6.5.2. **Bandverletzungen des oberen Sprunggelenks**

Von den zahlreichen Bändern, die das Sprungbein mit dem Schien- und Wadenbein verbinden, sind am häufigsten die äußeren Seitenbänder von Verletzungen betroffen, und zwar dann, wenn der Fuß in leichter Spitzfußstellung nach innen umknickt.
Diese typische Bandverletzung des oberen Sprunggelenks kann bei allen Sportarten auftreten, besonders oft beim Basketball und in den Lauf- und Sprungdisziplinen.
Neben bisweilen starken Schmerzen verspürt der Sportler beim Einknicken oft ein zerrendes oder reißendes Gefühl. Aus der meistens gleichzeitig auftretenden erheblichen Schwellung des oberen Sprunggelenks lassen sich keine sicheren Rückschlüsse auf den Schweregrad der Bandverletzung ziehen. Dieser läßt sich einigermaßen sicher nur durch eine gehaltene Röntgenaufnahme abschätzen, die oft unter Betäubung durchgeführt werden muß, weil starke lokale Schmerzen die Aufklappbarkeit des Gelenks verhindern.
Abhängig vom Schweregrad der Bandverletzung besteht die Behandlung in leichteren Fällen aus einer straffen Verpflasterung mit nichtdehnbarem Pflaster für mindestens 14 Tage. Bei größeren Anrissen muß das Band durch einen Gipsverband über das Sprunggelenk für circa vier bis sechs Wochen ruhiggestellt werden; bei kompletten Bandzerreißungen sollte dieser Ruhigstellung eine operative Vernähung der zerrissenen Bandenden vorangehen.
Die gezielte krankengymnastische Übungsbehandlung sollte möglichst

frühzeitig nach der Ruhigstellungsphase einsetzen, damit die Bandfestigkeit völlig wiederhergestellt wird und die atrophierten Muskeln, die über das obere Sprunggelenk ziehen, ihre ursprüngliche Kraft wiedererlangen oder behalten.
Die krankengymnastische Übungsbehandlung soll die volle Funktionsfähigkeit des Bandapparats herbeiführen, ohne daß Restbeschwerden zurückbleiben. Denn selbst geringe Restbeschwerden können zu lang anhaltenden Folgebeschwerden führen, wenn man das Gelenk durch eine unphysiologische Fehlhaltung unbewußt schont.

6.6. Gelenkverletzungen

Die Knochen des menschlichen Skeletts sind entweder relativ starr und unbeweglich durch Haften (Bandhaft, Knorpelhaft, Knochenhaft) miteinander verbunden oder beweglich durch die Gelenke (siehe Abb. 6/1, Seite 278).
Die Gelenke stellen die Verbindung von zwei (oder mehr als zwei) gegenüberstehenden Knochen dar, deren Enden mit einer druckelastischen Knorpelschicht überzogen sind. Zwischen den beiden Gelenkflächen (dem Gelenkkopf und der Gelenkpfanne) befindet sich der Gelenkspalt. Gelenkkopf und Gelenkpfanne werden von einer blutgefäß- und nervenführenden bindegewebigen Kapsel umschlossen, die mal straff und eng, mal schlaff und weit von einem Knochen zum anderen zieht. Die äußere Schicht der zweischichtigen Gelenkkapsel besteht aus derbem, festem Bindegewebe und ist häufig mit benachbarten Bändern verwachsen, wodurch sie auf eine mehr oder weniger lange Strecke in die Gelenkkapsel ‹eingewebt› erscheinen.
Die innere Gelenkkapselschicht *(Synovialhaut)* ist viel dünner und enthält zahlreiche Blutgefäße und Drüsen, aus denen sie die ‹Gelenkschmiere› *(Synovia)* in die Gelenkhöhle und den Gelenkspalt absondert.
Die dickflüssige, fadenziehende, klare bernsteinfarbene Gelenkschmiere füllt die ganze Gelenkhöhle aus und vermindert die Reibung zwischen den knorpelig überzogenen Gelenkflächen – sie ‹schmiert› das Gelenk.
Wenn die Gelenkflächen in ihrer Form nicht zusammenpassen, können Gelenkzwischenscheiben (Menisken, Disken) in die Gelenkhöhle ein-

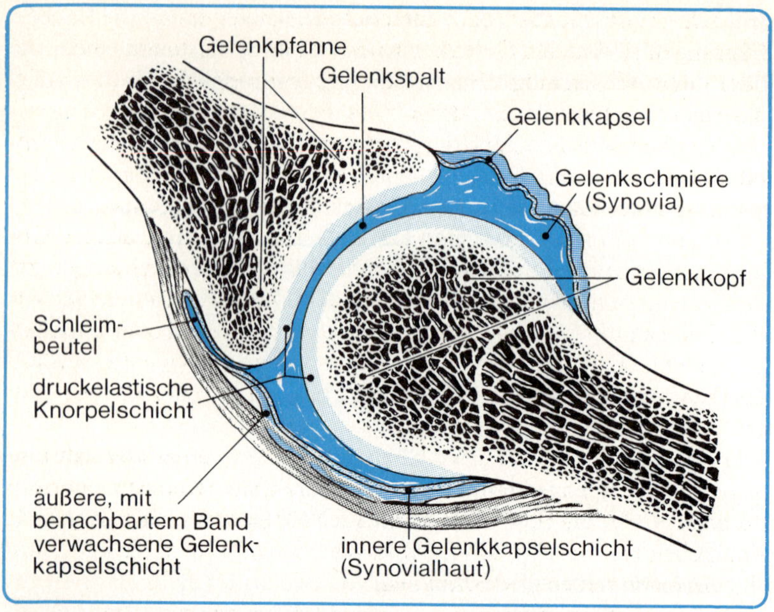

Abb. 6/1: Schematischer Querschnitt durch ein Sattelgelenk

gelagert sein, die die Inkongruenz (das Nichtzusammenpassen) zwischen Gelenkkopf und Gelenkpfanne ausgleichen.

Überall dort, wo Haut, Muskeln oder Sehnen mit Knochenvorsprüngen in Kontakt kommen, bildet die innere Schicht der Gelenkkapsel kleinere oder größere Aussackungen, die ebenfalls mit Gelenkschmiere angefüllt sind, die sogenannten *Schleimbeutel* (siehe Abb. 6/1).

Nach der knöchernen Form des Gelenkkopfes und der Gelenkpfanne und nach ihrer Funktion lassen sich die Gelenke in Kugel-, Scharnier-, Dreh-, Rad-, Ei- und Sattelgelenke unterteilen.

Das Ausmaß der Gelenkbeweglichkeit wird durch die knöcherne Form von Gelenkkopf und Gelenkpfanne bestimmt *(Knochenführung)*, aber auch durch die Hemmungsbänder, die oft zusammen mit der Gelenkkapsel von einem Knochen zum andern ziehen *(Bandführung)*.

Zusätzlich zur Knochen- und Bandführung bestimmen die Muskeln, die über das Gelenk hinwegziehen, das Ausmaß der möglichen Gelenkbeweglichkeit *(Muskelführung)*.

Je nach Art des Gelenks bzw. nach der Straffheit der entsprechenden Führungen sind in den Gelenken Knochenbewegungen um eine, zwei oder mehr Achsen möglich. Das beweglichste menschliche Gelenk ist das Schultergelenk, das aus der sehr kleinen Gelenkpfanne (nur 6 cm^2) des Schulterblatts und dem kugeligen Kopf des Oberarmknochens gebildet wird.
Grundsätzlich können von einer Gelenkverletzung alle Gewebsstrukturen betroffen sein, aus denen das Gelenk besteht. Die äußere Gelenkkapsel kann überdehnt werden oder ganz zerreißen, zusammen mit den Verstärkungsbändern oder unabhängig davon. Die innere Schicht der Gelenkkapsel (Synovialhaut) kann gedehnt werden oder zwischen die Gelenkflächen geraten, so daß ihre Blutgefäße geschädigt werden, letztlich zerreißen mit der Folge eines Flüssigkeits- oder Blutergusses im Gelenk.
Der elastische Knorpelüberzug kann zerquetscht werden oder teilweise abscheren, die Faserknorpel der Gelenkzwischenscheiben oder die Menisken können aus ihrer Verankerung ausreißen oder zerreißen; schließlich kann einer oder die beiden gelenkbildenden Knochen von der Gelenkverletzung betroffen sein.
Ausmaß und Schweregrad einer Gelenkverletzung sind dabei von der Art des Verletzungsmechanismus wie von der Stärke der einwirkenden Gewalt abhängig. Wegen des komplizierten und des von Gelenk zu Gelenk unterschiedlichen Aufbaus hat sich für eine solche Verletzung bis heute keine einheitliche Begriffsbildung durchgesetzt.
In der folgenden Übersicht werden die Gelenkverletzungen in Distorsionen (Verstauchung eines Gelenks) und Luxationen (Auskugelung eines Gelenks) unterteilt.

6.6.1. **Verstauchung des Gelenks – Distorsion**

Die Distorsion entsteht durch gewaltsames Auseinanderziehen der artikulierenden (gelenkbildenden) Gelenkflächen über das normale physiologische Maß der Gelenkbeweglichkeit hinaus. Dabei verlassen die Gelenkflächen ihre normale Stellung zueinander nur vorübergehend; nach Beendigung der Gewalteinwirkung kehren sie wieder in ihre Mittel- bzw. Ruhelage zurück.
Die *Symptome* der Distorsion sind zu Anfang oft dieselben, unabhängig davon, welche Gelenkstrukturen wie stark verletzt wurden. Die

Hauptsymptome sind Schmerzen, Gelenkschwellung, unnormale (unphysiologische) Gelenkstellung und Einschränkung der Gelenkbeweglichkeit.

Während das ganze Gelenk zunächst diffus schmerzt, können manche Sportler im weiteren Verlauf besonders schmerzhafte Stellen wie die Bandansätze genau lokalisieren.

Die Schmerzen entstehen durch Reizungen oder Verletzungen des Nervengewebes in den betroffenen Gelenkstrukturen. Durch die Nervenreizung kommt es zur reflektorischen Gefäßerweiterung im geschädigten Gebiet mit Flüssigkeitsaustritt ins Gewebe und lokaler Steigerung der Gewebstemperatur.

Gelenkschwellungen sind in den meisten Fällen darauf zurückzuführen, daß gleichzeitig mit der Gelenkverletzung das umliegende Gewebe geschädigt ist, wodurch es zur Ausbildung von Flüssigkeits- oder Blutergüssen in dieses gelenkumgebende Gewebe kommt.

Wenn die Blutgefäße in der Synovialhaut des Gelenks beschädigt sind, kommt es zu einer Blutung im Gelenk (Bluterguß im Gelenk) oder zu einer Flüssigkeitsabsonderung in das Gelenk (Gelenkerguß).

Die unnormale Fehlstellung des Gelenks richtet sich reflektorisch nach der geringsten Spannung der verletzten Kapsel oder des verletzten benachbarten Bandes, bei Verletzung der Synovialhaut nach dem Ausmaß des Flüssigkeits- oder Blutergusses im Gelenk (Schonhaltung).

Die Einschränkung der normalen Gelenkbeweglichkeit ist den auftretenden Schmerzen direkt proportional.

Nach den *Sofortmaßnahmen* am Ort des Geschehens (Kälteanwendung, Kompression, Hochlagerung und Ruhigstellung) soll man auf jeden Fall eine oder mehrere Röntgenaufnahmen des Gelenks anfertigen lassen (in zwei Ebenen, eventuell gehalten), da nur mit ihrer Hilfe mit einiger Sicherheit entschieden werden kann, welche Gelenkstrukturen verletzt sind.

Die *Behandlung* von Distorsionen läßt sich nicht schematisieren. Wenn die äußere Kapsel zusammen mit den benachbarten Bändern überdehnt, angerissen oder gar ganz zerrissen ist, entspricht die Behandlung den Richtlinien, die für die Verletzung des Bandapparats gelten (siehe Kap. 6.5.). Während leichtere Distorsionen wie die des Daumengrundgelenks beim Volleyball bei schneller und richtiger Sofortbehandlung und entsprechender Schonung von allein ausheilen können, müssen schwere Distorsionen mit Zerreißung der Kapsel und der benachbarten

Bänder operativ behandelt werden und danach für mindestens sechs Wochen im Gipsverband ruhiggestellt werden.
Die daran anschließende intensive krankengymnastische Behandlung erfolgt in gleicher Weise wie nach Verletzungen des Bandapparats.
Leichtere Distorsionen dürfen keinesfalls zu lange etwa durch elastische Verbände bandagiert werden, da dieses Vorgehen langfristig zu einer Schwächung des Bandapparats und zum Verlust der physiologischen Festigkeit des Gelenks führen kann.
Bei der Behandlung von Gelenkverletzungen muß man sich immer wieder in Erinnerung rufen, daß alle Bestandteile des Gelenks (Gelenkkapsel, Verstärkungsbänder, Knorpelüberzug, knöcherne Gelenkbestandteile usw.) wie alle anderen Organe des Körpers überschwelliger funktioneller Reize bedürfen, damit sie ihre normale Funktion wiedererlangen oder durch gezieltes Training sogar verbessern können.
Distorsionen des Sprunggelenks ereignen sich häufig beim Fußball, Basketball, in Sprung- und Laufdisziplinen auf unebenem Boden wie beim Crosslauf.
Distorsionen der Daumen- und Fingergelenke treten oft beim Handball, Skilaufen (Skiläuferdaumen), Volleyball oder bei der Gymnastik mit dem Medizinball auf.

6.6.2. **Auskugelung des Gelenks – Luxation**

Die Luxation entsteht wie die Distorsion durch gewaltsames Auseinanderziehen der artikulierenden (gelenkbildenden) Gelenkflächen über das physiologische Maß der Gelenkbeweglichkeit hinaus.
Im Gegensatz zur Distorsion kehren die artikulierenden Gelenkflächen nach Beendigung der Gewalteinwirkung nicht wieder in ihre normale Lage zurück, sondern bleiben in ihrer verschobenen Stellung.
Die *Diagnose* einer Luxation ist meistens leicht zu stellen: Man erkennt eine Veränderung der Gelenkkonfiguration im Vergleich zur gesunden Seite, eine Gelenkschwellung und eine Fehlstellung der artikulierenden Knochen zueinander. Der Sportler kann heftige Schmerzen verspüren. Die Gelenkbeweglichkeit ist durch einen federnden, harten Widerstand (federnde Fixation) blockiert.
Die *Erste Hilfe* auf dem Sportplatz muß sich wegen der Besonderheiten dieser Gelenkverletzung auf die Ruhigstellung durch geeignete Lagerung und eventuell auf die Kälteanwendung beschränken. Die ärztliche

Behandlung besteht in der Reposition (Einrenkung) in entspannender Narkose, nachdem ein bestehender Knochenbruch durch eine röntgenologische Untersuchung ausgeschlossen ist. Keinesfalls darf der Trainer, Übungsleiter, Lehrer oder Sportler selbst versuchen, das ausgekugelte Glied wieder einzurenken, da hierdurch schlimmere Schäden als durch die ursprüngliche Verletzung entstehen können.

Die *weitere Behandlung* richtet sich auch hier danach, welche Gelenkstrukturen wie stark verletzt worden sind. Oft genügt eine kurzfristige Ruhigstellung des luxierten Gelenks in Mittelstellung, damit Verklebungen und Vernarbungen der Gelenkkapsel vermieden werden. Die Dauer kann zwischen einer Woche bei kleineren Gelenken und drei Wochen bei großen Gelenken schwanken.

Wenn in schwereren Fällen die Reposition nicht schonend durchgeführt werden kann, muß sie operativ vorgenommen werden, vor allem dann, wenn gleichzeitig die Knochenstrukturen des Gelenks verletzt sind.

Die Luxation ist nicht notwendigerweise eine schlimmere Verletzung als die Distorsion; das Ausmaß der Gelenkverletzung kann bei einer Distorsion durchaus genauso schwer sein. Oft ist es nur Zufall, ob der Kopf nach Beendigung der Gewalteinwirkung wieder in seine Pfanne ‹zurückflutscht› oder nicht.

Das wird deutlich an der sogenannten gewohnheitsmäßigen Auskugelung *(habituellen Luxation)*. Die habituelle Luxation entsteht entweder durch anlagemäßig bedingte Veränderungen von Gelenkkopf bzw. -pfanne oder durch unzureichend behandelte vorausgegangene Luxationen, bei denen der Kapselapparat und die benachbarten Bänder ausgeleiert bleiben. Menschen, deren Gelenke eine solche Neigung zur Auskugelung aufweisen, können ihr Gelenk schon bei alltäglichen Bewegungen auskugeln, etwa das Schultergelenk beim Händeschütteln.

Diese Menschen verspüren bei der Auskugelung häufig keine Schmerzen. Das Gelenk muß nicht anschwellen, wenn durch diesen Auskugelungsmechanismus keine anderen Gelenkstrukturen verletzt werden; die Einrenkung kann der Betroffene oft selbst und ohne Schmerzen durchführen.

Die *Behandlung* der habituellen Luxation besteht in der operativen Straffung des ausgeleierten Kapsel- und Bandapparats des betreffenden Gelenks.

Luxationen des Schulter- und Ellbogengelenks treten gehäuft beim Gerätturnen, bei der Gymnastik, beim Boxen, beim Skilauf und bei Ballspielen auf; die Fingergelenke kugeln besonders häufig beim Volleyball, Handball oder Basketball aus, vor allem die des Daumens und des Mittelfingers.

6.6.3. **Verletzung des Kniegelenks – Kreuzbänder – Menisken**

Die Verletzung des muskel- und bandgeführten Kniegelenks gehört zu den bedeutsamsten Sportverletzungen, nicht nur wegen ihrer Häufigkeit, sondern auch wegen des komplizierten Aufbaus des Kniegelenks und der Komplikationsmöglichkeiten (siehe Abb. 6/2, Seite 284).
Neben der schmerzhaften Funktionseinschränkung ist gemeinsames Hauptsymptom aller ernsthaften Knieverletzungen der *Kniegelenkserguß*, der entweder blutig ist bei Mitverletzung der Gelenkkapsel (der Bänder, Knorpel oder Knochen) oder unblutig als Ausdruck einer Mitreaktion des Gelenks auf den an der Kapsel mit seinen Seitenbändern oder an den Binnenstrukturen (Meniskus und Kreuzbänder) entstandenen Schaden. Im Anschluß an die Erstversorgung (Kälteanwendung, Kompression, Hochlagerung und Ruhigstellung) sollte die Diagnose so frühzeitig wie möglich gestellt werden, um bei ernsteren Verletzungen eine primäre (sofortige) operative Versorgung durchführen zu können. Nur so lassen sich Spätschäden von Anfang an vermeiden.
Neben der Verletzung der Seitenbänder (siehe Seite 275) und der Kniescheibensehne können vor allem die Menisken und Kreuzbänder betroffen sein.
Bei der klinischen Untersuchung zeigt sich ein *Kreuzbandriß* in der Verschieblichkeit des Schienbeins gegenüber dem Oberschenkel als sogenanntes Schubladenzeichen.
Wenn der Unterschenkel im angewinkelten Zustand gegen den Oberschenkel nach vorn verschoben werden kann, deutet das auf einen Riß oder eine Lockerung durch einen Anriß des vorderen Kreuzbandes hin.
Ein positives ‹Schubladenzeichen› nach hinten entsteht durch einen Riß oder eine Lockerung des hinteren Kreuzbandes.
Die häufigste Kniebinnenverletzung ist der *Riß des inneren Meniskus*, der mit der Gelenkkapsel und dem inneren Seitenband verwachsen ist. Er entsteht typischerweise dann, wenn der gegen den Oberschenkel verdrehte Unterschenkel bei gleichzeitigem seitlichem Abknicken im Knie plötzlich gestreckt wird.

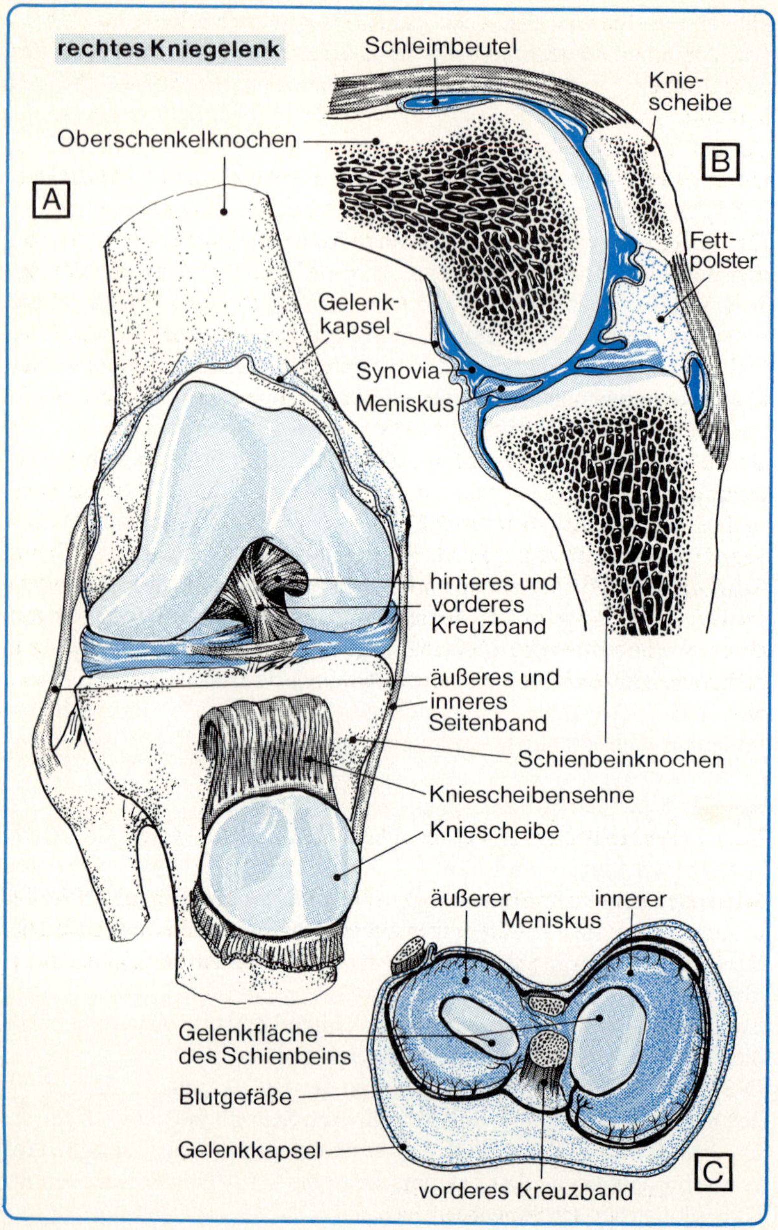
rechtes Kniegelenk
Schleimbeutel
Knie-
scheibe
Oberschenkelknochen
B
A
Fett-
polster
Gelenk-
kapsel
Synovia
Meniskus
hinteres und
vorderes
Kreuzband
äußeres und
inneres
Seitenband
Schienbeinknochen
Kniescheibensehne
Kniescheibe
äußerer
innerer
Meniskus
Gelenkfläche
des Schienbeins
Blutgefäße
Gelenkkapsel
C
vorderes Kreuzband

Häufig reißt der Meniskus parallel zu seinem freien Außenrand, also von vorn nach hinten, wobei der abgerissene Innenteil noch mit der vorderen und hinteren Befestigungsstelle auf der Gelenkfläche des Schienbeins verbunden ist (Korbhenkelriß).
Bei der klinischen Untersuchung zeigt sich ein lokaler Druckschmerz auf der Innenseite des Knies über dem Gelenkspalt, ein Gelenkerguß und typische Bewegungsschmerzen mit federnder Streckhemmung.
Da der einmal über eine weitere Strecke eingerissene Meniskus von allein nicht wieder zusammenwächst, ist meistens eine Operation erforderlich, schon deswegen, weil die Gefahr besteht, daß sich der abgesprengte Teil noch weiter von seinen Befestigungsstellen löst, sich im Gelenk hin und her bewegt *(flottiert)* und bei Einklemmung die Gelenkbeweglichkeit blockiert. Bei solchen Einklemmungen werden die betroffenen Knorpeloberflächen ebenfalls geschädigt.
Der frische, traumatische Meniskuseinriß ist bei jugendlichen Sportlern selten. Meistens ist er dann mit einer gleichzeitigen Verletzung des inneren Seitenbandes verbunden.
Neben dem unfallbedingten Meniskusriß kommen insbesondere beim äußeren Meniskus auch sogenannte *Meniskusablösungen* vor, allerdings nur dann, wenn das Meniskusgewebe durch dauernde Überlastungen wie bei falscher Technik degenerativ verändert und deshalb nicht voll belastbar ist. Auch in diesem Fall bietet sich eine Operation an.

6.7. Muskel- und Sehnenverletzungen

Muskeln bilden mit ihren Sehnen eine funktionelle Einheit. Wie die Bänder ziehen sie von einem zum anderen Knochen über ein Gelenk. Weil der Muskel-Sehnen-Apparat im Gegensatz zu den Bändern im

Abb. 6/2: Das Kniegelenk (schematisch)
(A) Kniegelenk von vorn
(B) Querschnitt
(C) Aufsicht auf die Menisken und den Schienbeinknochen

erschlafften Zustand sehr elastisch ist, treten Muskel- und Sehnenverletzungen überwiegend dann auf, wenn der Muskel kontrahiert ist.
Während bei vielen anderen Sportverletzungen zu starke äußere Kräfte die Verletzungsursache bilden, entstehen die Verletzungen des Muskel-Sehnen-Apparats oft ohne äußere Gewalteinwirkung, wenn ein übermüdeter oder überanstrengter Sportler bei unkoordinierten Bewegungen einzelne Muskelfasern oder den ganzen Muskel zu stark anspannt.
Trotz der zum Teil widersprüchlichen Auffassungen zu diesem Thema scheint eine sorgfältige Aufwärmarbeit vor dem Sport und die Vermeidung von Kälteeinwirkungen das Risiko von Verletzungen des Muskel-Sehnen-Apparats zu mindern.
In Verbindung mit der Aufwärmarbeit haben sich Dehnungsübungen sowie das bei Tänzern, Turnern und Leichtathleten praktizierte «stretching» bewährt.
Beim Stretching werden Arme, Beine und Rumpf von einem Gymnastikpartner bis zum äußersten gedehnt und in dieser extremen Haltung acht bis zehn Sekunden festgehalten. Durch die damit verbundene Verbesserung der intramuskulären Koordination und der Muskelelastizität (siehe Seite 21) läßt sich offensichtlich das Verletzungsrisiko deutlich senken.
Die Verletzungsgefährdung steigt durch unbemerkt gebliebene oder nicht beachtete kleinere Vorverletzungen. Zu schnell antrainiertes Muskelwachstum erhöht das Verletzungsrisiko ebenfalls, weil es bei falsch aufgebautem Krafttraining zu einem Mißverhältnis zwischen Muskelkraft und Zugfestigkeit der Sehnen kommen kann.
Die Verletzungen des Muskel-Sehnen-Apparats, die in der Altersgruppe um 40 Jahre am häufigsten auftreten, können jeden Bestandteil der funktionellen Einheit betreffen:
- die Stelle, wo die Sehnen in die Knochen eingewachsen sind (Insertionsstelle),
- die Sehnen,
- den Übergang zwischen Sehnen und Muskelgewebe,
- die Muskeln.

Geschädigt wird jeweils das schwächste Glied der Kette. Weil in jungen Jahren die Muskeln und Sehnen besonders widerstandsfähig sind, werden bei jüngeren Sportlern häufig die Insertionsstellen der Sehnen in die Knochen von Verletzungen betroffen, während bei älteren Sportlern die altersveränderten oder vorgeschädigten Sehnen besonders anfällig sind.

Im Zusammenhang dieses Kapitels werden nur die akuten Verletzungen des Muskel-Sehnen-Apparats beschrieben.

6.7.1. **Muskelverletzungen**

Zwischen Muskelzerrungen (Grad 1), Muskelanrissen (Grad 2) und vollständigen Muskeldurchrissen (Grad 3) bestehen ‹nur› quantitative Unterschiede.

Muskelzerrung

Die *Muskelzerrung* ist eine Überdehnung einzelner Muskelfasern mit begleitenden Kapillarrissen, aus denen das Blut in das Muskelgewebe übertritt (Bluterguß). Der Bluterguß ist von außen meistens nicht sichtbar, da sich das Blut in den bindegewebigen Septen des Muskels (Perimysium, Faszie) verteilt.
Leitsymptom ist ein plötzlich einschießender, stechender Schmerz, der die Funktionsfähigkeit und die weitere Belastungsmöglichkeit des Muskels einschränkt. Die Erstbehandlung besteht in Kälteanwendung, Kompression und entspannter Ruhiglagerung. Im weiteren Verlauf genügen meistens zur Entlastung des Muskels Streifen aus undehnbarem Pflaster (Tape), wodurch die Zerrung in den leichteren Fällen schon nach fünf bis sieben Tagen ausheilen kann, ohne Folgebeschwerden zu hinterlassen.

Muskelanriß

Bei *Muskelanrissen* sind einzelne oder mehrere zusammenhängende Muskelstränge zerrissen, wodurch sich der Bluterguß in das Gewebe entsprechend stärker ausbildet. Auch ausgedehntere Blutergüsse müssen nicht von außen sichtbar werden, da sich das Blut in der unverletzten Muskelfaszie sammeln kann.
Leitsymptom ist ein plötzlicher, messerstichartig einschießender Schmerz, der zum sofortigen Funktionsausfall mit Einschränkung der Belastbarkeit führt. Reflektorisch kommt es zu Verkrampfungen und Verhärtungen unverletzter Muskelabschnitte. Unbewußt nimmt der verletzte Sportler eine Schonhaltung ein, bei der Ansatz und Ursprung des Muskels einander genähert werden. Schon bei vorsichtiger Berührung entsteht ein deutlicher Druckschmerz.

Die Erstbehandlung am Unfallort besteht wieder in Kälteanwendung, Kompression und Ruhigstellung in entspannter Lage.
Die weitere Behandlung und Behandlungsdauer ist abhängig von der Anzahl der zerrissenen Muskelfasern. Während die sogenannte konservative Therapie in der konsequenten Ruhigstellung durch Bettruhe oder durch Fixationsverbände für bis zu zwei oder drei Wochen besteht, bevorzugen andere Orthopäden (der Orthopäde beschäftigt sich mit den Störungen im Haltungs- und Bewegungsapparat) das operative Vorgehen, zumal dann, wenn mehr als die Hälfte der Muskelfasern zerrissen sind. Bei dem operativen Verfahren werden die zerrissenen, durch ihre eigene Elastizität auseinandergewichenen Muskelfaserbündel durch Nähte zusammengezogen, so daß das sich ausbildende Narbengewebe einen kürzeren Zwischenraum überbrücken muß.
Da die Nähte in dem mürben Muskelgewebe durchschneiden können, muß der Muskel im Anschluß an die Operation in entspannter Lage ruhiggestellt werden.
Im weiteren Verlauf der Behandlung wird der Muskel durch aktive Bewegungsübungen ‹auftrainiert›, wobei die subjektiven Beschwerden des Sportlers die obere Grenze der jeweiligen Belastbarkeit zuverlässig anzeigen.

Muskelriß

Bei einem *Muskelriß* sind alle Fasern des Muskels durchgerissen. Zusätzlich zu den oben aufgeführten Symptomen läßt sich über der Rißstelle manchmal eine schmerzhafte Eindellung tasten, die aber bald verschwindet, da das ausgetretene Blut diese Lücke rasch auffüllt. Nach der entsprechenden Erstversorgung am Unfallort besteht die weitere Behandlung meistens in der operativen Annäherung der zerrissenen Muskelenden durch eine Muskelnaht.
Die Sportfähigkeit ist bei kompletten Muskelrissen frühestens nach drei Monaten wieder erreicht.

Durch direkte stumpfe Gewalteinwirkung gegen einen angespannten Muskel kann es zum Einriß der Muskelumhüllung kommen *(Muskelfaszienriß)*. Über der zerrissenen Faszie kommt es infolge des Blutergusses zu einer schmerzhaften Schwellung mit entsprechender Einschränkung der Funktion und der Belastbarkeit.
Die Erstbehandlung besteht wie immer in Kälteanwendung, Kompression und entspannter Ruhigstellung. Wenn sich der Bluterguß zurückgebildet hat, kann sich das Muskelgewebe bei Anspannung durch die

zerrissene Faszie nach außen vorwölben, was man als *Muskelhernie* bezeichnet. Die Behandlung besteht im operativen Verschluß der Faszienlücke und vorübergehender Schonung.
Da alle Muskelverletzungen durch die Bildung von Narbengewebe heilen, kann es gelegentlich zu Verwachsungen des Muskels mit der Muskelfaszie kommen, wodurch nicht nur eine lang andauernde Funktionseinbuße, sondern auch hartnäckige Schmerzen verursacht werden können. Um der Gefahr solcher Verwachsungen vorzubeugen, sollte man bei der Behandlung von Muskelverletzungen möglichst früh mit vorsichtigen aktiven Bewegungsübungen beginnen.

Muskelhärten

Muskelhärten sind umschriebene Verhärtungen einzelner Muskeln, die auf Stoffwechselschädigungen der Muskelzellen und auf Risse im zellulären Bereich zurückgeführt werden. Als Ursache kommen schlechte Durchblutungsverhältnisse und Verkrampfungen sowie Überdehnungen des Gewebes durch plötzliche Bewegungen in Frage.
Reflektorische Muskelhärten, die sich unter Narkose auflösen, bezeichnet man als *Hartspann*; dattelkerngroße, parallel zum Muskelfaserverlauf angeordnete Muskelhärten, die sich auch unter Narkose nicht lösen, bezeichnet man als *Myogelosen*.
Myogelosen treten häufig im Bereich der Rückenstreckmuskulatur auf und können die Ursache von lang anhaltenden Rückenschmerzen sein. Man behandelt sie durch gezielte Massagen in Verbindung mit durchblutungsfördernden und entkrampfenden Maßnahmen wie Wärmeanwendung.

Muskelkater

Als *Muskelkater* bezeichnet man Muskelschmerzen und -versteifungen, die nach einer ungewohnten größeren Anstrengung auftreten. Normalerweise entwickeln sich diese Symptome nach circa zwölf Stunden; sie werden am nächsten Tag unangenehmer und gehen allmählich zurück, bis sie nach drei bis fünf Tagen völlig verschwunden sind.
Typisch für den Muskelkater ist, daß er nicht in Ruhe auftritt, sondern nur dann, wenn man die betroffenen Muskeln bewegt.
Der Muskelkater entsteht nicht, wie man früher angenommen hat, durch Milchsäureansammlung im Gewebe bei anaerober Muskelarbeit; denn dann müßte er bald nach Belastungsende, wenn die Milchsäure völlig abgebaut ist, vorüber sein.

Nach heutiger Auffassung liegen die Ursachen wahrscheinlich in Überdehnungen oder kleinsten Verletzungen auf Zellebene, wobei überwiegend die elastischen, bindegewebigen Muskelbestandteile betroffen sind.
Zu diesen Überdehnungen kann es kommen, wenn bei einer ungewohnten Belastung die Koordination zwischen verschiedenen Muskeln noch nicht optimal abläuft oder die intramuskuläre Koordination (die Koordination zwischen verschiedenen motorischen Einheiten desselben Muskels) noch nicht ausreichend einprogrammiert ist. Deswegen klagen untrainierte Anfänger wesentlich häufiger über Muskelkater als trainierte Sportler.
Für die Entstehung der schmerzhaften Schwellung mögen auch Stoffwechselprodukte wie das Histamin verantwortlich sein.
Wenn sich das überlastete Muskelgewebe wieder erholt hat, bewirkt eine nächste gleich starke Belastung keinen Muskelkater mehr.
Die Behandlung des Muskelkaters besteht in der Steigerung der lokalen Muskeldurchblutung, durch Bäder, lockernde Gymnastik oder Wärmeanwendung.
Durch die erhöhte Durchblutung können die Stoffwechselprodukte schneller abgebaut bzw. abtransportiert und das ‹Reparaturmaterial› schneller antransportiert werden.
Massagen können den Erholungsprozeß nicht beschleunigen und sollten deshalb nicht angewendet werden.
Am besten bewährt hat sich genau die gleiche Belastung, die vorher zum Muskelkater geführt hat, wenn sie am nächsten Tag mit halber Belastungsintensität ausgeführt wird. Dadurch werden die betroffenen Muskeln nicht noch mehr geschädigt; denn durch die durchblutungssteigernde Wirkung der Belastung stellt sich meistens eine rasche Linderung der Beschwerden ein.
Ein Muskelkater muß nach drei bis fünf Tagen völlig verschwunden sein. Anderenfalls sollte man den Sportarzt aufsuchen, weil es sich dann um eine Muskelzerrung oder um eine andere Sportverletzung bzw. -krankheit handeln kann.

Muskelkrampf

Wie der lokale lang anhaltende und äußerst schmerzhafte *Muskelkrampf* (z. B. der Wadenmuskulatur) entsteht, kann man bis heute nicht erklären.
Die in der Praxis bewährteste Sofortbehandlung besteht in einer vor-

sichtigen, aber kräftigen passiven Dehnung des betroffenen Muskels, wodurch sich der Krampf meist löst.
Diese Behandlungsmethode ist möglicherweise deswegen erfolgreich, weil die hemmenden Einflüsse der erregten Sehnenorgane die Muskelkontraktion reflektorisch unterbrechen (siehe Seite 108). Nach der Unterbrechung des Krampfes vermag lokale Wärmeanwendung die Funktionsfähigkeit des Muskels schnell wiederherzustellen.

6.7.2. **Sehnenverletzungen**

Das äußerst zugfeste Sehnengewebe überträgt die Muskelkraft auf die Knochen. Die Zugfestigkeit der Sehnen ist aber im Gegensatz zu einer weitverbreiteten Auffassung keine unabänderliche Größe; es bestehen vielmehr Hinweise darauf, daß sich die Zugfestigkeit der Sehnen durch ein entsprechendes Training verbessern läßt. Andererseits enthält das Sehnengewebe keine Blutgefäße, sondern ernährt sich relativ langsam und träge durch Diffusion der Gewebsflüssigkeit. Das ist die Ursache dafür, daß sich krankhaft verändertes Sehnengewebe nur sehr schlecht erholt oder Sehnenanrisse außerordentlich langsam heilen.
Sehnenzerrungen, die durch plötzliche Überlastungen hervorgerufen werden, lassen sich relativ selten diagnostizieren, weil sie kaum Schmerzen verursachen, es sei denn, daß sich die Sehne infolge der Überlastung entzündet.
Komplette *Sehnenrisse (Sehnenrupturen)* entstehen entweder durch direkte äußere Gewalteinwirkung wie der Strecksehnenabriß am Fingerendglied durch das unerwartete Auftreffen eines Medizinballs oder indirekt durch die Einwirkung extremer körpereigener Kräfte, die über ungünstige Hebelverhältnisse auf die Sehne einwirken, wie der Riß der Achillessehne beim Frontalsturz des Skiläufers.
Eine gesunde Sehne reißt nur bei extremer Zugbeanspruchung, nicht aber bei durchschnittlichen sportlichen Belastungen. Einem kompletten Sehnenriß sind oft unbemerkt krankhafte Veränderungen vorausgegangen wie schleichende Entzündungen, wiederholte kleine Überlastungsschäden, Stoffwechselkrankheiten oder altersbedingte Verschleißerscheinungen (degenerative Veränderungen). Dadurch kann die Zugfestigkeit der Sehne so beeinträchtigt werden, daß unter Umständen schon eine alltägliche Belastung zu einem kompletten Sehnenriß führt.

Weil in der Mehrzahl der Verletzungsfälle nur die vorgeschädigten Sehnen zerreißen, kann man im Einzelfall oft nur schwer (eventuell durch eine feingewebliche Untersuchung) entscheiden, ob es sich bei der Sehnenruptur definitionsgemäß um eine Sportverletzung oder um das Endergebnis eines chronischen Überlastungsschadens handelt.

Als *Leitsymptom* – zum Beispiel bei einem Achillessehnenriß – empfindet der verletzte Sportler meistens das Gefühl, ‹als ob etwas zerrissen sei›, als ob ihm ‹jemand in die Sehne getreten habe›. Gelegentlich ist auch das knallartige Rißgeräusch wie ein Peitschenschlag zu hören.

Nicht immer tut die verletzte Stelle bei vorsichtigem Betasten besonders weh; das anfängliche Brennen kann relativ schnell nachlassen.

Obwohl der Zehenspitzenstand nicht möglich ist, ist der Funktionsausfall bei einem Sehnenriß oft nicht so dramatisch wie erwartet, da die synergistisch wirkenden Muskeln die Verletzung verschleiern können. Man kann dann die entsprechende Bewegung noch durchführen, allerdings mit erheblich verminderter Kraft.

Aus den oben aufgeführten Gründen ist die Diagnose eines Sehnenrisses oft schwieriger als die anschließende Behandlung, die meistens in der operativen Sehnennaht besteht.

Nach konsequenter Ruhigstellung für mindestens sechs Wochen durch einen Gipsverband und mehrmonatiger Schonung wird sehr langsam und vorsichtig wieder auftrainiert.

Beim Abriß kleinerer Sehnen (wie Strecksehnenabriß am Fingerendglied) genügt in Einzelfällen die konservative Behandlung durch konsequentes Ruhigstellen.

Wenn der Muskel-Sehnen-Apparat besonders widerstandsfähig ist, kann es gerade bei Jugendlichen dazu kommen, daß nicht der Muskel-Sehnen-Apparat reißt, sondern der Sehnenursprung oder der Sehnenansatz zusammen mit dem Knochenstück, an dem er befestigt ist *(Apophysenabriß)*. Apophysenabrisse können zum Beispiel den Ursprung des geraden Oberschenkelmuskels am vorderen oberen Darmbeinstachel, den Ansatz des Unterschenkelstreckers an der Rauhigkeit des Schienbeins oder den Ansatz der Achillessehne am Entenschnabelfortsatz des Fersenbeinhöckers betreffen, wenn beim Start oder beim Sprung plötzlich extreme Kräfte explosionsartig freigesetzt werden.

Leitsymptom ist ein plötzlich auftretender Schmerz, entsprechende Kraftminderung und ein sich allmählich ausbildender Bluterguß im Bereich der Insertionsstelle der Sehne.

Ob es sich um einen Sehnenabriß oder um einen knöchernen Ausriß handelt, läßt sich nur durch eine Röntgenaufnahme entscheiden. In vielen Fällen ist durch entsprechende Ruhigstellung und Entlastungslagerung eine vollständige Heilung zu erzielen; in anderen Fällen, wenn zum Beispiel die Schienbeinrauhigkeit oder der Fersenbeinhöcker ausgerissen ist, ist eine operative Behandlung erforderlich.

Bis das ausgerissene Knochenstück so fest angewachsen ist, daß man wieder Sport treiben kann, vergehen meist mehr als acht Wochen.

Verletzungen des Muskel-Sehnen-Apparats treten bei bestimmten Sportarten häufiger auf als bei anderen. Muskelzerrungen, Muskelanrisse oder komplette Muskelrisse betreffen oft:

- den großen Brustmuskel beim Gerätturnen, Gewichtheben oder Werfen;
- den Oberarmbeugemuskel beim Gerätturnen oder Gewichtheben;
- den geraden Bauchmuskel beim Reiten oder Gerätturnen;
- die Streck- und Beugemuskulatur des Beins beim Sprinten oder Springen;
- den inneren Teil des Wadenmuskels *(Musculus gastrocnemius)* beim Tennisspielen oder Squash.

Sehnenrisse betreffen oft:

- die Achillessehne in allen Sportarten, bei denen man häufig starten, stoppen oder die Richtung wechseln muß, sowie beim frontalen Skisturz;
- die Sehne des Unterschenkelstreckers beim Springen und Turnen;
- die Strecksehnen am Fingerendglied beim Handball, Volleyball, Basketball oder bei gymnastischen Übungen mit dem Medizinball.

6.8. Knochenbrüche

Spontan brechen Knochen nur, wenn sie durch Krankheiten (Entzündungen, Rachitis, Knochenerweichung, Krebstochtergeschwülste) oder durch chronische Fehlbelastung (Ermüdungsbruch) vorgeschädigt sind. Beim Sport brechen Knochen nur durch direkte oder indirekte übermäßige Gewalteinwirkung, die die Festigkeit und die Elastizität des Knochens überschreitet.

Bei richtiger Behandlung kann der Knochen wieder genauso stabil werden wie vor dem Bruch; denn das Knochengewebe ist das einzige Gewebe des Körpers, das nicht durch Narbenbildung heilt, sondern dadurch, daß neues, gleichwertiges Knochengewebe die Bruchenden fest verbindet.

Die Einteilung der Knochenbrüche kann nach verschiedenen Kriterien erfolgen.

Man unterscheidet *geschlossene* von *offenen* Knochenbrüchen, bei denen gleichzeitig Haut und Weichgewebe verletzt sind, wodurch die Behandlung des Knochenbruchs wegen der Infektionsgefahr kompliziert wird.

Am Ort einer unmittelbaren Gewalteinwirkung kann es zu *direkten Frakturen* kommen; *indirekte* Frakturen entstehen an einem entfernt liegenden schwächeren Knochenstück, etwa der Schlüsselbeinbruch bei Sturz auf den ausgestreckten Arm.

Nach ihrem Entstehungsmechanismus unterteilt man die Knochenbrüche in *Biegungsbrüche* (z.B. Rippenbruch), *Scherungsbrüche* (z.B. Oberschenkelhalsfraktur), *Dreh-* oder *Spiralbrüche* (z.B. Schienbeinbruch bei Fixierung des Unterschenkels im Skischuh und seitlicher Abdrehung des Körpers) und *Kompressionsbrüche* (z.B. Wirbelsäulenfraktur bei Verschüttungen).

Wenn der Knochenbruch bis in die Gelenkkapseln reicht, spricht man von einer *Gelenkfraktur*; die Kombination mit einer gleichzeitigen Auskugelung bezeichnet man als *Luxationsfraktur*.

Knochen können unvollständig brechen – dann läßt sich auch im Röntgenbild oft keine eindeutige Bruchlinie erkennen *(Fissur)* – oder vollständig, einfach, doppelt und sogar an mehreren Stellen.

Wenn die Knochenstellen ausreißen, an denen Sehnen oder Bänder ansetzen, spricht man von *knöchernem Abriß*.

Bei den noch im Wachstum befindlichen Knochen von Kindern und Jugendlichen können besondere Bruchformen auftreten.

Als *Grünholzfrakturen* bezeichnet man unvollständige Brüche, bei denen nur der Knochen bricht, die elastische und verhältnismäßig stark ausgeprägte Knochenhaut aber unverletzt bleibt.

Die Stellen, an denen die langen Röhrenknochen in die Länge wachsen, bezeichnet man als *Epiphysenfugen*. Wenn sie brechen, spricht man von traumatischer Epiphysenfraktur. Damit es nicht zu Wachstumsstörungen kommt, müssen Brüche im Bereich dieser Wachstumszonen besonders sorgfältig eingerichtet werden. Bei Kindern vor der Pubertät kann es in Einzelfällen schon bei normaler Belastung bevorzugt im Hüftbereich zu spontanen Epiphysenlösungen kommen.

Symptome, die sicher auf einen Knochenbruch schließen lassen, sind eine abnorme passive Beweglichkeit, die man bei Lagerungsversuchen oft an Stellen feststellt, an denen sich kein Gelenk befindet, eine Verkürzung von einzelnen Gliedabschnitten mit tastbaren Knochenabweichungen *(Deformität)* und ein Reibegeräusch *(Krepitation)*, das der Sportler im Augenblick der Verletzung oder nachher bei einer unwillkürlichen Bewegung hören kann.

Weitere Symptome wie Schmerzen bei passiver Bewegung, lokaler Druckschmerz, Bluterguß oder Funktionsausfall des betreffenden Gliedabschnitts zeigen sich in Verbindung mit einem Knochenbruch ebenso wie bei anderen Verletzungen, sind aber nicht beweisend. Zuverlässig ist dagegen eine Röntgenaufnahme, die bei Verdacht auf Knochenbruch immer angefertigt werden sollte. Allerdings lassen sich bei unvollständigen Brüchen die Bruchlinien manchmal erst nach zehn Tagen im Röntgenbild erkennen (z. B. beim Bruch der Handwurzelknochen).

Sofortmaßnahmen am Unfallort beschränken sich meistens auf Ruhigstellung durch eine aufblasbare oder behelfsmäßige Schiene, wobei die beiden angrenzenden Gelenke ebenfalls ruhiggestellt und Knochenvorsprünge gut abgepolstert werden müssen. Bei offenen Knochenbrüchen muß vorher die Blutung gestillt und steril abgedeckt werden.

Im weiteren Verlauf der *Behandlung* steht die konsequente Ruhigstellung an erster Stelle, gleichgültig, ob sie durch einen Gipsverband bewirkt wird oder durch operative Verfahren. Denn ohne konsequente Ruhigstellung besteht die Gefahr, daß der Knochen nicht wieder zusammenwächst, sondern sich an der alten Bruchstelle ein sogenanntes falsches Gelenk bildet.

Normalerweise heilen Knochenbrüche bei Kindern schneller als bei Erwachsenen, bei denen ein Bruch selten früher als nach vier bis sechs Wochen ausheilt. Einige Brüche (Oberschenkel- und Oberschenkelhalsbrüche) benötigen zur Wiederherstellung sogar drei bis vier Monate. Auch bei kürzeren Heilungszeiten sind sportliche Belastungen meist nicht vor Ablauf von 8 bis 14 Wochen nach Heilung der Fraktur angebracht.

Bei diesen langen Heilungszeiten sollte möglichst bald mit einem begleitenden Muskeltraining in Form von isometrischen Übungen, Gehen mit Stockstützen oder Übungen im Bewegungsbad begonnen werden, damit die entsprechenden Muskeln nicht zu sehr atrophieren (siehe Seite 71).

Knochenbrüche kommen im Sport öfter vor, als man denkt; 20 bis

25 Prozent der schwereren Sportverletzungen sind Knochenbrüche. Typischerweise und gehäuft ereignen sich Rippenfrakturen bei den Mannschaftsspielen, Frakturen der Fingerglieder beim Volleyball und Handball, Schienbeinquerbrüche beim Fußball, Schienbeinspiralbrüche beim Skifahren und Frakturen des Nasenknochens beim Boxen.

6.9. Zusammenfassung

Sportverletzungen entstehen durch akute Unfallereignisse beim Sport. Sie sehen nicht anders aus als Verletzungen, die sich bei anderen Beschäftigungen ereignen. Sie werden vom Arzt genauso behandelt wie andere Verletzungen und heilen auch nicht schneller.
Der Sportler, Trainer oder Übungsleiter muß über sportmedizinische Grundkenntnisse verfügen, um eigenverantwortlich und ohne ärztliche Hilfe entscheiden zu können, ob eine Verletzung so schwer ist, daß die Sportausübung sofort unterbrochen werden muß.
Die *Sofortbehandlung* der meisten Sportverletzungen besteht in der Anwendung von Kälte, Kompression, Hochlagerung und Ruhigstellung.
Hautverletzungen sind die häufigsten Sportverletzungen. Bei entsprechender Erstversorgung braucht ein ausreichend gegen Tetanus geimpfter Sportler das Spiel, das Training oder den Wettkampf meistens nicht länger zu unterbrechen.
Prellungen entstehen durch stumpfe Gewalteinwirkung auf den Körper, ohne daß es dabei zu einer Durchtrennung der elastischen und schützenden Hautoberfläche kommt. Die häufigsten Prellungen betreffen das Unterhautgewebe, die Muskulatur, Gelenke, Knochen und Nerven. Prellungen innerer Organe sind immer schwere Sportverletzungen, die unverzüglich in ärztliche Behandlung gehören.
Verletzungen des *Bandapparats* treten meist in Verbindung mit Gelenkverletzungen auf. Hierbei können außer den Bändern alle anderen Bestandteile des Gelenks beschädigt sein.
Am Beispiel der gewohnheitsmäßigen Gelenkauskugelung wird deutlich, daß die *Auskugelung* (Luxation) eines Gelenks nicht immer eine ernstere Verletzung als die *Verstauchung* (Distorsion) sein muß.
Meniskusverletzungen heilen nur sehr selten spontan. Wenn man

die ärztliche Untersuchung zu lange hinausschiebt, besteht die Gefahr, daß abgerissene oder gelockerte Meniskusanteile weitere Gelenkstrukturen schädigen.
Viele Verletzungen des Muskel-Sehnen-Apparats lassen sich durch konsequente Aufwärmarbeit in Verbindung mit Dehnungsübungen und Stretching vermeiden. Zwischen Muskelzerrungen, Muskelanrissen und kompletten Muskelrissen bestehen nur graduelle Unterschiede.
Ein *Muskelkater* muß nach mindestens drei bis fünf Tagen völlig verschwunden sein.
Sehnen reißen gewöhnlich nur, wenn sie bereits vorgeschädigt sind. Sehnenrisse treffen bevorzugt Erwachsene um das 40. Lebensjahr. Bei jüngeren Sportlern reißen die Sehnen oft zusammen mit ihren knöchernen Ursprungs- oder Ansatzstellen aus, weil das junge Sehnengewebe außerordentlich zugfest ist.
Die meisten *Knochenbrüche* haben bei Erwachsenen eine Heilungsdauer von mehr als vier bis sechs Wochen. Nach vollständiger Ausheilung des Knochenbruches sollte eine Schonphase von circa acht Wochen bis zur gewohnten sportlichen Belastung verstreichen.
Bei den meisten Sportverletzungen sollte möglichst schon während der Ruhigstellungsphase mit einer begleitenden krankengymnastischen Übungsbehandlung begonnen werden, damit die verletzten Gewebe möglichst bald ihre Funktionsfähigkeit zurückerlangen.

Anhang

Glossar

Adaptation	Anpassung
adäquat	passend, angemessen
Adenosin-Triphosphat (ATP)	Säurerest der Adenosintriphosphorsäure, wichtigster Energieüberträger der Zelle
Adrenalin	Hormon des Nebennierenmarks, des sympathischen Nervengewebes und des chromaffinen Gewebes
Adventitia	aus lockerem Bindegewebe bestehende Umhüllung von Gefäßen bzw. von einzelnen Organen
aerob	Stoffwechselvorgänge, die nur in Anwesenheit von Sauerstoff ablaufen
afferent	aufsteigend, hinführend
Affinität	Neigung eines Stoffes, mit einem anderen eine chemische Verbindung einzugehen
Aktinfilament	dünner Muscheleiweißfaden
Aktinmolekül	Muskeleiweißmolekül
Aktionspotential	die durch einen überschwelligen Reiz in einer erregbaren Struktur zwischen einer erregten und einer unerregten Stelle hervorgerufene Spannungsdifferenz
aktivierte Essigsäure	Verbindung der Essigsäure mit dem Coenzym A (Acetyl-Coenzym A)
aktiver Transport	energieerfordernder Transport von Stoffen mit Hilfe einer Trägersubstanz durch Membranen gegen ein Konzentrationsgefälle
Alpha-Motoneuron	motorische Vorderhornzelle
alveoläre Ventilation	Frischluftanteil am Atemzugvolumen
Alveolen	Lungenbläschen

Amputation	Abtragung eines endständigen Körperteiles durch den Arzt
anabole Wirkung	Wirkung, die die Biosyntheseleistung der Zelle und den Aufbau neuen Zellmaterials unterstützt
Anabolika	Substanzen, denen eine anabole Wirkung zugeschrieben wird
anaerob	Stoffwechselvorgänge, die ohne Beteiligung von Sauerstoff ablaufen
anatomischer Totraum	der Teil der äußeren Atemwege, in dem kein meßbarer Gasaustausch stattfindet
animalisches Nervensystem	der Teil des Nervensystems, der die Willkürbewegungen steuert und die Sinnesreize verarbeitet
antagonistisch wirkende Muskeln	Muskeln, die bei der Ausführung einer Bewegung gegeneinander wirken
Aorta	große Körperschlagader
Aortenklappe	Taschenklappe zwischen linker Herzkammer und großer Körperschlagader
Äquilibriumlänge	siehe Minimallänge
Arterie	Schlagader; Blutgefäß, in dem das Blut vom Herzen wegströmt
Arteriole	kleinste, vor den Kapillaren befindliche Arterie
arteriovenöse Anastomose	Kurzschlußverbindung zwischen kleinsten Arterien und Venen
arteriovenöse Sauerstoff-Differenz	Differenz des Sauerstoffgehalts zwischen arteriellem und venösem Blut
artikulierend	gelenkbildend
Atemäquivalent	Verhältnis von Atemminutenvolumen und Sauerstoffaufnahme
Atemminutenvolumen	diejenige Luftmenge in Litern, die pro Minute ventiliert wird
Atmungskette	in den Mitochondrien lokalisiertes Enzymsystem, das die energieliefernden Reaktionen von im Stoffwechsel gebildetem Wasserstoff mit Sauerstoff ermöglicht
ATP	siehe Adenosin-Triphosphat
ATP-ase	Enzym, unter dessen Einwirkung die energiereiche Verbindung ATP gespalten wird, so daß Energie für andere Lebensvorgänge frei wird
Atrium	Vorhof
Atrophie	eines Organs bzw. seiner Zellen: durch die Abnahme der Zellmasse wird jede Zelle kleiner, dadurch kommt es zur Verkleinerung des gesamten Organs
auxotonische Kontraktion	Mischform zwischen isotonischer und isometrischer Kontraktion
Axon	Nervenzellfortsatz, über den die Information auf die nächste Zelle übertragen wird
Azetylcholin	Überträgerstoff, vor allem des cholinergen Anteiles des Nervensystems; durch die Vermittlung von Aze-

	tylcholin wird auch der Nervenbefehl auf die quergestreifte Muskelzelle übertragen
β-Oxidation	in den Mitochondrien gelegenes Enzymsystem, in dem die Fettsäuren unter Energieausbeute in C_2-Bruchstücke zerlegt werden
Blutdruckamplitude	Differenz zwischen dem systolischen und dem diastolischen Blutdruck
Blutplasma	Blutflüssigkeit ohne die zellulären Bestandteile des Blutes
Bradykardie	langsame Herzschlagfolge
Chemorezeptoren	freie Nervenendigungen oder spezielle Zellen, die auf Änderungen der chemischen Zusammensetzung ihrer Umgebung reagieren
Cholinesterase	Enzym, das Acetylcholin in Cholin und Essigsäure spaltet
Cilien	Flimmerhärchen
Coenzym	Transportvehikel der Zelle
Cortex	Rinde, Schale (z. B. Großhirnrinde, Kleinhirnrinde)
Deformität	Verformung
Dendrit	Nervenzellfortsatz, auf den Informationen übertragen werden
Depolarisation	Zusammenbruch des Zellmembranpotentials als Ausdruck der Zellerregung
Diagnose	Erkennung und Benennung einer Krankheit
Diaphragma	Zwerchfell
Diastole	Phase der Herzmuskelerschlaffung
Diffusion	die völlige Vermischung miteinander in direkter Berührung stehender Stoffe (Gase, Flüssigkeiten) durch die Teilcheneigenbewegung
Diskus	Zwischenscheibe (im Gelenk)
distal	Lagebezeichnung für weiter vom Rumpf weg gelegene Teile von Armen und Beinen
Distorsion	Gelenkverrenkung
Divergenz	das Auseinanderlaufen
dynamisches Stereotyp	fest einprogrammierter, überwiegend automatisch ablaufender Bewegungsablauf
efferent	absteigend, wegführend
Effektor	Erfolgsorgan
Elastizität	Fähigkeit, Formänderungsarbeit zu speichern und in umgekehrter Richtung wieder abzugeben
Elektrokardiogramm (EKG)	Herzstromkurve
Elektrolyte	chemische Verbindungen wie Säuren, Basen oder Salze, die in wäßriger Lösung oder in der Schmelze in

	elektrisch geladene Teilchen dissoziiert sind und deswegen den elektrischen Strom leiten; bei Anlegen einer Gleichstromspannung wandern die positiv geladenen Kationen an die Katode (den Minuspol) und die negativ geladenen Anionen an die Anode (den Pluspol)
elektromechanische Koppelung	Verbindung zwischen elektrochemischer Erregung der Muskelzelle und ihrer mechanischen Spannungsentwicklung
endergone Reaktion	chemische Reaktion, die nur unter Zuführung von Energie abläuft
endogen	innnen entstanden
Endokard	Herzinnenhaut
Endomysium	zwischen den Muskelzellen gelegenes Bindegewebe
Endothel	einschichtige glatte Innenauskleidung von Gefäßen und Körperhöhlen
Endplattenpotential	das an der motorischen Endplatte meßbare elektrische Potential, das durch ein graduelles, zunächst nicht fortgepflanztes postsynaptisches Depolarisationspotential hervorgerufen wird
Energie	Fähigkeit, Arbeit zu leisten
Engramm	Gedächtnisspur
Enzym	im Organismus gebildete Biokatalysatoren, die die Aktivierungsenergie von chemischen Reaktionen herabsetzen können und dadurch diese Reaktionen zu lenken vermögen
Epikard	Herzaußenhaut
Epiphysenfuge	Wachstumslinie der langen Röhrenknochen
Ergometer	Gerät zur Messung von Arbeit bzw. Leistung
Erythrozyten	rote Blutkörperchen
exergone Reaktion	chemische Reaktion, bei der freie Energie abgegeben wird
Exkoriation	Hautabschürfung
exogen	außen entstanden
Exspiration	Ausatmung
extrafusale Faser	Zellen der Arbeitsmuskulatur
exzentrische Kontraktion	Spannungsentwicklung des Muskels, bei der der Muskel trotz Spannungsentwicklung länger wird
exzitatorisch	erregend
Faszie	sehnenartige Muskelhülle
Fibroblast	spezialisierte Zellart, die an der Bildung der Bindegewebsfasern beteiligt ist
Fissur	Spalte, Einriß
Flavin-Adenin-Dinucleotid (FAD)	wasserstoffübertragendes Coenzym der Zelle
Formatio reticularis	Nervenzellgeflecht zwischen dem verlängerten Rückenmark und dem Thalamus
Fraktur	Bruch

Frequenzvariation	Veränderung der Reizfrequenz
funktioneller Totraum	anatomischer Totraum zusammen mit den Lungenbläschen, die entweder nicht belüftet oder aber nicht von Lungenkapillarblut umflossen werden
Fusionsfrequenz	Reizfrequenz, bei der die verschiedenen quergestreiften Muskelzellen in eine glatte, tetanische Kontraktion übergehen
Ganglion	Nervenzellanhäufung
Gluconeogenese	Neubildung von Kohlenhydraten aus Nichtzucker-Bausteinen
Glukose	Zucker
Glykogen	tierische Stärke
Glykolyse	biologische Spaltung der Glukose in zwei Moleküle Milchsäure (C_3-Bruchstücke)
Golgi-Organ	Sehnenorgan; Sinnesorgan des Sehnenmuskelapparates, das als Meßfühler für die Anzeige der augenblicklichen Spannung bzw. deren Änderung dient
habituelle Luxation	gewohnheitsmäßige, öfters auftretende Auskugelung eines Gelenkes
Hämatom	Bluterguß
Hämoglobin	roter Blutfarbstoff in den roten Blutkörperchen
Hernie	Bruchlücke
Histamin	Gewebshormon
Hormon	vom Körper gebildeter Stoff, der der Informationsübertragung und der Regulation der Körperfunktionen dient
Hyperplasie	Vergrößerung eines Organs durch Vermehrung der Zellen und der übrigen Gewebsbestandteile
Hypertonie	Hochdruckkrankheit
Hypertonus	Hochdruck
Hypertrophie	Vergrößerung einzelner Zellen und Gewebsbestandteile ohne zahlenmäßige Zunahme
Hyperventilation	übermäßige Atmung
Hypothalamus	Teil des Zwischenhirns
inert	träge
inhibitorisch	hemmend
Inkongruenz	Nichtzusammenpassen (z. B. von Gelenkflächen)
Insertionsstelle	Ansatzstelle einer Sehne am Knochen
Inspiration	Einatmung
Insulin	Hormon der Bauchspeicheldrüse, das unter anderem den Übertritt der Glukose in die Zelle reguliert
Interneurone	kleine Nervenzellen, die die Verbindung zwischen anderen Nervenzellen herstellen
Interstitium	Zellzwischenraum
Intima	innerste Schicht der Gefäßwand

intrafusale Faser	Muskelzelle der Muskelspindel
intramuskuläre Koordination	Zusammenspiel zwischen den Muskelzellen verschiedener motorischer Einheiten in einem Muskel
intrapulmonal	innerhalb der Lunge gelegen
Ion	elektrisch geladenes Teilchen
isometrische Kontraktion	Spannungsentwicklung des Muskels ohne nach außen sichtbare Verkürzung
isotonische Kontraktion	Muskelverkürzung bei gleichbleibender Spannung
Kapillare	haarfeines Blutgefäß, das die Verbindung zwischen den kleinsten Arterien und Venen herstellt
Karboanhydratase	Enzym, das die Spaltung der Kohlensäure in Kohlendioxid und Wasser bzw. den Aufbau der Kohlensäure aus diesen Substanzen steuert
kodieren	verschlüsseln
Kollateralen	Nebenäste
Kompressionsverband	Druckverband
Kontraktion	Spannungsentwicklung der Muskelzelle bzw. des Muskels
Kontusion	Prellung
Konvektion	Teilchentransport durch Mitführung
Konvergenz	das Zusammenlaufen
konzentrische Kontraktion	Spannungsentwicklung des Muskels unter Verkürzung
Koronararterien	Herzkranzgefäße
kortikale Mitinnervation	Miterregung der vegetativen Zentren bei Erregung der motorischen Zentren
Kreatinkinase	Enzym, das die Verbindung des Kreatins mit einem Phosphatrest steuert
Kreatinphosphat	energiereiche Phosphatverbindung
Krepitation	Knarren, Knirschen (z.B. eines gebrochenen Knochens)
Lactat	Salz der Milchsäure
Larynx	Kehlkopf
Latenzzeit	Zeit, die ein erregbares Gebilde (z.B. eine Nerven- oder Muskelzelle) braucht, um nach Auftreffen eines Reizes eine Reaktion zu zeigen
Leukozyten	weiße Blutkörperchen
Lungenemphysem	Lungenblähung
Luxation	Gelenkauskugelung
Media	mittlere Schicht der Gefäßwand
Medulla oblongata	verlängertes Rückenmark
Membranpotential	Spannungsdifferenz zwischen dem Inneren und dem Äußeren der Zellmembran
Meniskus	faserknorpelige, halbmondförmige Gelenkzwischenscheibe (im Kniegelenk)
Mikrotrauma	kleinste Verletzung

Minimallänge	Muskellänge, die ein von seinem Ursprungsansatz abgelöster Muskel einnimmt (= Äquilibriumlänge)
Mitochondrien	kleine Zellorgane (Zellorganellen), in denen die Enzyme der aeroben Energiegewinnung lokalisiert sind; weil sie die Haupt-ATP-Lieferanten der Zelle sind, werden sie auch als «Zellkraftwerke» bezeichnet
Mitralklappe	Segelklappe zwischen linkem Vorhof und linker Herzkammer
Molekül	kleinster einheitlicher Bestandteil eines Stoffes (mit Ausnahme der Edelgase mindestens aus zwei Atomen gebildet)
monosynaptischer Reflex	Reflex, dessen Nervenverschaltung nur über eine Synapse verläuft
Morphologie	Lehre von der Form des Körpers einschließlich der Form und Struktur der inneren Organe
Motocortex	motorischer Anteil der Gehirnrinde
Motorik	Summe der willkürlich gesteuerten Bewegungsvorgänge
motorische Endplatte	Endstation der Muskelzelle, in der der Nervenreiz auf die Muskelzelle übertragen wird
Musculus biceps brachii	zweiköpfiger Armmuskel
Musculus brachialis	Armbeuger
Musculus extensor digitorum longus	langer Zehenstrecker
Musculus gastrocnemius	Zwillingsmuskel
Musculus quadriceps femoris	vierköpfiger Schenkelstrecker
Musculus pectoralis major	großer Brustmuskel
Musculus soleus	Schollenmuskel
Musculus tibialis anterior	vorderer Schienbeinmuskel
Musculus triceps brachii	dreiköpfiger Armmuskel
Musculus vastus lateralis	äußerer Schenkelmuskel
Muskelatrophie	Muskelschwund
Muskelfaszikel	Muskelfaserbündel
Muskelphosphorylase	Enzym, das reversibel Stärke und Glykogen in seine Zuckerbestandteile zerlegt bzw. diese Zuckerspeicherformen aufbaut
Muskelspindel	Sinnesorgan des Muskels, das als Meßfühler für die augenblickliche Länge bzw. deren Änderung dient
Muskelzuckung	einmalige, durch einen einzigen Reiz herbeigeführte Spannungsentwicklung des Muskels
Myogelose	Muskelverhärtung
Myelinscheide	Umhüllung des Axonfortsatzes

Myofibrille	im Zellplasma gelegenes kontraktiles Strukturelement der Muskelzelle
Myoglobin	roter Farbstoff der Muskulatur, dem Haemoglobin ähnlich
Myographie	Aufzeichnung der Muskelzuckung
Myokard	Herzmuskelwand
Myosin/ATP-ase	in und um die Myosinköpfchen angereicherte ATP-ase
Myosinfilament	dicker Muskeleiweißfaden
Myosinmolekül	Muskeleiweißmolekül
Neurologie	Lehre, die sich mit den anatomischen, physiologischen und pathologischen Grundlagen der Nervenkrankheiten sowie ihrer Erkennung und Behandlung beschäftigt
Neuron	Nervenzelle
Nikotinamid-Adenin-Dinucleotid (NAD)	wasserstoffübertragendes Coenzym der Zelle
Noradrenalin	Überträgerstoff des Sympathikus, Hormon des Nebennierenmarks
Nutrition	Ernährung
Orthopädie	Lehre, die sich mit den Enstehungsursachen, der Verhütung und Behandlung von Störungen des aktiven und passiven Halte- und Bewegungsapparates beschäftigt
Orthostase	aufrechte Körperhaltung
Oxidation	chemischer Vorgang, bei dem einer Verbindung Wasserstoff entzogen wird
Papillarmuskeln	kegelförmige, in die Herzkammer vorspringende Muskelfaserbündel, an denen die Sehnenfäden der Segelklappen befestigt sind
Patella	Kniescheibe
Perfusion	Durchströmung
Periost	Knochenhaut
permeabel	durchlässig
Pharynx	Rachen
Phosphorylierung	Anlagerung eines Phosphorsäurerestes an organische Verbindungen
Physiologie	Lehre von den Lebensvorgängen; die Physiologie des Menschen befaßt sich mit der Regulation der Körperfunktionen und dem Informationsaustausch innerhalb des Körpers sowie zwischen ihm und der Umwelt
Pleura parietalis	Rippenfell
Pleuraspalt	Zwischenraum zwischen Lungen- und Rippenfell
Pleura visceralis	Lungenfell

Pneumothorax	Ansammlung von Luft im Pleuraspalt bzw. im Brustraum
polysynaptisch	über mehrere Synapsen verlaufend
Potentialdifferenz	elektrische Spannungsdifferenz
präkapillärer Sphinkter	glatte Ringmuskelschicht am Übergang der Arteriolen in die Kapillaren
proximal	Lagebezeichnung für näher zum Rumpf gelegene Teile von Armen und Beinen
Pubertät	Eintritt der Geschlechtsreife
Puffersystem	Regulationssystem zur Vermeidung größerer Änderungen der Wasserstoffionenkonzentration (des pH-Werts) in den Körperflüssigkeiten und im Gewebe
Pyruvat	Salz der Brenztraubensäure
Reduktion	chemischer Vorgang, bei der einer Verbindung oder einem Element Wasserstoff angelagert wird
Rehabilitation	bestmögliche Wiederherstellung der Gesundheit, der Lebenstüchtigkeit bzw. der Erwerbsfähigkeit und Wiedereingliederung in das gesellschaftliche Leben
Relaxation	Erschlaffung, Entspannung
Reposition	Einrenkung
Rezeptor	Reizempfänger, Bestandteile des Nervensystems, in denen Reize aus der Innenwelt des Organismus oder aus der Umwelt aufgenommen werden
Ruhelänge	die Länge, auf die ein entspannter Muskel zwischen seinem Ansatz und Ursprung vorgedehnt ist (circa 120 Prozent der Minimallänge)
Ruptur	Riß
saltatorisch	sprunghaft
Sarkolemm	Umhüllung der quergestreiften Muskelzelle (Basalmembran plus feinste Bindegewebsfasern)
Sarkomer	kleinste Funktionseinheit der Muskelzelle in den Myofibrillen, begrenzt von den Z-(Zwischen-) Scheiben
Sarkoplasma	Plasma der Muskelzellen, in das die Myofibrillen und die anderen Zellorganellen eingelagert sind
sarkoplasmatisches Reticulum	intrazellulär gelegenes Kanal- und Bläschensystem der Muskelzellen
Sauerstoffschuld	Sauerstoffmehraufnahme nach Beendigung der Arbeit über den Ruhebedarf hinaus
semipermeabel	halbdurchlässig
sensorisch	das Empfindungsvermögen betreffend
Septum	Scheidewand
Sexualhormone, männliche	das in den Hoden entstehende Hormon Testosteron und seine Stoffwechsel- bzw. Ausscheidungsprodukte
Sexualhormone, weibliche	die in den Eierstöcken gebildeten Hormone Progesteron, Östradiol und die die Funktion der weiblichen

	Geschlechtsorgane steuernden Hormone der Hirnanhangsdrüse und des Mutterkuchens
Sinusknoten	Nervenzellansammlung im rechten Herzvorhof, die normalerweise die rhythmische Herztätigkeit auslöst
Soma	Zellkörper
spinal	zum Rückenmark gehörend
Spinalmotorik	auf Rückenmarksebene ausgelöste Bewegungsabläufe
Spirometer	Gerät zur Messung der Atemluftbewegungen bzw. einiger der verschiedenen Lungenvolumina
statische Kontraktion	Spannungsentwicklung des Muskels ohne nach außen sichtbare Verkürzung (= isometrische Kontraktion)
Steady-state	Gleichgewichtszustand, Fließgleichgewicht
Substrat	diejenigen Substanzen, die bei Enzymreaktionen ab-, auf-, umgebaut oder verbraucht werden
Superposition	mechanische Überlagerung (Summation) von einzelnen Muskelzuckungen
supraspinale Motorik	Bewegungsabläufe, die durch Bewegungszentren im Gehirn gesteuert werden
Symptom	Krankheitszeichen
Synapse	anatomisch und physiologisch nachweisbare, definierte Verbindungsstelle zwischen zwei Nervenzellen, zwischen einer Nervenzelle und dem Erfolgsorgan (z. B. Muskelzelle) oder zwischen einer Nervenzelle und einem Sinnesorgan (z. B. Muskelspindel)
synaptischer Endknopf	Endverzweigung einer Nervenzelle, von der aus die Information auf die nächste Zelle übertragen wird
synergistisch wirkende Muskeln	Muskeln, die bei der Ausführung einer Bewegung zusammenarbeiten
Synovia	Gelenkflüssigkeit
Synovialhaut	innere Haut der Gelenkkapsel
Systole	Phase der Herzmuskelkontraktion
Tachycardie	schnelle Herzschlagfolge
tetanische Muskelzuckung	Dauerverkürzung des Muskels, ausgelöst durch eine Serie von Reizen in schneller Reihenfolge
Tetanus-Schutzimpfung	Schutzimpfung gegen Wundstarrkrampf
Thorax	Brustraum
Tonus	Widerstand, den die Muskulatur der passiven Dehnung entgegensetzt
Trachea	Luftröhre
Transmitter	chemische Überträgersubstanz
Tropomyosin	Muskeleiweiß, Bestandteil des Aktinfilaments
Troponin	Muskeleiweiß, Bestandteil des Aktinfilaments
Vagus	gebräuchliche Kurzbezeichnung für den 10. Hirnnerv

	(Nervus vagus), der als Hauptvertreter der parasympathischen Nervenfasern sehr viele Organe versorgt
Vasodilatation	Gefäßerweiterung
Vasokonstriktion	Gefäßverengung
vegetatives Nervensystem	der Teil des Nervensystems, der die Funktionen der inneren Organe aufeinander abstimmt
Vene	Blutader; Blutgefäß, in dem das Blut zum Herzen zurückströmt
Ventilation	Atmung
Ventrikel	Kammer (Herzkammer)
Venule	kleinste Vene
Vesikel	Bläschen
zerebral	zum Gehirn gehörend
zerebrospinal	Gehirn und Rückenmark betreffend
Zitronensäurezyklus	in den Mitochondrien gelegenes Enzymsystem, in dem die bereits in C_2-Bruchstücke zerlegten Nährstoffe unter Energiegewinn vollständig zerlegt werden
Zyanose	Blauverfärbung

Literaturhinweise

Sportmedizin – Sportphysiologie

American College of Sports Medicine: Encyclopedia of Sports Science and Medicine. London: Collier-Macmillan 1971.
ARNOLD, A.: Lehrbuch der Sportmedizin. 2. Aufl. Leipzig: Barth 1960.
ÅSTRAND, P.-O./RODAHL, K.: Textbook of Work Physiology. New York: Mc Graw-Hill 1977.
FINDEISEN, D. G. R., u. Mitarb.: Grundlagen der Sportmedizin. Leipzig: Barth 1976.
GROH, H.: Sportmedizin. Stuttgart: Enke 1962.
HEIPERTZ, W.: Sportmedizin. 5. Aufl. Stuttgart: Thieme 1976.
HEISS, F.: Praktische Sportmedizin. 2. Aufl. Stuttgart: Enke 1964.
HOLLMANN, W. (Hg.): Zentrale Themen der Sportmedizin. 2. Aufl. Berlin: Springer 1977.
HOLLMANN, W./HETTINGER, TH.: Sportmedizin – Arbeits- und Trainingsgrundlagen. 2. Aufl. Stuttgart: Schattauer 1979.
HÜLLEMANN, K.-D. (Hg.): Leistungsmedizin – Sportmedizin. Stuttgart: Thieme 1976.
JAKOWLEW, N. N.: Sportbiochemie. Sportmedizinische Schriftenreihe der DHfK Leipzig. Band 14. Leipzig: Barth 1977.
JOKL, E.: Physiology of Exercise. Springfield: Thomas 1964.
LAMB, BR.: Physiology of Exercise. London: Collier Macmillan 1978.
MAAS, G. D.: The physique of athletes. Leiden: University Press 1974.
MARÉES, H. DE: Sportphysiologie. Köln-Mühlheim: Tropon 1979.
MELLEROWICZ, H./MELLER, W.: Training. 3. Aufl. Berlin: Springer 1978.
MOREHOUSE, L. E./RASCH, P. J.: Sports medicine for trainers. Saunders 1963.
NÖCKER, J.: Physiologie der Leibesübungen. 3. Aufl. Stuttgart: Enke 1976.
PROKOP, L.: Einführung in die Sportmedizin. Uni-Taschenbücher 531. Stuttgart: Fischer 1976.
RIECKERT, H. (Hg.): Sport an der Grenze menschlicher Leistungsfähigkeit. Berlin/Heidelberg/New York: Springer 1981.
SCHOBERTH, H.: Sportmedizin. Frankfurt/M.: Fischer 1977.
SMIRNOV, K. M. (Hg.): Sportphysiologie. Berlin: VEB Volk und Gesundheit 1974.
STEGEMANN, J.: Leistungsphysiologie. 2. Aufl. Stuttgart: Thieme 1977.

STRAUSS, R. H. (Ed.): Sportsmedicine and physiology. Philadelphia/London/Toronto: W. B. Saunders company 1979.
WEICKER, H./SCHUBNEL, M. (Hg.): Sportmedizin im sportwissenschaftlichen Studium. Schorndorf: Hofmann 1979.
WILLIAMS, J. G. P./SPERRYN, P. N.: Sports medicine. Arnold 1976.

Physiologie – allgemein
GANONG, W. F.: Lehrbuch der medizinischen Physiologie. Berlin: Springer 1974.
GAUER, O. H./KRAMER, K./JUNG, R.: Physiologie des Menschen. Band 1–20. München: Urban und Schwarzenberg.
GUYTON, A. C.: Textbook of Medical Physiology. 5. Ed. Philadelphia/London: Saunders 1976.
KEIDEL, W.-D. (Hg.): Kurzgefaßtes Lehrbuch der Physiologie. Stuttgart: Thieme 1975.
MCNAUGHT, A. B./CALLANDER, R.: Illustrated Physiology. Edinburgh: Livingstone 1975.
REICHEL/BLEICHERT: Leitfaden der Physiologie des Menschen. Stuttgart: Enke 1967.
SCHMIDT, R. F./THEWS, G. (Hg.): Einführung in die Physiologie des Menschen. Berlin: Springer 1977.
SCHÜTZ, E./CASPERS, H./SPECKMANN, E.-J.: Physiologie. 15. Aufl. München: Urban und Schwarzenberg 1978.
SILBERNAGEL, S./DESPOPOULUS, A.: Taschenatlas der Physiologie. Stuttgart: Thieme. München: Deutscher Taschenbuchverlag 1979.

Anatomie
BENNINGHOFF, A./GOERTTLER, K.: Lehrbuch der Anatomie des Menschen. Band I. 12. Aufl. München: Urban und Schwarzenberg 1978.
FALLER, A.: Der Körper des Menschen. 9. Aufl. Stuttgart: Thieme 1980.
KAHLE, W./LEONHARDT, H./PLATZER, W.: Taschenatlas der Anatomie. Band I. Bewegungsapparat. Stuttgart: Thieme. München: Deutscher Taschenbuchverlag 1975.
WEINECK, J.: Sportanatomie. 2. Aufl. Erlangen: Perimed Fachbuch 1981.

1. Muskulatur
BAUERMEISTER, W.: Lehrbuch des Schulsonderturnens. Bonn: Dümmler 1971.
DIEM, L./SCHOLTZMETHNER, R.: Ausgleichsgymnastik und Schulsonderturnen. 2. Aufl. Frankfurt: Limpert 1977.
GORDON, A. M./HUXLEY, A. F./JULIAN, F. J.: The variation in isometric tension with sarcomere length in vertebrate muscle fibres. In: J. Physiol. (London) *184.* 170 (1966).
HASSELBACH, W./KRAMER, K.: Muskel. Physiologie des Menschen. Band IV. Hg. von O. H. Gauer/K. Kramer/R. Jung. 2. Aufl. München: Urban und Schwarzenberg 1975.
GOLENHOFEN, K.: Skelettmuskel. In: Lehrbuch der Physiologie in Einzeldarstellungen. Physiologie des Kreislaufs. Bd. I. Berlin/Heidelberg/New York: Springer 1971.
HETTINGER, TH.: Isometrisches Muskeltraining. 4. Aufl. Stuttgart: Thieme 1972.
HETTINGER, TH.: Fit sein, fit bleiben. 6. Aufl. Stuttgart: Thieme 1977.
HUXLEY, A. F.: Muscular contraction. In: J. Physiol. *243.* 1–43 (1974).
HUXLEY, H. E.: Muscular contraction and cellmotility. Nature *243.* 445 (1973).
HUXLEY, H. E.: The mechanism of muscular contraction. Science *164.* 1356 (1969).
JUNGMANN, H./MARKWORTH, P.: Untersuchungen der Reaktionszeiten bei Sportlern verschiedener Disziplinen. In: Sportwissenschaftliche Untersuchungen während der XX. Olympischen Spiele, München 1972. S. 13–19. Karl Demeter-Verlag 1977.
KATZ, B.: Nerv, Muskel und Synapse. 2. Aufl. Stuttgart: Thieme 1974.
KEUL, J./DOLL, E./KEPPLER, D.: Muskelstoffwechsel. München: Barth 1969.
LIESEN, H./HEIKINNEN, E./SUOMINEN, H./MICHEL, D.: Der Effekt eines zwölfwöchigen Ausdauertrainings auf die Leistungsfähigkeit und den Muskelstoffwechsel bei untrainierten Männern des 6. und 7. Lebensjahrzehnts. Sportarzt und Sportmedizin *26.* 26 (1975).
MANNHERZ, H. G./SCHIRMER, R. H.: Die Molekularbiologie der Bewegung. In: Chemie in unserer Zeit *6.* 165–202 (1970).
MELLEROWICZ, H./MELLER, W.: Training. 3. Aufl. Berlin: Springer 1978.
NÖCKER, J.: Die biologischen Grundlagen der Leistungssteigerung durch Training. Schorndorf: Hofmann 1960.
REEH, P. W.: Trainierbarkeit im Alter. In: Praktische Orthopädie. Band VIII. Hg. von F. Bekker. Bruchsal: Vordruckverlag 1978.
ROHMERT, W.: Beurteilung statischer Kraftübungen. In: Zbl. Arbeitswiss. *15.* 1 (1980).
WILKIE, D. R.: The relation between Force and Velocity in human muscle. In: J. Physiol. *110.* 249, 280 (1950).

2. Nerven

Creutzfeldt, O./Dudel, J./Eccles, J. C./Jung, R./Küpfmüller, K./Probst, W./Stämpfl, R./ten Bruggencate, G.: Allgemeine Neurophysiologie. Physiologie des Menschen, Band X. Hg von: O. H. Gauer/K. Kramer/R. Jung, 2. Aufl. München: Urban und Schwarzenberg 1973.
Desmedt, J. E. (Ed.): Cerebral Motor Control in Man: Long Loop Mechanisms. Basel/München/Paris/London/New York/Sydney: Karger 1978.
Eccles, J. C.: The Understanding of the Brain. New York/St. Louis/San Francisco/Düsseldorf: McGraw-Hill 1973. Deutsche Ausgabe: Das Gehirn des Menschen. München/Zürich: Piper 1975 und 1979.
Eccles, J. C.: The physiology of nerve cells. Baltimore: Johns-Hopkins-Press 1957.
Eccles, J. C.: The Physiology of Synapses. Berlin/Göttingen/Heidelberg/New York: Springer 1964.
Eccles, J. C.: The inhibitory pathways of the central nervous system. The Sherrington Lectures, IX. Springfield/Ill.: Ch. C. Thomas 1969.
Eccles, J. C.: The cerebellum as computer. In: J. Physiol. (London) *229*. 1 (1973).
Forssmann, W. G./Heym, Chr.: Grundriß der Neuroanatomie. 2. Aufl. Berlin: Springer 1975.
Gauer, O. H./Kramer, K./Jung, R. (Hg.): Physiologie des Menschen. Band 10: Allgemeine Neurophysiologie. München: Urban und Schwarzenberg 1974.
Grillner, S.: Locomotion in vertebrates: central mechanisms and reflex interaction. In: Physiol. Rev. *55*, 247 (1975).
Herman, R. M./Grillner, S./Stein, P. S. G./Stuart, D. G. (Eds.): Neural Control of Locomotion. New York/London: Plenum Press 1976.
Kuffler, S. W./Nicholls, J. G.: From neuron to brain. Sunderland/Mass.: Sinauer Associates, Inc. 1976.
Ochs, S./Worth, R. M.: Axoplasmic transport in normal and pathological systems. In: Physiology and Pathobiology of axons. S. G. Waxman. (Ed.). New York: Raven Press 1978.
Poeck, K.: Neurologie. 5. Aufl. Berlin/Heidelberg/New York: Springer 1978.
Popper, K./Eccles, J. C.: The Self and its Brain. Berlin/Heidelberg/New York: Springer 1978. Deutsche Ausgabe: Das Ich und sein Gehirn. München: Piper 1980.
Schmidt, R. F. (Hg.): Grundriß der Neurophysiologie. 2. Aufl. Berlin: Springer 1972.
Zilliken, F./Abdallah, K.: Molekularbiologische Grundlagen des Kurz- und Langzeitgedächtnisses. Stuttgart: Schattauer 1973.
Zippel, H. P. (Ed.): Memory and Transfer of Information. New York/London: Plenum Press 1973.

3. Herz – Kreislauf

Aviado, D. M.: The Lung Circulation. Vols. 1 and 2. New York: Pergamon Press, Inc. 1965.
Bargmann, W./Doerr, W. (Hg.): Das Herz des Menschen. Stuttgart: Thieme 1962.
Barcroft, H.: Circulation in skeletal muscle. In: Handbook of Physiology, Sect. 2: Circulation. Vol. II. p. 1353. Washington: American Physiological Society 1963.
Bauereisen, E. (Hg.): Physiologie des Kreislaufs. Bd. I Arteriensystem, Capillarbett und Organkreisläufe, Fetal- und Placentakreislauf. Berlin/Heidelberg/New York: Springer 1971.
Brecher, G. A.: Venous return. London: Grune and Stratton 1965.
Burton, A. C.: Physiologie und Biophysik des Kreislaufs. Stuttgart: Schattauer 1969.
Cooper, K.: Bewegungstherapie. Frankfurt: Fischer 1973.
Frank, O.: Zur Dynamik des Herzmuskels. In: Z. Biol. *32*, 370 (1895).
Gauer, O. H.: Volume changes of the left ventricle during blood pooling and exercise in the intact animal. Their effects on left ventricular performance. In: Physiol. Rev. *35*, 143 (1955).
Guyton, A. C.: Venous return. In: Handbook of Physiology, Sect. 2: Circulation. Vol. II. p. 1099. Washington: American Physiological Society 1963.
Hollmann, W.: Höchst- und Dauerleistungsfähigkeit des Sportlers. München: Barth 1963.
Hollmann, W.: Der Arbeits- und Trainingseinfluß auf Kreislauf und Atmung. Darmstadt: Steinkopff 1959.
Israel, S.: Sport. Herzgröße und Herz-Kreislauf-Dynamik. Leipzig: Barth 1968.
Jacob, R./Gülch, R./Kissling, G./Raff, U.: Muskelphysiologische Grundlagen für die Beurteilung der Leistungsfähigkeit des Herzens. In: Z. inn. Med. *28*, I (1973).
Jokl, E./McClellan, I. T.: Exercise and cardiac death. In: Medicine and Sport, Bd. V. Basel: Karger 1971.
Landis, E. M./Pappenheimer, J. R.: Exchange of substances through the capillary walls. In: Handbook of Physiology, Sect. 2: Circulation. Vol. II. p. 961. Washington: American Physiological Society 1963.

LONGHURST, J. C./MITCHELL, J. H.: Reflex Control of the Circulation by Afferents From Skeletal Muscle. In: GUYTON, A. C./YOUNG, D. B. (Eds.): Cardiovascular Physiology III. Vol. 18. p. 125. Baltimore: University Park Press 1979.

LUNDGREN, O./JODAL, M.: Regional blood flow. In: Ann. Rev. Physiol. *37*, 395 (1975).

MARKWORTH, P./BLEIFELD, W.: Regulation des Herzminutenvolumens ausdauertrainierter Spitzensportler. In: Zeitschr. f. Kardiologie, Bd. 71, Heft 3, S. 159. Darmstadt: Dietrich Steinkopff 1982.

MARKWORTH, P./HANRATH, P./KUPPER, W./MATHEY, D./WESTERMANN, K. W./BLEIFELD, W.: Echokardiographische Analyse des linksventrikulären Füll- und Relaxationsverhaltens bei unterschiedlichen Hypertrophieformen. In: Verh. Dtsch. Ges. f. Kreislauf. Band 43, 349–350. Darmstadt 1977.

MELLEROWICZ, H./MELLER, W.: Training. Berlin/Heidelberg/New York: Springer 1972.

MELLEROWICZ, H. Die Leistungsentwicklung des Jugendlichen. München: Juventa 1965.

REINDELL, H.: Sport und Kreislauf. München: Barth 1960.

REINDELL, H./ROSKAMM, H./GERSCHLER, W.: Das Intervalltraining. München: Barth 1962.

REINDELL, H./ROSKAMM, H. (Hg.): Herzkrankheiten, Pathophysiologie. Diagnostik und Therapie. Berlin/Heidelberg/New York: Springer 1977.

ROST, R./HOLLMANN, W.: Herz, Gefäßsystem und Sport. In: Der inf. Arzt *6*, H. I, 46 (1978).

ROWELL, L. B.: Human cardiovascular adjustments to exercise and thermal stress. In: Physiol. Rev. *54*. 75 (1974).

SCHNEIDER, K. W./ROST, R./GATTENLÖHNER, W.: Kreislauffunktion bei Sportlern. Stuttgart: Schattauer 1970.

SCHWARZ, F. W. (Red.). Herz-Kreislauf-Vorsorgeprogramme in der Bundesrepublik Deutschland. Köln-Lövenich: Dt. Ärzteverlag 1977.

STARISCHKA, S. (Red.): Ausdauertraining – Stoffwechselgrundlagen und Steuerungsansätze. Beiheft zu «Leistungssport», DSB. Bundesausschuß Leistungssport 1977.

STARLING, E. H.: Linacre lecture on the law of the heart. London: Longmans, Green 1918.

TRAUTWEIN, W./GAUER, O. H./KOEPCHEN, H. P.: Herz und Kreislauf. Physiologie des Menschen. Bd. III. Hg. von: O. H. Gauer/K. Kramer/R. Jung. München: Urban und Schwarzenberg 1972.

WADE, O. L./BISHOP, J. M.: Cardiac output and regional blood flow. Oxford: Blackwell 1962.

4. Atmung

BARTELS, H./BÜCHERL, E./HERTZ, C. W./RODEWALD, G./SCHWAB, M.: Lungenfunktionsprüfungen. Berlin/Göttingen/Heidelberg: Springer 1959.

COMROE, J. H.: Physiologie der Atmung. Stuttgart/New York: Schattauer 1968.

CUNNINGHAM, D. I. C./LLOYD, B. B. (Eds.): The regulation of human respiration. Philadelphia: Davis 1963.

v. HAYEK, H.: Die menschliche Lunge. Berlin/Heidelberg/New York: Springer 1970.

HOLLMANN, W.: Lungenfunktion, Atmung und Stoffwechsel im Sport. In: Zentrale Themen der Sportmedizin. Hg. von W. Hollmann. Berlin: Springer 1972.

KOEPCHEN, H. P.: Atmungsregulation. In: Gauer, O. H./Kramer, K./Jung, R. (Hg.): Physiologie des Menschen. Bd. 6: Atmung. München/Berlin/Wien: Urban und Schwarzenberg 1975.

KROGH, A.: The number and distribution of capillaries in muscles with calculations of the oxygen pressure head necessary for supplying the tissue. In: J. Physiol. (Lond.) *52*. 409 (1918/19).

KUNZE, K.: Das Sauerstoffdruckfeld im normalen und pathologisch veränderten Muskel. In: Schriftenreihe Neurologie. Bd. 3. Berlin/Heidelberg/New York: Springer 1969.

MARKWORTH, P.: Untersuchungen der Ventilationsleistung der Lunge hochtrainierter Leistungssportler. In: Sportwissenschaftliche Untersuchungen während der XX. Olympischen Spiele, München 1972. S. 20–32. Karl Demeter-Verlag 1977.

PIIPER, J./KOEPCHEN, H. P.: Atmung. Physiologie des Menschen, Bd. VI. Hg. von O. H. Gauer/K. Kramer/R. Jung. München: Urban und Schwarzenberg 1975.

RENEMANN, H.: Tauchmedizin – verständlich gemacht. Stuttgart: Franck 1977.

ULMER, W. T./REICHEL, G./NOLTE, D.: Die Lungenfunktion. Physiologie und Pathophysiologie. 2. Aufl. Stuttgart: Thieme 1976.

SCHULZ, E.: Tauchen und Schnorcheln. Training, Technik, Taktik. Reinbek: Rowohlt 1978.

WEST, J. B.: Ventilation, blood flow and gas exchange. Oxford: Blackwell 1966.

5. Energie

Jakowlew, N. N.: Sportbiochemie. Sportmedizinische Schriftenreihe der DHfK Leipzig, Band 14. Leipzig: Barth 1977.

KARLSON, P.: Kurzes Lehrbuch der Biochemie. Stuttgart: Thieme 1977.

KEUL, J./DOLL, E./KEPPLER, D.: Muskelstoffwechsel. Die Energiebereitstellung im Muskel als Grundlage seiner Funktion. München: Barth 1969.

KEUL, J./HARALAMBIE, G.: Energiestoffwechsel und körperliche Leistung. In: HOLLMANN, W. (Ed.): Zentrale Themen der Sportmedizin. Berlin/Heidelberg/New York: Springer 1977.

KINDERMANN, W./KEUL, J.: Anaerobe Energiebereitstellung im Hochleistungssport. Band 13 der Wissenschaftlichen Schriftenreihe des DSB. Schorndorf: Hofmann 1977.

KINZEL, H.: Grundlagen der Stoffwechselphysiologie. Uni-Taschenbücher 618. Stuttgart: Ulmer 1977.

LEHNINGER, A. L.: Biochemie. 2. Aufl. Weinheim: Verlag Chemie 1977.

LEHNINGER, A. L.: Bioenergetik. Molekulare Grundlagen der biologischen Energieumwandlungen. 2. Auflage. Stuttgart: Thieme 1974.

POORTSMANS, J. B.: Biochemistry of Exercise. Basel: Karger 1969.

6. Sportverletzungen

BECKER, W./KRAHL, H.: Die Tendopathien. Stuttgart: Thieme 1978.

BIENER, K./FASLER, S.: Sportunfälle. Bern: Huber 1978.

HINRICHS, H. U.: Sportverletzungen. Reinbek bei Hamburg 1986.

KÖHNLEIN, H. E.: Erste Hilfe. 5. Aufl. Stuttgart: Thieme 1978.

KREJCI, V./KOCH, P.: Muskelverletzungen und Tendopathien der Sportler. Stuttgart: Thieme 1976.

MUCKLE, D. S.: Sports injuries. Newcastle: Oriel Press 1971.

MÜLLER, H.: Unfallverhütung im Sportunterricht. Frankfurt/M.: Limpert 1976.

O'DONOGHUE: Treatment to injuries to athletes. Saunders 1970.

PLSEK, J.: Chirurgisches Vademecum des Sportarztes. München-Gräfelfing: Werk-Verlag Dr. Edmund Banaschewski 1970.

PFÖRRINGER, W./ROSEMEYER, B./BÄR, H.-W.: Sporttraumatologie. Erlangen: Perimed Fachbuch 1981/82,

ROMPE, G./RIEDER, H.: Orthopädie und Traumatologie. In: Leistungsmedizin – Sportmedizin. Hg. von K. D. Hüllemann. Stuttgart: Thieme 1976.

SCHLOSSER, V./KUNERT, E.: Traumatologie. 3. Aufl. Stuttgart: Thieme 1979.

SCHMIDT, L./HORNOF, Z./KRAL, J.: Sportunfälle mit tödlichem Ausgang und Maßnahmen zu ihrer Verhütung. Berlin: VEB Volk und Gesundheit 1962.

SCHOBERTH, H.: Sportverletzungen. In: Zentrale Themen der Sportmedizin. Hg. von W. Hollmann. Berlin: Springer 1972.

SCHWERDTNER, H.-P./FOHLER, N.: Sportverletzungen. Erlangen: perimed-Verlag 1976.

SMILEY, I. S.: Injuries to the knee joint. Livingstone 1970.

Sachregister

Über den Verfasser

Dr. Peter Markworth, Jahrgang 1945, ist Facharzt für Innere Medizin/Kardiologie, seit 1981 Professor für Sportmedizin im Fachbereich Sportwissenschaft der Universität Hamburg und Mitglied des Fachbereichs Medizin. Nach seinem Medizinstudium in Marburg und Hamburg war er von 1972 bis 1981 Wissenschaftlicher Assistent am Sportmedizinischen Forschungs- und Untersuchungszentrum und in der Universitätsklinik Hamburg. 1972 war er Mitglied des Wissenschaftlichen Beirats der Olympischen Spiele von München, danach vier Jahre lang Verbandsarzt des Deutschen Segler Verbandes. Zahlreiche Veröffentlichungen mit Schwerpunkt auf Herz-Kreislauf-Funktion unter körperlicher und sportlicher Belastung.

Information und Theorie

Biomechanik der Sportarten
von Klaus Willimczik
(sport 8601)

Doping *Von der Forschung zum Betrug*
von Brigitte Berendonk
(sport 8677)

Handbuch Sportlerernährung
von Kurt-Reiner Geiß und Michael Hamm
(sport 8672 / Großformat)
Der Sportmediziner Dr. Kurt-Reiner Geiß und der Ernährungswissenschaftler Prof. Dr. Michael Hamm erläutern in diesem Standardwerk zur Sportlerernährung das sportmedizinisch und ernährungspsychologisch gesicherte Wissen. Erstmals werden Berechnungsmodelle zum individuellen, leistungsbezogenen Kalorienverbrauch und zur Nährstoffverteilung für viele Sportarten geboten.

Fitnessernährung *Ratgeber für die Sportpraxis*
von Michael Hamm
(sport 8648)

Sportmassage *Fit durch Selbst- und Partnermassage*
von Friedrich Schwope
(sport 8625)

Sportmedizin
von Peter Markworth
(sport 7049)

Sportverletzungen *Erkennen, Helfen, Vorbeugen*
von Hans-Uwe Hinricvhs
(sport 8604)

rororo sport

Sportspsychologie
Vollständig überarbeitete und erweiterte Neuausgabe
von Hans Eberspächer
(sport 9405)
Dieses Buch bietet praktische Orientierungshilfen im gesamten Bereich der Sportpsychologie. Über ein system- und handlungstheoretisches Modell des Person-Umwelt-Bezugs werden Grundfragen erschlossen sowie sportpsychologische Ansätze eingeordnet. Dabei erleichtern zahlreiche Fotos den Einstieg in ein Fach, das sich mit einem faszinierenen Bereich sozialer Wirklichkeit in unserer Gesellschaft beschäftigt.

rororo sport wird herausgegeben von Bernd Gottwald. Ein Gesamtverzeichnis der Reihe finden Sie in der *Rowohlt Revue*. Vierteljährlich neu. Kostenlos in Ihrer Buchhandlung.

Rowohlt im Internet:
http://www.rowohlt.de